内部发行

国家基本公共服务统计指标 2017

国家统计局社会科技和文化产业统计司
国家发展和改革委员会社会发展司 编

中国统计出版社
China Statistics Press

图书在版编目（CIP）数据

国家基本公共服务统计指标. 2017 / 国家统计局社会科技和文化产业统计司，国家发展和改革委员会社会发展司编. -- 北京 : 中国统计出版社, 2017.12
ISBN 978-7-5037-8415-6

Ⅰ. ①国… Ⅱ. ①国… ②国… Ⅲ. ①国家行政机关－公共服务－统计指标－中国－2017 Ⅳ. ①D630.1

中国版本图书馆 CIP 数据核字(2017)第 277076 号

国家基本公共服务统计指标—2017

作　　者/国家统计局社会科技和文化产业统计司　国家发展和改革委员会社会发展司
责任编辑/徐　涛
封面设计/王　芳
出版发行/中国统计出版社
通信地址/北京市丰台区西三环南路甲 6 号　邮政编码/100073
电　　话/邮购（010）63376909　书店（010）68783171
网　　址/ http://www.zgtjcbs.com/
印　　刷/河北鑫兆源印刷有限公司
经　　销/新华书店
开　　本/7100mm×1000mm　1/16
字　　数/700 千字
印　　张/24.75
版　　别/2017 年 12 月第 1 版
版　　次/2017 年 12 月第 1 次印刷
定　　价/400.00 元

中国统计版图书，如有印装错误，本社发行部负责调换。

编 者 说 明

一、按照《“十三五”推进基本公共服务均等化规划》提出保障全体公民生存和发展基本需求的公共服务领域的重点项目和服务内容，国家统计局与国家发展和改革委员会联合编印了《国家基本公共服务统计指标-2017》。这是一本全面反映国家基本公共服务各领域基本情况的综合性统计资料，书中收录了近些年来国家基本公共服务分领域主要统计指标年度数据。本书资料仅供内部使用，未经同意，请勿公开。

二、本书内容分为九个部分，即：基本公共服务主要指标、基本公共教育、劳动就业服务、社会保险、基本社会服务、基本医疗卫生和人口计划生育、基本住房保障、公共文化体育、残疾人基本公共服务。书后附有主要统计指标解释、2016 年基本公共服务统计监测报告和部分领域基本公共服务年度发展报告。数据主要来自于教育部、民政部、人力资源和社会保障部、住房和城乡建设部、文化部、国家卫生和计划生育委员会、国家新闻出版广电总局、国家体育总局、国家食品药品监督管理总局、国家文物局、国家中医药管理局、中国残疾人联合会等部门。

三、本书中所涉及的全国性统计指标，除特殊注明外，均未包含香港、澳门特别行政区和台湾省数据。所涉及东部、中部、西部地区的具体划分为：东部地区包括北京、天津、河北、辽宁、上海、江苏、浙江、福建、山东、广东、海南，中部地区包括山西、吉林、黑龙江、安徽、江西、河南、湖北、湖南，西部地区包括内蒙古、广西、重庆、四川、贵州、云南、西藏、陕西、甘肃、青海、宁夏、新疆。部分指标全国数与分省合计数不相等，原因是全国数包括国务院部门直属企事业单位数据，而分省数不包括。

四、本书中部分数据合计数或相对数由于单位取舍不同而产生的计算误差，均未作调整。

五、本书有关符号使用说明：表中的“空格”表示该项统计数据不足本表最小单位数、不详或无该项数据；“#”表示其中的主要项。

六、本书编辑过程中，得到有关部门的大力支持和配合，在此表示衷心感谢。

目　　录

第一篇　主要统计指标

一、基本公共服务主要指标

二、基本公共教育

四、社会保险

五、基本社会服务

六、基本医疗卫生

第三篇　“十三五”推进基本公共服务均等化规划解读

第一篇

主要统计指标

1 基本公共服务主要指标

享有基本公共服务是公民的基本权利，保障人人享有基本公共服务是政府的重要职责。推进基本公共服务均等化，是全面建成小康社会的应有之义，对于促进社会公平正义、增进人民福祉、增强全体人民在共建共享发展中的获得感、实现中华民族伟大复兴的中国梦，具有十分重要的意义。

1-1 基本公共教育

指　　标	单位	2010年	2013年	2014年	2015年	2016年
九年义务教育						
义务教育学生营养改善计划受益学生数	万人		3150.1	3216.2	2969.1	3256.0
初中毕业生升学率	%	87.5	91.2	95.1	94.1	93.7
九年义务教育巩固率	%	89.7	92.3	92.6	93.0	93.4
义务教育基本均衡县(市、区)数	个		293	757	1302	1824
高中阶段教育						
普通高中家庭经济困难学生受资助学生数	万人次	481.6	498.4	494.8	494.9	1158.5
中等职业教育免费学生数	万人	440.0	954.4	1234.1	1050.3	1000.5
中等职业教育与普通高中在校学生数之比	普通高中=1	0.92	0.79	0.73	0.70	0.68
学前教育						
公办幼儿园在园幼儿数占全部在园幼儿数比重	%	53.0	48.9	47.5	46.0	44.8
学前三年毛入园率	%	56.6	67.5	70.5	75.0	77.4

注：普通高中家庭经济困难学生受资助学生数2010年–2015年统计指标单位为万人，2016年为万人次。

1-2 劳动就业服务

指　　标	单位	2010年	2013年	2014年	2015年	2016年
就业服务和管理						
接受职业指导人数	万人	2486.5	2008.8	1810.6	1662.2	1684.6
接受创业服务人数	万人	211.3	349.5	414.2	364.9	409.8
实现就业的就业困难人数	万人	165	180	177	260	247
本年消除的零就业家庭户数	户	84646	53282	58166	56778	49921
职业技能培训						
参加职业技能培训人数	万人	1821.0	2048.9	1934.8	1907.6	1775.0
职业技能鉴定考核人数	万人	1657.5	1838.6	1854.0	1894.1	1755.5
劳动权益保护						
劳动保障监察投诉案件结案率	%	98.7	99.2	99.6	99.7	99.5
劳动人事争议仲裁结案率	%	93.4	95.6	95.2	95.2	95.5

1-3 社会保险

指　　标	单位	2010年	2013年	2014年	2015年	2016年
基本养老保险						
职工基本养老保险参保人数	万人	25707.3	32218.4	34124.4	35361.2	37929.7
城乡居民基本养老保险参保人数	万人	10276.8	49750.1	50107.5	50472.2	50847.1
企业退休人员月人均基本养老金	元	1362	1856	2050	2240	2326
基本医疗保险						
职工基本医疗保险参保人数	万人	23734.7	27443.1	28296.0	28893.1	29531.5
城镇居民基本医疗保险参保人数	万人	19528.3	29629.4	31450.9	37688.5	44860.0
城镇居民基本医疗保险年人均财政补助水平	元/人年		269	315	370	390
失业、工伤和生育保险						
失业保险参保人数	万人	13375.6	16416.8	17043.6	17326.0	18088.8
工伤保险参保人数	万人	16160.7	19917.2	20639.2	21432.5	21889.3
生育保险参保人数	万人	12335.9	16392.0	17038.7	17771.0	18451.0
社会保险服务保障						
社会保障卡持卡人数	万人	10340	54861	71242	88361	101249

1-4 基本社会服务

指　　标	单位	2010年	2013年	2014年	2015年	2016年
社会救助						
城乡居民最低生活保障人数	万人	7524.5	7452.2	7084.3	6604.7	6066.7
农村特困人员(五保供养)救助人数	万人	556.3	537.2	529.1	516.8	496.9
民政部门直接医疗救助补助人次数	万人次	1479.3	2126.4	2395.3	2515.9	2696.1
民政部门资助参加基本医疗保险人数	万人	6076.7	6358.8	6723.7	6634.7	5560.4
社会福利						
每千老年人口(60岁及以上)养老床位数	张	17.8	24.4	27.2	30.3	31.6
养老服务机构和设施收留抚养老年人数	万人	229.1	297.9	320.3	309.2	327.7
儿童收养救助服务机构床位数	万张	5.6	9.8	10.8	10.0	10.0
提供住宿的社会服务机构年末在院(站)儿童数	万人	10.0	10.9	10.3	9.6	9.6
优抚安置						
享受国家抚恤补助的优抚对象人数	万人	625.0	950.5	917.3	897.0	874.8
优抚对象年均抚恤水平	元/人年	5803.2	5770.3	6185.9	6954.0	8030.9
社会服务保障						
每千人口社会服务机构床位数	张	2.61	3.87	4.49	5.33	5.54
每万人口拥有社会工作专业人才数	人		0.90	1.16	1.50	2.08

1-5　基本医疗卫生和人口计划生育

指　标	单位	2010年	2013年	2014年	2015年	2016年
公共卫生服务						
城乡居民健康档案规范化电子建档率	%			65.8	76.4	76.9
7岁以下儿童健康管理率	%	83.4	90.7	91.3	92.1	92.4
孕产妇系统管理率	%	84.1	89.5	90.0	91.5	91.6
甲乙类法定报告传染病发病率	1/10万	238.7	225.8	227.0	223.6	215.7
人均基本公共卫生服务补助经费	元	17.8	32.9	37.7	42.6	45.6
医疗服务						
每万人口全科医生数	人		1.07	1.26	1.38	1.51
每千人口基层医疗卫生机构执业(助理)医师数	人	0.71	0.77	0.78	0.80	0.83
每千人口基层医疗卫生机构床位数	张	0.89	0.99	1.01	1.03	1.04
乡镇卫生院基础设施建设达标率	%		73.3	75.4	78.8	80.2
中医服务						
每千人口中医类别执业(助理)医师数	人	0.22	0.29	0.31	0.33	0.35
药品供应和安全保障						
每百万人口药品不良反应报告数	份	516.7	968.1	971.0	1021.0	1044.0

1-6　基本住房保障

指　标	单位	2010年	2013年	2014年	2015年	2016年
公共租赁住房(廉租住房)						
公共租赁住房(廉租住房)新开工套数	万套	219.5	270.0	201.3	156.9	
公共租赁住房(廉租住房)实物保障户数(在保)	万户	122.4	406.9	720.8	989.3	1381.9
住房租赁补贴户数(在保)	万户	300.5	309.0	340.1	317.1	306.6
棚户区改造						
实际开工的各类棚户区改造住房套数(含货币安置户数)	万套	274.4	329.2	506.0	601.8	632.8
农村危房改造						
农村危房改造户数	万户	120	266	260	455	331

1-7 公共文化体育

指 标	单位	2010年	2013年	2014年	2015年	2016年
公益性文化						
每万人口拥有公共文化设施建筑面积	平方米	255.8	334.2	359.5	374.4	391.6
人均拥有公共图书馆藏量	册	0.46	0.55	0.58	0.61	0.65
文化馆(站)服务人次	万人次		44171	50668	54826	57896
博物馆参观人次数	万人次	40679.3	63776.5	84256.2	78111.7	85061.0
广播影视						
农村广播节目综合人口覆盖率	%	95.6	97.0	97.3	97.5	97.8
农村电视节目综合人口覆盖率	%	96.8	97.9	98.1	98.3	98.5
农村有线广播电视用户覆盖率	%	29.4	35.3	31.5	33.5	33.2
全年农村公益电影放映场次	万场	830.1	779.5	860.4	733.6	746.6
新闻出版						
国民综合阅读率	%	77.1	76.7	78.6	79.6	79.9
全年新出版图书种数	种	189295	255981	255890	260426	262415

1-8 残疾人基本公共服务

指 标	单位	2010年	2013年	2014年	2015年	2016年
社会保障						
城乡居民基本养老保险重度残疾人参保补贴人数	万人		376.0	379.2	422.1	445.7
基本服务						
县(市、区)级系统开展无障碍建设改造率	%	22.7	45.6	47.3	50.9	51.0
特殊教育学校生师比	教师=1	4.2	3.9	3.9	4.0	4.0
接受义务教育残疾人在校生数	万人	41.6	35.8	39.5	43.2	48.2
残疾人群众体育健身活动示范点	个		2191	2769	3591	5433
每十万人口康复专业人才数	%		10.7	12.0	12.0	16.7

1-9　全国基本公共服务一般公共预算支出情况

单位：亿元

类　别	2014年	2015年	2016年
一、教育支出			
普通教育			
学前教育	691	929	1011
小学教育	6075	7023	7586
初中教育	3954	4497	4826
高中教育	1947	2323	2565
化解农村义务教育债务支出	4	2	1
化解普通高中债务支出	35	4	1
职业教育			
初等职业教育	13	19	14
中专教育	520	618	646
技校教育	179	212	220
职业高中教育	339	461	413
特殊学校教育	68	86	95
教育费附加安排的支出	1454	1542	1494
农村中小学校舍建设	150	143	122
农村中小学教学设施	46	54	47
城市中小学校舍建设	130	150	159
城市中小学教学设施	55	46	50
中等职业学校教学设施	77	71	58
其他教育费附加安排的支出	997	1077	1058
二、公共文化体育服务			
公共文化文物			
图书馆	95	113	120
群众文化	130	153	157
文物保护	117	116	112
博物馆	127	147	161
历史名城与古迹	38	34	34
基本公共体育			
体育场馆	137	110	120
群众体育	29	36	41
新闻出版广播影视			
广播	101	108	113
电视	238	250	244
电影	13	15	18
出版发行	55	62	71

1-9 续表 1 单位：亿元

类 别	2014年	2015年	2016年
三、社会保障和就业服务			
人力资源和社会保障管理事务			
劳动保障监察	13	16	17
就业管理事务	27	32	37
社会保险业务管理事务	17	20	19
信息化建设	10	14	15
社会保险经办机构	144	166	193
劳动关系和维权	3	4	4
公共就业服务和职业技能鉴定机构	23	25	31
劳动人事争议调解仲裁	2	3	4
其他人力资源和社会保障管理事务支出	138	141	163
民政管理事务			
拥军优属	23	27	29
老龄事务	64	70	75
基层政权和社区建设	204	250	288
其他民政管理事务支出	112	122	146
财政对社会保险基金的补助	5043	6596	7634
财政对基本养老保险基金的补助	3295	4162	4703
财政对失业保险基金的补助	8	10	10
财政对基本医疗保险基金的补助	123	152	193
财政对工伤保险基金的补助	26	23	25
财政对生育保险基金的补助	11	13	17
财政对城乡居民社会养老保险基金的补助	1349	1853	1908
财政对其他社会保险基金的补助	231	383	777
补充全国社会保障基金	200	200	200
行政事业单位离退休	3668	4361	5235
归口管理的行政单位离退休	1192	1399	1291
事业单位离退休	1818	2164	2014
离退休人员管理机构	34	40	42
未归口管理的行政单位离退休	343	414	285
其他行政事业单位离退休支出	281	345	641
机关事业单位职业年金缴费支出			105
对机关事业单位基本养老保险基金的补助			447
其他行政事业单位离退休支出			409
就业补助	871	871	785
#扶持公共就业服务	37	39	
就业创业服务补贴			38

1-9 续表 2 单位：亿元

类　　别	2014年	2015年	2016年
职业培训补贴	43	42	41
社会保险补贴	114	107	98
公益性岗位补贴	144	151	157
职业技能鉴定补贴	1	1	1
特定就业政策支出	4	4	2
就业见习补贴	4	3	5
高技能人才培养补助	7	11	5
求职补贴	1	1	3
其他就业补助支出	387	410	435
抚恤	695	763	855
死亡抚恤	106	124	144
伤残抚恤	96	101	105
在乡复员、退伍军人生活补助	143	150	166
优抚事业单位支出	60	48	45
义务兵优待	109	125	143
农村籍退役士兵老年生活补助	8	13	19
其他优抚支出	173	201	232
退役安置	474	596	590
社会福利	415	567	617
儿童福利	48	53	57
老年福利	145	190	230
假肢矫形	1	2	1
殡葬	82	92	100
社会福利事业单位	87	86	92
其他社会福利支出	52	144	137
残疾人事业			
残疾人康复	29	58	61
残疾人就业和扶贫	11	64	78
残疾人体育	4	8	9
最低生活保障	1606	1665	1658
城市居民最低生活保障	737	754	716
农村最低生活保障	869	911	941
自然灾害生活救助	210	196	273
中央自然灾害生活补助	113	95	86
地方自然灾害生活补助	30	26	40
自然灾害灾后重建补助	56	62	133
其他自然灾害生活救助支出	12	12	13

1-9 续表 3 单位：亿元

类　　别	2014年	2015年	2016年
临时救助		109	140
临时救助支出		72	101
流浪乞讨人员救助支出		36	39
特困人员供养		183	228
城市特困人员供养支出		7	15
农村五保供养	164	176	213
其他生活救助		115	104
其他城市生活救助		37	34
其他农村生活救助		78	70
其他社会保障和就业支出		873	1102
四、基本医疗卫生和计划生育			
公立医院	1371	1727	2075
综合医院	845	1069	1258
中医(民族)医院	188	244	307
传染病医院	34	40	45
职业病防治医院	4	8	7
精神病医院	44	46	53
妇产医院	26	32	42
儿童医院	28	39	36
其他专科医院	42	51	64
福利医院	1	1	1
行业医院	9	7	9
处理医疗欠费	1	1	1
其他公立医院支出	148	189	252
基层医疗卫生机构	938	1102	1211
城市社区卫生机构	152	177	210
乡镇卫生院	505	613	694
其他基层医疗卫生机构支出	281	312	306
公共卫生	1314	1550	1692
疾病预防控制机构	236	280	313
卫生监督机构	67	77	84
妇幼保健机构	110	137	166
精神卫生机构	5	8	8
应急救治机构	19	23	24
采供血机构	48	56	63

1-9 续表 4　　单位：亿元

类　　别	2014年	2015年	2016年
其他专业公共卫生机构	10	11	14
基本公共卫生服务	457	580	642
重大公共卫生专项	276	277	278
突发公共卫生事件应急处理	8	6	6
其他公共卫生支出	78	96	94
医疗保障	4835	5657	6220
#事业单位医疗	374	442	532
公务员医疗补助	112	126	156
优抚对象医疗补助	35	36	36
新型农村合作医疗	2732	3096	3025
城镇居民基本医疗保险	676	986	1397
城乡医疗救助	203	230	259
疾病应急救助	10	10	8
计划生育服务		267	275
食品和药品监督管理事务			
药品事务	19	20	21
食品安全事务	41	63	74
五、住房保障支出	**5044**	**5797**	**6776**
保障性安居工程支出	3429	3907	4391
廉租住房	176	120	85
沉陷区治理	5	15	22
棚户区改造	887	1290	1722
少数民族地区游牧民定居工程	13	1	9
农村危房改造	376	536	446
公共租赁住房	715	639	597
保障性住房租金补贴	51	50	63
其他保障性安居工程支出	1206	1257	1446
住房改革支出	1448	1730	2146
住房公积金	1013	1255	1551
提租补贴	54	74	103
购房补贴	381	401	492
城乡社区住宅	167	160	240
公有住房建设和维修改造支出	15	18	28
住房公积金管理			77
其他城乡社区住宅支出	152	141	135

2 基本公共教育

“十三五”时期，政府提供如下基本公共教育服务：

◆为适龄儿童、少年提供免费九年义务教育；

◆为贫困地区农村义务教育学生实施营养改善计划；

◆为义务教育家庭困难寄宿生提供提供生活补助；

◆为县级以上教育行政部门审批设立的普惠性幼儿园在园家庭经济困难儿童、孤儿和残疾儿童接受学前教育提供资助。

◆为涉农专业学生、家庭经济困难学生、集中连片特困地区和西藏、四省藏区、新疆南疆四地州中等职业学校农村（不含县城）学生提供国家助学金；

◆为农村学生、城镇家庭经济困难学生和涉农专业学生提供免费中等职业教育；

◆为家庭经济困难学生接受普通高中教育提供资助；

◆免除普通高中建档立卡等家庭经济困难学生学杂费。

2-1-1 全国义务教育巩固率和升学率

单位：%

年 份	九年义务教育巩固率	小学学龄儿童净入学率	小学升学率	初中升学率
2000		99.1	94.9	51.2
2005		99.2	98.4	69.7
2006		99.3	100.0	75.7
2007		99.5	99.9	80.5
2008		99.5	99.7	83.4
2009		99.4	99.1	85.6
2010	89.7	99.7	98.7	87.5
2011	91.5	99.8	98.3	88.9
2012	91.8	99.9	98.3	88.4
2013	92.3	99.7	98.3	91.2
2014	92.6	99.8	98.0	95.1
2015	93.0	99.9	98.2	94.1
2016	93.4	99.9	98.7	93.7

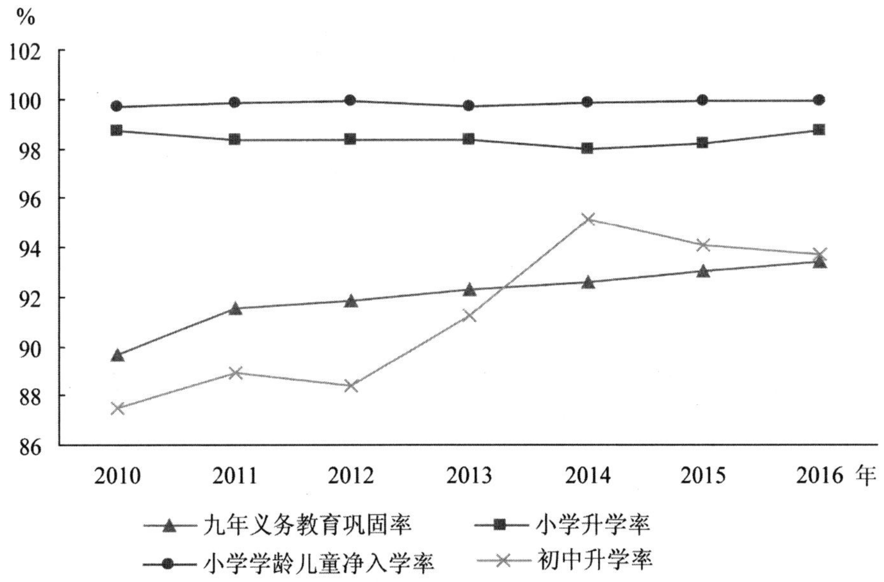

2-1-2 全国义务教育和高中阶段各级各类学校生师比

(教师=1)

年　份	九年义务教育	普通小学	初中	普通高中	中等职业教育
2000	21.1	22.2	19.0	15.9	15.2
2005	18.8	19.4	17.8	18.5	21.3
2006	18.4	19.2	17.2	18.1	22.7
2007	17.9	18.8	16.5	17.5	23.1
2008	17.5	18.4	16.1	16.8	23.3
2009	17.0	17.9	15.5	16.3	25.3
2010	16.6	17.7	15.0	16.0	25.7
2011	16.4	17.7	14.4	15.8	25.0
2012	15.9	17.4	13.6	15.5	24.2
2013	15.2	16.8	12.8	15.0	22.2
2014	15.2	16.8	12.6	14.4	20.4
2015	15.3	17.0	12.4	14.0	20.5
2016	15.4	17.1	12.4	13.7	19.8

2-1-3 各地区九年义务教育在校生数

单位：万人

地区	2010年	2013年	2014年	2015年	2016年
全国	**15220.0**	**13800.7**	**13835.7**	**14004.1**	**14242.4**
东部	5310.6	5134.4	5246.2	5367.2	5492.2
中部	5189.9	4483.0	4452.5	4501.7	4581.0
西部	4719.5	4183.3	4137.0	4135.2	4169.1
北京	96.3	110.0	112.8	113.4	113.7
天津	77.9	81.3	84.0	86.4	88.8
河北	732.8	755.1	793.1	832.4	864.1
山西	462.6	358.8	346.4	339.6	336.4
内蒙古	224.5	199.9	196.6	195.3	195.1
辽宁	345.5	310.2	304.0	301.3	296.7
吉林	227.0	200.7	189.2	187.5	186.8
黑龙江	317.2	247.3	240.2	237.8	234.3
上海	112.7	122.9	123.0	121.1	120.3
江苏	631.7	621.1	656.7	686.4	717.1
浙江	500.5	497.8	504.4	504.9	505.3
安徽	739.5	608.9	607.6	612.6	624.6
福建	366.5	370.7	387.2	401.7	414.1
江西	626.1	583.5	588.0	598.7	603.0
山东	977.8	944.0	963.3	985.4	1007.2
河南	1539.9	1325.0	1328.0	1341.9	1381.4
湖北	583.6	476.6	458.8	472.3	487.6
湖南	694.1	682.1	694.5	711.3	726.9
广东	1348.7	1212.7	1208.7	1224.2	1253.1
广西	630.5	621.3	626.9	636.4	650.1
海南	120.2	108.7	109.0	110.2	111.7
重庆	328.1	300.7	301.4	303.4	306.4
四川	936.4	797.7	789.7	788.1	794.3
贵州	648.2	565.8	553.1	544.3	542.5
云南	643.2	579.5	572.5	567.2	563.9
西藏	43.8	42.1	41.9	41.0	42.3
陕西	425.4	347.5	338.1	340.2	346.9
甘肃	375.4	290.3	277.3	271.2	269.8
青海	73.8	68.3	67.3	66.7	66.6
宁夏	96.1	88.9	86.7	85.8	85.8
新疆	293.9	281.3	285.4	295.6	305.4

2-1-4 各地区普通小学在校生数

地 区	在校生数(万人)				
	2010年	2013年	2014年	2015年	2016年
全 国	**9940.7**	**9360.5**	**9451.1**	**9692.2**	**9913.0**
东 部	3442.8	3516.7	3638.7	3787.1	3900.1
中 部	3425.2	3073.2	3051.7	3109.3	3164.1
西 部	3072.8	2770.6	2760.6	2795.8	2848.8
北 京	65.3	78.9	82.1	85.0	86.8
天 津	50.6	55.2	57.3	60.2	63.1
河 北	511.6	546.2	564.3	596.2	620.5
山 西	291.1	229.6	224.5	227.0	227.1
内蒙古	143.1	131.1	129.6	131.4	133.8
辽 宁	218.3	204.4	198.5	200.0	198.9
吉 林	144.5	136.2	126.9	128.0	126.4
黑龙江	188.0	154.0	148.6	147.8	143.9
上 海	70.2	79.2	80.3	79.9	79.0
江 苏	398.8	435.4	471.5	499.6	522.2
浙 江	333.3	349.6	354.5	357.0	355.0
安 徽	460.4	409.2	415.1	422.5	430.4
福 建	238.9	259.8	274.6	288.3	298.7
江 西	426.0	408.1	413.0	422.3	422.8
山 东	629.2	626.0	648.5	674.6	691.3
河 南	1070.5	940.0	928.6	937.1	965.6
湖 北	365.6	328.3	321.2	335.8	346.1
湖 南	479.2	467.8	473.8	488.9	501.8
广 东	848.5	807.9	831.9	868.9	905.2
广 西	430.1	426.3	431.8	440.1	451.4
海 南	78.1	74.0	75.3	77.3	79.4
重 庆	199.9	198.9	203.4	207.3	209.8
四 川	592.1	526.0	531.3	541.7	549.5
贵 州	433.5	355.5	346.3	346.3	353.4
云 南	435.2	392.1	382.7	377.8	376.6
西 藏	29.9	29.5	29.5	29.2	30.3
陕 西	261.0	227.3	226.4	233.1	241.8
甘 肃	237.0	186.7	180.2	180.2	182.2
青 海	51.9	47.5	46.1	45.4	45.8
宁 夏	65.4	60.4	58.9	58.4	58.3
新 疆	193.6	189.4	194.3	204.9	215.9

2-1-4　续表

地　区	比上年增长(%)				
	2010年	2013年	2014年	2015年	2016年
全　国	**-1.3**	**-3.5**	**1.0**	**2.6**	**2.3**
东　部	-0.2	0.2	3.5	4.1	3.0
中　部	-0.1	-7.1	-0.7	1.9	1.8
西　部	-3.5	-3.7	-0.4	1.3	1.9
北　京	1.0	9.8	4.0	3.6	2.1
天　津	-0.3	3.7	3.8	5.1	4.8
河　北	4.7	-2.8	3.3	5.7	4.1
山　西	-4.5	-12.3	-2.2	1.1	0.1
内蒙古	-4.2	-4.0	-1.1	1.3	1.9
辽　宁	-3.3	-4.0	-2.9	0.8	-0.5
吉　林	-1.1	-4.3	-6.8	0.9	-1.2
黑龙江	-1.3	-17.5	-3.5	-0.5	-2.6
上　海	4.5	4.2	1.3	-0.5	-1.1
江　苏	0.7	3.0	8.3	6.0	4.5
浙　江	2.5	0.8	1.4	0.7	-0.6
安　徽	-5.4	1.1	1.5	1.8	1.9
福　建	-0.4	2.8	5.7	5.0	3.6
江　西	0.8	-6.0	1.2	2.3	0.1
山　东	0.4	-0.3	3.6	4.0	2.5
河　南	1.8	-12.9	-1.2	0.9	3.0
湖　北	1.8	0.5	-2.2	4.6	3.1
湖　南	2.1	-1.3	1.3	3.2	2.6
广　东	-4.4	0.0	3.0	4.4	4.2
广　西	-1.5	-0.1	1.3	1.9	2.6
海　南	-6.4	-1.6	1.7	2.7	2.6
重　庆	-3.9	2.4	2.3	1.9	1.2
四　川	-4.0	-6.2	1.0	2.0	1.4
贵　州	-5.1	-6.5	-2.6	0.0	2.0
云　南	-2.0	-3.6	-2.4	-1.3	-0.3
西　藏	-1.9	1.0	0.1	-1.0	3.6
陕　西	-3.8	-3.1	-0.4	3.0	3.7
甘　肃	-6.2	-9.5	-3.5	0.0	1.1
青　海	-2.7	-4.8	-2.9	-1.5	0.9
宁　夏	-2.5	-2.3	-2.5	-0.9	-0.1
新　疆	-1.9	-0.3	2.6	5.5	5.4

2-1-5 各地区初中在校生数

地 区	在校生数(万人)				
	2010年	2013年	2014年	2015年	2016年
全 国	**5279.3**	**4440.1**	**4384.6**	**4312.0**	**4329.4**
东 部	1867.8	1617.7	1607.4	1580.2	1592.1
中 部	1764.7	1409.8	1400.8	1392.4	1416.9
西 部	1646.8	1412.7	1376.4	1339.3	1320.4
北 京	31.0	31.1	30.7	28.3	26.8
天 津	27.3	26.1	26.7	26.1	25.6
河 北	221.3	208.8	228.8	236.1	243.6
山 西	171.5	129.1	121.9	112.7	109.3
内蒙古	81.5	68.8	67.0	64.0	61.2
辽 宁	127.2	105.7	105.6	101.3	97.8
吉 林	82.5	64.5	62.3	59.6	60.4
黑龙江	129.2	93.3	91.6	90.0	90.4
上 海	42.6	43.7	42.7	41.2	41.3
江 苏	233.0	185.7	185.2	186.7	194.9
浙 江	167.1	148.3	149.9	147.9	150.3
安 徽	279.0	199.7	192.4	190.1	194.2
福 建	127.6	110.8	112.6	113.3	115.5
江 西	200.0	175.4	175.0	176.4	180.3
山 东	348.6	318.0	314.8	310.8	315.9
河 南	469.4	385.0	399.4	404.8	415.8
湖 北	218.1	148.4	137.6	136.5	141.5
湖 南	214.9	214.3	220.6	222.4	225.1
广 东	500.1	404.8	376.8	355.3	347.8
广 西	200.4	195.1	195.1	196.3	198.8
海 南	42.2	34.7	33.7	32.9	32.4
重 庆	128.2	101.8	97.9	96.0	96.6
四 川	344.3	271.7	258.3	246.4	244.8
贵 州	214.7	210.3	206.8	198.0	189.1
云 南	208.0	187.4	189.8	189.4	187.3
西 藏	13.9	12.6	12.4	11.8	12.0
陕 西	164.3	120.2	111.7	107.1	105.1
甘 肃	138.4	103.6	97.1	90.9	87.6
青 海	21.9	20.8	21.2	21.3	20.8
宁 夏	30.8	28.5	27.8	27.4	27.5
新 疆	100.3	91.8	91.1	90.7	89.5

2-1-5 续表

地 区	比上年增长(%)				
	2010年	2013年	2014年	2015年	2016年
全 国	**-3.0**	**-6.8**	**-1.2**	**-1.7**	**0.4**
东 部	-3.8	-4.6	-0.6	-1.7	0.8
中 部	-2.1	-10.2	-0.6	-0.6	1.8
西 部	-2.4	-5.6	-2.6	-2.7	-1.4
北 京	-2.8	1.7	-1.2	-7.6	-5.3
天 津	-4.7	1.6	2.5	-2.1	-1.9
河 北	-8.5	-3.9	9.6	3.2	3.2
山 西	-1.6	-14.0	-5.6	-7.6	-3.0
内蒙古	-2.9	-7.8	-2.7	-4.5	-4.3
辽 宁	-6.4	-6.8	-0.2	-4.0	-3.4
吉 林	-6.0	-7.4	-3.4	-4.4	1.5
黑龙江	-3.6	-22.6	-1.8	-1.8	0.5
上 海	-0.2	0.9	-2.3	-3.4	0.2
江 苏	-9.1	-5.7	-0.3	0.8	4.4
浙 江	-5.4	-0.7	1.1	-1.3	1.6
安 徽	-6.3	-6.3	-3.7	-1.2	2.2
福 建	-9.9	-1.1	1.6	0.7	1.9
江 西	5.7	-9.8	-0.2	0.8	2.2
山 东	2.0	-3.1	-1.0	-1.3	1.6
河 南	-1.0	-15.1	3.7	1.4	2.7
湖 北	-7.9	-6.0	-7.3	-0.8	3.6
湖 南	0.3	1.5	3.0	0.8	1.2
广 东	-0.7	-8.5	-6.9	-5.7	-2.1
广 西	-3.0	-0.8	0.0	0.6	1.2
海 南	-5.4	-4.9	-2.7	-2.5	-1.6
重 庆	-3.5	-6.4	-3.8	-1.9	0.6
四 川	-3.4	-10.7	-4.9	-4.6	-0.6
贵 州	1.1	0.1	-1.7	-4.3	-4.5
云 南	1.7	-4.1	1.3	-0.2	-1.1
西 藏	-2.9	-3.2	-1.4	-5.5	2.4
陕 西	-8.8	-8.6	-7.0	-4.2	-1.8
甘 肃	-1.9	-12.2	-6.3	-6.4	-3.6
青 海	2.1	-0.3	1.9	0.6	-2.5
宁 夏	2.5	-2.8	-2.3	-1.4	0.1
新 疆	-2.4	-2.6	-0.8	-0.4	-1.4

2-1-6 各地区九年义务教育城镇在校生数

地 区	城镇在校生数(万人)				
	2010年	2013年	2014年	2015年	2016年
全 国	**8083.3**	**9769.1**	**10037.4**	**10335.7**	**10683.6**
东 部	3356.5	4074.9	4214.4	4343.4	4482.3
中 部	2370.0	3017.8	3089.1	3194.1	3313.8
西 部	2356.8	2676.5	2734.0	2798.3	2887.5
北 京	83.0	101.9	104.7	105.2	105.6
天 津	59.4	66.8	70.6	72.8	75.3
河 北	356.1	490.1	520.2	552.2	581.0
山 西	249.5	276.2	272.4	271.4	272.3
内蒙古	175.9	177.4	175.7	175.0	174.7
辽 宁	171.8	255.4	255.1	254.3	251.2
吉 林	146.4	151.9	146.0	145.8	147.9
黑龙江	177.0	202.4	199.2	199.6	199.8
上 海	110.8	116.9	117.5	116.3	115.6
江 苏	419.0	557.5	585.7	612.9	641.3
浙 江	401.6	424.2	436.8	437.0	444.3
安 徽	336.8	389.5	401.3	415.5	428.7
福 建	265.9	281.7	302.7	320.0	333.3
江 西	234.1	384.7	401.8	421.2	435.1
山 东	516.8	689.8	722.8	750.5	784.7
河 南	572.3	808.1	840.1	872.5	910.6
湖 北	295.0	345.7	349.7	365.7	386.5
湖 南	358.8	459.3	478.6	502.4	533.0
广 东	895.8	1000.3	1007.1	1029.9	1056.0
广 西	318.8	366.9	382.6	400.6	423.8
海 南	76.4	90.2	91.2	92.3	94.0
重 庆	222.1	243.9	248.9	252.2	258.4
四 川	558.0	559.8	564.1	576.1	596.1
贵 州	271.1	315.0	331.8	343.1	355.8
云 南	247.9	274.7	289.9	297.1	300.3
西 藏	23.7	22.0	22.8	22.6	23.3
陕 西	170.5	290.4	286.4	291.1	299.4
甘 肃	153.6	156.4	158.4	161.5	171.0
青 海	39.2	44.6	46.6	46.9	47.1
宁 夏	54.1	61.9	62.4	62.7	62.9
新 疆	121.8	163.4	164.4	169.5	174.6

2-1-6 续表

地 区	占全部在校生数比重(%)				
	2010年	2013年	2014年	2015年	2016年
全 国	**53.1**	**70.8**	**72.5**	**73.8**	**75.0**
东 部	63.2	79.4	80.3	80.9	81.6
中 部	45.7	67.3	69.4	71.0	72.3
西 部	49.9	64.0	66.1	67.7	69.3
北 京	86.2	92.6	92.8	92.8	92.9
天 津	76.3	82.2	84.0	84.3	84.8
河 北	48.6	64.9	65.6	66.3	67.2
山 西	53.9	77.0	78.6	79.9	80.9
内蒙古	78.3	88.7	89.4	89.6	89.6
辽 宁	49.7	82.3	83.9	84.4	84.7
吉 林	64.5	75.7	77.2	77.8	79.1
黑龙江	55.8	81.9	82.9	83.9	85.2
上 海	98.3	95.1	95.5	96.0	96.1
江 苏	66.3	89.8	89.2	89.3	89.4
浙 江	80.2	85.2	86.6	86.6	87.9
安 徽	45.6	64.0	66.1	67.8	68.6
福 建	72.5	76.0	78.2	79.7	80.5
江 西	37.4	65.9	68.3	70.3	72.2
山 东	52.9	73.1	75.0	76.2	77.9
河 南	37.2	61.0	63.3	65.0	65.9
湖 北	50.6	72.5	76.2	77.4	79.3
湖 南	51.7	67.3	68.9	70.6	73.3
广 东	66.4	82.5	83.3	84.1	84.3
广 西	50.6	59.1	61.0	62.9	65.2
海 南	63.5	83.0	83.7	83.7	84.2
重 庆	67.7	81.1	82.6	83.1	84.3
四 川	59.6	70.2	71.4	73.1	75.0
贵 州	41.8	55.7	60.0	63.0	65.6
云 南	38.5	47.4	50.6	52.4	53.3
西 藏	54.1	52.3	54.3	55.2	55.0
陕 西	40.1	83.6	84.7	85.6	86.3
甘 肃	40.9	53.9	57.1	59.6	63.4
青 海	53.1	65.4	69.3	70.2	70.7
宁 夏	56.3	69.7	72.0	73.1	73.3
新 疆	41.4	58.1	57.6	57.3	57.2

2-1-7 各地区九年义务教育农村在校生数

地区	农村在校生数(万人)				
	2010年	2013年	2014年	2015年	2016年
全国	**7136.7**	**4031.6**	**3798.3**	**3668.4**	**3558.8**
东部	1954.1	1059.5	1031.8	1023.9	1009.9
中部	2819.9	1465.2	1363.5	1307.6	1267.2
西部	2362.7	1506.8	1403.0	1336.9	1281.6
北京	13.3	8.1	8.1	8.2	8.1
天津	18.5	14.5	13.4	13.6	13.5
河北	376.8	264.9	272.9	280.2	283.1
山西	213.0	82.6	74.0	68.3	64.1
内蒙古	48.6	22.5	20.9	20.4	20.3
辽宁	173.7	54.8	48.9	47.0	45.5
吉林	80.6	48.8	43.2	41.7	39.0
黑龙江	140.2	44.9	41.0	38.2	34.6
上海	1.9	6.0	5.5	4.8	4.7
江苏	212.8	63.6	71.0	73.4	75.9
浙江	98.9	73.7	67.6	67.9	61.0
安徽	402.6	219.4	206.2	197.1	195.8
福建	100.6	89.0	84.5	81.7	80.9
江西	391.9	198.9	186.2	177.5	167.9
山东	461.0	254.1	240.5	235.0	222.6
河南	967.6	517.0	487.9	469.4	470.8
湖北	288.6	130.9	109.0	106.6	101.2
湖南	335.3	222.8	215.9	208.8	193.9
广东	452.9	212.4	201.6	194.3	197.1
广西	311.7	254.4	244.3	235.9	226.3
海南	43.9	18.5	17.8	17.9	17.7
重庆	106.0	56.8	52.4	51.1	48.0
四川	378.4	237.9	225.6	212.0	198.2
贵州	377.1	250.8	221.4	201.2	186.7
云南	395.4	304.9	282.6	270.1	263.6
西藏	20.1	20.1	19.2	18.4	19.1
陕西	254.8	57.2	51.7	49.1	47.5
甘肃	221.8	133.9	119.0	109.7	98.7
青海	34.6	23.6	20.7	19.9	19.5
宁夏	42.0	27.0	24.3	23.1	22.9
新疆	172.1	117.9	121.0	126.1	130.8

2-1-7 续表

地 区	占全部在校生数比重(%)				
	2010年	2013年	2014年	2015年	2016年
全 国	**46.9**	**29.2**	**27.5**	**26.2**	**25.0**
东 部	36.8	20.6	19.7	19.1	18.4
中 部	54.3	32.7	30.6	29.0	27.7
西 部	50.1	36.0	33.9	32.3	30.7
北 京	13.8	7.4	7.2	7.2	7.1
天 津	23.7	17.8	16.0	15.7	15.2
河 北	51.4	35.1	34.4	33.7	32.8
山 西	46.1	23.0	21.4	20.1	19.1
内蒙古	21.7	11.3	10.6	10.4	10.4
辽 宁	50.3	17.7	16.1	15.6	15.3
吉 林	35.5	24.3	22.8	22.2	20.9
黑龙江	44.2	18.1	17.1	16.1	14.8
上 海	1.7	4.9	4.5	4.0	3.9
江 苏	33.7	10.2	10.8	10.7	10.6
浙 江	19.8	14.8	13.4	13.4	12.1
安 徽	54.4	36.0	33.9	32.2	31.4
福 建	27.5	24.0	21.8	20.3	19.5
江 西	62.6	34.1	31.7	29.7	27.8
山 东	47.1	26.9	25.0	23.8	22.1
河 南	62.8	39.0	36.7	35.0	34.1
湖 北	49.4	27.5	23.8	22.6	20.7
湖 南	48.3	32.7	31.1	29.4	26.7
广 东	33.6	17.5	16.7	15.9	15.7
广 西	49.4	40.9	39.0	37.1	34.8
海 南	36.5	17.0	16.3	16.3	15.8
重 庆	32.3	18.9	17.4	16.9	15.7
四 川	40.4	29.8	28.6	26.9	25.0
贵 州	58.2	44.3	40.0	37.0	34.4
云 南	61.5	52.6	49.4	47.6	46.7
西 藏	45.9	47.7	45.7	44.8	45.0
陕 西	59.9	16.4	15.3	14.4	13.7
甘 肃	59.1	46.1	42.9	40.4	36.6
青 海	46.9	34.6	30.7	29.8	29.3
宁 夏	43.7	30.3	28.0	26.9	26.7
新 疆	58.6	41.9	42.4	42.7	42.8

2-1-8 各地区九年义务教育学生营养改善计划受益学生数

地区	学生营养改善计划受益学生数(万人)				
	2011年	2013年	2014年	2015年	2016年
全国	**2682.0**	**3150.1**	**3216.2**	**2969.1**	**3256.0**
东部	55.1	99.8	127.9	197.2	263.2
中部	941.8	780.6	780.2	734.6	805.7
西部	1685.1	2269.7	2308.1	2037.3	2187.2
北京					
天津					
河北	55.1	54.7	55.8	56.9	52.4
山西	43.4	43.6	67.5	49.3	48.2
内蒙古	7.8	5.0	4.9	4.9	5.1
辽宁		6.0	5.6	4.8	4.3
吉林	5.7	8.4	8.1	7.3	7.3
黑龙江	24.2	16.5	16.6	25.2	38.2
上海				13.1	13.2
江苏				35.6	89.2
浙江				24.3	27.0
安徽	139.5	97.5	98.0	100.3	104.5
福建		34.6	52.6	25.4	29.7
江西	107.7	91.3	88.9	84.4	111.0
山东					
河南	329.0	252.5	239.5	213.2	220.0
湖北	122.1	115.4	108.3	102.5	105.0
湖南	170.2	155.4	153.3	152.4	171.4
广东				23.7	24.7
广西	91.8	175.7	183.2	167.2	166.8
海南		4.5	13.9	13.4	22.7
重庆	85.7	131.3	202.0	80.0	193.9
四川	176.7	399.4	373.1	354.3	354.1
贵州	416.8	375.4	378.8	363.9	380.6
云南	383.2	516.6	510.7	480.0	479.4
西藏	24.0	44.5	55.9	37.6	19.7
陕西	111.0	234.0	225.6	214.1	228.9
甘肃	231.6	227.5	210.3	170.6	168.7
青海	39.6	41.6	39.7	37.3	36.4
宁夏	28.1	27.0	24.6	21.3	20.9
新疆	88.8	91.7	99.3	106.1	132.5

注：2014年包含国家级试点学校学生数。

2-1-8 续表

地 区	占全部在校生数比重(%)				
	2011年	2013年	2014年	2015年	2016年
全 国	**17.9**	**15.7**	**23.2**	**21.2**	**22.9**
东 部	1.0	1.9	2.4	3.7	4.8
中 部	18.3	17.4	17.5	16.3	17.6
西 部	36.8	54.3	55.8	49.3	52.5
北 京					
天 津					
河 北	7.3	7.2	7.0	6.8	6.1
山 西	9.8	12.2	19.5	14.5	14.3
内蒙古	3.5	2.5	2.5	2.5	2.6
辽 宁		1.9	1.8	1.6	1.5
吉 林	2.6	4.2	4.3	3.9	3.9
黑龙江	7.8	6.7	6.9	10.6	16.3
上 海				10.8	10.9
江 苏				5.2	12.4
浙 江				4.8	5.3
安 徽	20.1	16.0	16.1	16.4	16.7
福 建		9.3	13.6	6.3	7.2
江 西	17.0	15.6	15.1	14.1	18.4
山 东					
河 南	21.1	19.1	18.0	15.9	15.9
湖 北	21.0	24.2	23.6	21.7	21.5
湖 南	24.1	22.8	22.1	21.4	23.6
广 东				1.9	2.0
广 西	14.6	28.3	29.2	26.3	25.7
海 南		4.1	12.8	12.2	20.3
重 庆	27.2	43.7	67.0	26.4	63.3
四 川	19.5	50.1	47.3	45.0	44.6
贵 州	67.0	66.3	68.5	66.9	70.2
云 南	60.9	89.1	89.2	84.6	85.0
西 藏	55.6	105.8	133.2	91.7	46.5
陕 西	27.5	67.3	66.7	62.9	66.0
甘 肃	66.4	78.3	75.8	62.9	62.5
青 海	53.8	60.9	58.9	55.9	54.6
宁 夏	29.8	30.3	28.4	24.8	24.4
新 疆	30.7	32.6	34.8	35.9	43.4

注：2014年包含国家级试点学校学生数。

2-1-9　各地区小学学龄儿童净入学率

单位：%

地　区	2010年	2013年	2014年	2015年	2016年
全　国	**99.7**	**99.7**	**99.8**	**99.9**	**99.9**
北　京	100.0	100.0	100.0	100.0	100.0
天　津	99.8	100.0	99.7	99.8	99.8
河　北	99.8	99.6	99.7	99.8	100.1
山　西	99.0	99.8	99.9	99.9	99.9
内蒙古	100.0	99.9	100.0	100.0	100.0
辽　宁	99.9	99.9	99.9	99.9	99.9
吉　林	99.8	99.7	99.7	99.8	99.8
黑龙江	99.1	100.0	100.0	100.0	100.0
上　海	100.0	100.0	100.0	100.0	99.9
江　苏	100.0	100.0	100.0	100.0	100.0
浙　江	100.0	100.0	100.0	100.0	100.0
安　徽	99.9	99.7	100.0	100.0	100.0
福　建	100.0	100.0	100.0	100.0	100.0
江　西	99.9	100.0	99.8	99.9	99.7
山　东	100.0	99.9	100.0	100.0	100.0
河　南	99.9	99.9	100.0	100.0	100.0
湖　北	100.0	100.0	100.0	100.0	100.0
湖　南	99.9	100.0	100.0	100.0	100.0
广　东	100.0	100.0	100.0	100.0	100.0
广　西	99.4	99.6	99.6	99.4	99.6
海　南	98.8	99.4	99.4	99.2	99.9
重　庆	99.9	100.0	100.0	100.0	100.0
四　川	99.4	99.4	99.2	99.7	99.8
贵　州	97.9	99.3	98.5	99.5	99.6
云　南	99.7	99.5	99.5	99.7	99.7
西　藏	99.2	99.6	100.0	98.9	99.1
陕　西	99.6	99.3	99.9	99.9	99.9
甘　肃	99.5	95.8	99.0	99.8	100.2
青　海	99.6	99.7	99.7	99.8	99.8
宁　夏	99.9	99.5	99.2	100.0	100.0
新　疆	99.8	99.8	99.8	99.8	99.9

2-1-10 各地区初中升学率

单位：%

地区	2010年	2013年	2014年	2015年	2016年
全国	**87.5**	**91.2**	**95.1**	**93.9**	**93.7**
北京	123.0	110.7	104.7	99.4	100.5
天津	110.3	118.8	116.3	115.2	113.8
河北	88.9	90.3	102.2	92.4	89.4
山西	86.1	88.6	90.3	91.8	93.0
内蒙古	103.6	99.7	101.8	98.8	99.8
辽宁	96.3	99.6	95.3	93.4	92.8
吉林	97.7	99.7	91.0	91.2	91.7
黑龙江	88.4	91.4	106.4	97.0	94.1
上海	96.4	100.0	96.7	94.5	95.1
江苏	101.7	92.6	102.7	102.9	101.0
浙江	76.6	89.5	99.7	100.7	100.9
安徽	80.2	82.7	98.8	99.8	100.8
福建	84.3	90.3	95.1	94.9	94.2
江西	88.9	80.7	89.9	92.1	87.6
山东	79.4	98.0	100.1	96.3	96.8
河南	91.3	79.9	93.2	90.2	87.8
湖北	80.2	79.3	94.6	95.2	97.7
湖南	82.7	89.7	94.8	92.7	91.1
广东	94.5	93.5	96.1	93.6	95.4
广西	95.3	97.4	84.4	86.6	90.6
海南	79.6	80.0	92.5	93.6	94.8
重庆	92.0	103.0	106.5	105.2	106.8
四川	89.1	90.4	95.3	96.2	98.2
贵州	58.2	82.4	83.7	82.8	80.8
云南	67.8	75.2	81.9	83.5	83.7
西藏	46.3	54.1	60.0	61.9	71.6
陕西	104.2	107.4	109.5	105.7	104.1
甘肃	79.7	76.6	86.7	86.1	89.5
青海	100.7	101.9	103.2	96.2	96.2
宁夏	93.8	90.4	91.2	90.8	87.0
新疆	74.1	81.2	88.4	97.5	97.6

2-1-11 各地区九年义务教育专任教师数

单位：万人

地 区	2010年	2013年	2014年	2015年	2016年
全 国	**914.2**	**906.6**	**912.2**	**916.1**	**927.7**
东 部	337.3	339.1	346.1	350.8	359.1
中 部	303.0	296.0	295.3	294.2	294.4
西 部	273.9	271.4	270.9	271.1	274.2
北 京	8.0	8.7	8.9	9.2	9.5
天 津	6.3	6.4	6.5	6.7	6.8
河 北	49.7	48.4	50.4	51.3	53.1
山 西	31.0	29.8	29.3	28.6	28.2
内蒙古	17.8	17.3	16.8	16.1	15.6
辽 宁	24.8	24.2	24.0	23.9	23.9
吉 林	19.2	18.2	18.0	17.5	17.4
黑龙江	25.3	23.4	22.7	22.0	21.0
上 海	7.9	8.6	8.9	9.0	9.1
江 苏	43.6	43.5	44.5	45.1	46.6
浙 江	29.2	30.1	31.0	31.5	32.2
安 徽	40.9	39.6	39.3	38.9	39.2
福 建	25.6	25.1	25.7	26.0	26.5
江 西	32.3	32.9	33.2	33.7	33.9
山 东	64.8	65.1	65.4	66.1	67.7
河 南	76.7	77.4	77.7	78.7	79.3
湖 北	35.3	33.2	33.3	33.1	33.1
湖 南	42.3	41.5	41.8	41.7	42.3
广 东	69.7	71.4	73.3	74.4	76.2
广 西	33.9	33.3	33.5	34.1	35.6
海 南	7.7	7.6	7.6	7.5	7.5
重 庆	19.3	19.1	19.2	19.4	19.8
四 川	51.0	50.8	50.6	50.7	51.3
贵 州	30.8	30.8	31.2	31.7	32.4
云 南	35.8	35.2	34.8	34.9	35.4
西 藏	2.8	2.8	3.0	3.1	3.1
陕 西	29.2	27.3	26.7	26.1	25.8
甘 肃	22.4	22.5	22.5	22.4	22.3
青 海	4.1	4.3	4.1	4.3	4.3
宁 夏	5.2	5.4	5.2	5.3	5.4
新 疆	21.8	22.7	23.2	23.1	23.1

2-1-12 各地区普通小学专任教师数

地　区	专任教师数(万人)				
	2010年	2013年	2014年	2015年	2016年
全　国	**561.7**	**558.5**	**563.4**	**568.5**	**578.9**
东　部	204.6	207.6	213.5	218.1	224.8
中　部	185.2	181.5	181.1	181.3	182.2
西　部	171.9	169.4	168.8	169.1	171.9
北　京	4.9	5.5	5.7	5.9	6.2
天　津	3.7	3.8	3.9	4.0	4.2
河　北	31.9	31.9	33.4	33.9	35.1
山　西	19.1	18.1	17.7	17.3	17.2
内蒙古	11.4	11.1	10.7	10.2	9.9
辽　宁	14.7	14.3	14.1	14.0	14.0
吉　林	12.5	11.5	11.3	11.0	11.0
黑龙江	15.1	13.6	13.2	12.6	11.9
上　海	4.5	5.0	5.1	5.2	5.3
江　苏	25.0	25.8	27.0	27.8	28.9
浙　江	17.2	18.3	19.0	19.5	20.0
安　徽	24.6	23.8	23.8	23.8	24.0
福　建	15.7	15.4	15.9	16.2	16.6
江　西	20.3	20.7	21.0	21.6	21.9
山　东	38.7	38.7	38.9	39.6	40.9
河　南	49.0	49.5	49.4	50.1	50.6
湖　北	19.6	19.7	19.9	20.0	20.2
湖　南	25.0	24.6	24.8	24.9	25.4
广　东	43.1	43.8	45.4	46.9	48.7
广　西	22.0	21.6	21.7	22.2	23.3
海　南	5.2	5.0	5.0	5.0	4.9
重　庆	11.6	11.5	11.6	11.9	12.3
四　川	30.6	30.6	30.5	30.8	31.4
贵　州	19.8	19.3	19.3	19.4	19.7
云　南	23.8	23.0	22.6	22.5	22.7
西　藏	1.9	1.9	2.0	2.1	2.1
陕　西	17.5	16.3	15.9	15.6	15.6
甘　肃	14.0	14.0	14.0	14.0	14.1
青　海	2.7	2.7	2.5	2.6	2.6
宁　夏	3.3	3.4	3.3	3.4	3.4
新　疆	13.4	14.1	14.5	14.5	14.6

2-1-12 续表

地 区	比上年增长(%)				
	2010年	2013年	2014年	2015年	2016年
全 国	**-0.3**	**0.0**	**0.9**	**0.9**	**1.8**
东 部	0.2	1.2	2.8	2.1	3.1
中 部	-0.4	-0.8	-0.2	0.1	0.5
西 部	-0.3	-0.5	-0.3	0.2	1.6
北 京	0.5	4.8	3.4	4.2	4.3
天 津	-1.6	1.3	1.8	3.2	3.3
河 北	-0.7	0.6	4.6	1.6	3.7
山 西	-1.6	-2.0	-2.1	-2.2	-0.8
内蒙古	-1.1	-2.1	-3.0	-5.2	-2.3
辽 宁	-1.9	-1.4	-1.1	-0.7	0.3
吉 林	-3.0	-3.5	-2.1	-2.4	-0.4
黑龙江	-2.4	-5.4	-3.6	-4.3	-5.1
上 海	2.2	3.5	3.4	1.6	2.0
江 苏	-2.0	2.2	4.7	2.8	4.1
浙 江	1.1	2.2	3.8	2.3	2.7
安 徽	-1.2	-1.4	-0.1	0.2	0.9
福 建	-0.1	0.4	2.7	2.4	2.1
江 西	0.7	0.8	1.5	2.7	1.5
山 东	-0.6	1.2	0.5	1.9	3.2
河 南	0.3	-0.5	-0.1	1.4	1.0
湖 北	-1.1	2.5	1.3	0.5	0.9
湖 南	-0.1	-0.2	0.7	0.4	1.8
广 东	3.0	1.2	3.9	3.1	3.8
广 西	-0.3	-0.7	0.8	2.1	4.8
海 南	-0.6	-1.5	-0.5	-0.9	-1.4
重 庆	-1.2	1.0	1.0	2.2	3.5
四 川	-0.3	0.2	-0.2	1.0	2.1
贵 州	-0.6	-2.5	-0.1	0.3	1.8
云 南	1.6	-1.5	-1.9	-0.5	1.0
西 藏	1.2	-0.1	7.6	3.1	0.9
陕 西	-1.8	-2.4	-2.1	-2.1	0.1
甘 肃	0.3	0.1	0.0	-0.1	0.6
青 海	-0.8	3.3	-6.5	5.0	-0.3
宁 夏	-0.6	-0.8	-2.2	1.3	1.0
新 疆	-0.2	3.3	3.2	-0.2	1.1

2-1-13 各地区初中专任教师数

地区	专任教师数(万人)				
	2010年	2013年	2014年	2015年	2016年
全国	**352.5**	**348.1**	**348.8**	**347.6**	**348.8**
东部	132.7	131.5	132.6	132.7	134.3
中部	117.8	114.6	114.2	112.9	112.2
西部	102.0	102.0	102.1	102.0	102.3
北京	3.0	3.2	3.3	3.3	3.3
天津	2.6	2.6	2.6	2.6	2.7
河北	17.8	16.5	17.0	17.4	17.9
山西	11.9	11.7	11.6	11.3	11.0
内蒙古	6.4	6.2	6.1	5.9	5.7
辽宁	10.1	9.9	9.9	9.9	9.9
吉林	6.8	6.7	6.7	6.5	6.5
黑龙江	10.2	9.7	9.5	9.4	9.0
上海	3.4	3.6	3.7	3.8	3.8
江苏	18.6	17.7	17.5	17.3	17.7
浙江	12.1	11.8	11.9	12.0	12.2
安徽	16.3	15.8	15.5	15.1	15.2
福建	9.9	9.7	9.8	9.8	9.9
江西	12.0	12.1	12.1	12.1	12.0
山东	26.1	26.3	26.5	26.5	26.8
河南	27.7	28.0	28.3	28.6	28.6
湖北	15.7	13.6	13.4	13.1	12.9
湖南	17.3	16.9	17.0	16.8	16.9
广东	26.6	27.7	27.9	27.6	27.6
广西	11.9	11.7	11.8	11.9	12.3
海南	2.5	2.5	2.5	2.6	2.6
重庆	7.7	7.6	7.6	7.6	7.5
四川	20.5	20.3	20.1	19.9	19.8
贵州	11.0	11.5	12.0	12.4	12.7
云南	12.0	12.2	12.3	12.4	12.7
西藏	0.9	0.9	1.0	1.0	1.0
陕西	11.7	11.1	10.7	10.5	10.2
甘肃	8.3	8.4	8.5	8.4	8.2
青海	1.4	1.6	1.5	1.6	1.6
宁夏	1.9	1.9	1.9	1.9	2.0
新疆	8.4	8.6	8.7	8.6	8.5

2-1-13 续表

地区	比上年增长(%)				
	2010年	2013年	2014年	2015年	2016年
全国	**0.2**	**-0.7**	**0.2**	**-0.4**	**0.3**
东部	0.1	-0.3	0.8	0.1	1.2
中部	-0.4	-1.6	-0.3	-1.2	-0.6
西部	1.3	-0.1	0.1	-0.1	0.3
北京	-0.6	2.6	2.0	1.1	1.9
天津	-2.2	-0.3	0.8	0.6	1.1
河北	-4.6	-1.7	3.2	2.2	3.1
山西	-1.4	-0.7	-1.3	-2.4	-2.6
内蒙古	-1.3	-0.4	-1.9	-2.7	-3.4
辽宁	-0.9	-1.7	-0.5	-0.1	0.1
吉林	-1.4	-0.1	0.2	-3.4	0.0
黑龙江	-1.3	-2.8	-1.9	-1.7	-3.6
上海	1.2	2.4	3.0	1.2	1.4
江苏	-1.0	-2.9	-1.2	-0.8	1.9
浙江	0.7	-0.8	1.0	0.9	1.4
安徽	1.4	-1.8	-1.9	-2.8	0.7
福建	-0.1	0.3	1.0	0.0	0.8
江西	2.1	-1.0	-0.1	-0.5	-1.0
山东	0.3	0.7	0.8	-0.2	1.1
河南	-0.5	-0.9	1.3	0.9	0.2
湖北	-2.6	-4.1	-1.4	-1.7	-1.7
湖南	-0.9	-1.3	0.6	-1.1	0.6
广东	3.8	1.2	0.6	-1.0	0.0
广西	0.4	-0.4	0.7	1.0	3.7
海南	1.2	0.8	0.1	1.6	0.6
重庆	0.8	0.2	-0.6	-0.2	-0.3
四川	1.0	-0.6	-0.9	-1.0	-0.2
贵州	1.3	0.5	3.7	3.4	2.8
云南	3.7	0.9	0.6	1.1	2.1
西藏	1.1	0.9	4.9	2.2	3.6
陕西	-0.5	-1.9	-2.8	-2.6	-2.6
甘肃	3.4	0.0	0.6	-1.2	-1.8
青海	3.8	5.1	-1.6	5.1	0.2
宁夏	1.9	0.1	-1.6	1.5	1.9
新疆	2.8	0.2	1.1	-1.5	-1.0

2-1-14 各地区九年义务教育城镇专任教师数

地 区	城镇专任教师数(万人)				
	2010年	2013年	2014年	2015年	2016年
全 国	**467.9**	**613.6**	**632.1**	**648.0**	**669.4**
东 部	204.8	261.7	271.0	278.0	287.6
中 部	132.6	186.2	191.0	195.1	200.2
西 部	130.5	165.6	170.1	174.8	181.6
北 京	6.6	7.9	8.1	8.4	8.6
天 津	4.7	5.3	5.5	5.6	5.8
河 北	22.5	30.0	31.6	32.8	34.5
山 西	14.5	19.8	20.1	20.1	20.1
内蒙古	12.0	13.9	13.8	13.5	13.2
辽 宁	11.4	19.1	19.3	19.3	19.5
吉 林	10.2	11.9	12.0	12.0	12.2
黑龙江	12.1	16.7	16.5	16.4	16.2
上 海	7.8	8.2	8.5	8.6	8.8
江 苏	28.1	38.9	39.8	40.5	41.9
浙 江	23.4	25.5	26.6	27.1	28.0
安 徽	17.6	23.3	23.9	24.5	25.3
福 建	16.8	17.3	18.4	19.3	19.9
江 西	11.3	20.3	21.0	21.9	22.6
山 东	33.2	47.1	48.7	50.1	52.3
河 南	28.5	44.6	46.3	48.3	49.5
湖 北	17.5	23.4	24.2	24.5	25.2
湖 南	20.9	26.2	26.8	27.5	29.1
广 东	46.0	56.8	58.9	60.6	62.5
广 西	17.3	19.2	19.9	20.9	22.7
海 南	4.1	5.7	5.7	5.7	5.8
重 庆	12.4	14.9	15.2	15.5	16.1
四 川	30.3	34.2	34.6	35.5	36.9
贵 州	12.9	16.0	17.5	19.0	20.3
云 南	13.6	16.1	17.0	17.6	18.1
西 藏	1.6	1.5	1.7	1.7	1.8
陕 西	9.1	21.1	20.9	20.8	20.9
甘 肃	8.6	10.4	11.0	11.4	12.3
青 海	2.1	2.6	2.7	2.9	2.9
宁 夏	2.8	3.5	3.5	3.6	3.7
新 疆	7.8	12.1	12.3	12.4	12.6

2-1-14 续表

地 区	占全部专任教师数比重(%)				
	2010年	2013年	2014年	2015年	2016年
全 国	**51.2**	**67.7**	**69.3**	**70.7**	**72.2**
东 部	60.7	77.2	78.3	79.3	80.1
中 部	43.8	62.9	64.7	66.3	68.0
西 部	47.7	61.0	62.8	64.5	66.2
北 京	82.5	90.5	90.8	90.8	90.7
天 津	74.0	82.8	84.7	84.8	85.2
河 北	45.3	62.1	62.7	64.0	65.0
山 西	46.7	66.4	68.8	70.1	71.4
内蒙古	67.8	80.7	82.0	83.6	84.7
辽 宁	46.0	78.8	80.3	80.8	81.3
吉 林	53.1	65.4	67.0	68.5	70.0
黑龙江	48.0	71.5	72.9	74.5	77.0
上 海	98.9	95.7	95.9	96.0	95.9
江 苏	64.6	89.4	89.3	89.8	90.0
浙 江	80.1	84.6	85.8	85.9	87.0
安 徽	43.0	58.9	60.8	63.0	64.5
福 建	65.7	68.7	71.8	74.0	75.3
江 西	35.1	61.8	63.4	65.0	66.8
山 东	51.2	72.4	74.4	75.7	77.3
河 南	37.2	57.5	59.6	61.4	62.5
湖 北	49.5	70.6	72.7	74.0	76.2
湖 南	49.5	63.1	64.2	65.9	68.7
广 东	66.0	79.5	80.4	81.5	81.9
广 西	50.9	57.9	59.4	61.3	63.9
海 南	53.7	75.1	75.8	76.1	76.9
重 庆	64.4	77.9	79.3	80.0	81.2
四 川	59.4	67.2	68.3	70.1	72.0
贵 州	41.8	51.9	56.1	59.7	62.6
云 南	38.1	45.9	48.7	50.5	51.1
西 藏	56.1	55.5	56.5	57.1	57.1
陕 西	31.3	77.2	78.4	79.6	81.1
甘 肃	38.4	46.2	48.9	50.9	54.9
青 海	50.5	61.8	65.9	67.3	68.0
宁 夏	53.7	65.1	67.4	68.4	68.4
新 疆	35.9	53.3	52.9	53.9	54.6

2-1-15 各地区九年义务教育农村专任教师数

地 区	农村专任教师数(万人)				
	2010年	2013年	2014年	2015年	2016年
全 国	**446.3**	**293.0**	**280.1**	**268.1**	**258.3**
东 部	132.6	77.4	75.1	72.8	71.5
中 部	170.4	109.8	104.3	99.1	94.2
西 部	143.4	105.8	100.8	96.3	92.6
北 京	1.4	0.8	0.8	0.8	0.9
天 津	1.6	1.1	1.0	1.0	1.0
河 北	27.2	18.3	18.8	18.5	18.6
山 西	16.5	10.0	9.1	8.6	8.1
内蒙古	5.7	3.3	3.0	2.6	2.4
辽 宁	13.4	5.1	4.7	4.6	4.5
吉 林	9.0	6.3	5.9	5.5	5.2
黑龙江	13.2	6.7	6.2	5.6	4.8
上 海	0.1	0.4	0.4	0.4	0.4
江 苏	15.5	4.6	4.7	4.6	4.6
浙 江	5.8	4.6	4.4	4.4	4.2
安 徽	23.3	16.3	15.4	14.4	13.9
福 建	8.8	7.9	7.2	6.8	6.5
江 西	21.0	12.5	12.1	11.8	11.2
山 东	31.6	18.0	16.8	16.1	15.3
河 南	48.2	32.9	31.4	30.4	29.8
湖 北	17.8	9.8	9.1	8.6	7.9
湖 南	21.4	15.3	15.0	14.2	13.2
广 东	23.7	14.7	14.4	13.8	13.8
广 西	16.6	14.0	13.6	13.2	12.9
海 南	3.6	1.9	1.8	1.8	1.7
重 庆	6.9	4.2	4.0	3.9	3.7
四 川	20.7	16.7	16.0	15.2	14.4
贵 州	17.9	14.8	13.7	12.8	12.1
云 南	22.1	19.1	17.9	17.3	17.3
西 藏	1.2	1.2	1.3	1.3	1.3
陕 西	20.1	6.2	5.8	5.3	4.9
甘 肃	13.8	12.1	11.5	11.0	10.1
青 海	2.0	1.6	1.4	1.4	1.4
宁 夏	2.4	1.9	1.7	1.7	1.7
新 疆	14.0	10.6	10.9	10.6	10.5

2-1-15 续表

地　区	占全部专任教师数比重(%)				
	2010年	2013年	2014年	2015年	2016年
全　国	**48.8**	**32.3**	**30.7**	**29.3**	**27.8**
东　部	39.3	22.8	21.7	20.7	19.9
中　部	56.2	37.1	35.3	33.7	32.0
西　部	52.3	39.0	37.2	35.5	33.8
北　京	17.5	9.5	9.2	9.2	9.3
天　津	26.0	17.2	15.3	15.2	14.8
河　北	54.7	37.9	37.3	36.0	35.0
山　西	53.3	33.6	31.2	29.9	28.6
内蒙古	32.2	19.3	18.0	16.4	15.3
辽　宁	54.0	21.2	19.7	19.2	18.7
吉　林	46.9	34.6	33.0	31.5	30.0
黑龙江	52.0	28.5	27.1	25.5	23.0
上　海	1.1	4.3	4.1	4.0	4.1
江　苏	35.4	10.6	10.7	10.2	10.0
浙　江	19.9	15.4	14.2	14.1	13.0
安　徽	57.0	41.1	39.2	37.0	35.5
福　建	34.3	31.3	28.2	26.0	24.7
江　西	64.9	38.2	36.6	35.0	33.2
山　东	48.8	27.6	25.6	24.3	22.7
河　南	62.8	42.5	40.4	38.6	37.5
湖　北	50.5	29.4	27.3	26.0	23.8
湖　南	50.5	36.9	35.8	34.1	31.3
广　东	34.0	20.5	19.6	18.5	18.1
广　西	49.1	42.1	40.6	38.7	36.1
海　南	46.3	24.9	24.2	23.9	23.1
重　庆	35.6	22.1	20.7	20.0	18.8
四　川	40.6	32.8	31.7	29.9	28.0
贵　州	58.2	48.1	43.9	40.3	37.4
云　南	61.9	54.1	51.3	49.5	48.9
西　藏	43.9	44.5	43.5	42.9	42.9
陕　西	68.7	22.8	21.6	20.4	18.9
甘　肃	61.6	53.8	51.1	49.1	45.1
青　海	49.5	38.2	34.1	32.7	32.0
宁　夏	46.3	34.9	32.6	31.6	31.6
新　疆	64.1	46.7	47.1	46.1	45.4

2-1-16 各地区九年义务教育学历合格高一级教师数

地 区	学历合格高一级教师数(万人)				
	2010年	2013年	2014年	2015年	2016年
全 国	**665.5**	**748.3**	**777.8**	**801.3**	**829.8**
东 部	261.9	293.5	308.3	319.0	332.4
中 部	206.8	233.4	241.2	247.6	254.6
西 部	196.9	221.4	228.3	234.6	242.8
北 京	7.6	8.5	8.8	9.1	9.5
天 津	5.4	5.9	6.1	6.3	6.6
河 北	37.9	41.4	44.6	46.4	48.8
山 西	22.2	24.3	24.6	24.7	24.8
内蒙古	14.2	15.0	15.0	14.7	14.7
辽 宁	19.0	20.7	21.1	21.5	22.0
吉 林	15.8	15.9	16.1	15.8	15.9
黑龙江	19.1	19.5	19.5	19.3	18.8
上 海	7.4	8.4	8.7	8.9	9.0
江 苏	35.3	39.9	41.6	42.9	44.9
浙 江	25.0	28.3	29.4	30.2	31.1
安 徽	27.4	31.2	32.4	33.4	34.7
福 建	19.0	20.9	21.9	22.8	23.6
江 西	19.8	24.2	25.4	26.8	28.2
山 东	47.8	54.4	56.1	57.9	60.9
河 南	51.3	60.7	63.1	65.9	68.3
湖 北	22.8	25.3	26.5	27.1	27.8
湖 南	28.3	32.2	33.7	34.7	36.2
广 东	52.2	59.2	63.9	66.6	69.7
广 西	23.6	26.6	27.7	28.8	30.7
海 南	5.3	6.0	6.2	6.3	6.4
重 庆	15.1	16.8	17.3	17.8	18.6
四 川	35.8	40.4	41.6	42.9	44.6
贵 州	20.4	24.1	25.4	26.7	28.0
云 南	26.1	28.8	29.5	30.2	31.3
西 藏	2.2	2.5	2.7	2.8	2.9
陕 西	21.7	23.1	23.5	23.6	24.0
甘 肃	14.9	17.7	18.4	18.9	19.3
青 海	3.2	3.6	3.6	3.8	3.9
宁 夏	4.0	4.6	4.7	4.9	5.1
新 疆	15.6	18.1	19.0	19.4	19.8

注：义务教育学历合格高一级教师：普通小学为高中阶段毕业以上学历教师，初中为专科毕业以上学历教师。

2-1-16 续表

地区	占全部专任教师数比重(%)				
	2010年	2013年	2014年	2015年	2016年
全国	**72.8**	**82.5**	**85.3**	**87.5**	**89.4**
东部	77.6	86.6	89.1	90.9	92.6
中部	68.2	78.8	81.7	84.2	86.5
西部	71.9	81.6	84.3	86.6	88.5
北京	94.9	97.8	98.6	99.0	99.2
天津	85.0	91.8	93.5	95.3	96.3
河北	76.3	85.7	88.5	90.5	92.0
山西	71.8	81.5	84.1	86.2	88.1
内蒙古	79.8	86.7	89.2	91.4	93.9
辽宁	76.8	85.5	87.8	89.9	91.7
吉林	82.0	87.6	89.4	90.7	91.2
黑龙江	75.7	83.4	85.8	87.8	89.5
上海	93.8	97.5	98.1	98.6	98.9
江苏	80.9	91.6	93.5	95.1	96.5
浙江	85.6	93.8	94.9	96.0	96.7
安徽	67.0	78.8	82.4	85.7	88.3
福建	74.4	83.2	85.4	87.5	89.0
江西	61.3	73.5	76.7	79.7	83.4
山东	73.7	83.6	85.7	87.6	89.9
河南	66.8	78.4	81.2	83.7	86.1
湖北	64.6	76.2	79.5	81.7	83.8
湖南	67.0	77.5	80.5	83.1	85.6
广东	74.9	82.8	87.2	89.5	91.4
广西	69.6	80.1	82.5	84.5	86.2
海南	68.7	79.7	82.0	84.1	84.9
重庆	78.3	87.7	89.9	91.8	93.7
四川	70.2	79.6	82.2	84.7	87.0
贵州	66.2	78.2	81.4	84.1	86.3
云南	72.9	81.8	84.7	86.6	88.6
西藏	80.8	89.2	91.5	92.1	93.6
陕西	74.4	84.5	87.9	90.5	92.8
甘肃	66.5	78.9	81.7	84.4	86.4
青海	78.6	84.9	88.0	89.6	90.4
宁夏	77.4	86.3	90.4	92.2	93.9
新疆	71.9	80.0	82.0	84.1	85.7

注：义务教育学历合格高一级教师：普通小学为高中阶段毕业以上学历教师，初中为专科毕业以上学历教师。

2-1-17 各地区普通小学学历合格高一级教师数

地 区	学历合格高一级教师数(万人)				
	2010年	2013年	2014年	2015年	2016年
全 国	**439.7**	**487.7**	**506.1**	**522.4**	**542.2**
东 部	167.1	186.4	196.5	204.7	214.2
中 部	139.5	154.5	159.0	163.5	168.3
西 部	133.2	146.8	150.6	154.3	159.7
北 京	4.7	5.4	5.6	5.9	6.1
天 津	3.2	3.5	3.7	3.8	4.0
河 北	26.2	28.7	30.9	32.0	33.7
山 西	15.5	16.2	16.2	16.1	16.1
内蒙古	9.7	10.1	10.1	9.7	9.7
辽 宁	12.0	12.8	12.9	13.1	13.4
吉 林	10.6	10.5	10.4	10.2	10.3
黑龙江	12.3	12.1	12.0	11.7	11.3
上 海	4.2	4.9	5.1	5.2	5.3
江 苏	21.1	24.0	25.5	26.7	28.2
浙 江	14.9	17.4	18.3	18.9	19.6
安 徽	17.5	19.8	20.7	21.5	22.4
福 建	11.6	12.9	13.6	14.4	14.9
江 西	13.4	16.3	17.3	18.5	19.7
山 东	29.3	33.2	34.2	35.6	37.8
河 南	37.2	42.6	43.7	45.4	46.9
湖 北	14.4	16.3	17.2	17.7	18.3
湖 南	18.6	20.7	21.6	22.4	23.4
广 东	36.0	39.4	42.4	44.6	46.9
广 西	16.2	18.1	18.8	19.6	20.9
海 南	3.8	4.2	4.3	4.4	4.3
重 庆	9.5	10.4	10.8	11.2	11.8
四 川	23.6	26.5	27.2	28.2	29.4
贵 州	14.5	16.4	16.9	17.4	18.0
云 南	18.1	19.5	19.8	20.1	20.7
西 藏	1.6	1.7	1.9	2.0	2.0
陕 西	14.2	14.6	14.8	14.8	15.1
甘 肃	10.0	11.5	11.9	12.3	12.6
青 海	2.3	2.5	2.4	2.5	2.5
宁 夏	2.5	3.0	3.1	3.2	3.2
新 疆	10.8	12.4	13.1	13.3	13.6

2-1-17 续表

地 区	占小学专任教师数比重(%)				
	2010年	2013年	2014年	2015年	2016年
全 国	**78.3**	**87.3**	**89.8**	**91.9**	**93.7**
东 部	81.6	89.8	92.1	93.9	95.3
中 部	75.3	85.2	87.8	90.2	92.4
西 部	77.5	86.7	89.2	91.2	92.9
北 京	95.2	98.1	98.8	99.1	99.4
天 津	84.9	92.2	93.7	95.7	96.7
河 北	82.3	90.2	92.6	94.5	95.8
山 西	81.3	89.7	91.5	92.9	94.1
内蒙古	85.4	91.7	93.8	95.6	97.2
辽 宁	81.8	89.6	91.8	93.8	95.4
吉 林	85.5	91.2	92.3	93.1	93.8
黑龙江	81.4	88.8	91.2	93.1	94.4
上 海	93.4	97.6	98.2	98.7	99.1
江 苏	84.3	93.0	94.5	96.1	97.4
浙 江	86.9	94.7	96.0	97.3	97.9
安 徽	71.2	83.0	86.8	90.1	93.1
福 建	74.2	83.4	86.0	88.3	90.1
江 西	65.8	78.8	82.4	85.6	89.7
山 东	75.7	85.7	87.8	89.8	92.4
河 南	75.9	86.2	88.4	90.6	92.7
湖 北	73.5	83.1	86.2	88.5	90.5
湖 南	74.2	83.9	87.2	89.7	92.1
广 东	83.5	90.1	93.3	95.3	96.4
广 西	73.7	84.0	86.3	88.3	90.0
海 南	73.5	83.3	85.7	87.8	88.2
重 庆	81.7	90.7	92.6	94.3	95.9
四 川	77.3	86.8	89.2	91.6	93.6
贵 州	73.5	84.8	87.6	89.7	91.6
云 南	76.4	84.6	87.7	89.6	91.3
西 藏	83.2	92.3	94.8	95.4	96.7
陕 西	80.9	89.6	92.7	94.8	96.4
甘 肃	71.2	81.9	84.5	87.3	89.3
青 海	86.5	91.2	94.4	95.6	96.0
宁 夏	76.5	86.9	91.8	93.5	95.2
新 疆	81.0	88.4	90.0	91.9	92.7

2-1-18 各地区初中学历合格高一级教师数

地区	学历合格高一级教师数(万人)				
	2010年	2013年	2014年	2015年	2016年
全国	**225.8**	**260.6**	**271.7**	**278.9**	**287.6**
东部	94.8	107.1	111.8	114.4	118.2
中部	67.3	78.8	82.2	84.1	86.3
西部	63.7	74.6	77.8	80.3	83.1
北京	2.9	3.1	3.2	3.2	3.3
天津	2.2	2.4	2.4	2.5	2.5
河北	11.7	12.7	13.7	14.4	15.2
山西	6.8	8.1	8.4	8.6	8.7
内蒙古	4.5	4.8	4.9	5.0	5.0
辽宁	7.0	7.9	8.1	8.3	8.6
吉林	5.1	5.4	5.7	5.6	5.6
黑龙江	6.8	7.4	7.5	7.6	7.5
上海	3.2	3.5	3.6	3.7	3.8
江苏	14.2	15.9	16.1	16.2	16.8
浙江	10.1	10.9	11.1	11.3	11.5
安徽	9.9	11.5	11.7	11.9	12.3
福建	7.4	8.0	8.3	8.4	8.6
江西	6.5	7.8	8.1	8.3	8.6
山东	18.4	21.2	21.9	22.3	23.1
河南	14.0	18.1	19.5	20.5	21.3
湖北	8.4	9.0	9.3	9.4	9.5
湖南	9.8	11.5	12.0	12.3	12.8
广东	16.2	19.8	21.5	22.0	22.8
广西	7.3	8.5	8.9	9.2	9.8
海南	1.5	1.8	1.9	2.0	2.0
重庆	5.6	6.3	6.5	6.6	6.8
四川	12.2	13.9	14.4	14.7	15.2
贵州	5.8	7.7	8.5	9.3	9.9
云南	7.9	9.3	9.7	10.1	10.6
西藏	0.7	0.8	0.8	0.8	0.9
陕西	7.5	8.5	8.7	8.8	8.9
甘肃	4.9	6.2	6.5	6.7	6.7
青海	0.9	1.2	1.2	1.3	1.3
宁夏	1.5	1.7	1.7	1.7	1.8
新疆	4.8	5.7	6.0	6.1	6.2

2-1-18 续表

地 区	占初中专任教师数比重(%)				
	2010年	2013年	2014年	2015年	2016年
全 国	**64.0**	**74.9**	**77.9**	**80.2**	**82.5**
东 部	71.4	81.5	84.3	86.2	88.0
中 部	57.1	68.8	72.0	74.5	76.9
西 部	62.4	73.2	76.2	78.8	81.2
北 京	94.3	97.3	98.2	98.7	98.9
天 津	85.0	91.3	93.1	94.7	95.6
河 北	65.7	77.0	80.4	82.8	84.7
山 西	56.6	68.9	72.8	76.0	78.8
内蒙古	69.9	77.7	81.0	84.2	88.1
辽 宁	69.5	79.6	82.1	84.4	86.5
吉 林	75.6	81.5	84.5	86.6	86.8
黑龙江	67.3	75.8	78.3	80.7	83.0
上 海	94.5	97.3	97.9	98.3	98.6
江 苏	76.3	89.7	91.9	93.6	95.0
浙 江	83.8	92.4	93.2	93.9	94.6
安 徽	60.6	72.4	75.6	78.8	80.8
福 建	74.7	82.7	84.4	86.2	87.2
江 西	53.7	64.6	66.9	69.1	71.8
山 东	70.7	80.5	82.5	84.2	86.2
河 南	50.7	64.8	68.6	71.5	74.5
湖 北	53.6	66.2	69.4	71.4	73.3
湖 南	56.6	68.2	70.7	73.2	75.9
广 东	60.9	71.4	77.2	79.7	82.8
广 西	61.9	72.8	75.5	77.5	79.0
海 南	58.8	72.5	74.5	76.9	78.6
重 庆	73.2	83.1	85.6	87.8	90.0
四 川	59.5	68.6	71.5	74.1	76.4
贵 州	53.1	67.2	71.4	75.2	78.2
云 南	66.2	76.4	79.3	81.3	83.8
西 藏	75.8	82.9	84.4	85.1	87.0
陕 西	64.6	77.0	80.9	84.0	87.4
甘 肃	58.4	73.9	77.0	79.6	81.5
青 海	64.0	74.0	77.5	79.6	81.3
宁 夏	79.1	85.4	88.1	90.0	91.6
新 疆	57.3	66.3	68.6	71.0	73.4

2-1-19 各地区九年义务教育生师比

(教师=1)

地 区	全 国				
	2010年	2013年	2014年	2015年	2016年
全 国	**16.6**	**15.2**	**15.2**	**15.3**	**15.4**
东 部	15.7	15.1	15.2	15.3	15.3
中 部	17.1	15.1	15.1	15.3	15.6
西 部	17.2	15.4	15.3	15.3	15.2
北 京	12.1	12.7	12.6	12.3	11.9
天 津	12.3	12.7	12.9	13.0	13.0
河 北	14.8	15.6	15.7	16.2	16.3
山 西	14.9	12.0	11.8	11.9	11.9
内蒙古	12.6	11.6	11.7	12.1	12.5
辽 宁	14.0	12.8	12.7	12.6	12.4
吉 林	11.8	11.0	10.5	10.7	10.7
黑龙江	12.5	10.6	10.6	10.8	11.2
上 海	14.2	14.3	13.9	13.5	13.2
江 苏	14.5	14.3	14.8	15.2	15.4
浙 江	17.1	16.5	16.3	16.0	15.7
安 徽	18.1	15.4	15.5	15.7	15.9
福 建	14.3	14.7	15.1	15.4	15.6
江 西	19.4	17.8	17.7	17.8	17.8
山 东	15.1	14.5	14.7	14.9	14.9
河 南	20.1	17.1	17.1	17.1	17.4
湖 北	16.5	14.4	13.8	14.2	14.7
湖 南	16.4	16.4	16.6	17.0	17.2
广 东	19.3	17.0	16.5	16.4	16.4
广 西	18.6	18.7	18.7	18.7	18.3
海 南	15.6	14.4	14.4	14.6	14.9
重 庆	17.0	15.7	15.7	15.6	15.4
四 川	18.3	15.7	15.6	15.5	15.5
贵 州	21.0	18.4	17.7	17.2	16.7
云 南	18.0	16.5	16.4	16.3	15.9
西 藏	15.8	15.1	14.1	13.4	13.6
陕 西	14.6	12.7	12.7	13.0	13.4
甘 肃	16.8	12.9	12.3	12.1	12.1
青 海	18.1	16.0	16.6	15.7	15.6
宁 夏	18.5	16.6	16.5	16.1	15.9
新 疆	13.5	12.4	12.3	12.8	13.2

2-1-19 续表 1 (教师=1)

地 区	城镇				
	2010年	2013年	2014年	2015年	2016年
全 国	**17.3**	**15.9**	**15.9**	**16.0**	**16.0**
东 部	16.4	15.6	15.6	15.6	15.6
中 部	17.9	16.2	16.2	16.4	16.6
西 部	18.1	16.2	16.1	16.0	15.9
北 京	12.6	13.0	12.9	12.6	12.2
天 津	12.7	12.6	12.8	12.9	13.0
河 北	15.8	16.3	16.5	16.8	16.9
山 西	17.2	14.0	13.5	13.5	13.5
内蒙古	14.6	12.7	12.8	13.0	13.2
辽 宁	15.1	13.4	13.2	13.2	12.9
吉 林	14.4	12.8	12.1	12.2	12.1
黑龙江	14.6	12.1	12.0	12.2	12.4
上 海	14.1	14.2	13.8	13.5	13.2
江 苏	14.9	14.3	14.7	15.1	15.3
浙 江	17.1	16.6	16.4	16.2	15.9
安 徽	19.2	16.7	16.8	16.9	16.9
福 建	15.8	16.3	16.4	16.6	16.7
江 西	20.6	18.9	19.1	19.2	19.2
山 东	15.6	14.7	14.8	15.0	15.0
河 南	20.1	18.1	18.1	18.1	18.4
湖 北	16.9	14.8	14.5	14.9	15.3
湖 南	17.2	17.5	17.8	18.3	18.3
广 东	19.5	17.6	17.1	17.0	16.9
广 西	18.5	19.1	19.2	19.2	18.6
海 南	18.5	15.9	15.9	16.1	16.3
重 庆	17.8	16.4	16.3	16.2	16.0
四 川	18.4	16.4	16.3	16.2	16.1
贵 州	21.1	19.7	18.9	18.1	17.5
云 南	18.2	17.0	17.1	16.9	16.6
西 藏	15.2	14.2	13.5	12.9	13.1
陕 西	18.7	13.8	13.7	14.0	14.3
甘 肃	17.9	15.1	14.4	14.2	13.9
青 海	19.0	17.0	17.4	16.3	16.3
宁 夏	19.4	17.8	17.7	17.3	17.1
新 疆	15.6	13.5	13.4	13.6	13.8

2-1-19 续表 2 (教师=1)

地 区	农村 2010年	农村 2013年	农村 2014年	农村 2015年	农村 2016年
全 国	**16.0**	**13.8**	**13.6**	**13.7**	**13.8**
东 部	14.7	13.7	13.7	14.1	14.1
中 部	16.6	13.3	13.1	13.2	13.5
西 部	16.5	14.2	13.9	13.9	13.8
北 京	9.5	9.8	9.9	9.7	9.1
天 津	11.3	13.1	13.4	13.4	13.4
河 北	13.9	14.4	14.5	15.2	15.2
山 西	12.9	8.3	8.1	8.0	8.0
内蒙古	8.5	6.8	6.9	7.7	8.5
辽 宁	13.0	10.7	10.4	10.2	10.1
吉 林	8.9	7.8	7.3	7.6	7.4
黑龙江	10.7	6.7	6.7	6.8	7.1
上 海	21.9	16.1	15.0	13.5	12.7
江 苏	13.8	13.8	15.0	15.9	16.3
浙 江	17.0	15.9	15.4	15.3	14.6
安 徽	17.3	13.5	13.4	13.7	14.1
福 建	11.5	11.3	11.7	12.1	12.4
江 西	18.7	15.9	15.4	15.1	14.9
山 东	14.6	14.1	14.3	14.6	14.5
河 南	20.1	15.7	15.5	15.4	15.8
湖 北	16.2	13.4	12.0	12.3	12.8
湖 南	15.7	14.5	14.4	14.7	14.7
广 东	19.1	14.5	14.0	14.1	14.3
广 西	18.7	18.2	18.0	17.9	17.6
海 南	12.3	9.8	9.7	9.9	10.2
重 庆	15.4	13.4	13.2	13.1	12.9
四 川	18.3	14.3	14.1	14.0	13.8
贵 州	21.0	16.9	16.2	15.8	15.4
云 南	17.9	16.0	15.8	15.6	15.3
西 藏	16.5	16.2	14.8	14.0	14.3
陕 西	12.7	9.2	9.0	9.2	9.7
甘 肃	16.1	11.1	10.3	10.0	9.8
青 海	17.1	14.6	15.0	14.2	14.3
宁 夏	17.5	14.5	14.2	13.7	13.5
新 疆	12.3	11.1	11.1	11.9	12.4

2-1-20 各地区九年义务教育教学及辅助用房面积

地 区	用房面积(万平方米)				
	2010年	2013年	2014年	2015年	2016年
全 国	**52430.0**	**55974.1**	**57776.7**	**59901.9**	**62109.2**
东 部	20271.6	22331.3	23567.0	24518.9	25113.1
中 部	17032.1	17786.5	17940.9	18450.8	19065.4
西 部	15126.3	15856.3	16268.7	16932.2	17930.7
北 京	389.0	442.8	473.6	480.8	485.3
天 津	310.4	344.9	360.2	371.9	377.0
河 北	2748.0	2948.1	3142.4	3308.3	3469.6
山 西	1459.8	1466.7	1406.4	1454.1	1463.5
内蒙古	784.5	877.1	908.0	965.6	1070.6
辽 宁	1300.9	1235.2	1242.0	1247.0	1281.0
吉 林	854.4	848.7	853.0	903.2	913.2
黑龙江	1208.5	1090.2	1028.5	1025.3	994.0
上 海	494.9	608.8	599.2	629.8	654.3
江 苏	2858.8	3396.6	3644.2	3758.3	3821.5
浙 江	2095.5	2308.6	2412.8	2559.2	2663.4
安 徽	2321.4	2552.5	2620.7	2772.2	2971.7
福 建	1532.0	1546.9	1600.4	1635.8	1720.6
江 西	1984.5	2126.2	2159.6	2237.2	2387.0
山 东	3364.6	3652.1	3890.7	4054.2	4148.7
河 南	4386.1	4629.5	4823.9	4893.3	5103.1
湖 北	2112.6	2235.2	2181.9	2209.6	2269.3
湖 南	2704.8	2837.4	2867.0	2956.0	2963.7
广 东	4798.7	5430.3	5782.4	6009.4	6019.6
广 西	2241.1	2284.2	2368.3	2540.7	2858.7
海 南	378.9	416.8	419.1	464.2	472.1
重 庆	1272.2	1364.3	1396.4	1396.4	1377.1
四 川	2862.4	2981.3	3057.9	3216.9	3335.8
贵 州	1705.9	1783.9	1851.4	1874.9	1947.7
云 南	1983.9	2010.8	2009.8	2023.1	2217.9
西 藏	132.5	151.0	163.6	180.9	193.0
陕 西	1521.5	1529.8	1482.8	1522.0	1530.6
甘 肃	1199.4	1219.6	1233.7	1256.9	1283.0
青 海	231.9	276.8	293.5	301.0	312.9
宁 夏	300.5	353.6	377.9	388.6	412.1
新 疆	890.7	1023.9	1125.4	1265.2	1391.4

2-1-20 续表

地 区	生均用房面积(平方米)				
	2010年	2013年	2014年	2015年	2016年
全 国	**3.4**	**4.1**	**4.2**	**4.3**	**4.4**
东 部	3.8	4.3	4.5	4.6	4.6
中 部	3.3	4.0	4.0	4.1	4.2
西 部	3.2	3.8	3.9	4.1	4.3
北 京	4.0	4.0	4.2	4.2	4.3
天 津	4.0	4.2	4.3	4.3	4.2
河 北	3.7	3.9	4.0	4.0	4.0
山 西	3.2	4.1	4.1	4.3	4.4
内蒙古	3.5	4.4	4.6	4.9	5.5
辽 宁	3.8	4.0	4.1	4.1	4.3
吉 林	3.8	4.2	4.5	4.8	4.9
黑龙江	3.8	4.4	4.3	4.3	4.2
上 海	4.4	5.0	4.9	5.2	5.4
江 苏	4.5	5.5	5.5	5.5	5.3
浙 江	4.2	4.6	4.8	5.1	5.3
安 徽	3.1	4.2	4.3	4.5	4.8
福 建	4.2	4.2	4.1	4.1	4.2
江 西	3.2	3.6	3.7	3.7	4.0
山 东	3.4	3.9	4.0	4.1	4.1
河 南	2.8	3.5	3.6	3.6	3.7
湖 北	3.6	4.7	4.8	4.7	4.7
湖 南	3.9	4.2	4.1	4.2	4.1
广 东	3.6	4.5	4.8	4.9	4.8
广 西	3.6	3.7	3.8	4.0	4.4
海 南	3.2	3.8	3.8	4.2	4.2
重 庆	3.9	4.5	4.6	4.6	4.5
四 川	3.1	3.7	3.9	4.1	4.2
贵 州	2.6	3.2	3.3	3.4	3.6
云 南	3.1	3.5	3.5	3.6	3.9
西 藏	3.0	3.6	3.9	4.4	4.6
陕 西	3.6	4.4	4.4		4.4
甘 肃	3.2	4.2	4.4	4.6	4.8
青 海	3.1	4.1	4.4	4.5	4.7
宁 夏	3.1	4.0	4.4	4.5	4.8
新 疆	3.0	3.6	3.9	4.3	4.6

2-1-21 各地区九年义务教育城镇教学及辅助用房面积

地 区	用房面积(万平方米)				
	2010年	2013年	2014年	2015年	2016年
全 国	**25037.7**	**36125.0**	**38379.5**	**40662.5**	**42853.0**
东 部	12035.0	16783.9	18013.1	18917.6	19512.0
中 部	6576.6	10342.6	10752.0	11388.2	12072.2
西 部	6426.1	8998.5	9614.4	10356.7	11268.8
北 京	310.5	385.0	407.3	419.7	421.1
天 津	215.4	266.7	288.8	300.3	305.1
河 北	1121.3	1684.6	1826.2	1952.1	2074.3
山 西	607.9	918.7	911.6	980.2	1017.5
内蒙古	545.1	725.9	768.1	830.3	925.9
辽 宁	609.5	957.2	982.2	988.7	1019.6
吉 林	457.4	542.0	565.2	629.3	641.6
黑龙江	569.6	770.0	734.6	744.3	753.1
上 海	490.6	583.3	574.4	603.4	623.1
江 苏	1871.0	3032.5	3262.3	3376.3	3432.9
浙 江	1682.3	1955.2	2073.9	2203.6	2323.4
安 徽	871.4	1406.3	1504.0	1671.2	1833.0
福 建	864.2	945.0	1036.9	1093.1	1176.5
江 西	572.3	1163.1	1231.2	1311.2	1443.6
山 东	1744.2	2634.3	2878.2	3018.6	3132.9
河 南	1453.0	2460.8	2659.0	2742.7	2885.9
湖 北	905.6	1484.5	1500.6	1549.0	1639.2
湖 南	1139.4	1597.2	1645.7	1760.1	1858.2
广 东	2957.3	4055.9	4388.3	4630.6	4667.6
广 西	879.8	1089.4	1168.3	1326.9	1587.5
海 南	168.6	284.2	294.6	331.4	335.5
重 庆	743.7	994.8	1044.8	1062.0	1092.6
四 川	1495.3	1879.4	1974.4	2157.4	2292.2
贵 州	595.5	791.8	923.2	1011.4	1116.2
云 南	675.3	851.0	901.4	942.7	1032.6
西 藏	78.7	85.0	92.8	101.0	104.8
陕 西	438.8	1105.2	1086.3	1143.8	1180.5
甘 肃	392.5	504.5	563.0	605.6	665.7
青 海	106.6	155.6	178.0	184.0	195.2
宁 夏	155.1	226.3	252.7	259.6	272.5
新 疆	319.8	589.6	661.4	731.8	803.1

2-1-21 续表

地区	生均用房面积(平方米)				
	2010年	2013年	2014年	2015年	2016年
全国	**3.1**	**3.7**	**3.8**	**3.9**	**4.0**
东部	3.6	4.1	4.3	4.4	4.4
中部	2.8	3.4	3.5	3.6	3.6
西部	2.7	3.4	3.5	3.7	3.9
北京	3.7	3.8	3.9	4.0	4.0
天津	3.6	4.0	4.1	4.1	4.1
河北	3.1	3.4	3.5	3.5	3.6
山西	2.4	3.3	3.3	3.6	3.7
内蒙古	3.1	4.1	4.4	4.7	5.3
辽宁	3.5	3.7	3.9	3.9	4.1
吉林	3.1	3.6	3.9	4.3	4.3
黑龙江	3.2	3.8	3.7	3.7	3.8
上海	4.4	5.0	4.9	5.2	5.4
江苏	4.5	5.4	5.6	5.5	5.4
浙江	4.2	4.6	4.7	5.0	5.2
安徽	2.6	3.6	3.7	4.0	4.3
福建	3.3	3.4	3.4	3.4	3.5
江西	2.4	3.0	3.1	3.1	3.3
山东	3.4	3.8	4.0	4.0	4.0
河南	2.5	3.0	3.2	3.1	3.2
湖北	3.1	4.3	4.3	4.2	4.2
湖南	3.2	3.5	3.4	3.5	3.5
广东	3.3	4.1	4.4	4.5	4.4
广西	2.8	3.0	3.1	3.3	3.7
海南	2.2	3.1	3.2	3.6	3.6
重庆	3.3	4.1	4.2	4.2	4.2
四川	2.7	3.4	3.5	3.7	3.8
贵州	2.2	2.5	2.8	2.9	3.1
云南	2.7	3.1	3.1	3.2	3.4
西藏	3.3	3.9	4.1	4.5	4.5
陕西	2.6	3.8	3.8	3.9	3.9
甘肃	2.6	3.2	3.6	3.8	3.9
青海	2.7	3.5	3.8	3.9	4.1
宁夏	2.9	3.7	4.0	4.1	4.3
新疆	2.6	3.6	4.0	4.3	4.6

2-1-22 各地区九年义务教育农村教学及辅助用房面积

地 区	用房面积(万平方米)				
	2010年	2013年	2014年	2015年	2016年
全 国	**27392.3**	**19849.1**	**19397.2**	**19239.4**	**19256.2**
东 部	8236.6	5547.4	5554.0	5601.3	5601.1
中 部	10455.5	7443.9	7188.9	7062.6	6993.1
西 部	8700.2	6857.8	6654.3	6575.6	6662.0
北 京	78.5	57.9	66.2	61.1	64.2
天 津	95.0	78.3	71.5	71.6	71.9
河 北	1626.6	1263.5	1316.2	1356.2	1395.3
山 西	851.9	548.0	494.8	473.9	446.0
内蒙古	239.3	151.3	139.9	135.3	144.7
辽 宁	691.4	278.0	259.8	258.4	261.4
吉 林	397.0	306.7	287.8	273.8	271.5
黑龙江	638.9	320.2	293.9	281.0	240.9
上 海	4.3	25.6	24.9	26.4	31.2
江 苏	987.8	364.1	381.9	382.0	388.7
浙 江	413.1	353.4	338.9	355.6	340.0
安 徽	1450.0	1146.3	1116.6	1101.0	1138.6
福 建	667.8	602.0	563.6	542.7	544.0
江 西	1412.2	963.1	928.3	925.9	943.4
山 东	1620.3	1017.8	1012.5	1035.6	1015.7
河 南	2933.1	2168.7	2164.9	2150.6	2217.2
湖 北	1207.0	750.7	681.3	660.6	630.1
湖 南	1565.4	1240.1	1221.3	1195.8	1105.4
广 东	1841.4	1374.4	1394.1	1378.8	1352.0
广 西	1361.4	1194.8	1200.0	1213.7	1271.2
海 南	210.3	132.7	124.4	132.8	136.7
重 庆	528.5	369.5	351.6	334.5	284.4
四 川	1367.1	1101.8	1083.4	1059.5	1043.7
贵 州	1110.4	992.1	928.2	863.5	831.5
云 南	1308.6	1159.8	1108.4	1080.3	1185.3
西 藏	53.8	66.0	70.8	79.9	88.3
陕 西	1082.6	424.6	396.5	378.2	350.1
甘 肃	806.9	715.1	670.6	651.3	617.2
青 海	125.3	121.1	115.5	116.9	117.7
宁 夏	145.4	127.3	125.2	128.9	139.6
新 疆	570.9	434.3	464.1	533.5	588.3

2-1-22 续表

地区	生均用房面积(平方米)				
	2010年	2013年	2014年	2015年	2016年
全国	**3.8**	**4.9**	**5.1**	**5.2**	**5.4**
东部	4.2	5.2	5.4	5.5	5.5
中部	3.7	5.1	5.3	5.4	5.5
西部	3.7	4.6	4.7	4.9	5.2
北京	5.9	7.2	8.1	7.5	8.0
天津	5.1	5.4	5.3	5.3	5.3
河北	4.3	4.8	4.8	4.8	4.9
山西	4.0	6.6	6.7	6.9	7.0
内蒙古	4.9	6.7	6.7	6.6	7.1
辽宁	4.0	5.1	5.3	5.5	5.8
吉林	4.9	6.3	6.7	6.6	7.0
黑龙江	4.6	7.1	7.2	7.4	7.0
上海	2.3	4.3	4.5	5.5	6.6
江苏	4.6	5.7	5.4	5.2	5.1
浙江	4.2	4.8	5.0	5.2	5.6
安徽	3.6	5.2	5.4	5.6	5.8
福建	6.6	6.8	6.7	6.6	6.7
江西	3.6	4.8	5.0	5.2	5.6
山东	3.5	4.0	4.2	4.4	4.6
河南	3.0	4.2	4.4	4.6	4.7
湖北	4.2	5.7	6.2	6.2	6.2
湖南	4.7	5.6	5.7	5.7	5.7
广东	4.1	6.5	6.9	7.1	6.9
广西	4.4	4.7	4.9	5.1	5.6
海南	4.8	7.2	7.0	7.4	7.7
重庆	5.0	6.5	6.7	6.5	5.9
四川	3.6	4.6	4.8	5.0	5.3
贵州	2.9	4.0	4.2	4.3	4.5
云南	3.3	3.8	3.9	4.0	4.5
西藏	2.7	3.3	3.7	4.3	4.6
陕西	4.2	7.4	7.7	7.7	7.4
甘肃	3.6	5.3	5.6	5.9	6.3
青海	3.6	5.1	5.6	5.9	6.0
宁夏	3.5	4.7	5.2	5.6	6.1
新疆	3.3	3.7	3.8	4.2	4.5

2-1-23　各地区6岁及以上受小学教育人口数

单位：人

地　区	2011年	2013年	2014年	2015年	2016年
全　国	**294235**	**274659**	**274858**	**5199574**	**275939**
北　京	1742	1692	1772	32650	1631
天　津	1837	1894	1962	35688	1902
河　北	14771	13798	14382	274871	14776
山　西	6518	6385	6185	110913	5620
内蒙古	5082	4918	5046	89268	4312
辽　宁	7869	6401	6759	131839	6838
吉　林	6163	5046	5171	100760	5106
黑龙江	7505	6674	6968	134603	6952
上　海	2633	2654	2519	46582	2528
江　苏	15096	14527	14189	270803	14012
浙　江	12682	11329	12175	239672	12079
安　徽	13720	13022	12497	245444	13091
福　建	9413	8746	8745	160778	9407
江　西	10562	9105	10003	195947	10875
山　东	19602	18912	17650	345693	18766
河　南	19191	18142	18146	350004	17933
湖　北	11150	10067	11160	203950	10885
湖　南	14722	14311	14146	259381	13315
广　东	19618	18284	18495	352377	18686
广　西	11836	11385	10547	210679	10350
海　南	1563	1319	1420	27457	1570
重　庆	7869	7595	7385	139397	7581
四　川	22847	22277	21926	399659	21287
贵　州	10837	8982	8758	172357	9233
云　南	15759	14753	14943	255239	14306
西　藏	1032	915	844	16848	786
陕　西	7339	6615	6663	126830	6847
甘　肃	6885	6747	6573	115600	6813
青　海	1699	1532	1514	29610	1602
宁　夏	1546	1427	1515	26334	1394
新　疆	5147	5205	4799	98351	5455

注：本表为全国人口变动情况抽样调查数据，抽样比2011年0.850‰、2012年0.831‰、2013年和2014年0.822‰、2016年0.837‰，2015年为全国1%人口抽样调查样本数据，抽样比为1.55%。

2-1-24 各地区6岁及以上受初中教育人口数

单位：人

地 区	2011年	2013年	2014年	2015年	2016年
全 国	**441906**	**425145**	**420432**	**7600489**	**418395**
北 京	5201	4496	4658	80272	4070
天 津	4059	4242	4158	85899	4169
河 北	28324	26955	26964	468196	25765
山 西	13699	13129	13048	230264	12675
内蒙古	7977	8374	8186	138368	7552
辽 宁	16810	15256	15573	293115	15399
吉 林	9588	9594	9189	174513	9333
黑龙江	15248	13761	13826	257250	13491
上 海	7809	7063	6729	120392	6199
江 苏	26449	24668	24496	425735	22540
浙 江	17195	15432	15978	284255	15554
安 徽	20595	18937	18727	352751	20802
福 建	11043	11293	10598	189992	10339
江 西	14420	13419	14194	252488	13502
山 东	33569	32094	31654	569311	30835
河 南	33086	32606	30610	579625	32979
湖 北	18884	16684	16854	310274	17461
湖 南	21941	21498	21688	369554	20403
广 东	35612	37022	35212	630674	33330
广 西	14642	15385	15202	277465	16376
海 南	3295	3169	3130	57970	3197
重 庆	7955	8486	7386	146462	8112
四 川	23843	21140	22054	406996	23637
贵 州	9004	9731	9483	174867	9951
云 南	11906	11631	12096	220696	12135
西 藏	378	279	304	6639	466
陕 西	12936	12128	11578	207427	11835
甘 肃	6803	6945	6948	112808	6337
青 海	1261	1206	1223	22619	1390
宁 夏	1955	1825	1882	32026	1821
新 疆	6419	6697	6805	121585	6743

注：本表为全国人口变动情况抽样调查数据，抽样比2011年0.850‰、2012年0.831‰、2013年和2014年0.822‰、2016年0.837‰，2015年为全国1%人口抽样调查样本数据，抽样比为1.55%。

2-2-1 全国中等职业教育与普通高中在校生数之比

年　份	中等职业教育在校生数（万人）	普通高中在校生数（万人）	中等职业教育与普通高中在校生数之比（普通高中=1）
2005	1600.0	2409.1	0.66
2010	2238.5	2427.3	0.92
2011	2205.3	2454.8	0.90
2012	2113.7	2467.2	0.86
2013	1923.0	2435.9	0.79
2014	1755.3	2400.5	0.73
2015	1656.7	2374.4	0.70
2016	1599.0	2366.6	0.68

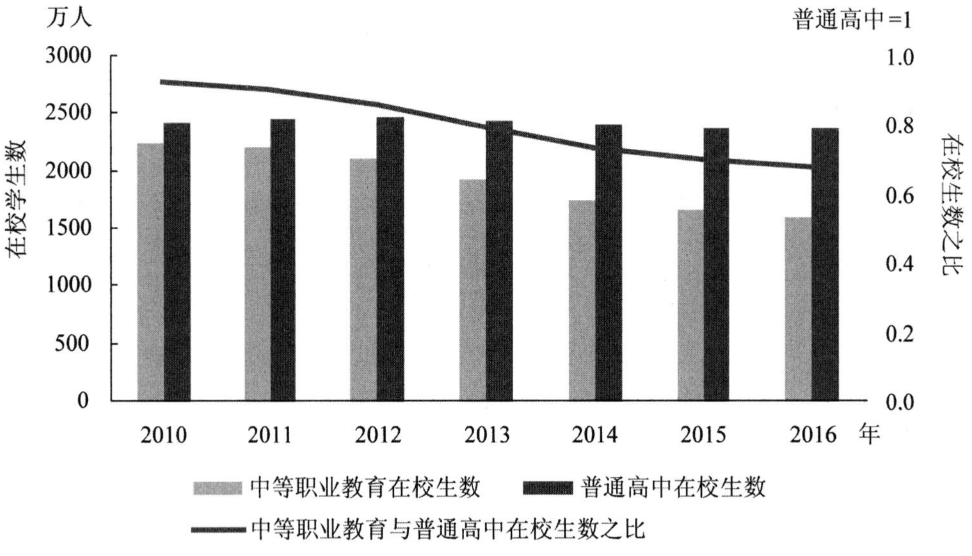

2-2-2 各地区普通高中在校学生数

单位：万人

地　区	2010年	2013年	2014年	2015年	2016年
全　国	**2427.3**	**2435.9**	**2400.5**	**2374.4**	**2366.6**
东　部	926.1	898.9	874.5	858.1	848.4
中　部	810.4	794.4	778.8	771.2	770.8
西　部	690.8	742.6	747.2	745.1	747.5
北　京	19.8	18.8	17.8	16.9	16.3
天　津	18.5	17.5	17.0	16.6	16.4
河　北	127.5	109.3	110.4	115.8	121.3
山　西	82.3	84.8	82.8	79.4	75.4
内蒙古	49.9	49.4	48.4	46.3	44.9
辽　宁	71.5	68.1	65.3	63.5	62.5
吉　林	47.1	45.3	41.6	40.6	40.4
黑龙江	61.7	58.9	56.7	55.4	55.0
上　海	16.9	15.7	15.7	15.8	15.8
江　苏	135.7	111.0	103.4	97.8	95.2
浙　江	88.0	84.0	79.1	77.3	76.6
安　徽	127.6	125.5	120.1	113.6	110.7
福　建	70.6	65.6	62.9	62.6	63.5
江　西	74.0	87.7	90.5	92.9	94.3
山　东	152.5	170.5	171.3	169.1	166.5
河　南	192.2	189.2	189.5	194.3	199.6
湖　北	123.7	98.8	91.9	87.6	84.5
湖　南	101.9	104.1	105.7	107.4	110.9
广　东	208.9	220.4	214.0	205.4	197.4
广　西	75.4	81.9	83.8	86.6	91.9
海　南	16.0	17.9	17.7	17.2	17.0
重　庆	62.6	66.1	64.8	62.3	60.7
四　川	146.2	151.6	149.0	147.1	144.7
贵　州	62.0	85.7	94.3	97.9	99.4
云　南	63.3	73.7	76.8	78.3	80.6
西　藏	4.1	5.3	5.6	5.8	5.7
陕　西	95.6	89.9	85.1	80.5	78.3
甘　肃	64.7	66.7	65.4	62.9	60.3
青　海	10.8	10.9	11.3	11.7	12.0
宁　夏	14.2	16.5	16.4	16.0	15.2
新　疆	41.9	44.8	46.3	49.8	53.8

2-2-3 各地区普通高中家庭经济困难受资助学生数

地 区	受资助学生数(万人次)				
	2010年	2013年	2014年	2015年	2016年
全 国	**481.6**	**498.4**	**494.8**	**494.9**	**1158.5**
北 京	2.0	0.4	0.3	0.2	0.7
天 津	1.9	1.5	1.4	1.3	1.8
河 北	26.2	24.0	22.5	22.5	38.4
山 西	16.1	18.8	16.8	16.7	42.2
内蒙古	15.6	16.0	15.1	14.8	107.5
辽 宁	7.2	8.3	9.5	8.8	12.0
吉 林	9.4	9.2	8.6	8.0	12.4
黑龙江	12.2	12.5	11.7	11.5	18.4
上 海	1.8	0.7	0.7	0.6	1.0
江 苏	14.2	15.0	11.6	10.5	20.6
浙 江	8.6	8.9	7.8	6.9	10.1
安 徽	26.1	27.3	25.6	24.0	40.6
福 建	7.2	5.4	4.9	4.5	7.0
江 西	15.4	16.1	17.0	17.8	29.4
山 东	15.7	16.9	18.0	17.8	29.5
河 南	40.2	36.4	35.2	35.8	67.1
湖 北	25.7	21.5	19.7	18.2	29.9
湖 南	21.3	20.7	20.6	21.8	41.8
广 东	19.2	21.0	21.1	20.7	35.1
广 西	22.6	23.2	24.3	25.4	73.5
海 南	3.1	3.7	3.5	3.5	12.1
重 庆	17.8	20.0	21.9	21.5	36.7
四 川	43.1	45.5	45.7	45.7	112.9
贵 州	17.4	23.2	25.6	28.2	77.5
云 南	18.3	26.2	24.7	25.0	45.9
西 藏	1.2	1.4	4.8	4.9	11.3
陕 西	28.3	27.7	27.6	26.8	116.4
甘 肃	18.9	20.1	20.1	19.0	45.9
青 海	3.2	3.2	3.0	3.4	9.3
宁 夏	4.2	5.1	5.5	4.8	15.7
新 疆	17.3	18.3	19.9	24.2	55.7

注：2010-2015年年度数据为国家助学金资助学生人数，指标单位为万人，2016年包含国家助学金资助学生数、建档立卡免学杂费学生数、地方政府资助学生数、学校资助学生数和社会资助学生数，指标单位为万人次。

2-2-4 各地区中等职业教育在校生数

单位：万人

地 区	2010年	2013年	2014年	2015年	2016年
全 国	**2238.5**	**1923.0**	**1755.3**	**1656.7**	**1599.0**
东 部	905.4	799.6	705.5	656.8	637.0
中 部	721.2	563.7	517.3	488.9	473.1
西 部	611.9	559.6	532.4	510.9	489.0
北 京	21.2	20.8	16.7	13.4	12.1
天 津	14.6	11.8	11.4	11.9	12.3
河 北	127.9	88.8	76.7	71.4	75.9
山 西	68.7	55.0	51.0	47.3	43.8
内蒙古	35.9	26.4	25.1	23.3	22.0
辽 宁	53.1	43.3	39.8	38.8	38.1
吉 林	34.0	23.7	19.0	16.2	15.9
黑龙江	50.2	41.9	33.9	29.3	27.2
上 海	17.5	15.3	13.1	12.0	11.2
江 苏	133.5	105.4	97.7	92.1	89.6
浙 江	75.1	69.7	65.5	64.6	65.9
安 徽	95.6	101.7	95.9	88.2	83.8
福 建	62.0	59.6	51.4	45.1	44.0
江 西	78.8	62.4	57.9	55.3	48.8
山 东	152.9	140.2	127.8	117.5	114.5
河 南	191.5	146.5	137.8	130.7	128.3
湖 北	108.7	51.5	46.6	45.4	45.5
湖 南	93.7	81.1	75.0	76.5	79.7
广 东	230.3	228.5	190.5	176.1	159.8
广 西	91.8	92.6	89.7	84.6	81.0
海 南	17.1	16.2	15.0	13.9	13.7
重 庆	51.5	51.3	49.4	45.4	40.9
四 川	137.8	130.8	119.5	110.8	102.1
贵 州	41.0	51.6	60.6	67.6	63.6
云 南	66.9	59.5	58.9	59.8	61.8
西 藏	2.3	1.7	1.7	1.6	1.8
陕 西	89.9	60.6	50.3	43.7	41.2
甘 肃	43.9	36.9	31.5	27.2	25.0
青 海	11.3	9.9	9.7	9.6	9.1
宁 夏	11.4	10.0	8.3	8.4	8.2
新 疆	28.3	28.2	27.8	29.0	32.2

注：本表中职教育在校生数包含技工学校在校生数。

2-2-5 各地区中等职业教育免费学生数

地 区	免费学生数(万人)				
	2010年	2013年	2014年	2015年	2016年
全 国	**440.0**	**954.4**	**1234.1**	**1050.3**	**1000.5**
东 部	106.9	387.3	517.2	445.3	422.8
中 部	148.4	270.1	342.6	280.2	269.0
西 部	184.8	297.0	374.3	324.7	308.7
北 京	2.0	3.6	6.9	4.4	2.0
天 津	1.9	6.5	7.3	6.7	6.9
河 北	33.4	40.7	46.9	51.0	46.2
山 西	13.2	37.5	41.0	39.0	31.6
内蒙古	13.2	14.7	15.0	18.2	14.3
辽 宁	5.9	19.3	25.5	21.6	22.1
吉 林	10.7	8.4	11.0	8.3	8.2
黑龙江	12.6	21.9	23.4	16.5	13.7
上 海	1.3	2.5	9.3	6.1	6.2
江 苏	12.5	59.4	72.3	60.5	61.1
浙 江	5.0	53.7	65.5	50.4	47.8
安 徽	16.0	32.9	49.8	32.5	31.5
福 建	6.6	27.7	31.2	27.9	27.0
江 西	15.0	28.6	40.0	33.4	32.8
山 东	15.8	60.3	95.1	86.3	86.0
河 南	32.7	56.7	73.6	66.6	69.1
湖 北	27.5	33.8	38.5	31.2	30.7
湖 南	20.7	50.3	65.3	52.8	51.3
广 东	18.1	104.7	147.5	121.1	109.3
广 西	22.9	27.5	43.4	37.1	36.7
海 南	4.4	8.9	10.0	9.4	8.2
重 庆	15.9	34.9	43.2	37.1	33.0
四 川	43.1	68.7	92.8	77.1	74.1
贵 州	15.8	34.2	39.1	31.5	29.8
云 南	19.5	43.0	48.8	46.4	49.3
西 藏	0.9	1.6	1.5	1.5	1.5
陕 西	23.9	27.0	36.7	24.9	22.5
甘 肃	13.5	21.2	22.4	20.6	15.6
青 海	2.4	2.6	3.9	3.3	3.2
宁 夏	3.6	3.6	5.3	6.3	5.7
新 疆	10.0	17.8	22.3	20.8	23.1

2-2-5 续表

地区	占在校生数比重(%)				
	2010年	2013年	2014年	2015年	2016年
全国	**19.7**	**49.6**	**70.3**	**63.4**	**62.6**
东部	11.8	48.4	73.3	67.8	66.4
中部	20.6	47.9	66.2	57.3	56.9
西部	30.2	53.1	70.3	63.6	63.1
北京	9.5	17.5	41.1	32.9	16.3
天津	13.2	54.8	64.3	55.9	56.2
河北	26.1	45.8	61.1	71.4	60.9
山西	19.2	68.2	80.3	82.5	72.0
内蒙古	36.9	55.9	59.9	78.3	65.1
辽宁	11.1	44.7	63.9	55.7	58.0
吉林	31.4	35.6	57.5	51.3	51.7
黑龙江	25.2	52.3	69.1	56.3	50.4
上海	7.2	16.1	70.7	51.3	55.2
江苏	9.3	56.3	74.1	65.7	68.2
浙江	6.7	77.0	100.0	78.0	72.6
安徽	16.7	32.3	51.9	36.8	37.6
福建	10.6	46.5	60.6	61.8	61.5
江西	19.0	45.9	69.0	60.4	67.3
山东	10.3	43.0	74.4	73.4	75.1
河南	17.1	38.7	53.4	50.9	53.9
湖北	25.3	65.6	82.6	68.7	67.5
湖南	22.1	62.0	87.0	69.0	64.4
广东	7.9	45.8	77.4	68.8	68.4
广西	25.0	29.7	48.4	43.8	45.2
海南	25.6	55.0	66.3	67.2	59.7
重庆	30.8	68.1	87.5	81.9	80.5
四川	31.3	52.5	77.6	69.6	72.6
贵州	38.6	66.2	64.5	46.6	46.9
云南	29.1	72.3	82.8	77.6	79.8
西藏	41.2	92.9	90.7	94.5	81.9
陕西	26.6	44.6	73.0	57.0	54.5
甘肃	30.8	57.6	70.9	75.7	62.3
青海	21.0	26.1	39.7	34.7	35.5
宁夏	31.9	36.4	63.6	74.1	69.9
新疆	35.2	63.1	80.4	71.6	71.7

2-2-6 各地区中等职业教育受资助学生数

地区	受资助学生数(万人)				
	2010年	2013年	2014年	2015年	2016年
全国	**1136.1**	**349.9**	**314.6**	**264.9**	**249.2**
东部	415.0	77.4	70.1	57.3	53.9
中部	387.4	105.1	99.7	78.1	74.7
西部	333.7	167.4	144.8	129.5	120.5
北京	4.3	0.9	1.1	1.0	0.3
天津	6.0	0.9	0.9	0.8	0.8
河北	57.1	12.9	12.4	11.3	11.0
山西	36.6	9.3	8.1	6.9	6.4
内蒙古	24.8	5.6	3.8	10.9	9.0
辽宁	24.8	4.2	3.7	3.4	2.9
吉林	20.1	2.7	2.6	1.7	1.5
黑龙江	28.2	11.0	11.5	4.4	2.9
上海	8.2	1.5	1.6	6.2	5.9
江苏	78.3	11.1	9.1	5.7	5.3
浙江	42.2	6.0	6.4	6.2	5.9
安徽	36.0	12.6	12.8	8.6	8.4
福建	28.9	5.4	3.8	2.2	2.1
江西	41.2	11.6	11.5	9.6	9.4
山东	77.9	15.3	13.4	9.7	8.5
河南	93.0	20.3	20.7	18.0	17.2
湖北	78.2	14.8	11.9	10.7	11.7
湖南	54.1	22.9	20.7	18.2	17.3
广东	77.4	17.6	16.2	9.4	9.8
广西	34.5	10.0	11.5	7.1	8.3
海南	9.9	1.7	1.5	1.5	1.3
重庆	32.7	16.0	16.8	8.7	8.5
四川	76.2	30.1	26.5	21.0	18.8
贵州	23.9	31.1	22.8	19.6	16.5
云南	37.7	27.9	23.3	24.6	24.8
西藏	1.6	1.4	1.1	1.0	1.1
陕西	49.3	15.3	12.7	9.9	8.6
甘肃	27.4	14.4	11.7	11.2	8.5
青海	4.3	2.3	2.3	2.1	2.1
宁夏	5.2	2.6	2.3	2.4	2.0
新疆	16.1	10.7	10.0	11.0	12.3

2-2-6 续表

地区	占在校生数比重(%)				
	2010年	2013年	2014年	2015年	2016年
全国	**50.8**	**18.2**	**17.9**	**16.0**	**15.6**
东部	45.8	9.7	9.9	8.7	8.5
中部	53.7	18.6	19.3	16.0	15.8
西部	54.5	29.9	27.2	25.3	24.6
北京	20.4	4.5	6.5	7.5	2.5
天津	41.0	7.7	8.2	6.4	6.7
河北	44.6	14.5	16.1	15.9	14.5
山西	53.3	16.9	15.9	14.7	14.6
内蒙古	69.0	21.4	15.3	46.7	41.0
辽宁	46.7	9.7	9.4	8.6	7.6
吉林	59.3	11.3	13.7	10.5	9.6
黑龙江	56.1	26.2	33.9	15.2	10.5
上海	47.1	9.7	12.5	51.4	52.8
江苏	58.6	10.5	9.4	6.2	5.9
浙江	56.1	8.6	9.8	9.6	9.0
安徽	37.7	12.4	13.3	9.7	10.0
福建	46.6	9.0	7.5	4.9	4.9
江西	52.3	18.6	19.9	17.3	19.2
山东	50.9	10.9	10.5	8.2	7.4
河南	48.5	13.9	15.0	13.8	13.4
湖北	72.0	28.7	25.4	23.5	25.6
湖南	57.7	28.2	27.6	23.8	21.8
广东	33.6	7.7	8.5	5.4	6.2
广西	37.6	10.8	12.9	8.4	10.3
海南	57.8	10.2	9.9	10.7	9.5
重庆	63.5	31.2	34.1	19.3	20.8
四川	55.2	23.0	22.2	18.9	18.5
贵州	58.4	60.3	37.6	29.1	25.9
云南	56.3	46.8	39.5	41.2	40.0
西藏	70.0	77.4	62.3	61.9	60.7
陕西	54.8	25.2	25.2	22.7	20.9
甘肃	62.6	39.1	37.0	41.0	33.8
青海	37.9	23.2	23.8	21.7	23.7
宁夏	45.2	26.2	27.2	28.1	24.1
新疆	57.0	37.8	36.0	38.1	38.2

2-2-7 各地区中等职业教育专任教师数

地区	专任教师数(万人)				
	2010年	2013年	2014年	2015年	2016年
全　国	**87.1**	**86.8**	**85.8**	**84.4**	**84.0**
东　部	37.5	37.1	36.9	36.7	36.8
中　部	27.9	27.0	26.3	25.2	24.7
西　部	21.7	22.6	22.7	22.6	22.6
北　京	1.0	0.9	0.9	0.9	0.9
天　津	1.0	0.9	0.9	0.8	0.8
河　北	5.8	5.4	5.4	5.3	5.4
山　西	2.8	3.1	3.1	3.1	3.1
内蒙古	1.7	1.9	1.9	1.9	1.9
辽　宁	2.9	2.8	2.7	2.7	2.7
吉　林	2.4	2.3	2.2	1.9	1.7
黑龙江	2.6	2.5	2.5	2.2	2.2
上　海	0.9	0.8	0.8	0.8	0.8
江　苏	5.7	5.7	5.7	5.6	5.6
浙　江	3.6	3.9	4.1	4.1	4.2
安　徽	2.9	3.9	3.7	3.5	3.4
福　建	2.1	2.1	2.0	2.0	2.0
江　西	2.8	2.6	2.3	2.1	2.1
山　东	7.7	7.4	7.2	7.2	7.1
河　南	7.0	6.4	6.3	6.2	6.0
湖　北	3.7	2.9	2.8	2.7	2.6
湖　南	3.6	3.4	3.4	3.5	3.4
广　东	6.3	6.5	6.6	6.6	6.6
广　西	2.4	2.6	2.5	2.5	2.5
海　南	0.5	0.6	0.6	0.6	0.6
重　庆	1.8	1.9	2.0	1.8	1.8
四　川	4.3	4.7	4.7	4.7	4.7
贵　州	1.3	1.7	2.0	2.5	2.2
云　南	2.4	2.5	2.5	2.5	2.6
西　藏	0.1	0.1	0.1	0.1	0.1
陕　西	3.5	2.8	2.6	2.2	2.3
甘　肃	1.8	1.9	1.9	1.9	1.8
青　海	0.4	0.4	0.4	0.4	0.4
宁　夏	0.4	0.4	0.4	0.5	0.5
新　疆	1.6	1.8	1.7	1.8	1.8

2-2-7 续表

地 区	生师比(教师=1)				
	2010年	2013年	2014年	2015年	2016年
全 国	**25.7**	**22.2**	**20.4**	**19.6**	**19.8**
东 部	24.1	21.5	19.1	17.9	17.5
中 部	25.8	20.8	19.7	19.4	20.1
西 部	28.2	24.7	23.5	22.6	23.3
北 京	20.3	22.1	17.9	14.7	12.8
天 津	14.6	13.5	13.2	14.5	15.6
河 北	22.1	16.5	14.3	13.4	14.7
山 西	24.2	17.6	16.5	15.2	13.3
内蒙古	20.9	13.9	13.1	12.4	14.7
辽 宁	18.3	15.5	14.7	14.6	15.5
吉 林	14.1	10.4	8.6	8.5	8.9
黑龙江	19.1	16.6	13.6	13.2	15.3
上 海	19.9	18.3	15.6	14.4	13.6
江 苏	23.5	18.4	17.3	16.4	15.7
浙 江	20.9	17.8	16.1	15.6	15.5
安 徽	33.2	26.3	26.1	25.4	27.3
福 建	28.9	28.6	25.3	22.5	22.7
江 西	27.7	23.7	24.8	25.9	26.8
山 东	20.0	18.9	17.7	16.4	16.8
河 南	27.3	23.0	21.9	21.1	20.2
湖 北	29.2	17.9	16.7	17.1	18.2
湖 南	26.1	23.9	22.3	22.1	25.8
广 东	36.4	35.0	28.8	26.7	23.8
广 西	38.1	36.2	35.8	34.3	33.7
海 南	36.9	26.4	25.4	23.8	25.9
重 庆	28.4	26.4	25.3	24.9	21.0
四 川	31.8	28.1	25.6	23.6	23.6
贵 州	30.4	30.2	29.6	27.5	31.1
云 南	28.0	23.7	23.2	23.7	22.7
西 藏	38.3	26.8	17.1	13.8	14.0
陕 西	25.9	21.7	19.7	20.1	18.0
甘 肃	24.3	19.1	16.7	14.5	13.7
青 海	27.8	23.1	23.5	27.0	30.1
宁 夏	29.7	25.4	21.8	18.4	29.2
新 疆	17.9	16.1	16.2	16.4	24.3

2-2-8 各地区中等职业教育双师型教师数

地 区	双师型教师数(万人)				
	2010年	2013年	2014年	2015年	2016年
全 国	**14.5**	**17.6**	**18.3**	**18.7**	**19.0**
东 部	6.9	8.4	8.9	9.3	9.6
中 部	4.1	5.0	5.0	4.8	4.8
西 部	3.6	4.3	4.5	4.6	4.5
北 京	0.2	0.2	0.2	0.2	0.2
天 津	0.2	0.2	0.2	0.2	0.2
河 北	0.9	0.8	0.9	0.9	1.0
山 西	0.2	0.3	0.3	0.4	0.4
内蒙古	0.2	0.3	0.3	0.3	0.3
辽 宁	0.5	0.5	0.5	0.6	0.6
吉 林	0.4	0.4	0.4	0.3	0.4
黑龙江	0.3	0.3	0.3	0.3	0.3
上 海	0.2	0.2	0.2	0.2	0.2
江 苏	1.3	1.5	1.6	1.6	1.6
浙 江	0.9	1.3	1.3	1.4	1.4
安 徽	0.5	1.4	1.4	1.3	1.4
福 建	0.4	0.5	0.6	0.6	0.6
江 西	0.4	0.3	0.3	0.3	0.2
山 东	1.2	1.4	1.5	1.6	1.6
河 南	1.0	1.0	1.1	1.1	1.0
湖 北	0.6	0.6	0.6	0.5	0.5
湖 南	0.7	0.6	0.6	0.6	0.6
广 东	1.0	1.5	1.7	1.8	1.9
广 西	0.6	0.7	0.7	0.7	0.7
海 南	0.1	0.1	0.1	0.2	0.1
重 庆	0.3	0.3	0.4	0.4	0.4
四 川	0.9	1.0	1.1	1.1	1.1
贵 州	0.3	0.4	0.5	0.5	0.5
云 南	0.3	0.4	0.5	0.4	0.5
西 藏	0.0	0.0	0.0	0.0	0.0
陕 西	0.4	0.4	0.4	0.3	0.3
甘 肃	0.2	0.3	0.3	0.3	0.3
青 海	0.1	0.1	0.1	0.1	0.1
宁 夏	0.1	0.1	0.1	0.1	0.1
新 疆	0.3	0.3	0.3	0.3	0.3

2-2-8 续表

地 区	占专任教师比重(%)				
	2010年	2013年	2014年	2015年	2016年
全 国	**16.7**	**20.3**	**21.4**	**22.2**	**22.6**
东 部	18.3	22.5	24.1	25.4	26.1
中 部	14.7	18.3	18.9	19.2	19.6
西 部	16.4	18.9	19.8	20.3	20.1
北 京	20.3	22.2	23.7	23.6	22.8
天 津	21.6	24.8	26.2	28.3	27.1
河 北	16.1	15.7	16.3	17.4	18.4
山 西	8.3	10.7	11.2	11.6	12.9
内蒙古	10.7	14.4	14.0	14.9	15.5
辽 宁	15.6	18.4	20.2	22.7	24.4
吉 林	14.7	15.4	16.8	17.1	21.1
黑龙江	10.4	11.5	12.5	14.3	14.6
上 海	21.2	26.9	29.3	27.8	28.6
江 苏	22.5	26.1	27.5	27.6	28.6
浙 江	25.8	32.0	32.1	33.1	34.0
安 徽	18.3	36.7	37.6	38.3	40.6
福 建	18.6	24.7	27.1	29.3	29.8
江 西	13.5	12.1	13.0	13.8	10.9
山 东	15.5	19.2	21.3	22.2	23.1
河 南	14.9	16.4	16.9	17.6	16.6
湖 北	16.9	19.5	20.0	19.7	20.0
湖 南	18.5	18.9	18.9	17.3	17.5
广 东	15.5	23.7	25.3	27.9	28.1
广 西	24.8	29.2	29.0	29.0	28.8
海 南	17.5	18.1	21.9	25.9	23.9
重 庆	17.0	17.7	18.5	23.6	22.9
四 川	20.0	21.6	23.2	23.4	23.2
贵 州	20.0	21.0	22.6	21.3	22.5
云 南	14.0	17.0	18.2	17.1	17.8
西 藏	3.2	10.7	16.8	14.0	19.2
陕 西	10.3	15.1	15.7	16.1	13.3
甘 肃	12.9	13.7	14.9	15.4	16.1
青 海	16.8	18.6	19.9	24.1	22.2
宁 夏	19.6	17.7	19.3	16.7	17.5
新 疆	17.0	16.0	15.9	16.3	15.2

2-3-1 全国学前教育情况

年 份	学前教育在园幼儿数（万人）	学前三年毛入园率（%）	公办幼儿园在园幼儿数（万人）	公办幼儿园占全部在园幼儿数比重（%）
2000	2244.2	35.0	1959.9	87.3
2005	2179.0	41.4	1510.9	69.3
2010	2976.7	56.6	1577.2	53.0
2011	3424.4	62.3	1730.2	50.5
2012	3685.8	64.5	1833.0	49.7
2013	3894.7	67.5	1904.4	48.9
2014	4050.7	70.5	1925.3	47.5
2015	4264.8	75.0	1962.4	46.0
2016	4413.9	77.4	1976.2	44.8

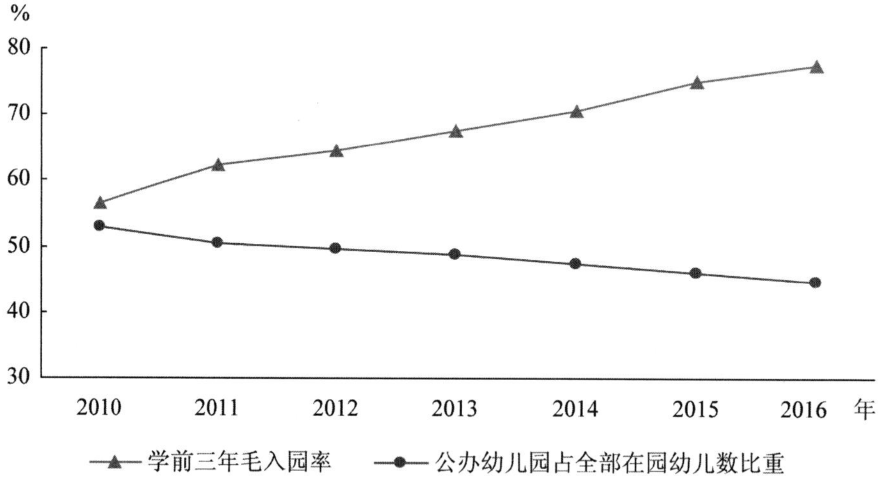

2-3-2 各地区学前教育在园幼儿数

地区	在园幼儿数(万人)				
	2010年	2013年	2014年	2015年	2016年
全国	**2976.7**	**3894.7**	**4050.7**	**4264.8**	**4413.9**
东部	1361.2	1615.7	1654.0	1739.3	1786.6
中部	829.2	1203.2	1255.1	1322.4	1353.5
西部	786.3	1075.8	1141.6	1203.2	1273.7
北京	27.7	34.9	36.5	39.4	41.7
天津	21.8	23.3	24.0	25.3	26.7
河北	168.0	212.9	216.8	231.7	234.1
山西	71.0	95.1	96.8	98.3	99.1
内蒙古	38.1	51.6	55.9	59.3	60.8
辽宁	83.4	85.6	87.4	91.1	91.3
吉林	34.3	44.2	46.2	46.4	46.3
黑龙江	49.2	54.1	53.6	53.2	52.8
上海	40.0	50.1	50.3	53.6	55.7
江苏	205.7	231.8	234.0	250.7	257.2
浙江	183.1	186.9	185.8	190.2	191.8
安徽	100.8	168.0	172.9	185.7	192.7
福建	116.6	143.3	145.6	151.3	156.6
江西	123.5	156.3	159.4	166.3	159.0
山东	219.4	262.4	262.8	271.8	275.2
河南	196.7	347.0	369.2	393.4	408.7
湖北	111.8	147.3	153.8	162.6	170.0
湖南	141.9	191.2	203.2	216.6	224.9
广东	277.2	354.6	379.3	402.3	421.7
广西	118.5	181.7	197.3	206.9	209.6
海南	18.2	29.9	31.4	32.0	34.8
重庆	70.9	89.3	89.5	91.6	93.3
四川	188.8	231.5	240.8	248.2	259.3
贵州	76.9	107.8	119.9	130.5	144.6
云南	98.7	119.0	124.6	129.4	131.5
西藏	2.3	7.3	8.1	8.8	9.7
陕西	70.5	127.1	132.8	139.7	143.1
甘肃	38.7	55.0	62.0	70.1	89.2
青海	11.2	16.7	17.5	18.4	20.0
宁夏	13.8	16.9	18.1	19.3	20.6
新疆	57.9	71.9	75.2	81.0	92.0

2-3-2 续表

地 区	比上年增长(%)				
	2010年	2013年	2014年	2015年	2016年
全 国	**12.0**	**5.7**	**4.0**	**5.3**	**3.5**
东 部	11.3	4.6	2.4	5.2	2.7
中 部	15.0	6.1	4.3	5.4	2.4
西 部	10.1	6.9	6.1	5.4	5.9
北 京	11.8	5.1	4.7	8.0	5.8
天 津	5.5	2.1	2.8	5.3	5.6
河 北	11.1	8.5	1.8	6.9	1.0
山 西	10.5	4.0	1.8	1.5	0.8
内蒙古	12.6	4.7	8.4	6.1	2.4
辽 宁	7.1	-0.4	2.1	4.2	0.2
吉 林	5.2	2.1	4.5	0.4	0.0
黑龙江	15.8	-6.6	-0.9	-0.7	-0.8
上 海	13.1	4.3	0.4	6.6	3.8
江 苏	6.5	5.2	1.0	7.1	2.6
浙 江	9.6	-0.9	-0.6	2.4	0.9
安 徽	7.5	6.4	3.0	7.4	3.8
福 建	8.3	2.4	1.6	3.9	3.5
江 西	10.0	2.8	1.9	4.3	-4.3
山 东	21.2	4.2	0.2	3.4	1.2
河 南	14.6	8.5	6.4	6.5	3.9
湖 北	34.5	8.7	4.4	5.7	4.5
湖 南	17.5	8.4	6.2	6.6	3.8
广 东	11.1	7.2	7.0	6.0	4.8
广 西	5.1	9.5	8.6	4.8	1.3
海 南	27.1	10.8	5.1	2.0	8.6
重 庆	12.1	0.1	0.2	2.3	1.9
四 川	10.6	5.6	4.0	3.1	4.5
贵 州	2.9	9.7	11.2	8.8	10.8
云 南	7.1	6.0	4.7	3.9	1.6
西 藏	45.7	19.4	10.5	8.4	10.0
陕 西	22.9	8.2	4.4	5.2	2.5
甘 肃	8.0	14.5	12.8	13.1	27.2
青 海	10.4	8.7	5.0	5.3	8.5
宁 夏	10.4	5.5	7.0	6.6	6.9
新 疆	18.0	3.6	4.6	7.7	13.5

2-3-3 各地区公办幼儿园在园幼儿数

地 区	公办幼儿园在园幼儿数(万人)				
	2010年	2013年	2014年	2015年	2016年
全 国	**1577.2**	**1904.4**	**1925.3**	**1962.4**	**1976.2**
东 部	756.8	869.1	870.0	885.1	880.4
中 部	383.6	483.1	490.1	494.3	482.0
西 部	436.8	552.3	565.2	583.0	613.8
北 京	19.3	22.7	23.8	25.4	26.6
天 津	17.2	16.2	15.9	16.2	15.8
河 北	129.8	143.8	142.8	142.1	135.5
山 西	46.3	58.6	59.1	59.8	58.5
内蒙古	23.6	27.9	29.2	30.2	30.3
辽 宁	34.2	35.1	35.3	35.9	34.7
吉 林	19.0	20.4	20.3	19.3	18.2
黑龙江	26.1	24.6	23.6	23.6	21.7
上 海	30.1	35.4	35.3	36.8	38.4
江 苏	152.0	173.5	169.8	173.6	174.7
浙 江	63.3	68.7	70.1	71.3	73.6
安 徽	55.7	77.6	75.9	77.1	74.1
福 建	61.6	65.5	66.5	69.3	71.8
江 西	36.5	42.3	42.9	44.4	44.0
山 东	135.2	164.3	164.1	166.1	159.9
河 南	94.8	137.5	141.0	140.2	139.9
湖 北	56.1	65.9	67.7	68.4	66.6
湖 南	49.1	56.4	59.7	61.4	58.9
广 东	108.5	137.4	139.2	141.2	141.6
广 西	66.0	85.4	85.2	83.1	79.3
海 南	5.5	6.4	7.0	7.1	7.8
重 庆	35.8	38.8	35.6	33.5	31.9
四 川	90.3	109.1	109.5	108.4	113.3
贵 州	51.6	65.5	69.4	71.6	77.1
云 南	57.1	60.9	61.3	61.1	60.6
西 藏	1.7	5.9	6.5	7.1	8.0
陕 西	27.3	49.8	51.5	59.1	65.8
甘 肃	23.4	32.6	37.4	43.2	53.2
青 海	6.3	9.1	9.2	9.6	10.2
宁 夏	8.0	8.2	8.3	8.8	9.0
新 疆	45.6	59.0	62.0	67.2	75.3

2-3-3 续表

地 区	占全部在园幼儿数比重(%)				
	2010年	2013年	2014年	2015年	2016年
全 国	**53.0**	**48.9**	**47.5**	**46.0**	**44.8**
东 部	55.6	53.8	52.6	50.9	49.3
中 部	46.3	40.2	39.1	37.4	35.6
西 部	55.5	51.3	49.5	48.5	48.2
北 京	69.8	65.1	65.2	64.6	63.8
天 津	78.8	69.7	66.5	64.3	59.1
河 北	77.3	67.5	65.9	61.3	57.9
山 西	65.2	61.5	61.1	60.9	59.0
内蒙古	62.1	54.2	52.2	50.9	49.9
辽 宁	41.0	41.0	40.4	39.4	38.1
吉 林	55.3	46.1	44.0	41.6	39.3
黑龙江	53.1	45.4	44.0	44.4	41.1
上 海	75.2	70.6	70.2	68.6	69.0
江 苏	73.9	74.8	72.6	69.2	67.9
浙 江	34.6	36.7	37.8	37.5	38.3
安 徽	55.3	46.2	43.9	41.5	38.5
福 建	52.8	45.7	45.6	45.8	45.9
江 西	29.6	27.0	26.9	26.7	27.7
山 东	61.6	62.6	62.5	61.1	58.1
河 南	48.2	39.6	38.2	35.6	34.2
湖 北	50.2	44.7	44.0	42.1	39.2
湖 南	34.6	29.5	29.4	28.3	26.2
广 东	39.1	38.8	36.7	35.1	33.6
广 西	55.7	47.0	43.2	40.2	37.8
海 南	30.1	21.4	22.3	22.3	22.4
重 庆	50.5	43.5	39.8	36.6	34.2
四 川	47.8	47.1	45.5	43.7	43.7
贵 州	67.1	60.8	57.9	54.9	53.3
云 南	57.9	51.1	49.2	47.2	46.1
西 藏	73.8	80.8	80.3	81.2	82.6
陕 西	38.7	39.2	38.8	42.3	45.9
甘 肃	60.3	59.3	60.3	61.6	59.6
青 海	56.2	54.6	52.8	52.0	50.9
宁 夏	58.0	48.6	46.2	45.6	43.5
新 疆	78.8	82.0	82.4	83.0	81.9

2-4-1 各地区公共财政教育经费支出情况

单位：亿元

地　区	2010年	2013年	2014年	2015年	2016年
全　国	**14163.9**	**21405.7**	**22576.0**	**25861.9**	**27700.6**
北　京	505.8	699.1	758.5	847.4	882.3
天　津	225.3	461.5	517.0	464.2	425.8
河　北	543.7	769.3	802.3	1001.1	1115.6
山　西	341.3	511.4	495.8	598.9	607.6
内蒙古	351.4	438.1	459.3	518.6	543.3
辽　宁	465.0	671.0	604.1	609.5	632.8
吉　林	270.2	422.3	403.4	470.5	495.9
黑龙江	302.7	485.6	502.2	573.0	596.0
上　海	435.8	667.7	674.4	739.5	802.0
江　苏	877.8	1368.9	1485.2	1743.6	1841.9
浙　江	639.3	919.0	1018.6	1220.9	1313.7
安　徽	437.8	731.5	743.1	856.7	910.9
福　建	379.0	566.6	628.1	747.3	789.4
江　西	311.0	652.2	696.2	783.4	840.2
山　东	773.7	1397.7	1460.2	1686.9	1823.2
河　南	674.6	1102.5	1097.6	1150.6	1245.0
湖　北	373.5	591.9	690.6	860.2	979.8
湖　南	443.6	800.7	823.7	913.9	1027.4
广　东	1033.7	1617.5	1779.5	2042.8	2243.9
广　西	386.9	611.9	659.4	789.3	850.8
海　南	107.7	154.2	170.7	206.5	213.9
重　庆	280.7	406.9	447.1	519.9	565.3
四　川	661.9	1031.3	1051.4	1243.9	1277.5
贵　州	307.0	553.5	631.8	766.1	840.3
云　南	442.6	670.9	669.1	758.0	864.1
西　藏	63.4	110.4	142.6	178.9	175.8
陕　西	370.4	680.9	694.7	746.8	776.3
甘　肃	259.0	376.2	401.1	499.9	548.8
青　海	97.3	123.2	156.2	163.2	168.8
宁　夏	82.0	111.7	119.6	139.2	149.7
新　疆	316.6	520.5	558.3	641.5	664.6

2-4-2 各地区公共财政教育经费支出占公共财政支出比重

单位：%

地 区	2010年	2013年	2014年	2015年	2016年
全 国	**15.8**	**15.3**	**14.9**	**14.7**	**14.8**
北 京	18.6	16.8	16.8	14.8	13.8
天 津	16.4	18.1	17.9	14.4	11.5
河 北	19.3	17.5	17.2	17.8	18.4
山 西	17.7	16.9	16.1	17.5	17.7
内蒙古	15.5	11.9	11.8	12.2	12.0
辽 宁	14.6	12.9	11.9	13.6	13.8
吉 林	15.1	15.4	13.9	14.6	13.8
黑龙江	13.4	14.4	14.6	14.3	14.1
上 海	13.2	14.7	13.7	11.9	11.6
江 苏	17.9	17.6	17.5	18.0	18.5
浙 江	19.9	19.4	19.7	18.4	18.8
安 徽	16.9	16.8	15.9	16.4	16.5
福 建	22.4	18.5	19.0	18.7	18.5
江 西	16.2	18.8	17.9	17.8	18.2
山 东	18.7	20.9	20.3	20.5	20.8
河 南	19.8	19.8	18.2	16.9	16.7
湖 北	14.9	13.5	14.0	14.0	15.3
湖 南	16.4	17.1	16.4	16.0	16.2
广 东	19.1	19.2	19.4	15.9	16.7
广 西	19.3	19.1	19.0	19.4	19.2
海 南	18.5	15.3	15.5	16.7	15.5
重 庆	16.4	13.3	13.5	13.7	14.1
四 川	15.5	16.6	15.5	16.6	16.0
贵 州	18.8	18.0	17.8	19.5	19.7
云 南	19.4	16.4	15.1	16.1	17.2
西 藏	11.5	10.9	12.0	13.0	11.1
陕 西	16.7	18.6	17.5	17.1	17.7
甘 肃	17.6	16.3	15.8	16.9	17.4
青 海	13.1	10.0	11.6	10.8	11.1
宁 夏	14.7	12.1	12.0	12.2	11.9
新 疆	18.6	17.0	16.8	16.9	16.1

2-4-3 各地区普通小学生均公共财政预算教育事业费

单位：元

地 区	2010年	2013年	2014年	2015年	2016年
全 国	**4012.5**	**6901.8**	**7681.0**	**8838.4**	**9557.9**
北 京	14482.4	21727.9	23441.8	23757.5	25793.6
天 津	11505.4	15447.4	17233.9	18128.2	18284.4
河 北	3783.1	4936.8	5349.1	6752.7	7300.2
山 西	4049.3	6517.2	7359.2	9269.2	9450.6
内蒙古	6691.9	9838.0	10181.4	11972.3	13109.3
辽 宁	5174.2	8304.6	8354.3	9138.2	9735.8
吉 林	6220.6	9174.5	10192.6	12136.7	13087.7
黑龙江	5484.5	8895.0	11063.0	12939.5	14066.5
上 海	16143.9	19518.0	19519.9	20688.4	22125.1
江 苏	7252.4	10584.6	11175.1	11988.8	12503.0
浙 江	6732.4	8874.5	9811.9	11599.8	12908.6
安 徽	3192.1	6438.0	6658.2	7766.5	8573.6
福 建	4785.9	7522.5	8175.6	9102.8	9636.5
江 西	2470.3	5817.1	6851.8	7462.0	7989.5
山 东	3936.3	6642.2	7253.5	8135.3	8790.8
河 南	2186.1	3914.0	4447.6	4575.3	5036.3
湖 北	3208.3	5408.1	7020.7	8791.0	10076.7
湖 南	3014.0	5721.2	6363.4	7154.5	7861.3
广 东	3487.0	6742.8	7738.6	8758.0	9997.3
广 西	3355.6	5472.4	5946.0	7061.4	7690.5
海 南	5578.5	8347.5	8825.6	10460.9	11353.0
重 庆	3634.0	6308.7	7259.9	8431.7	9180.1
四 川	3372.6	6822.6	7530.4	8984.5	9003.2
贵 州	2758.6	5975.7	6789.8	8645.8	9659.2
云 南	3286.2	6145.4	6200.7	7532.2	8931.4
西 藏	8164.3	12820.2	17905.9	25750.2	24237.5
陕 西	4723.9	9633.1	10197.0	10896.4	11172.1
甘 肃	3306.4	6191.5	7289.2	9118.3	10321.9
青 海	5011.8	8200.5	9438.5	10472.8	11948.8
宁 夏	3819.1	6011.3	6470.1	8034.9	8719.9
新 疆	5868.6	10463.2	11292.2	12929.8	12133.4

2-4-4 各地区普通初中生均公共财政预算教育事业费

单位：元

地 区	2010年	2013年	2014年	2015年	2016年
全 国	**5213.9**	**9258.4**	**10359.3**	**12105.1**	**13416.0**
北 京	20023.0	32544.4	36507.2	40443.7	45516.4
天 津	14819.5	22840.6	26956.4	28208.7	29961.9
河 北	5227.2	7470.8	7749.4	9557.8	10532.6
山 西	4739.4	7765.2	9016.9	11403.2	12267.0
内蒙古	7684.3	11414.8	11954.8	14362.6	16301.7
辽 宁	6978.0	11462.6	11163.2	12706.6	13710.0
吉 林	6826.6	11451.4	12707.7	15539.6	16879.0
黑龙江	5594.0	10334.1	12187.7	14435.9	15514.7
上 海	19810.0	25445.5	25456.6	27636.2	30284.7
江 苏	8385.9	15140.8	16690.4	19048.6	21194.7
浙 江	8382.5	12617.1	14204.9	16616.2	18798.3
安 徽	3963.6	8830.0	9210.8	11114.7	12435.3
福 建	5715.6	10511.0	11544.5	13199.2	14692.3
江 西	3375.2	7882.1	9002.6	9665.4	10513.4
山 东	6137.1	10171.2	11333.9	13409.0	14630.3
河 南	3410.0	6453.8	7139.8	7263.0	7812.0
湖 北	4514.4	8543.5	11347.7	14435.8	17272.0
湖 南	4932.6	8835.4	10068.2	10473.0	11878.7
广 东	3921.0	7509.0	9264.1	11456.7	13726.0
广 西	4299.7	6750.8	7360.6	8746.0	9507.6
海 南	5801.6	10076.8	10594.6	13205.9	14585.9
重 庆	4297.9	7606.7	9224.8	10834.5	11917.4
四 川	4077.0	8336.8	9111.1	11477.0	12063.0
贵 州	3204.2	6140.5	6924.7	8704.9	10131.8
云 南	4349.1	7190.0	7586.9	9335.8	10822.1
西 藏	7242.8	12783.5	16631.7	23845.2	24605.6
陕 西	5256.9	11358.6	12330.5	13619.4	14155.1
甘 肃	4129.9	7494.3	8377.7	10187.1	11721.5
青 海	7423.2	10494.9	11949.6	13295.0	14915.3
宁 夏	6009.4	8479.1	9689.5	11047.2	11929.4
新 疆	7788.7	14549.2	14452.2	16999.8	17410.1

2-4-5 各地区普通中等职业学校生均公共财政预算教育事业费

单位：元

地 区	2010年	2013年	2014年	2015年	2016年
全 国	**4842.5**	**8784.6**	**9128.8**	**10961.1**	**12227.7**
北 京	15583.8	23635.7	28765.5	34433.4	38661.5
天 津	10322.8	19901.9	22753.1	26481.0	26651.7
河 北	4195.8	6890.1	8031.6	12007.5	13524.0
山 西	4278.1	8383.9	8975.9	11350.0	13682.3
内蒙古	8231.7	11943.9	13393.4	16168.2	16390.0
辽 宁	6536.1	9859.9	10083.0	11124.8	12005.5
吉 林	7266.1	14641.3	15439.9	18410.4	22112.2
黑龙江	6029.7	9780.3	12049.2	13435.5	15734.4
上 海	12609.8	20702.8	20710.2	25295.3	28302.3
江 苏	4314.3	9736.6	9885.4	12551.0	13668.1
浙 江	6643.1	12712.7	13456.1	16237.5	18789.6
安 徽	2972.1	7414.9	7516.9	8366.7	10115.0
福 建	4433.3	9759.6	9302.3	11828.4	14416.4
江 西	3192.2	7218.2	7231.6	7015.9	8527.8
山 东	5436.0	9886.4	10412.4	12408.6	13761.1
河 南	3609.5	5847.0	5941.6	6690.3	7375.6
湖 北	2728.0	6483.7	8586.9	13223.9	15398.4
湖 南	3963.3	8769.9	7466.6	8316.2	9722.8
广 东	4815.3	7111.9	7996.6	9977.9	11598.2
广 西	5278.7	6528.3	6978.8	8746.7	9754.1
海 南	4904.0	8473.3	9277.0	12425.0	13056.9
重 庆	3666.6	7560.2	7388.0	9157.3	10441.6
四 川	3792.7	8146.4	7910.8	8933.5	9344.5
贵 州	3974.3	9060.3	7135.9	6995.9	6425.0
云 南	4728.4	8105.3	7286.8	9645.0	11220.0
西 藏	7618.7	15823.0	25538.2	32957.2	30228.2
陕 西	4607.5	8478.9	7147.5	8540.0	9264.3
甘 肃	4347.9	6838.6	8954.2	11364.9	12083.4
青 海	6496.3	7674.3	8653.9	10526.8	12867.5
宁 夏	4426.9	9067.6	8608.7	9951.0	10561.8
新 疆	7996.7	12741.2	12209.2	12440.8	13332.9

3 劳动就业服务

“十三五”时期，政府提供如下劳动就业公共服务：

◆为全体劳动者免费提供就业信息、就业政策咨询、职业指导和职业介绍、就业失业登记等服务；

◆为有创业需求的劳动者提供创业服务；

◆为就业困难人员和零就业家庭提供就业援助；

◆为高校毕业生提供就业见习服务、大中城市联合招聘服务；

◆为失业人员、农民工、残疾人、新成长劳动力等提供职业技能培训和技能鉴定补贴；

◆为全体劳动者免费提供劳动关系协调、劳动人事争议调解仲裁和劳动保障监察执法维权等服务。

3-1-1　全国登记求职人员构成

单位：%

类　别	2010年	2011年	2012年	2013年	2014年	2015年	2016年
本期登记求职人数	**100.0**	**100.0**	**100.0**	**100.0**	**100.0**	**100.0**	**100.0**
城镇登记求职人员	22.7	26.0	23.4	25.6	25.2	24.4	24.9
高校毕业生	13.5	11.2	12.1	11.5	11.1	10.5	10.7
农村劳动者	42.9	42.7	41.4	36.7	39.5	35.5	36.4
其他	20.9	20.1	23.0	26.2	24.2	29.6	28.0

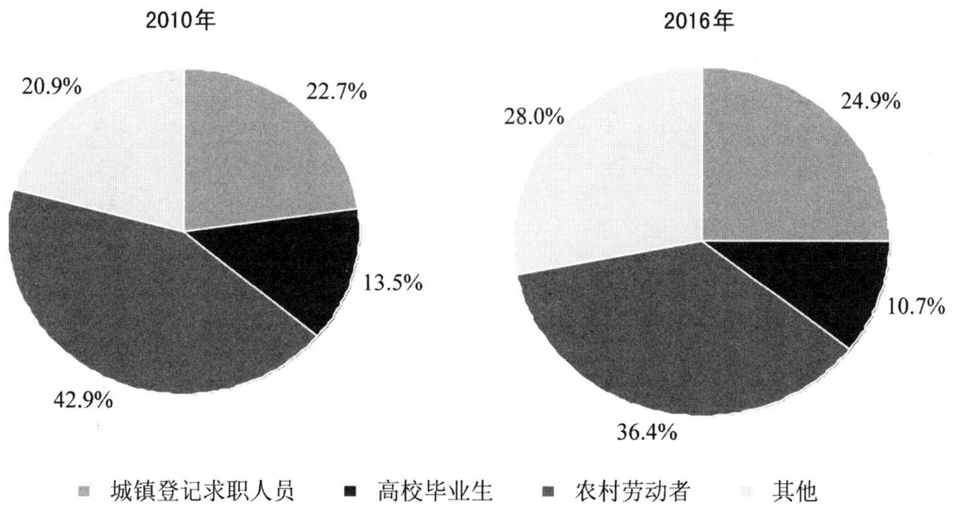

3-1-2 全国职业介绍成功人员构成

单位：%

类　别	2010年	2011年	2012年	2013年	2014年	2015年	2016年
职业介绍成功人数	**100.0**	**100.0**	**100.0**	**100.0**	**100.0**	**100.0**	**100.0**
城镇登记求职人员	25.8	28.3	26.4	29.5	30.0	29.1	29.3
高校毕业生	10.7	10.6	10.6	10.7	9.9	10.7	11.3
农村劳动者	48.8	45.4	45.7	40.2	42.5	41.4	40.5
其他	14.7	15.7	17.3	19.6	17.6	18.8	18.8

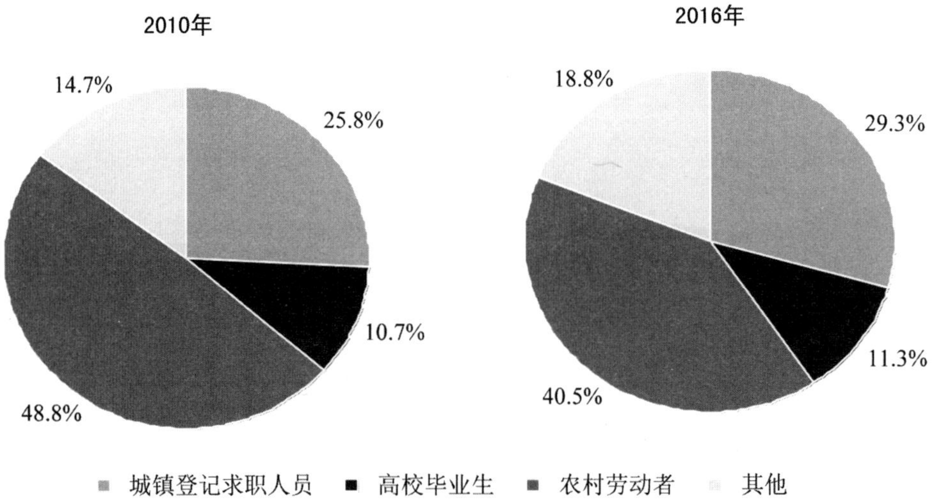

3-1-3 全国公共就业服务工作情况(2010年)

单位：人

项目		本期单位登记招聘人数	本期登记求职人数	本期职业指导人数	本期创业人数	本期介绍成功人数
总计		**67544645**	**53885373**	**24864579**	**2112476**	**25519990**
公共就业人才服务机构	市(地、州)及以上	22730052	18454833	6114512	668163	7073781
	区(县)	33730327	26043678	13172809	988327	13038572
	街道	3576587	2547374	1732307	188220	1446077
	乡镇	4316468	3903813	2284464	145099	2382773
公共就业人才服务窗口	社区	1435737	1276553	882046	80053	745268
	行政村	1755474	1659122	678441	42614	833519

3-1-4 全国公共就业服务工作情况(2016年)

单位：人

项目		本期单位登记招聘人数	本期登记求职人数	本期职业指导人数	本期创业人数	本期介绍成功人数
总计		**53014723**	**40425739**	**16845696**	**4098124**	**16749835**
公共就业人才服务机构	市(地、州)及以上	19129106	12812896	4437514	1128327	4514353
	区(县)	26667870	20437482	8476077	2068863	8665907
	街道	2709359	2064919	1122553	273027	1005737
	乡镇	2864123	3251782	1223057	341191	1324792
公共就业人才服务窗口	社区	1211219	1351387	894117	165127	724336
	行政村	433046	507273	692378	121589	514710

3-1-5 各地区城镇单位就业人数

单位：万人

地 区	2010年	2013年	2014年	2015年	2016年
全 国	**13051.6**	**18108.5**	**18277.8**	**18062.5**	**17888.1**
东 部	6593.4	9581.2	9722.5	9555.0	9406.6
中 部	3560.0	4608.4	4638.0	4610.5	4598.9
西 部	2898.2	3918.8	3917.2	3897.0	3882.7
北 京	646.6	742.3	755.9	777.3	791.5
天 津	205.7	302.4	295.5	294.8	286.0
河 北	519.6	653.4	656.2	643.6	639.6
山 西	394.4	464.0	452.1	440.3	430.6
内蒙古	249.2	303.8	301.5	298.3	293.2
辽 宁	518.1	689.1	665.2	618.4	560.4
吉 林	267.6	338.4	334.4	325.1	322.1
黑龙江	460.0	467.8	450.9	433.5	424.9
上 海	392.9	618.8	648.9	637.2	627.8
江 苏	763.8	1503.3	1602.4	1552.1	1497.3
浙 江	883.6	1071.6	1102.7	1083.4	1060.9
安 徽	372.9	519.7	521.7	513.8	517.1
福 建	507.1	644.0	654.6	663.1	668.8
江 西	297.4	445.0	465.3	480.5	471.5
山 东	956.2	1290.6	1266.3	1236.7	1215.5
河 南	751.7	1076.0	1108.9	1125.9	1145.0
湖 北	510.3	696.5	706.8	712.3	719.3
湖 南	505.7	601.0	597.9	579.1	568.4
广 东	1118.5	1967.0	1973.3	1948.0	1957.6
广 西	316.7	403.0	401.5	405.4	401.4
海 南	81.3	98.8	101.5	100.4	101.2
重 庆	266.4	402.0	414.5	415.6	412.9
四 川	570.6	846.3	808.7	795.5	787.5
贵 州	224.3	296.7	304.7	307.5	310.5
云 南	322.8	428.1	419.6	414.7	419.0
西 藏	22.2	31.0	32.5	33.4	31.5
陕 西	364.8	505.3	516.5	511.8	511.4
甘 肃	194.3	256.7	264.7	261.8	261.0
青 海	52.6	64.2	63.2	62.7	63.1
宁 夏	59.3	72.2	73.2	73.1	70.7
新 疆	255.0	309.5	316.6	317.2	320.5

注：全国城镇数据不含私营单位。

3-1-6 各地区城镇登记失业人数

地 区	城镇登记失业人数(万人)				
	2010年	2013年	2014年	2015年	2016年
全 国	**908.0**	**926.0**	**952.0**	**966.0**	**982.0**
北 京	7.7	7.5	7.4	7.8	8.0
天 津	16.1	21.7	22.5	25.1	25.8
河 北	35.1	37.2	38.3	39.4	39.7
山 西	20.4	21.1	24.5	25.6	26.1
内蒙古	20.8	23.8	24.8	25.9	26.7
辽 宁	38.9	39.6	41.0	46.2	47.3
吉 林	22.7	22.6	23.2	23.9	25.7
黑龙江	36.2	41.4	39.9	41.0	39.6
上 海	27.6	25.3	25.6	24.8	24.3
江 苏	40.6	37.6	36.6	36.0	35.2
浙 江	31.1	33.4	33.1	33.7	33.9
安 徽	26.9	32.4	31.5	30.9	30.4
福 建	14.5	14.7	14.3	15.4	16.3
江 西	26.3	27.4	29.4	29.9	31.3
山 东	44.5	42.2	43.1	43.7	45.8
河 南	38.2	40.2	40.0	42.5	43.6
湖 北	55.7	40.2	37.9	33.4	32.9
湖 南	43.2	45.6	47.3	45.1	44.9
广 东	39.3	38.0	36.8	37.0	38.0
广 西	19.1	18.0	18.7	18.1	18.1
海 南	4.8	3.9	4.3	4.8	5.1
重 庆	13.0	12.1	13.4	14.3	15.7
四 川	34.6	42.9	54.4	54.6	56.3
贵 州	12.2	13.7	14.1	14.5	14.8
云 南	15.7	18.1	19.2	19.5	20.1
西 藏	2.1	1.6	1.7	1.8	1.8
陕 西	21.4	21.1	22.3	22.3	22.7
甘 肃	10.7	9.3	9.7	9.5	9.8
青 海	4.2	4.2	4.2	4.4	4.6
宁 夏	4.8	4.7	5.0	4.9	5.1
新 疆	11.0	11.9	14.0	13.6	12.8

3-1-6 续表

地 区	城镇登记失业率(%)				
	2010年	2013年	2014年	2015年	2016年
全 国	**4.1**	**4.05**	**4.09**	**4.05**	**4.02**
北 京	1.4	1.2	1.3	1.4	1.4
天 津	3.6	3.6	3.5	3.5	3.5
河 北	3.9	3.7	3.6	3.6	3.7
山 西	3.6	3.1	3.4	3.5	3.5
内蒙古	3.9	3.7	3.6	3.7	3.7
辽 宁	3.6	3.4	3.4	3.4	3.8
吉 林	3.8	3.7	3.4	3.5	3.5
黑龙江	4.3	4.4	4.5	4.5	4.2
上 海	4.4	4.0	4.1	4.0	4.1
江 苏	3.2	3.0	3.0	3.0	3.0
浙 江	3.2	3.0	3.0	2.9	2.9
安 徽	3.7	3.4	3.2	3.1	3.2
福 建	3.8	3.6	3.5	3.7	3.9
江 西	3.3	3.2	3.3	3.4	3.4
山 东	3.4	3.2	3.3	3.4	3.5
河 南	3.4	3.1	3.0	3.0	3.0
湖 北	4.2	3.5	3.1	2.6	2.4
湖 南	4.2	4.2	4.1	4.1	4.2
广 东	2.5	2.4	2.4	2.5	2.5
广 西	3.7	3.3	3.2	2.9	2.9
海 南	3.0	2.2	2.3	2.3	2.4
重 庆	3.9	3.4	3.5	3.6	3.7
四 川	4.1	4.1	4.2	4.1	4.2
贵 州	3.6	3.3	3.3	3.3	3.2
云 南	4.2	4.0	4.0	4.0	3.6
西 藏	4.0	2.5	2.5	2.5	2.6
陕 西	3.9	3.3	3.3	3.4	3.3
甘 肃	3.2	2.3	2.2	2.1	2.2
青 海	3.8	3.3	3.2	3.2	3.1
宁 夏	4.4	4.1	4.0	4.0	3.9
新 疆	3.2	3.4	3.2	2.9	4.8

3-1-7 各地区登记求职人数

单位：万人

地 区	2010年	2013年	2014年	2015年	2016年
全 国	**5388.5**	**4673.5**	**4555.5**	**4044.6**	**4042.6**
东 部	3085.1	2533.4	2646.5	2168.1	2208.7
中 部	1170.5	1314.9	1064.1	1022.2	1004.3
西 部	1120.3	802.3	845.0	854.3	829.6
北 京	33.5	52.2	44.3	7.7	31.1
天 津	153.0	98.8	98.8	101.1	101.5
河 北	161.8	181.4	214.9	114.8	105.1
山 西	146.6	83.2	105.2	138.4	107.1
内蒙古	90.7	57.0	60.4	39.8	46.4
辽 宁	440.7	287.5	276.7	204.1	259.7
吉 林	98.1	86.9	73.6	63.4	57.6
黑龙江	145.9	136.9	131.4	126.1	123.8
上 海	181.1	91.8	75.4	59.1	46.7
江 苏	502.8	630.3	654.8	587.9	539.5
浙 江	299.1	272.3	267.8	286.0	243.5
安 徽	166.7	185.0	202.8	169.2	171.5
福 建	307.5	300.5	423.1	188.5	349.0
江 西	116.2	160.9	114.6	102.9	78.0
山 东	236.3	282.5	254.7	207.8	199.4
河 南	117.6	188.1	124.0	120.2	159.6
湖 北	190.6	160.5	147.9	137.4	142.2
湖 南	188.7	313.4	164.5	164.5	164.5
广 东	730.7	304.4	325.8	397.1	311.7
广 西	168.6	145.1	164.8	194.1	137.8
海 南	38.6	31.7	10.2	14.1	21.5
重 庆	80.0	83.7	85.7	83.1	71.5
四 川	138.0	110.2	111.7	104.1	123.2
贵 州	53.1	53.7	55.8	98.8	102.6
云 南	61.8	47.7	56.0	56.0	61.2
西 藏	4.0	3.8	3.7	4.7	3.5
陕 西	280.8	127.4	132.8	134.1	121.9
甘 肃	41.8	38.7	35.4	39.5	40.6
青 海	55.1	63.2	59.9	37.3	39.8
宁 夏	95.5	30.2	25.5	14.4	26.7
新 疆	51.1	41.5	53.3	48.5	54.5

3-1-8 各地区城镇登记求职人数

地区	城镇登记求职人数(万人)				
	2010年	2013年	2014年	2015年	2016年
全国	**1222.5**	**1195.2**	**1146.8**	**986.2**	**1007.6**
东部	551.1	550.4	574.6	435.4	473.4
中部	385.1	405.6	351.7	330.5	317.2
西部	282.8	235.2	220.5	220.3	213.4
北京	17.4	9.8	5.1	3.0	2.3
天津	27.7	20.5	20.4	19.9	19.6
河北	27.1	27.3	22.0	21.7	23.3
山西	37.6	19.4	24.5	24.8	24.2
内蒙古	45.1	27.1	25.1	18.2	15.9
辽宁	113.0	76.2	103.6	60.7	97.0
吉林	37.9	33.5	28.0	25.3	21.1
黑龙江	82.3	76.8	76.1	72.7	65.9
上海					
江苏	129.8	155.4	161.5	143.8	124.1
浙江	36.0	35.3	38.4	33.7	35.1
安徽	56.8	49.8	54.0	49.3	49.5
福建	46.9	61.1	58.0	29.6	53.7
江西	32.4	51.1	34.8	28.4	21.4
山东	77.9	95.9	85.5	70.2	68.4
河南	16.3	35.0	28.1	26.6	57.8
湖北	59.5	40.3	40.0	37.2	11.2
湖南	62.5	99.6	66.1	66.1	66.1
广东	71.8	64.5	76.8	51.1	48.3
广西	29.3	23.0	23.2	20.0	14.2
海南	3.5	4.3	3.3	1.8	1.7
重庆	29.0	39.0	40.2	50.1	45.7
四川	61.4	52.9	41.7	40.1	40.1
贵州	12.7	9.8	10.4	8.7	8.3
云南	17.4	17.7	19.3	19.1	21.9
西藏	1.5	1.8	1.5	1.8	1.0
陕西	26.6	19.6	17.9	24.2	23.2
甘肃	16.6	19.7	18.2	14.6	18.8
青海	6.3	4.9	4.9	3.7	4.3
宁夏	9.5	1.8	1.9	2.0	1.3
新疆	27.5	17.9	16.4	17.7	22.2

3-1-8 续表

地 区	占本期全部登记求职人数比重(%)				
	2010年	2013年	2014年	2015年	2016年
全 国	**22.7**	**25.6**	**25.2**	**24.4**	**24.9**
东 部	17.9	21.7	21.7	20.1	21.4
中 部	32.9	30.8	33.1	32.3	31.6
西 部	25.2	29.3	26.1	25.8	25.7
北 京	52.0	18.8	11.6	38.7	7.5
天 津	18.1	20.8	20.6	19.6	19.3
河 北	16.8	15.0	10.2	18.9	22.2
山 西	25.6	23.3	23.3	17.9	22.6
内蒙古	49.7	47.6	41.5	45.8	34.4
辽 宁	25.6	26.5	37.5	29.8	37.3
吉 林	38.6	38.5	38.1	39.9	36.7
黑龙江	56.4	56.1	57.9	57.7	53.2
上 海					
江 苏	25.8	24.6	24.7	24.5	23.0
浙 江	12.0	13.0	14.3	11.8	14.4
安 徽	34.1	26.9	26.6	29.1	28.8
福 建	15.3	20.3	13.7	15.7	15.4
江 西	27.8	31.8	30.4	27.6	27.4
山 东	32.9	34.0	33.6	33.8	34.3
河 南	13.8	18.6	22.7	22.1	36.2
湖 北	31.2	25.1	27.0	27.1	7.9
湖 南	33.1	31.8	40.2	40.2	40.2
广 东	9.8	21.2	23.6	12.9	15.5
广 西	17.4	15.9	14.0	10.3	10.3
海 南	9.0	13.7	32.0	12.8	7.9
重 庆	36.3	46.6	46.9	60.3	64.0
四 川	44.5	48.0	37.3	38.5	32.5
贵 州	23.8	18.3	18.6	8.8	8.1
云 南	28.1	37.1	34.5	34.2	35.8
西 藏	37.2	46.6	39.6	37.7	29.3
陕 西	9.5	15.4	13.4	18.0	19.1
甘 肃	39.8	50.9	51.4	36.9	46.4
青 海	11.4	7.7	8.1	10.0	10.9
宁 夏	9.9	5.9	7.3	13.9	4.8
新 疆	53.9	43.1	30.9	36.5	40.7

3-1-9 各地区高校毕业生登记求职人数

地 区	高校毕业生登记求职人数(万人)				
	2010年	2013年	2014年	2015年	2016年
全 国	**728.2**	**536.9**	**505.4**	**424.6**	**432.7**
东 部	445.7	292.5	265.5	215.3	228.2
中 部	147.8	137.5	123.7	108.2	105.0
西 部	133.5	105.0	116.1	101.0	98.6
北 京	2.3	7.4	7.6	0.0	5.7
天 津	35.9	6.5	6.6	6.7	6.5
河 北	36.0	42.0	31.8	33.4	30.4
山 西	34.2	8.1	20.2	24.7	20.5
内蒙古	7.6	8.6	8.0	3.5	3.6
辽 宁	185.5	46.9	34.8	24.4	34.0
吉 林	16.9	4.8	5.5	4.1	3.6
黑龙江	22.4	12.6	11.0	10.4	9.8
上 海	0.9				
江 苏	40.6	61.5	68.4	59.2	62.2
浙 江	44.3	17.3	16.1	17.1	20.8
安 徽	17.9	26.2	21.0	17.7	21.2
福 建	10.7	36.9	26.0	8.0	12.0
江 西	9.6	8.9	10.3	9.3	4.6
山 东	34.1	47.4	42.5	35.2	33.5
河 南	1.5	25.4	24.1	16.1	15.4
湖 北	16.1	11.9	11.3	5.7	9.6
湖 南	29.1	39.6	20.3	20.3	20.3
广 东	48.4	21.1	28.2	29.5	21.3
广 西	18.6	18.4	37.4	29.7	19.5
海 南	6.9	5.4	3.5	1.9	1.7
重 庆	6.5	4.7	1.4	2.0	7.4
四 川	10.5	14.2	8.3	7.4	7.4
贵 州	18.8	5.0	5.9	4.4	14.1
云 南	6.0	6.9	6.9	7.7	7.8
西 藏	0.8	0.2	0.1	0.1	0.2
陕 西	48.7	34.7	37.7	33.9	24.2
甘 肃	3.4	5.2	5.1	6.7	6.2
青 海	1.7	3.0	0.9	0.8	1.0
宁 夏	0.9	0.5	0.4	0.6	2.5
新 疆	10.1	3.6	3.9	4.1	5.5

3-2-2 各地区参加创业培训人数

单位：万人

地 区	2010年	2013年	2014年	2015年	2016年
全 国	**119.2**	**208.2**	**217.4**	**210.6**	**230.2**
东 部	45.8	82.9	84.8	84.5	81.0
中 部	40.6	70.6	71.1	67.3	83.4
西 部	32.8	54.6	61.5	58.7	60.6
北 京	0.5	0.4	0.2	0.4	0.5
天 津	2.1	4.7	5.5	6.1	5.9
河 北	5.6	9.3	7.8	7.7	7.9
山 西	3.5	4.1	4.5	4.6	6.3
内蒙古	5.4	5.8	5.5	5.5	5.4
辽 宁	2.1	3.1	2.9	2.5	2.3
吉 林	5.1	5.7	3.7	3.2	2.9
黑龙江	4.5	8.4	8.4	6.5	4.1
上 海	0.3	0.3	0.8	2.0	4.6
江 苏	10.0	28.4	31.1	25.2	25.4
浙 江	4.7	7.0	5.3	7.7	7.5
安 徽	5.0	9.5	9.8	9.6	8.5
福 建	2.7	2.7	2.7	1.9	1.5
江 西	6.6	8.9	9.3	10.4	14.4
山 东	14.0	19.6	21.0	23.4	18.2
河 南	6.0	12.9	13.8	10.1	22.1
湖 北	3.8	13.6	11.4	12.5	13.8
湖 南	6.0	7.6	10.1	10.4	11.3
广 东	3.3	6.9	6.8	6.2	5.7
广 西	2.8	5.1	4.1	4.7	6.2
海 南	0.7	0.6	0.6	1.4	1.6
重 庆	1.7	5.7	4.6	6.4	10.0
四 川	6.8	9.2	12.8	11.4	11.4
贵 州	0.8	4.3	5.7	5.4	5.2
云 南	2.1	3.4	5.4	2.6	5.2
西 藏		0.1	0.4	0.2	0.3
陕 西	5.2	7.5	9.8	8.1	8.0
甘 肃	2.1	5.3	5.0	5.3	4.4
青 海	0.5	1.0	1.2	1.0	0.9
宁 夏	1.9	1.5	1.1	1.3	1.4
新 疆	3.6	5.6	5.9	6.8	7.4

3-2-3 各地区参加职业技能鉴定考核人数

单位：万人

地 区	2010年	2013年	2014年	2015年	2016年
全 国	**1657.5**	**1838.6**	**1854.0**	**1894.1**	**1755.5**
东 部	673.5	716.1	734.7	693.1	764.9
中 部	314.4	338.4	360.9	339.2	325.6
西 部	361.6	419.0	408.3	420.7	380.9
北 京	25.1	24.5	18.0	11.3	19.2
天 津	38.1	25.3	23.3	26.7	18.9
河 北	36.6	49.3	45.1	43.1	45.5
山 西	30.3	33.7	37.7	36.5	40.1
内蒙古	14.4	20.7	23.8	22.8	22.6
辽 宁	40.3	27.7	22.9	30.1	25.4
吉 林	21.7	14.6	14.2	14.0	10.4
黑龙江	25.5	35.8	32.7	21.5	21.4
上 海	44.0	45.9	47.4	45.7	42.7
江 苏	122.8	142.9	149.7	123.4	169.2
浙 江	74.7	96.4	97.8	94.8	84.9
安 徽	56.1	64.5	65.6	68.4	62.4
福 建	44.5	54.1	50.9	51.2	55.0
江 西	35.6	23.7	31.0	23.5	30.1
山 东	83.9	84.7	123.8	112.1	169.4
河 南	50.5	57.3	62.3	59.2	53.7
湖 北	44.4	47.5	60.1	63.6	56.0
湖 南	50.4	61.4	57.2	52.5	51.5
广 东	159.8	158.4	149.2	149.9	131.3
广 西	36.3	42.8	43.7	44.4	39.8
海 南	3.9	7.1	6.7	4.7	3.5
重 庆	39.6	45.6	44.3	38.1	40.1
四 川	89.2	77.1	87.2	84.8	76.7
贵 州	8.9	13.2	18.9	18.0	20.6
云 南	45.8	56.0	54.1	62.1	56.8
西 藏	1.0	1.7	0.7	1.2	2.4
陕 西	43.5	55.3	50.7	43.2	43.7
甘 肃	20.8	30.9	35.6	50.8	53.3
青 海	4.9	5.6	5.8	6.0	5.9
宁 夏	6.7	6.2	6.0	6.3	10.2
新 疆	50.5	63.8	37.6	42.9	40.2

3-3-1 各地区劳动保障监察投诉案件结案数

地 区	结案数(件)				
	2010年	2013年	2014年	2015年	2016年
全 国	**279768**	**325208**	**369053**	**360594**	**305731**
北 京	10936	10378	13346	14246	13993
天 津	2671	4564	4270	3252	2919
河 北	7517	10207	15821	14112	10074
山 西	5834	6824	8318	6329	2735
内蒙古	3275	7645	10250	4269	3955
辽 宁	7124	9673	11262	11248	8538
吉 林	3085	3527	3414	2230	2016
黑龙江	2960	5161	5147	4118	2957
上 海	1971	3446	9779	11537	10120
江 苏	17321	17147	20349	19139	19656
浙 江	26871	23458	26100	31383	26701
安 徽	5884	11503	12292	9611	7867
福 建	11943	13307	15270	18303	14932
江 西	19084	15235	12699	10426	5314
山 东	19655	15667	18112	22493	23032
河 南	9210	12543	15386	14306	12001
湖 北	10230	10705	12443	13199	11803
湖 南	9850	15987	27790	22682	14482
广 东	41552	41998	35748	31752	28150
广 西	4466	6427	8346	7717	5349
海 南	1639	2000	2862	3187	2442
重 庆	12016	6999	6995	8273	6074
四 川	16704	20186	18771	19479	22803
贵 州	4780	12571	19003	19941	15472
云 南	6705	9142	9706	7689	6406
西 藏	1039	796	1224	1124	1273
陕 西	4503	5312	5380	5532	4346
甘 肃	3085	7499	9933	9031	7495
青 海	1019	1001	886	1832	2282
宁 夏	1094	3683	3106	3350	4231
新 疆	6000	11000	5045	8804	6313

3-3-1 续表

地 区	结案率(%)				
	2010年	2013年	2014年	2015年	2016年
全 国	**98.7**	**99.2**	**99.6**	**99.7**	**99.5**
北 京	100.0	100.0	100.0	100.0	100.0
天 津	100.0	100.0	100.0	100.0	100.0
河 北	98.6	97.2	97.1	99.9	99.0
山 西	99.8	99.8	100.0	100.0	100.0
内蒙古	99.4	95.2	96.7	98.4	99.6
辽 宁	100.0	100.0	100.0	100.0	100.0
吉 林	98.2	100.0	100.0	100.0	100.0
黑龙江	99.5	99.9	99.3	99.6	99.8
上 海	100.0	100.0	100.0	100.0	97.2
江 苏	100.0	100.0	100.0	100.0	100.0
浙 江	99.9	100.0	100.0	100.0	100.0
安 徽	98.2	98.0	100.0	100.0	97.8
福 建	99.9	100.0	100.0	100.0	100.0
江 西	98.6	98.1	98.7	98.7	98.8
山 东	100.0	100.0	100.0	100.0	100.0
河 南	99.0	99.9	100.0	100.0	99.9
湖 北	99.7	99.6	99.8	99.7	99.5
湖 南	96.0	99.8	100.0	99.0	95.9
广 东	99.5	99.3	99.9	100.0	100.0
广 西	99.1	99.6	99.8	99.9	99.7
海 南	96.0	99.6	98.9	96.3	98.0
重 庆	99.9	99.8	100.0	100.0	100.0
四 川	100.0	99.9	99.8	99.9	99.8
贵 州	98.9	97.6	99.9	100.0	100.0
云 南	99.0	99.4	99.9	100.0	100.0
西 藏	90.7	99.0	100.0	100.0	100.0
陕 西	99.9	99.9	99.9	100.0	100.0
甘 肃	98.0	98.7	98.9	98.2	99.5
青 海	98.8	99.1	100.0	100.0	97.5
宁 夏	98.0	96.7	97.4	100.0	100.0
新 疆	98.9	100.0	99.7	99.8	99.7

3-3-2 各地区劳动人事争议仲裁结案数

地区	结案数(件)				
	2010年	2013年	2014年	2015年	2016年
全国	**635865**	**669062**	**711044**	**812461**	**827889**
北京	71365	65233	62533	70933	80323
天津	15117	13415	16087	19392	21292
河北	15522	14612	17668	16895	18689
山西	6651	5331	5834	8528	8585
内蒙古	4175	6400	10574	12019	11793
辽宁	22846	27889	30307	39085	39919
吉林	7544	5573	5462	6754	5881
黑龙江	9033	7164	9283	11437	10683
上海	51533	68257	71838	66983	65938
江苏	57850	62683	63411	64455	64511
浙江	37441	50065	46670	51397	50172
安徽	7238	13502	17371	20991	22644
福建	13166	14835	16182	21615	26540
江西	12535	7904	10106	9728	9863
山东	39308	35237	42025	50072	50742
河南	18110	21083	21209	24639	24350
湖北	21018	20920	23812	27006	29236
湖南	14487	14698	16024	17774	17964
广东	105317	94364	95347	107128	106625
广西	12170	11751	11788	15930	17754
海南	3704	3934	3620	5030	4916
重庆	28348	30457	30320	39614	34245
四川	26321	29339	33519	45143	43028
贵州	9215	12656	14929	14088	13225
云南	4693	6771	6985	14000	14332
西藏	972	254	271	293	314
陕西	7109	8321	8723	10605	10309
甘肃	3427	2759	2807	3115	3723
青海	541	1097	1316	1262	1448
宁夏	2215	2933	3906	4639	6119
新疆	6894	9625	11117	11911	12726

3-3-2 续表

地 区	结案率(%)				
	2010年	2013年	2014年	2015年	2016年
全 国	**93.4**	**95.6**	**95.2**	**95.2**	**95.5**
北 京	94.6	96.3	94.9	95.0	94.5
天 津	82.9	90.7	91.0	93.1	91.8
河 北	97.4	92.2	95.4	92.8	97.8
山 西	92.1	90.6	90.7	97.2	97.4
内蒙古	97.5	95.3	96.1	97.2	95.4
辽 宁	90.8	98.9	97.8	92.0	98.8
吉 林	90.4	98.8	96.2	97.0	94.0
黑龙江	97.2	95.2	95.0	96.5	96.4
上 海	92.5	95.0	93.2	92.5	91.6
江 苏	97.4	97.5	97.8	97.7	98.4
浙 江	96.5	94.0	92.2	94.1	93.6
安 徽	94.9	95.3	96.5	97.4	97.7
福 建	93.8	94.3	93.7	94.0	94.8
江 西	88.0	96.1	93.0	95.9	97.3
山 东	90.7	95.8	96.9	96.2	96.9
河 南	91.9	93.7	93.2	97.2	97.5
湖 北	96.3	95.3	94.7	93.1	94.4
湖 南	94.4	95.5	94.5	95.1	97.0
广 东	90.8	93.9	94.4	93.8	93.4
广 西	97.6	95.4	96.0	96.7	96.4
海 南	78.8	91.1	93.5	97.6	98.5
重 庆	98.5	98.1	97.8	97.2	96.3
四 川	97.3	97.7	97.8	97.4	97.2
贵 州	90.6	97.6	96.1	97.4	97.0
云 南	95.7	98.7	99.2	100.0	99.6
西 藏	99.1	90.1	92.5	92.4	95.4
陕 西	96.1	99.3	97.9	98.1	98.5
甘 肃	89.1	97.0	95.4	97.7	97.2
青 海	94.2	96.2	96.5	96.3	96.5
宁 夏	94.1	92.0	92.8	90.5	95.1
新 疆	90.4	97.3	98.4	95.9	98.0

4 社会保险

“十三五”时期，政府提供如下社会保险服务：

◆职工享有职工基本养老保险，城乡居民享有居民基本养老保险；

◆职工享有职工基本医疗保险，城乡居民享有居民基本医疗保险；

◆职工享有失业保险、工伤保险、生育保险。

4-1-1 全国基本养老保险参保人数

单位：万人

类　别	2010年	2013年	2014年	2015年	2016年
职工基本养老保险参保人数(不含离退休人员)	19402.3	24177.3	25531.0	26219.2	27826.3
离退休人员养老保险参保人数	6305.0	8041.0	8593.4	9141.9	10103.4
城乡居民基本养老保险参保人数	10276.8	49750.1	50107.5	50472.2	50847.1

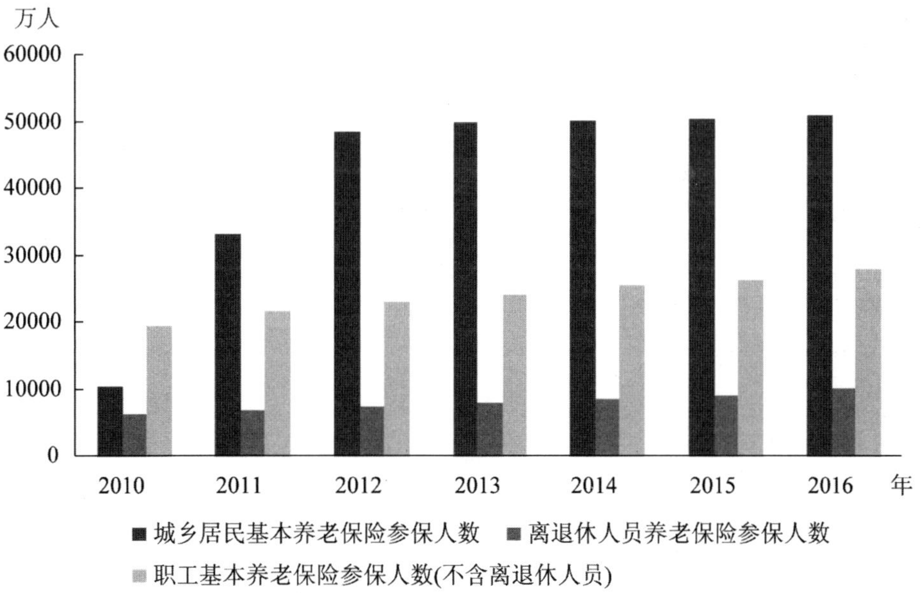

4-1-2 各地区职工基本养老保险参保人数

单位：万人

地 区	2010年	2013年	2014年	2015年	2016年
全 国	**19402.3**	**24177.3**	**25531.0**	**26219.2**	**27826.3**
东 部	11507.6	14847.8	15860.9	16186	16666
中 部	4600.6	5288.0	5429.3	5593	6045
西 部	3276.1	4023.9	4223.1	4423	5097
北 京	785.9	1091.3	1163.7	1187.5	1271.2
天 津	287.9	352.3	370.2	384.2	430.4
河 北	728.9	859.6	908.3	952.0	1011.8
山 西	443.7	491.9	501.1	512.9	543.6
内蒙古	311.5	323.8	332.2	370.8	418.6
辽 宁	1024.2	1171.7	1167.3	1139.7	1120.5
吉 林	392.9	406.8	415.6	420.0	420.1
黑龙江	589.2	639.9	646.7	646.9	655.6
上 海	657.3	992.4	1005.0	1028.4	1050.9
江 苏	1583.9	1987.8	2054.3	2098.8	2137.3
浙 江	1478.6	1976.5	2079.2	1934.0	1843.0
安 徽	492.0	592.2	596.9	610.9	634.3
福 建	522.0	679.6	708.1	736.6	805.7
江 西	462.1	547.1	562.8	587.9	672.7
山 东	1427.9	1800.4	1858.7	1923.1	1969.0
河 南	809.0	1024.4	1089.3	1149.0	1398.1
湖 北	738.2	823.5	847.0	874.9	897.1
湖 南	673.5	762.2	769.8	791.1	823.8
广 东	2875.6	3761.7	4363.6	4613.3	4867.9
广 西	311.2	365.8	377.3	389.8	511.2
海 南	135.4	174.4	182.4	187.9	158.5
重 庆	391.9	497.8	532.2	544.4	605.9
四 川	861.9	1124.1	1191.6	1250.1	1379.8
贵 州	190.3	254.7	274.3	297.3	323.9
云 南	225.1	268.6	279.2	291.1	413.8
西 藏	6.8	10.5	11.6	12.4	15.1
陕 西	400.1	493.0	516.1	544.2	577.3
甘 肃	171.1	188.5	193.9	197.0	200.9
青 海	54.4	62.8	65.7	69.9	90.9
宁 夏	77.3	101.8	107.2	111.1	131.5
新 疆	274.5	332.5	341.6	344.7	428.5

注：本表职工基本养老保险参保人数不含离退休人员。

4-1-3 各地区离退休人员基本养老保险参保人数

单位：万人

地区	2010年	2013年	2014年	2015年	2016年
全国	**6305.0**	**8041.0**	**8593.4**	**9141.9**	**10103.4**
东部	2979.7	3782.6	4075.9	4380	4792
中部	1877.3	2328.3	2459.4	2597	2806
西部	1442.6	1923.8	2051.3	2157	2498
北京	195.5	220.0	228.9	236.7	275.4
天津	143.6	168.4	175.3	180.9	208.6
河北	259.5	335.1	353.6	368.5	391.3
山西	147.3	180.5	190.9	201.4	216.6
内蒙古	119.2	172.7	192.7	208.1	236.5
辽宁	472.7	557.8	601.9	640.5	679.7
吉林	206.6	248.4	261.1	273.7	286.7
黑龙江	363.0	422.2	443.4	471.1	488.5
上海	392.2	437.5	452.4	465.4	476.3
江苏	449.1	594.3	637.6	681.1	724.2
浙江	223.6	398.9	468.8	570.3	663.9
安徽	177.5	219.1	232.3	246.7	257.9
福建	113.5	133.2	140.2	147.1	174.0
江西	145.5	207.0	221.1	235.2	284.6
山东	345.1	459.2	511.5	554.4	607.4
河南	270.3	325.6	342.3	359.8	450.3
湖北	301.6	395.9	419.2	440.6	458.0
湖南	265.4	329.5	349.0	369.0	362.9
广东	339.6	421.3	445.9	473.3	524.6
广西	138.1	172.6	180.3	186.9	240.7
海南	45.4	57.1	59.9	62.0	66.5
重庆	192.5	275.4	293.3	304.9	346.3
四川	439.0	596.2	648.1	688.9	777.8
贵州	67.0	82.6	87.1	94.8	99.6
云南	92.3	115.7	118.7	121.8	168.0
西藏	3.2	3.5	3.7	3.8	6.0
陕西	150.3	191.9	200.3	207.5	213.6
甘肃	71.3	99.9	105.0	109.2	114.1
青海	20.0	27.6	28.8	30.1	41.4
宁夏	30.5	41.9	44.2	46.4	57.8
新疆	119.2	143.8	149.1	154.8	196.5

4-1-4 各地区城乡居民基本养老保险参保人数

单位：万人

地　区	2010年	2013年	2014年	2015年	2016年
全　国	**10276.8**	**49750.1**	**50107.5**	**50472.2**	**50847.1**
东　部	3301.2	17095.3	17192.5	17284	17339
中　部	3262.9	18423.1	18521.8	18608	18764
西　部	3712.7	14231.6	14393.2	14581	14744
北　京	168.5	180.1	186.3	187.6	215.7
天　津	79.4	95.5	106.1	121.1	134.5
河　北	840.3	3354.2	3404.4	3440.3	3446.0
山　西	249.8	1533.7	1537.4	1540.3	1549.6
内蒙古	168.8	780.3	761.9	734.1	736.1
辽　宁	146.8	1046.9	1032.0	1034.7	1039.6
吉　林	86.7	643.1	654.8	662.7	667.2
黑龙江	131.2	815.8	821.8	827.8	837.6
上　海	28.9	80.0	78.3	79.5	79.5
江　苏	333.5	2384.0	2347.9	2339.0	2335.3
浙　江	290.8	1355.8	1342.1	1285.9	1233.1
安　徽	349.3	3308.7	3337.2	3396.6	3431.9
福　建	273.9	1467.2	1473.0	1480.4	1489.1
江　西	272.3	1772.5	1798.1	1829.9	1844.1
山　东	919.2	4512.8	4539.9	4534.3	4538.6
河　南	1211.8	4797.0	4843.8	4855.2	4893.7
湖　北	380.0	2236.3	2230.5	2215.0	2219.7
湖　南	581.8	3316.0	3298.3	3280.1	3320.5
广　东	157.6	2346.8	2407.7	2499.7	2543.2
广　西	220.4	1664.0	1713.9	1741.5	1770.9
海　南	62.4	272.1	274.8	281.1	284.0
重　庆	807.4	1122.9	1112.5	1111.1	1115.8
四　川	669.6	3001.6	3013.9	3020.4	3052.4
贵　州	223.9	1487.2	1586.6	1649.0	1702.2
云　南	469.4	2152.7	2160.5	2253.3	2257.5
西　藏	80.5	140.4	140.9	157.7	158.5
陕　西	439.7	1704.9	1710.8	1714.5	1720.5
甘　肃	185.5	1238.5	1240.1	1236.7	1253.7
青　海	65.1	216.1	224.6	233.5	235.2
宁　夏	24.7	179.5	182.1	183.1	186.2
新　疆	357.9	543.6	545.2	546.1	554.6

4-1-5 各地区农村居民基本养老保险参保人数

单位：万人

地区	2010年	2013年	2014年	2015年	2016年
全国	**10276.8**	**47350.7**	**47653.6**	**48140.6**	**48533.8**
东部	3301.2	16056.6	16147.1	16436	16388
中部	3262.9	17706.5	17789.2	17792	18059
西部	3712.7	13587.7	13717.4	13912	14087
北京	168.5	168.7	173.5	174.0	42.9
天津	79.4	84.3	91.6	110.1	117.0
河北	840.3	3284.4	3326.4	3358.4	3363.3
山西	249.8	1439.8	1444.0	1447.2	1461.1
内蒙古	168.8	725.9	710.4	684.4	686.6
辽宁	146.8	995.3	982.4	986.1	990.5
吉林	86.7	609.6	620.5	627.0	629.4
黑龙江	131.2	792.7	799.9	801.5	815.0
上海	28.9	71.5	69.8	70.1	69.5
江苏	333.5	2022.9	2032.1	2190.0	2171.1
浙江	290.8	1258.5	1243.5	1194.8	1146.2
安徽	349.3	3143.2	3172.1	3245.9	3279.6
福建	273.9	1408.9	1414.6	1399.7	1408.1
江西	272.3	1715.5	1740.7	1772.4	1786.0
山东	919.2	4312.3	4334.9	4371.7	4529.6
河南	1211.8	4635.8	4668.6	4579.8	4633.8
湖北	380.0	2141.5	2134.7	2123.3	2219.7
湖南	581.8	3228.4	3208.7	3195.4	3234.5
广东	157.6	2204.8	2232.0	2329.5	2296.4
广西	220.4	1624.3	1674.2	1741.5	1770.9
海南	62.4	244.9	246.2	251.3	252.9
重庆	807.4	1005.4	999.3	991.0	998.2
四川	669.6	2931.9	2947.7	2955.5	2990.1
贵州	223.9	1439.3	1535.6	1596.8	1660.5
云南	469.4	2026.0	2007.5	2075.9	2078.0
西藏	80.5	133.1	129.5	146.7	147.6
陕西	439.7	1635.2	1638.1	1643.6	1649.2
甘肃	185.5	1189.9	1188.9	1187.1	1203.6
青海	65.1	208.9	216.7	224.6	225.8
宁夏	24.7	170.9	173.0	168.1	172.2
新疆	357.9	496.9	496.5	497.2	504.4

4-1-6 各地区实际领取基本养老保险待遇居民人数

单位：万人

地 区	2010年	2013年	2014年	2015年	2016年
全 国	**2862.6**	**13768.4**	**14312.7**	**14800.3**	**15270.3**
东 部	1022.4	5289.0	5482.2	5689	5894
中 部	880.9	4692.5	4870.8	5042	5206
西 部	959.2	3786.8	3959.7	4069	4170
北 京	17.7	31.2	35.1	39.5	85.4
天 津	65.6	68.7	71.3	74.9	77.5
河 北	179.5	834.9	885.3	927.3	969.4
山 西	68.8	343.5	342.6	371.0	387.8
内蒙古	41.8	189.6	195.3	204.9	211.7
辽 宁	33.6	354.4	362.1	374.3	385.2
吉 林	32.2	209.0	220.9	218.0	244.7
黑龙江	27.7	230.6	245.9	258.1	270.3
上 海	14.1	46.5	47.5	48.7	49.3
江 苏	132.4	942.1	987.8	1023.0	1045.8
浙 江	134.2	577.1	580.1	550.8	536.4
安 徽	93.0	840.1	871.8	895.1	912.8
福 建	57.7	367.5	387.3	404.1	426.9
江 西	75.2	408.5	430.3	441.3	457.2
山 东	318.0	1300.4	1322.2	1401.1	1430.9
河 南	251.1	1193.5	1234.3	1305.2	1343.8
湖 北	115.0	605.1	634.7	653.9	674.3
湖 南	217.8	862.3	890.5	899.6	915.5
广 东	51.8	699.3	737.0	776.3	816.7
广 西	59.6	502.9	511.3	538.1	555.3
海 南	17.7	67.0	66.5	69.3	70.9
重 庆	265.0	350.8	385.8	366.7	369.3
四 川	199.6	1046.5	1074.4	1095.0	1114.4
贵 州	63.5	406.4	421.2	433.0	442.3
云 南	91.7	431.5	463.6	480.7	500.3
西 藏	23.5	22.7	23.4	24.5	23.2
陕 西	97.0	392.8	417.5	441.4	460.1
甘 肃	38.0	271.4	288.0	300.1	304.5
青 海	16.8	39.2	40.6	43.3	44.7
宁 夏	4.7	34.3	36.3	37.5	38.4
新 疆	58.0	98.7	102.4	103.9	105.6

4-1-7 各地区企业退休人员月人均基本养老金

地区	基本养老金(元)				
	2010年	2013年	2014年	2015年	2016年
全国	**1362**	**1856**	**2050**	**2240**	**2362**
北京	2087	2803	3072	3394	3622
天津	1563	2130	2316	2557	2731
河北	1417	1874	2037	2232	2387
山西	1468	2170	2391	2639	2816
内蒙古	1376	1819	1944	2127	2258
辽宁	1258	1822	1985	2155	2250
吉林	1146	1534	1672	1877	1982
黑龙江	1099	1641	1902	2048	2153
上海	1818	2420	2714	3068	3306
江苏	1397	1847	2002	2170	2269
浙江	1541	1923	2163	2292	2348
安徽	1203	1632	1783	1953	2100
福建	1251	1861	2030	2215	2330
江西	1126	1455	1696	1937	2047
山东	1547	2025	2249	2431	2504
河南	1278	1829	2015	2201	2340
湖北	1214	1885	2094	2281	2436
湖南	1148	1636	1803	1995	2134
广东	1511	1922	2248	2338	2422
广西	1182	1715	1865	2032	2182
海南	1108	1621	1760	1931	2168
重庆	1142	1470	1604	1772	1918
四川	1126	1517	1637	1804	1883
贵州	1290	1770	1947	2135	2233
云南	1265	1789	1970	2163	2325
西藏	2165	3061	3329	3891	4478
陕西	1430	2041	2185	2379	2524
甘肃	1441	1810	1962	2215	2321
青海	1787	2310	2620	3033	3233
宁夏	1363	2011	2237	2515	2685
新疆	1614	2029	2250	2498	2675

4-1-7 续表

地 区	比上年增长(%)				
	2011年	2013年	2014年	2015年	2016年
全 国	**10.9**	**10.1**	**10.4**	**9.3**	**5.4**
北 京	11.6	9.7	9.6	10.5	6.7
天 津	11.7	10.2	8.7	10.4	6.8
河 北	8.0	7.8	8.7	9.6	6.9
山 西	14.3	16.2	10.2	10.4	6.7
内蒙古	10.8	6.7	6.8	9.4	6.2
辽 宁	13.5	10.3	8.9	8.6	4.4
吉 林	5.3	10.9	9.0	12.3	5.6
黑龙江	12.6	15.9	15.9	7.7	5.1
上 海	5.7	13.4	12.1	13.0	7.8
江 苏	8.4	10.0	8.4	8.4	4.6
浙 江	16.0	7.3	12.5	6.0	2.4
安 徽	10.6	10.9	9.2	9.5	7.5
福 建	12.5	14.5	9.1	9.1	5.2
江 西	9.4	9.8	16.6	14.2	5.7
山 东	10.7	7.7	11.1	8.1	3.0
河 南	14.3	10.2	10.1	9.2	6.3
湖 北	12.3	10.9	11.1	8.9	6.8
湖 南	12.4	11.4	10.2	10.6	7.0
广 东	8.6	8.5	16.9	4.0	3.6
广 西	13.8	12.6	8.8	9.0	7.4
海 南	16.9	7.6	8.5	9.7	12.3
重 庆	8.8	7.8	9.1	10.5	8.2
四 川	11.7	9.6	7.9	10.2	4.4
贵 州	13.5	10.6	10.0	9.7	4.6
云 南	13.5	11.1	10.1	9.8	7.5
西 藏	16.8	7.5	8.8	16.9	15.1
陕 西	18.8	7.1	7.1	8.9	6.1
甘 肃	5.7	8.9	8.4	12.9	4.8
青 海	4.1	12.4	13.4	15.8	6.6
宁 夏	13.5	12.3	11.2	12.4	6.7
新 疆	6.6	9.0	10.9	11.0	7.1

4-2-1 各地区职工基本医疗保险参保人数

单位：万人

地 区	2010年	2013年	2014年	2015年	2016年
全 国	**23734.7**	**27443.1**	**28296.0**	**28893.1**	**29531.5**
东 部	13643.7	16064.5	16653.4	17046	17407
中 部	5699.0	6237.7	6349.4	6417	6507
西 部	4391.9	5141.0	5293.2	5430	5618
北 京	1063.7	1354.8	1431.3	1475.7	1517.6
天 津	470.0	493.1	509.6	522.0	535.7
河 北	848.0	926.3	944.5	957.0	973.7
山 西	562.0	646.5	657.3	650.5	660.2
内蒙古	433.5	464.5	470.7	477.4	488.8
辽 宁	1408.7	1624.8	1649.2	1651.4	1635.6
吉 林	550.1	574.9	575.6	575.9	576.0
黑龙江	873.7	868.1	873.9	873.7	879.5
上 海	1405.9	1394.1	1420.8	1446.4	1468.6
江 苏	1848.3	2274.7	2361.8	2429.0	2490.5
浙 江	1344.4	1791.1	1900.0	1992.7	2017.5
安 徽	598.5	716.0	739.9	763.3	782.0
福 建	546.6	703.0	737.3	759.4	792.1
江 西	532.1	569.9	579.2	585.0	591.6
山 东	1541.3	1809.7	1860.2	1904.4	1960.0
河 南	957.4	1140.2	1182.4	1200.7	1227.3
湖 北	847.8	922.8	933.3	949.4	961.0
湖 南	777.4	799.3	807.9	818.8	829.6
广 东	3000.0	3473.0	3647.1	3711.8	3814.1
广 西	413.5	466.6	482.6	505.5	530.7
海 南	166.9	220.0	191.7	196.3	201.0
重 庆	406.2	539.5	575.8	588.5	604.8
四 川	1051.9	1282.0	1329.4	1378.6	1440.6
贵 州	293.5	344.7	354.8	372.7	389.8
云 南	414.8	458.0	462.6	468.3	479.1
西 藏	23.5	30.6	33.0	34.3	36.8
陕 西	474.2	571.7	574.2	580.3	599.6
甘 肃	290.2	297.1	302.6	307.9	314.4
青 海	78.7	89.7	93.3	95.6	97.9
宁 夏	94.1	108.6	116.1	114.8	117.5
新 疆	417.7	488.0	498.0	505.9	517.7

4-2-2 各地区城镇居民基本医疗保险参保人数

单位：万人

地 区	2010年	2013年	2014年	2015年	2016年
全 国	**19528.3**	**29629.4**	**31450.9**	**37688.5**	**44860.0**
东 部	8314.9	14176.9	15854.7	21485	26226
中 部	6773.2	7519.0	7577.6	7919	8012
西 部	4440.2	7933.6	8018.6	8284	10217
北 京	143.7	160.1	173.0	181.0	191.2
天 津	490.9	508.4	514.0	532.1	531.1
河 北	670.0	748.2	753.1	706.7	5698.4
山 西	361.5	439.7	443.9	463.3	461.0
内蒙古	452.8	521.7	527.4	530.6	531.0
辽 宁	647.5	708.5	738.0	744.8	740.4
吉 林	783.7	803.7	804.4	804.7	804.9
黑龙江	687.1	712.3	712.5	721.1	720.3
上 海	259.2	256.4	257.7	272.9	338.0
江 苏	1401.2	1152.9	1435.7	1585.3	1493.9
浙 江	619.4	2330.0	2947.5	2971.4	2975.8
安 徽	930.9	944.9	1016.5	974.3	839.6
福 建	654.0	580.8	555.7	541.9	505.8
江 西	794.3	906.7	915.0	945.5	1215.4
山 东	1229.3	1838.2	2127.8	7331.4	7228.8
河 南	1086.4	1157.0	1157.6	1144.2	1133.4
湖 北	1012.3	1037.8	1034.7	1022.7	1020.8
湖 南	1117.2	1516.9	1492.8	1843.6	1816.6
广 东	2043.2	5706.8	6157.1	6424.2	6336.1
广 西	521.7	564.4	584.7	572.1	565.7
海 南	156.4	186.6	195.2	193.4	186.2
重 庆	424.6	2695.3	2681.1	2677.8	2654.5
四 川	1011.2	1204.0	1247.1	1272.1	3616.2
贵 州	309.0	327.4	332.4	582.7	583.8
云 南	405.7	660.8	673.3	672.5	684.5
西 藏	15.1	24.3	25.9	27.5	28.5
陕 西	473.1	672.5	671.9	667.0	648.4
甘 肃	298.6	325.7	328.1	327.0	328.9
青 海	61.6	91.6	97.1	99.6	98.8
宁 夏	94.2	456.9	462.5	470.0	476.6
新 疆	372.7	389.1	387.1	385.2	405.5

4-2-3 各地区城镇居民基本医疗保险年人均实际财政补助金额

地区	补助金额(元)				比上年增长(%)			
	2013年	2014年	2015年	2016年	2013年	2014年	2015年	2016年
全国	**269**	**315**	**370**	**390**	**21.2**	**17.1**	**17.5**	**5.4**
北京	558	875	1017	1015	24.3	56.8	16.2	-0.2
天津	439	547	664	738	39.8	24.6	21.4	11.2
河北	167	206	272	281	12.1	23.4	31.8	3.3
山西	189	255	297	327	16.0	34.9	16.4	10.2
内蒙古	236	267	331	337	18.0	13.1	24.1	1.8
辽宁	229	256	302	318	17.4	11.8	18.1	5.1
吉林	245	274	340	290	7.9	11.8	24.2	-14.9
黑龙江	267	306	363	336	14.1	14.6	18.6	-7.5
上海	781	790	727	1370	16.6	1.2	-7.9	88.4
江苏	326	312	345	483	45.5	-4.3	10.5	40.2
浙江	398	462	542	589	18.5	16.1	17.4	8.7
安徽	313	338	322	310	51.2	8.0	-4.8	-3.6
福建	212	236	238	329	25.4	11.3	0.7	38.3
江西	245	272	305	361	21.9	11.0	12.0	18.4
山东	215	269	370	369	17.5	25.1	37.6	-0.2
河南	241	263	310	325	13.7	9.1	17.8	4.8
湖北	286	318	380	406	23.8	11.2	19.4	7.0
湖南	225	259	312	348	8.7	15.1	20.3	11.7
广东	218	274	320	405	17.8	25.7	16.9	26.6
广西	236	251	310	355	21.6	6.4	23.4	14.6
海南	271	326	361	394	8.0	20.3	10.7	9.1
重庆	280	320	380	417	17.6	14.3	18.8	9.7
四川	270	312	367	414	11.1	15.6	17.6	12.7
贵州	167	172	335	347	19.3	3.0	94.7	3.7
云南	293	328	394	435	18.1	11.9	20.1	10.4
西藏	326	366	406	446	14.8	12.3	10.8	9.9
陕西	264	338	359	390	28.2	28.0	6.2	8.7
甘肃	262	313	384	416	14.9	19.5	22.6	8.3
青海	388	414	437	413	8.7	6.7	5.5	-5.3
宁夏	341	345	432	469	25.4	1.2	25.1	8.6
新疆	302	343	410	426	12.7	13.6	19.6	3.8
兵团	280	316	380	416	15.7	12.9	20.1	9.5

4-3-1 全国失业保险基本情况

年 份	年末参保人数(万人)	年末领取失业保险金人数(万人)	全年发放失业保险金(亿元)
2000	10408	190	56.2
2005	10648	362	132.4
2010	13376	209	140.4
2011	14317	197	159.9
2012	15225	204	181.3
2013	16417	197	203.2
2014	17043	422	614.7
2015	17326	457	736.4
2016	18089	484	976.1

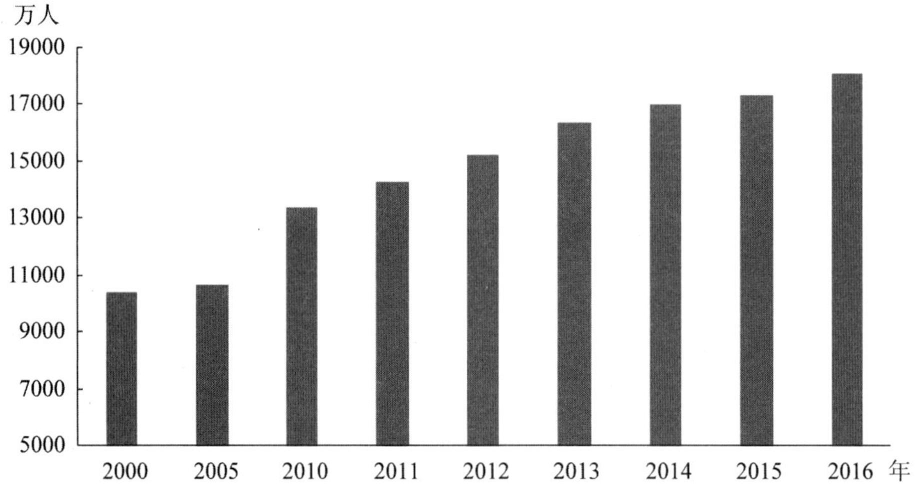

全国失业保险年末参保人数

4-3-2 各地区年末失业保险参保人数

单位：万人

地　区	2010年	2013年	2014年	2015年	2016年
全　国	**13375.6**	**16416.8**	**17042.6**	**17326.0**	**18088.8**
东　部	7770.9	10070.7	10480.9	10792	11390
中　部	3239.0	3531.2	3640.4	3536	3589
西　部	2365.8	2815.0	2921.2	2998	3110
北　京	774.2	1025.1	1057.1	1082.3	1115.0
天　津	246.1	278.7	287.6	295.3	302.5
河　北	493.4	505.0	508.7	511.0	515.9
山　西	305.7	400.7	407.7	411.3	415.2
内蒙古	230.9	233.4	236.3	242.1	241.1
辽　宁	626.9	663.2	664.3	665.3	665.4
吉　林	245.1	258.8	258.7	261.2	262.0
黑龙江	472.9	477.4	478.4	312.8	313.2
上　海	556.2	625.7	634.1	641.8	947.3
江　苏	1153.8	1389.3	1442.7	1490.9	1538.1
浙　江	875.0	1144.3	1210.3	1260.2	1317.0
安　徽	384.0	409.0	422.0	436.6	448.5
福　建	374.2	496.7	524.1	546.3	575.5
江　西	265.3	271.1	271.8	281.5	282.6
山　东	931.2	1089.6	1154.3	1203.8	1222.9
河　南	696.7	741.3	773.3	783.3	788.1
湖　北	469.7	511.3	519.0	528.4	541.9
湖　南	399.5	461.7	509.5	521.2	537.5
广　东	1627.3	2702.2	2840.2	2930.1	3020.1
广　西	238.4	253.4	259.0	273.2	283.7
海　南	112.5	150.8	157.5	164.8	170.2
重　庆	237.4	389.7	439.1	439.5	447.1
四　川	464.7	613.5	635.8	661.0	702.0
贵　州	152.5	185.2	191.9	205.3	218.1
云　南	209.6	232.5	236.9	243.3	251.2
西　藏	9.3	11.0	12.5	11.4	15.2
陕　西	331.6	339.7	344.3	347.7	352.2
甘　肃	164.2	163.1	162.4	162.8	164.3
青　海	36.6	38.5	39.3	40.1	40.8
宁　夏	47.6	71.3	73.5	76.6	95.6
新　疆	242.9	283.9	290.2	294.9	298.7

4-3-3 各地区全年领取失业保险人数

单位：万人

地 区	2010年	2013年	2014年	2015年	2016年
全 国	**209.1**	**197.0**	**422.0**	**456.8**	**483.9**
东 部	98.6	99.6	232.1	259.2	276.0
中 部	65.1	45.7	80.4	76.7	81.5
西 部	45.3	51.8	109.6	121.0	126.5
北 京	1.6	2.4	6.4	7.0	7.6
天 津	3.5	2.0	4.7	9.8	12.0
河 北	9.0	7.1	13.1	14.1	15.1
山 西	4.6	3.1	5.9	5.8	5.5
内蒙古	2.1	2.3	4.8	5.6	6.5
辽 宁	11.4	7.6	18.0	20.5	22.0
吉 林	7.8	6.0	4.8	4.3	5.4
黑龙江	8.8	7.1	10.2	7.4	6.8
上 海	11.6	9.9	24.4	23.8	25.2
江 苏	19.7	29.9	67.9	68.3	70.5
浙 江	5.8	7.8	20.5	21.4	22.5
安 徽	7.8	6.1	12.2	13.9	16.9
福 建	3.2	4.2	9.6	10.4	10.9
江 西	8.2	1.5	2.8	2.8	3.1
山 东	20.7	17.8	34.8	37.6	40.0
河 南	14.7	10.5	18.7	16.2	15.0
湖 北	6.4	5.2	11.7	12.1	13.4
湖 南	6.9	6.1	14.1	14.2	15.4
广 东	10.6	8.8	28.7	42.4	46.2
广 西	6.2	5.6	11.9	12.9	12.7
海 南	1.6	2.1	4.0	3.9	4.0
重 庆	3.7	3.4	5.9	7.7	9.5
四 川	9.1	24.1	50.6	57.4	59.2
贵 州	1.2	1.3	3.0	3.3	4.4
云 南	3.2	4.5	11.3	12.6	12.9
西 藏			0.0		
陕 西	7.5	3.2	5.3	5.1	5.2
甘 肃	2.4	1.0	2.2	2.3	2.2
青 海	0.4	0.5	0.9	0.9	0.8
宁 夏	1.0	1.1	2.6	2.7	2.8
新 疆	8.3	4.8	11.1	10.5	10.3

4-3-4 各地区工伤保险参保人数

单位：万人

地区	2010年	2013年	2014年	2015年	2016年
全国	**16160.7**	**19917.2**	**20639.2**	**21432.5**	**21889.3**
东部	10476.8	12226.5	12615.5	13010	13261
中部	3242.5	4401.1	4584.0	4825	4887
西部	2441.4	3289.7	3439.6	3598	3741
北京	823.8	920.3	961.0	1020.1	1060.2
天津	304.5	335.1	345.2	385.6	388.1
河北	594.4	737.0	778.7	809.7	840.0
山西	292.4	550.0	563.1	573.1	576.0
内蒙古	207.5	277.4	289.9	297.1	303.2
辽宁	730.0	856.7	903.1	918.6	886.6
吉林	300.5	392.1	415.6	435.6	440.7
黑龙江	415.1	493.1	505.5	512.0	522.2
上海	961.0	904.1	920.5	932.9	943.5
江苏	1205.5	1487.3	1540.1	1594.1	1633.9
浙江	1475.1	1826.1	1899.4	1930.1	1880.7
安徽	351.1	473.2	508.3	528.9	544.6
福建	417.7	607.5	627.3	691.0	733.8
江西	371.7	431.5	461.2	500.6	502.1
山东	1211.2	1371.9	1421.5	1473.5	1510.9
河南	551.7	773.1	805.7	856.7	877.0
湖北	444.0	556.9	576.7	640.1	651.1
湖南	516.0	731.2	747.9	778.0	773.3
广东	2657.8	3057.3	3092.6	3122.7	3246.2
广西	235.7	325.6	338.2	360.5	374.1
海南	95.8	123.4	126.1	131.5	137.4
重庆	266.0	406.8	426.1	428.5	454.9
四川	583.8	690.1	709.7	753.2	799.1
贵州	162.2	260.4	275.4	290.2	305.0
云南	227.4	334.3	341.7	368.1	372.8
西藏	8.8	14.8	24.3	26.9	26.9
陕西	278.6	378.1	404.0	427.3	441.6
甘肃	130.1	167.7	175.1	182.6	188.4
青海	43.2	52.3	54.7	58.0	59.8
宁夏	48.9	72.7	82.2	80.8	83.5
新疆	249.3	309.5	318.2	324.4	331.9

4-3-5 各地区享受工伤保险待遇人数

单位：万人

地 区	2010年	2013年	2014年	2015年	2016年
全 国	**147.5**	**195.2**	**198.2**	**201.9**	**196.0**
东 部	85.3	106.3	108.7	106	102
中 部	35.5	53.3	53.4	60	60
西 部	26.7	35.6	36.1	36	34
北 京	4.4	4.8	5.0	4.7	4.6
天 津	4.1	3.3	3.3	3.4	3.4
河 北	7.5	10.5	10.4	9.6	9.8
山 西	4.9	9.7	11.1	10.1	11.4
内蒙古	1.8	2.2	2.3	2.4	2.7
辽 宁	10.0	13.2	13.2	13.8	13.8
吉 林	3.7	5.3	4.6	11.3	4.9
黑龙江	6.2	7.2	6.3	6.5	6.5
上 海	1.7	6.6	6.9	7.0	6.5
江 苏	9.8	13.6	14.3	14.7	15.1
浙 江	20.2	22.6	22.6	20.4	18.7
安 徽	4.4	8.1	8.3	8.3	8.7
福 建	2.4	3.5	3.9	3.9	4.2
江 西	2.7	4.5	4.7	4.6	4.5
山 东	10.2	11.2	11.8	11.1	11.1
河 南	3.0	4.6	4.6	5.0	4.8
湖 北	3.1	5.7	4.9	4.9	7.9
湖 南	7.4	8.3	8.7	9.3	11.1
广 东	14.7	16.7	17.1	16.8	14.5
广 西	1.4	1.9	1.8	1.9	1.8
海 南	0.3	0.3	0.3	0.3	0.3
重 庆	5.6	8.0	8.1	7.5	7.0
四 川	6.0	8.3	8.6	7.9	7.6
贵 州	1.9	2.3	2.3	2.8	2.5
云 南	4.6	4.4	4.0	4.3	3.7
西 藏			0.1	0.1	0.1
陕 西	1.6	3.0	2.9	3.0	3.0
甘 肃	1.1	1.8	2.2	2.3	2.5
青 海	0.5	0.6	0.6	0.5	0.5
宁 夏	0.3	0.5	0.5	0.6	0.5
新 疆	2.0	2.5	2.8	2.9	2.4174

4-3-6 各地区生育保险参保人数

单位：万人

地 区	2010年	2013年	2014年	2015年	2016年
全 国	**12335.9**	**16392.0**	**17038.7**	**17771.0**	**18451.0**
东 部	7625.8	10140.6	10511.8	11124	11590
中 部	2650.9	3413.7	3509.5	3585	3662
西 部	2059.3	2837.7	3017.4	3061	3198
北 京	372.2	883.2	915.6	941.6	981.0
天 津	212.0	249.1	260.7	269.7	285.0
河 北	561.5	667.6	684.0	713.0	710.3
山 西	211.6	445.6	454.2	456.5	458.5
内蒙古	233.9	285.0	293.7	302.6	305.3
辽 宁	593.0	752.3	783.9	789.3	790.1
吉 林	310.5	365.9	367.0	367.5	367.8
黑龙江	290.1	355.1	356.1	357.1	358.0
上 海	657.3	713.9	717.5	735.4	956.1
江 苏	1086.4	1355.6	1374.6	1471.7	1510.3
浙 江	863.7	1173.2	1248.9	1285.2	1294.4
安 徽	346.9	458.5	482.8	499.3	517.6
福 建	374.4	539.6	556.7	598.3	625.8
江 西	170.0	217.8	241.1	251.3	258.9
山 东	774.1	974.4	1046.5	1111.3	1139.1
河 南	412.9	569.6	590.2	609.5	646.8
湖 北	381.8	465.3	480.6	500.2	511.9
湖 南	527.1	536.0	537.6	544.0	542.9
广 东	2038.5	2711.6	2801.3	3081.8	3161.9
广 西	218.5	270.2	280.2	307.9	319.6
海 南	92.6	120.2	122.0	127.1	136.5
重 庆	175.7	280.4	347.5	354.3	365.7
四 川	484.2	689.1	730.4	670.3	713.1
贵 州	164.3	238.7	248.8	263.6	286.3
云 南	210.2	270.9	279.3	289.8	295.9
西 藏	14.8	20.7	22.8	23.8	24.9
陕 西	180.1	240.3	250.8	265.3	283.4
甘 肃	82.0	135.1	143.7	154.1	162.7
青 海	6.4	42.8	45.8	48.0	49.7
宁 夏	39.8	68.4	71.3	73.7	76.5
新 疆	249.4	296.1	303.0	307.9	315.0

4-3-7 各地区享受生育保险待遇人数

单位：万人

地 区	2010年	2013年	2014年	2015年	2016年
全 国	**210.7**	**522.0**	**613.4**	**641.9**	**913.7**
东 部	130.0	356.3	413.5	423	624
中 部	45.0	83.1	98.8	108	147
西 部	35.6	82.6	101.1	110	142
北 京	12.6	41.1	53.2	52.8	51.9
天 津	5.6	24.8	22.2	19.4	28.1
河 北	5.2	15.7	22.5	18.5	33.8
山 西	1.7	5.2	7.4	8.0	8.9
内蒙古	2.2	6.5	8.0	7.8	8.5
辽 宁	13.5	25.9	28.5	29.6	31.7
吉 林	5.6	11.2	14.0	14.0	17.1
黑龙江	3.4	6.9	7.8	6.4	9.4
上 海	7.7	22.0	24.0	22.9	28.2
江 苏	24.4	78.7	93.6	95.3	170.3
浙 江	12.4	39.9	46.1	51.0	62.1
安 徽	5.0	10.6	13.6	15.9	21.8
福 建	4.9	12.1	12.8	14.0	20.9
江 西	1.0	2.5	3.3	4.7	7.8
山 东	18.0	47.1	56.2	48.1	73.4
河 南	5.3	13.6	15.7	16.5	24.5
湖 北	11.0	18.5	19.9	22.3	30.2
湖 南	12.1	14.8	17.0	20.5	27.4
广 东	24.3	45.0	50.8	67.0	117.8
广 西	3.6	7.7	8.6	9.6	13.0
海 南	1.5	4.0	3.8	4.7	6.0
重 庆	4.9	10.2	12.5	18.3	24.3
四 川	5.9	18.0	21.7	24.8	31.8
贵 州	2.3	4.4	6.4	7.5	10.8
云 南	4.0	11.2	13.2	12.0	16.2
西 藏	0.3	0.5	0.5	0.7	0.9
陕 西	2.4	4.3	5.3	6.4	9.1
甘 肃	1.0	3.2	3.9	3.5	6.8
青 海	0.1	1.7	3.4	5.0	3.7
宁 夏	0.6	3.7	4.9	2.6	4.4
新 疆	8.4	11.1	12.7	12.4	13.0

4-4-1　基本保险基金收支情况

单位：亿元

项目			2010年	2013年	2014年	2015年	2016年
基本养老保险基金	收入	职工	13419.5	22680	25309.7	29340.9	35057.5
基本养老保险基金	收入	城乡居民	453.4	2052	2310.2	2854.6	2933.3
基本养老保险基金	支出	职工	10554.9	18470	21754.7	25812.7	31853.8
基本养老保险基金	支出	城乡居民	200.4	1348	1571.2	2116.7	2150.5
基本养老保险基金	收支比(支出=1)	职工	1.3	1.2	1.2	1.1	1.1
基本养老保险基金	收支比(支出=1)	城乡居民	2.3	1.5	1.5	1.3	1.4
基本医疗保险基金	收入	职工	3955.4	7062	8037.9	9083.5	10273.7
基本医疗保险基金	收入	城镇居民	353.5	1187	1649.3	2109.4	2810.5
基本医疗保险基金	支出	职工	3271.6	5830	6696.6	7531.5	8286.7
基本医疗保险基金	支出	城镇居民	266.5	971	1437.0	1780.6	2480.4
基本医疗保险基金	收支比(支出=1)	职工	1.2	1.2	1.2	1.2	1.2
基本医疗保险基金	收支比(支出=1)	城镇居民	1.3	1.2	1.1	1.2	1.1
失业保险基金	收入		649.8	1289	1379.8	1367.8	1228.9
失业保险基金	支出		423.3	532	614.7	736.4	976.1
失业保险基金	收支比(支出=1)		1.5	2.4	2.2	1.9	1.2
工伤保险基金	收入		284.9	615	694.8	754.2	736.9
工伤保险基金	支出		192.4	482	560.5	598.7	610.3
工伤保险基金	收支比(支出=1)		1.5	1.3	1.2	1.3	1.2
生育保险基金	收入		159.6	368	446.1	501.7	521.9
生育保险基金	支出		109.9	283	368.1	411.5	530.6
生育保险基金	收支比(支出=1)		1.5	1.3	1.2	1.2	1.0

4-4-2 各地区社会保障卡持卡人数

单位：万人

地　区	2010年	2013年	2014年	2015年	2016年
全　国	**10340**	**54861**	**71242**	**88361**	**101249**
东　部	6899	29069	35781	41627	45683
中　部	2240	13626	20330	26740	31065
西　部	1201	12166	15128	19993	24501
北　京	800	1411	1558	1695	1906
天　津	550	985	990	1035	1088
河　北	78	3060	4066	4406	5305
山　西	46	2100	2320	2392	2732
内蒙古	95	1521	1557	1612	1709
辽　宁	420	1236	1837	2705	3029
吉　林	590	1265	1750	2000	2165
黑龙江	350	1573	1783	2156	2368
上　海	1091	1364	1371	1397	1418
江　苏	680	3241	4290	5617	6518
浙　江	370	3180	3906	4677	5153
安　徽	423	2260	3828	4273	4647
福　建	1000	3397	3472	3568	3704
江　西	80	1809	2413	2615	3002
山　东	410	2965	4472	6337	7020
河　南	300	2021	3087	5939	7402
湖　北	451	2187	3023	3560	4169
湖　南		411	2126	3804	4581
广　东	1500	8080	9589	9805	9993
广　西	25	200	431	1279	2667
海　南		150	230	386	550
重　庆	249	2879	3258	3328	3446
四　川	61	2693	3306	3960	5161
贵　州		820	960	1247	1793
云　南	680	1113	1801	2831	3210
西　藏					
陕　西		1510	1520	2148	2449
甘　肃	55	190	652	1368	1503
青　海			63	350	518
宁　夏		562	583	600	650
新　疆	36	678	997	1271	1396

4-4-3 各地区社会保障卡普及率

单位：%

地 区	2010年	2013年	2014年	2015年	2016年
全 国	**7.7**	**40.3**	**52.1**	**64.6**	**73.2**
东 部	12.5	51.7	63.3	73.2	79.7
中 部	5.3	31.9	47.4	62.1	71.8
西 部	3.3	33.2	41.1	53.8	66.1
北 京	40.8	66.7	72.4	78.8	87.7
天 津	42.3	66.9	65.3	68.2	69.7
河 北	1.1	41.7	55.1	59.7	71.0
山 西	1.3	57.9	63.6	65.6	74.2
内蒙古	3.8	60.9	62.2	64.4	67.8
辽 宁	9.6	28.2	41.8	61.6	69.2
吉 林	21.5	46.0	63.6	72.7	79.2
黑龙江	9.1	41.0	46.5	56.2	62.3
上 海	47.4	56.5	56.5	57.6	58.6
江 苏	8.6	40.8	53.9	70.6	81.5
浙 江	6.8	57.8	70.9	84.9	92.2
安 徽	7.1	37.5	62.9	70.2	75.0
福 建	27.1	90.0	91.2	93.7	95.6
江 西	1.8	40.0	53.1	57.6	65.4
山 东	4.3	30.5	45.7	64.7	70.6
河 南	3.2	21.5	32.7	62.9	77.7
湖 北	7.9	37.7	52.0	61.2	70.8
湖 南		6.2	31.6	56.5	67.1
广 东	14.4	75.9	89.4	91.4	90.9
广 西	0.5	4.2	9.1	26.9	55.1
海 南		16.7	25.5	42.7	60.0
重 庆	8.6	96.9	100.0	100.0	100.0
四 川	0.8	33.2	40.6	48.6	62.5
贵 州		23.4	27.4	35.5	50.4
云 南	14.8	23.8	38.2	60.0	67.3
西 藏					
陕 西		40.1	40.3	56.9	64.2
甘 肃	2.2	7.4	25.2	52.8	57.6
青 海			10.9	60.1	87.4
宁 夏		85.9	88.2	90.7	96.3
新 疆	1.6	29.9	44.7	56.8	58.8

4-4-4 各地区城镇职工基本养老保险基金中公共财政费用

单位：亿元

地 区	2014年	2015年	2016年
全 国	**3548.3**	**4715.8**	**6511.0**
东 部	989.9	1586.9	2243.9
中 部	1383.7	1718.8	1969.0
西 部	1174.7	1290.9	2298.0
北 京	0.9	14.9	184.3
天 津	133.6	150.2	215.7
河 北	184.6	232.8	265.8
山 西	116.7	137.2	155.8
内蒙古	111.7	137.9	149.9
辽 宁	403.3	476.3	539.9
吉 林	155.6	182.2	212.2
黑龙江	256.1	345.5	340.4
上 海	49.0	356.3	512.2
江 苏	56.4	76.3	112.5
浙 江	18.1	25.1	136.8
安 徽	129.1	153.8	181.4
福 建	9.2	24.6	41.0
江 西	108.7	150.5	188.3
山 东	76.6	132.9	163.7
河 南	192.4	231.5	297.6
湖 北	241.8	303.2	329.7
湖 南	183.4	214.9	263.6
广 东	18.6	42.2	17.6
广 西	91.6	116.0	257.0
海 南	39.7	55.3	54.4
重 庆	191.7	224.7	246.8
四 川	269.5	335.0	736.3
贵 州	50.3	58.5	71.8
云 南	76.8	89.2	183.0
西 藏	4.4	4.4	4.8
陕 西	117.1	142.4	159.8
甘 肃	59.8	69.9	82.2
青 海	19.9	22.8	54.4
宁 夏	20.4	24.9	57.2
新 疆	161.5	184.6	294.6

4-4-5 各地区城镇职工基本养老保险基金中公共财政费用比重

单位：%

地 区	2014年	2015年	2016年
全 国	**14.0**	**16.1**	**18.6**
东 部	7.1	9.6	11.7
中 部	23.2	25.5	26.7
西 部	20.4	22.2	26.8
北 京	0.1	0.9	8.2
天 津	25.0	25.3	28.7
河 北	19.3	21.7	21.8
山 西	17.6	19.9	19.8
内蒙古	22.3	24.3	24.5
辽 宁	26.3	29.2	32.2
吉 林	30.0	32.0	33.4
黑龙江	27.8	33.5	33.8
上 海	2.9	16.0	19.9
江 苏	2.9	3.5	4.8
浙 江	1.1	1.3	5.8
安 徽	19.7	20.1	22.2
福 建	2.0	4.7	5.9
江 西	22.2	24.9	27.1
山 东	4.6	6.3	7.3
河 南	20.8	22.5	26.0
湖 北	24.7	26.8	27.5
湖 南	22.6	23.6	24.3
广 东	0.9	1.6	0.6
广 西	22.1	24.2	30.1
海 南	28.2	32.9	27.5
重 庆	28.3	29.6	30.1
四 川	17.1	19.9	26.9
贵 州	19.4	18.5	21.7
云 南	21.5	21.9	27.5
西 藏	18.9	15.6	6.0
陕 西	20.3	23.5	23.1
甘 肃	20.0	22.4	24.1
青 海	21.4	22.0	31.2
宁 夏	17.4	17.3	27.8
新 疆	30.7	30.4	28.0

4-4-6 各地区城乡居民基本养老保险基金中公共财政费用

单位：亿元

地 区	2014年	2015年	2016年
全 国	**1498.1**	**2018.8**	**2065.3**
东 部	720.6	930.8	985.6
中 部	396.5	578.2	576.8
西 部	380.8	509.6	502.9
北 京	19.9	23.3	26.2
天 津	10.8	15.2	15.7
河 北	67.6	106.2	104.9
山 西	32.9	47.2	45.9
内蒙古	22.6	30.6	34.2
辽 宁	37.3	54.8	50.9
吉 林	15.0	23.2	23.3
黑龙江	16.7	22.4	16.3
上 海	34.7	43.0	52.3
江 苏	142.0	188.3	199.9
浙 江	105.2	118.7	125.8
安 徽	71.6	101.9	99.2
福 建	41.6	55.9	61.2
江 西	31.1	49.0	55.0
山 东	138.1	166.8	183.3
河 南	107.2	158.5	152.7
湖 北	53.0	75.8	82.6
湖 南	69.1	100.2	101.8
广 东	112.8	140.8	140.7
广 西	46.2	71.6	68.0
海 南	10.8	17.7	24.7
重 庆	50.4	38.3	40.1
四 川	81.2	119.6	114.0
贵 州	34.2	47.2	43.8
云 南	40.1	55.1	54.7
西 藏	4.6	5.0	6.3
陕 西	51.5	67.5	64.5
甘 肃	26.6	39.6	40.5
青 海	7.0	9.1	9.6
宁 夏	5.6	7.1	8.3
新 疆	11.1	19.1	18.9

4-4-7 各地区城乡居民基本养老保险基金中公共财政费用比重

单位：%

地 区	2014年	2015年	2016年
全 国	**64.8**	**70.7**	**70.4**
东 部	63.3	68.9	69.0
中 部	67.1	74.0	73.7
西 部	65.7	70.6	69.6
北 京	54.3	62.5	62.8
天 津	25.9	32.8	21.7
河 北	67.4	75.7	74.1
山 西	60.3	69.6	68.6
内蒙古	66.8	73.7	74.9
辽 宁	81.4	86.8	86.2
吉 林	69.7	78.2	78.6
黑龙江	65.0	72.8	66.7
上 海	81.0	89.4	91.0
江 苏	65.9	68.5	69.4
浙 江	77.0	80.1	83.9
安 徽	65.5	73.0	70.5
福 建	71.5	75.7	77.5
江 西	63.4	70.7	74.5
山 东	51.8	57.6	56.5
河 南	70.0	77.4	76.3
湖 北	66.2	73.2	73.4
湖 南	70.5	73.5	75.4
广 东	62.4	68.1	76.1
广 西	76.6	81.7	79.9
海 南	75.1	81.2	85.1
重 庆	79.1	71.2	70.4
四 川	54.0	62.3	59.9
贵 州	71.6	75.9	74.7
云 南	60.4	66.0	65.5
西 藏	77.7	76.1	81.2
陕 西	70.5	73.6	73.5
甘 肃	63.7	72.9	73.9
青 海	67.5	70.8	70.1
宁 夏	66.6	71.1	73.7
新 疆	60.5	71.7	69.4

4-4-8 各地区城镇职工基本医疗保险基金中公共财政费用

单位：亿元

地 区	2014年	2015年	2016年
全 国	**58.1**	**68.2**	**72.5**
东 部	23.1	19.7	21.6
中 部	26.3	34.0	37.4
西 部	4.7	10.4	13.5
北 京	1.1	1.3	1.5
天 津	6.0	2.3	2.5
河 北	0.7	0.7	0.5
山 西			0.5
内蒙古	0.3	0.3	0.1
辽 宁	1.6	1.5	1.8
吉 林	4.3	3.8	1.3
黑龙江	1.3	1.0	0.8
上 海			
江 苏	5.2	5.9	5.8
浙 江	1.9	3.4	2.6
安 徽	0.3	1.7	1.7
福 建	1.0	0.6	0.3
江 西	16.0	23.2	26.5
山 东	1.3	0.4	0.6
河 南	1.1	1.0	2.1
湖 北	0.8	0.8	1.4
湖 南	2.5	2.5	3.1
广 东	4.4	3.6	5.1
广 西	0.2	1.4	4.0
海 南	0.1	0.0	0.9
重 庆	0.7	1.1	1.0
四 川	0.3	0.5	0.8
贵 州	1.7	6.2	2.2
云 南	0.3	0.1	0.3
西 藏			
陕 西	0.5	0.2	0.5
甘 肃	0.0	0.1	0.2
青 海	0.2		
宁 夏			
新 疆	4.4	4.5	4.5

4-4-9　各地区城镇职工基本医疗保险基金中公共财政费用比重

单位：%

地　区	2014年	2015年	2016年
全　国	**0.7**	**0.8**	**0.7**
东　部	0.5	0.4	0.3
中　部	1.8	2.1	2.0
西　部	0.3	0.6	0.7
北　京	0.2	0.2	0.2
天　津	2.9	1.0	0.9
河　北	0.3	0.2	0.1
山　西			0.3
内蒙古	0.2	0.2	0.1
辽　宁	0.4	0.4	0.4
吉　林	3.7	2.8	0.8
黑龙江	0.6	0.4	0.3
上　海			
江　苏	0.7	0.8	0.7
浙　江	0.3	0.5	0.3
安　徽	0.2	0.9	0.8
福　建	0.5	0.2	0.1
江　西	14.3	18.3	17.7
山　东	0.2	0.1	0.1
河　南	0.5	0.4	0.7
湖　北	0.3	0.3	0.5
湖　南	1.2	1.1	1.1
广　东	0.6	0.4	0.5
广　西	0.1	1.0	2.3
海　南	0.1	0.1	1.6
重　庆	0.4	0.6	0.5
四　川	0.1	0.1	0.2
贵　州	1.9	5.5	1.6
云　南	0.2		0.1
西　藏			
陕　西	0.3	0.1	0.3
甘　肃		0.1	0.2
青　海	0.5		
宁　夏			
新　疆	2.3	2.1	1.9

4-4-10 各地区城乡居民基本医疗保险基金中公共财政费用

单位：亿元

地 区	2014年	2015年	2016年
全 国	**1264.3**	**1585.4**	**2072.8**
东 部	743.5	927.6	1304.4
中 部	220.8	274.3	317.9
西 部	296.8	379.6	450.5
北 京	16.6	21.0	21.5
天 津	28.1	36.4	38.8
河 北	20.1	24.9	240.5
山 西	11.1	15.5	17.1
内蒙古	15.7	19.2	19.8
辽 宁	19.2	22.9	25.1
吉 林	17.0	20.0	22.5
黑龙江	22.5	26.8	38.6
上 海	20.4	19.8	46.3
江 苏	49.0	63.1	83.9
浙 江	144.5	179.1	194.9
安 徽	29.5	35.9	36.3
福 建	15.5	17.6	55.1
江 西	23.8	31.2	45.0
山 东	210.3	283.0	307.1
河 南	35.5	39.7	44.0
湖 北	33.9	39.0	41.9
湖 南	47.5	66.2	72.5
广 东	213.6	252.3	283.2
广 西	15.1	18.4	21.8
海 南	6.2	7.5	8.0
重 庆	87.1	103.4	112.7
四 川	83.3	112.9	155.7
贵 州	6.1	19.6	21.8
云 南	22.6	27.0	30.4
西 藏	1.8	1.1	1.2
陕 西	21.8	28.2	27.6
甘 肃	9.9	12.0	12.7
青 海	4.3	4.9	5.2
宁 夏	18.4	20.8	22.8
新 疆	13.8	16.0	18.7

4-4-11 各地区城乡居民基本医疗保险基金中公共财政费用比重

单位：%

地　区	2014年	2015年	2016年
全　国	**76.7**	**75.2**	**73.8**
东　部	75.3	73.5	72.7
中　部	78.6	77.4	75.1
西　部	78.8	77.7	75.9
北　京	81.6	83.7	83.1
天　津	85.5	85.2	82.0
河　北	73.1	76.1	73.7
山　西	71.4	73.3	70.7
内蒙古	77.1	76.9	77.3
辽　宁	72.7	73.5	70.7
吉　林	73.2	75.6	74.1
黑龙江	72.6	72.7	70.7
上　海	82.5	82.6	86.1
江　苏	66.1	67.2	68.5
浙　江	70.5	70.1	70.4
安　徽	79.3	79.5	76.7
福　建	78.8	78.4	76.8
江　西	73.3	76.0	73.7
山　东	78.2	74.6	72.6
河　南	84.8	80.7	76.5
湖　北	83.5	76.8	74.8
湖　南	80.7	79.2	78.6
广　东	76.2	73.1	70.8
广　西	79.8	78.7	76.6
海　南	77.3	79.5	76.5
重　庆	82.1	80.4	77.3
四　川	73.9	74.0	72.7
贵　州	77.6	82.2	82.3
云　南	80.0	77.4	77.4
西　藏	95.3	92.3	92.7
陕　西	79.7	79.6	77.6
甘　肃	82.3	83.1	80.7
青　海	88.0	80.1	81.3
宁　夏	79.9	75.0	76.7
新　疆	79.8	78.4	74.9

5 基本社会服务

“十三五”时期，政府提供如下基本社会服务：

◆为城乡困难群体提供最低生活保障和专项救助；

◆为自然灾害受灾人员提供救助；

◆为经济困难公民和特殊案件当事人提供法律援助；

◆为老年人提供基本养老服务；

◆为困境儿童提供保障,为农村留守儿童提供关爱保护;

◆为身故者提供基本殡葬服务；

◆为优抚安置对象提供优待抚恤、安置服务和集中供养服务。

5-1-1　全国最低生活保障情况

年　份	城市居民最低生活保障人数（万人）	城市居民最低生活保障平均标准（元/人年）	农村居民最低生活保障人数（万人）	农村居民最低生活保障平均标准（元/人年）
2005	2234.2	1872.0	825.0	
2006	2240.1	2035.2	1593.1	850.8
2007	2272.1	2188.8	3566.3	840.0
2008	2334.8	2463.6	4305.5	987.6
2009	2345.6	2733.6	4760.2	1209.6
2010	2310.5	3014.4	5214.0	1404.0
2011	2276.8	3451.2	5305.7	1718.4
2012	2143.5	3961.2	5344.5	2067.8
2013	2064.2	4479.6	5388.0	2433.9
2014	1877.0	4926.4	5207.2	2776.6
2015	1701.1	5412.6	4903.6	3177.6
2016	1480.2	5935.2	4586.5	3744.0

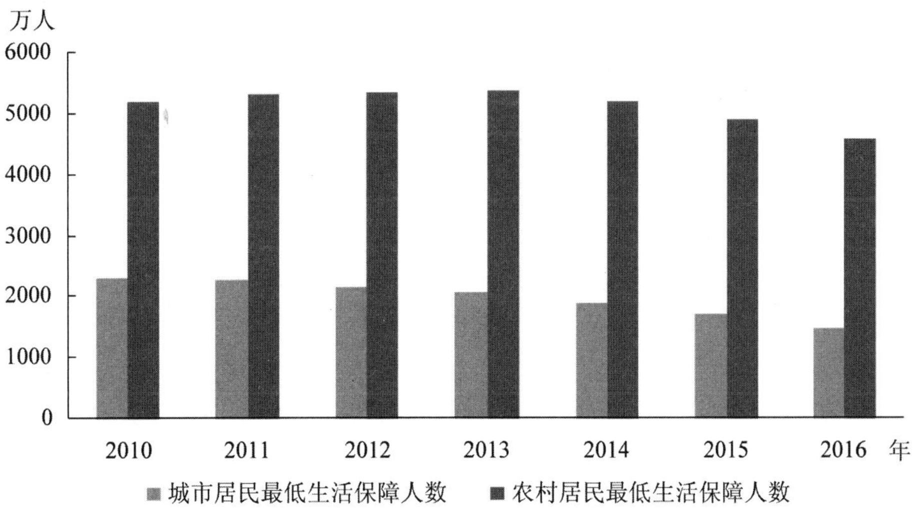

5-1-2 全国最低生活保障标准与居民消费支出比较

年 份	城市居民最低生活保障平均标准与城镇居民人均消费支出之比	农村居民最低生活保障平均标准与农村居民人均消费支出之比
2005	0.24	
2006	0.23	0.30
2007	0.22	0.26
2008	0.22	0.27
2009	0.22	0.30
2010	0.22	0.32
2011	0.23	0.33
2012	0.24	0.35
2013	0.22	0.33
2014	0.25	0.33
2015	0.25	0.34
2016	0.26	0.37

注：从2013年度起,国家统计局开展了住户收支与生活状况调查,与2012年及以前的分城镇和农村住户调查的调查范围、调查方法、指标口径有所不同。从2013年度起，城镇居民人均现金消费支出改为城镇居民人均消费支出。

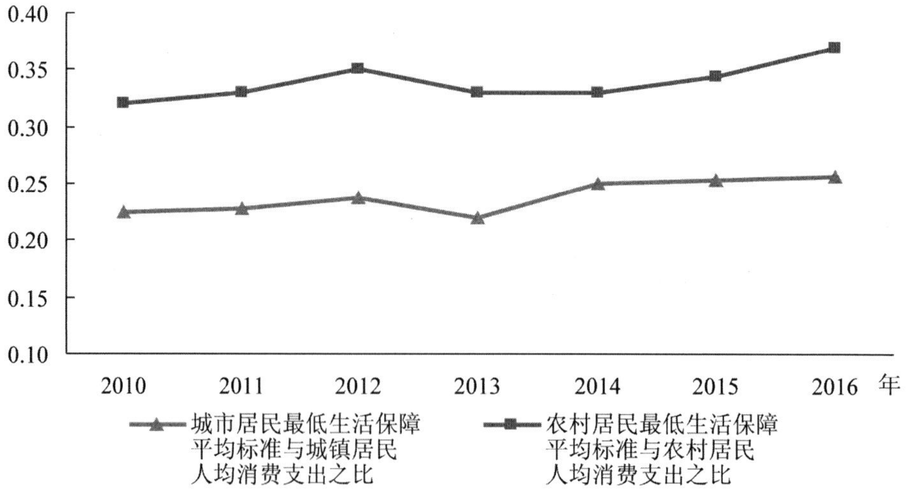

5-1-3 各地区城市居民最低生活保障人数

单位：万人

地 区	2010年	2013年	2014年	2015年	2016年
全 国	**2310.5**	**2064.2**	**1877.0**	**1701.1**	**1480.2**
东 部	476.9	369.6	323.0	289.6	255.0
中 部	975.5	890.3	806.6	729.3	625.2
西 部	858.0	804.3	747.4	682.3	600.1
北 京	13.7	10.4	8.9	8.5	8.2
天 津	19.8	16.0	13.6	13.1	12.2
河 北	88.3	72.8	62.5	55.0	47.6
山 西	91.5	85.0	72.6	59.9	53.1
内蒙古	85.4	78.4	70.6	60.3	49.1
辽 宁	124.6	96.1	80.2	71.8	62.0
吉 林	115.5	85.0	75.9	72.5	67.8
黑龙江	151.2	143.8	127.3	120.0	111.1
上 海	35.3	20.5	18.7	17.6	16.8
江 苏	42.8	33.8	30.7	28.0	24.8
浙 江	9.0	7.2	6.4	7.3	10.9
安 徽	88.4	78.3	72.4	64.7	54.4
福 建	18.2	15.8	14.7	12.9	8.6
江 西	98.1	97.8	98.3	92.4	89.6
山 东	67.6	48.7	44.6	37.2	30.9
河 南	148.2	131.0	118.9	107.9	82.1
湖 北	137.5	125.9	107.1	84.6	55.3
湖 南	145.2	143.5	134.0	127.2	111.8
广 东	40.7	34.0	31.6	29.7	25.5
广 西	60.2	49.4	44.8	38.5	22.6
海 南	17.0	14.5	11.1	8.4	7.5
重 庆	60.8	45.8	41.0	37.5	34.8
四 川	187.0	183.6	173.4	156.4	134.5
贵 州	54.0	51.3	47.6	40.2	35.8
云 南	92.6	104.1	100.9	98.1	89.7
西 藏	4.2	5.0	4.7	4.6	3.6
陕 西	86.0	67.1	57.8	50.9	42.1
甘 肃	87.8	87.5	81.4	76.2	70.0
青 海	22.4	22.5	20.3	17.6	16.3
宁 夏	20.7	18.0	16.8	15.4	14.6
新 疆	97.1	91.7	88.1	86.5	87.0

5-1-4 各地区城市居民最低生活保障平均标准

地 区	平均标准(元/人年)				
	2010年	2013年	2014年	2015年	2016年
全 国	**3014.4**	**4479.7**	**4926.4**	**5412.6**	**5935.2**
北 京	5160.0	6960.0	7800.0	8520.0	9600.0
天 津	5400.0	7200.0	7680.0	8460.0	9360.0
河 北	3183.6	4542.1	5182.8	5296.4	6013.9
山 西	2775.6	4212.8	4604.0	4958.2	5293.1
内蒙古	3588.0	5524.1	5777.3	6096.1	6482.9
辽 宁	3553.2	4938.0	5433.2	5921.9	6274.0
吉 林	2734.8	3869.8	4452.8	4819.1	5363.2
黑龙江	2881.2	4652.8	5362.1	6076.2	6430.7
上 海	5400.0	7680.0	8520.0	9480.0	10560.0
江 苏	4107.6	5821.6	6432.6	6980.9	7329.8
浙 江	4404.0	6185.9	6879.6	7685.5	8084.6
安 徽	3049.2	4565.4	5058.5	5460.5	5965.0
福 建	2619.6	4360.1	4852.4	5737.7	6177.2
江 西	2926.8	4747.8	5019.6	5424.2	5770.0
山 东	3428.4	5012.4	5422.7	5641.4	5938.6
河 南	2430.0	3709.8	3945.6	4489.1	5101.7
湖 北	3026.4	4500.7	4931.6	5365.4	5854.6
湖 南	2566.8	4273.7	4233.1	4317.4	5175.2
广 东	3052.8	4564.9	5453.5	6166.0	6913.8
广 西	2736.0	4016.8	4081.0	4852.6	5491.3
海 南	3002.4	4240.0	4555.0	5601.6	5603.5
重 庆	3070.8	4161.0	4428.0	5029.6	5515.6
四 川	2520.0	3676.6	4034.0	4404.4	5034.4
贵 州	2539.2	4170.7	4740.0	5441.0	6087.8
云 南	2476.8	3887.0	4315.6	4750.2	5306.0
西 藏	3669.6	5189.2	6407.0	7096.0	8322.1
陕 西	3403.2	4496.5	4662.0	5528.5	5753.8
甘 肃	2270.4	3348.1	3939.0	4537.4	4930.8
青 海	2784.0	3970.0	4211.8	4444.7	4810.0
宁 夏	2542.8	3450.8	3657.2	4341.8	4996.3
新 疆	2198.4	3604.2	3950.0	4190.8	4606.7

注：从2013年度起,国家统计局开展了住户收支与生活状况调查,与2012年及以前的分城镇和农村住户调查的调查范围、调查方法、指标口径有所不同。从2013年度起，城镇居民人均现金消费支出改为城镇居民人均消费支出。

5-1-4 续表

地 区	与城镇居民人均消费支出之比				
	2010年	2013年	2014年	2015年	2016年
全 国	**0.22**	**0.22**	**0.25**	**0.25**	**0.26**
北 京	0.26	0.35	0.39	0.23	0.25
天 津	0.33	0.36	0.38	0.32	0.33
河 北	0.31	0.23	0.26	0.30	0.31
山 西	0.28	0.21	0.23	0.31	0.31
内蒙古	0.26	0.28	0.29	0.28	0.29
辽 宁	0.27	0.25	0.27	0.27	0.25
吉 林	0.23	0.19	0.22	0.27	0.28
黑龙江	0.27	0.23	0.27	0.35	0.35
上 海	0.23	0.38	0.43	0.26	0.26
江 苏	0.29	0.29	0.32	0.28	0.28
浙 江	0.25	0.31	0.34	0.27	0.27
安 徽	0.26	0.23	0.25	0.32	0.30
福 建	0.18	0.22	0.24	0.24	0.25
江 西	0.28	0.24	0.25	0.32	0.33
山 东	0.26	0.25	0.27	0.28	0.28
河 南	0.22	0.19	0.20	0.26	0.28
湖 北	0.26	0.23	0.25	0.29	0.29
湖 南	0.22	0.21	0.21	0.22	0.24
广 东	0.17	0.23	0.27	0.24	0.24
广 西	0.24	0.20	0.20	0.30	0.32
海 南	0.27	0.21	0.23	0.30	0.29
重 庆	0.23	0.21	0.22	0.25	0.26
四 川	0.21	0.18	0.20	0.23	0.24
贵 州	0.25	0.21	0.24	0.32	0.32
云 南	0.22	0.19	0.22	0.27	0.28
西 藏	0.38	0.26	0.32	0.42	0.43
陕 西	0.29	0.23	0.23	0.30	0.30
甘 肃	0.23	0.17	0.20	0.26	0.25
青 海	0.29	0.20	0.21	0.23	0.23
宁 夏	0.22	0.17	0.18	0.23	0.25
新 疆	0.22	0.18	0.20	0.22	0.22

5-1-5 各地区农村居民最低生活保障人数

单位：万人

地 区	2010年	2013年	2014年	2015年	2016年
全 国	**5214.0**	**5388.0**	**5207.2**	**4903.6**	**4586.5**
东 部	1026.9	1036.8	991.1	956.6	894.1
中 部	1549.9	1644.9	1651.7	1558.8	1404.5
西 部	2637.3	2706.3	2564.5	2388.2	2287.9
北 京	7.7	6.0	5.1	4.9	4.7
天 津	8.6	10.7	10.1	10.4	10.2
河 北	191.3	221.9	209.9	205.8	189.5
山 西	132.1	149.8	140.7	122.5	118.5
内蒙古	115.6	125.3	122.2	116.4	112.8
辽 宁	93.4	88.4	80.7	79.5	77.9
吉 林	97.5	80.9	79.0	82.2	78.7
黑龙江	112.7	121.5	117.3	118.2	120.9
上 海	8.1	3.3	3.0	3.1	3.4
江 苏	139.4	130.1	119.1	114.8	109.9
浙 江	57.4	55.1	50.8	56.8	71.4
安 徽	214.6	216.1	208.9	196.3	149.8
福 建	71.3	73.7	73.9	71.7	46.1
江 西	149.7	160.7	170.1	169.3	180.1
山 东	242.6	259.9	258.2	237.4	217.7
河 南	369.2	390.9	397.9	392.9	328.0
湖 北	212.9	235.7	221.6	159.5	138.2
湖 南	261.1	289.3	316.0	317.9	290.2
广 东	184.0	163.2	158.8	153.6	145.1
广 西	315.7	345.9	329.0	292.1	290.6
海 南	23.1	24.5	21.5	18.8	18.3
重 庆	116.9	62.7	50.2	50.3	59.0
四 川	394.5	439.5	425.3	405.5	356.7
贵 州	534.7	477.1	416.8	332.7	304.8
云 南	378.0	466.5	458.9	455.3	422.9
西 藏	23.0	32.9	32.3	32.0	25.7
陕 西	227.6	199.9	181.6	161.7	130.4
甘 肃	326.7	343.3	339.0	336.9	324.7
青 海	38.0	40.3	37.2	31.8	51.6
宁 夏	33.2	38.2	39.2	41.7	42.2
新 疆	133.4	134.8	132.7	131.8	166.5

5-1-6 各地区农村居民最低生活保障平均标准

地 区	平均标准(元/人年)				
	2010年	2013年	2014年	2015年	2016年
全 国	**1404.0**	**2433.9**	**2776.6**	**3177.6**	**3744.0**
北 京	3277.2	6258.5	7587.7	8520.0	9600.0
天 津	3633.6	5304.0	6153.6	7194.0	9060.0
河 北	1320.0	2269.1	2543.5	2670.7	3359.0
山 西	1122.0	2157.6	2454.8	2757.8	3246.6
内蒙古	1936.8	3415.0	3633.8	3891.2	4212.0
辽 宁	1730.4	2839.0	3195.7	3548.5	3914.9
吉 林	1346.4	2034.1	2466.1	2721.2	3444.9
黑龙江	1384.8	2236.9	2764.2	3573.9	3787.1
上 海	3600.0	6000.0	7560.0	9480.0	10440.0
江 苏	2937.6	4752.3	5345.5	6029.8	6480.9
浙 江	2881.2	4721.0	5686.0	6683.9	7292.4
安 徽	1339.2	2463.4	2828.3	3121.1	3840.4
福 建	1471.2	2375.0	2732.2	3405.9	3841.4
江 西	1340.4	2417.0	2638.6	2965.7	3314.9
山 东	1401.6	2473.1	2936.7	3340.0	3777.8
河 南	1018.8	1696.8	1824.1	2232.3	3084.4
湖 北	1123.2	2024.9	2567.8	3235.2	3828.8
湖 南	987.6	2068.1	2326.8	2446.4	3082.0
广 东	2026.8	3233.3	3837.9	4489.9	5342.7
广 西	1159.2	1993.1	2029.0	2556.1	2985.3
海 南	2034.0	3022.9	3355.0	4168.4	4163.5
重 庆	1629.6	2417.4	2667.2	2841.0	3694.9
四 川	1026.0	1832.2	2139.7	2409.1	3154.6
贵 州	1282.8	1833.0	2116.1	2620.0	3201.8
云 南	913.2	1953.5	2141.9	2341.9	2710.7
西 藏	770.4	1980.8	2230.9	2337.5	2621.5
陕 西	1351.2	2143.4	2262.8	2654.2	3203.3
甘 肃	922.8	1939.1	2275.6	2617.7	2932.9
青 海	1356.0	2089.0	2213.1	2494.2	2970.0
宁 夏	848.4	2037.8	2281.8	2606.1	3388.9
新 疆	934.8	1804.1	2029.4	2287.4	2994.2

5-1-6 续表

地 区	与农村居民人均消费支出之比				
	2010年	2013年	2014年	2015年	2016年
全 国	**0.32**	**0.33**	**0.33**	**0.34**	**0.37**
北 京	0.35	0.84	0.91	0.54	0.55
天 津	0.74	0.71	0.73	0.49	0.57
河 北	0.34	0.30	0.30	0.30	0.34
山 西	0.31	0.29	0.29	0.37	0.40
内蒙古	0.43	0.46	0.43	0.37	0.37
辽 宁	0.39	0.38	0.38	0.40	0.39
吉 林	0.32	0.27	0.29	0.31	0.36
黑龙江	0.32	0.30	0.33	0.43	0.40
上 海	0.35	0.80	0.90	0.59	0.61
江 苏	0.45	0.63	0.64	0.47	0.45
浙 江	0.32	0.63	0.68	0.41	0.42
安 徽	0.33	0.33	0.34	0.35	0.37
福 建	0.27	0.32	0.33	0.28	0.30
江 西	0.34	0.32	0.31	0.35	0.36
山 东	0.29	0.33	0.35	0.38	0.40
河 南	0.28	0.23	0.22	0.28	0.36
湖 北	0.27	0.27	0.31	0.33	0.35
湖 南	0.23	0.28	0.28	0.25	0.29
广 东	0.37	0.43	0.46	0.40	0.43
广 西	0.34	0.27	0.24	0.34	0.36
海 南	0.59	0.40	0.40	0.51	0.47
重 庆	0.45	0.32	0.32	0.32	0.37
四 川	0.26	0.24	0.26	0.26	0.31
贵 州	0.45	0.24	0.25	0.39	0.43
云 南	0.27	0.26	0.26	0.34	0.37
西 藏	0.29	0.26	0.27	0.42	0.43
陕 西	0.36	0.29	0.27	0.34	0.37
甘 肃	0.31	0.26	0.27	0.38	0.39
青 海	0.36	0.28	0.26	0.29	0.32
宁 夏	0.21	0.27	0.27	0.31	0.37
新 疆	0.27	0.24	0.24	0.30	0.36

5-1-7　各地区农村特困人员救助(五保供养)人数

单位：万人

地　区	2010年	2013年	2014年	2015年	2016年
全　国	**556.3**	**537.2**	**529.1**	**516.8**	**496.9**
东　部	130.8	122.7	120.3	117.9	116.6
中　部	238.7	235.8	232.0	226.7	216.9
西　部	186.8	178.7	176.7	172.2	163.4
北　京	0.5	0.4	0.4	0.4	0.4
天　津	1.4	1.3	1.2	1.2	1.2
河　北	25.3	23.8	23.1	22.8	23.4
山　西	16.9	16.5	16.0	15.4	15.0
内蒙古	9.1	8.8	8.9	8.8	8.6
辽　宁	14.5	13.9	13.8	13.9	13.6
吉　林	13.4	12.3	11.6	11.5	11.2
黑龙江	14.4	14.6	13.7	13.3	12.2
上　海	0.4	0.3	0.3	0.3	0.2
江　苏	21.7	20.1	19.8	19.8	19.8
浙　江	4.3	3.7	3.6	3.5	3.3
安　徽	46.8	43.6	43.1	42.2	41.0
福　建	9.1	8.8	8.5	8.0	7.6
江　西	22.9	22.8	22.9	22.0	22.1
山　东	24.5	22.8	22.6	21.2	21.1
河　南	47.7	47.7	48.7	48.6	47.9
湖　北	24.1	26.9	25.7	25.3	24.9
湖　南	52.5	51.4	50.4	48.4	42.5
广　东	25.4	24.3	23.9	24.0	23.2
广　西	32.7	29.5	28.9	28.0	26.9
海　南	3.6	3.3	3.1	2.9	2.8
重　庆	15.9	16.1	16.4	16.7	16.9
四　川	51.3	51.0	50.5	49.5	48.6
贵　州	15.0	12.5	11.8	11.1	10.5
云　南	22.2	21.6	21.1	20.7	17.4
西　藏	1.4	1.5	1.6	1.4	1.4
陕　西	12.0	13.1	13.3	13.1	12.5
甘　肃	12.6	12.4	12.3	12.1	11.7
青　海	2.2	2.3	2.3	2.4	2.4
宁　夏	1.6	1.4	1.4	1.3	1.2
新　疆	10.8	8.5	8.2	7.1	5.4

5-1-8 各地区农村特困人员救助(五保供养)集中供养人数

单位：万人

地区	2010年	2013年	2014年	2015年	2016年
全国	**177.39**	**183.49**	**174.26**	**162.33**	**139.66**
东部	55.52	49.70	44.87	38.21	32.87
中部	81.54	80.79	74.23	68.90	56.08
西部	40.33	53.00	55.16	55.22	50.71
北京	0.24	0.20	0.20	0.18	0.17
天津	0.19	0.14	0.12	0.12	0.11
河北	9.74	8.88	6.68	4.82	3.84
山西	2.49	2.80	2.53	2.24	1.98
内蒙古	2.28	2.79	2.49	1.29	1.08
辽宁	3.94	3.47	3.37	3.18	2.74
吉林	3.72	2.95	2.39	2.40	2.12
黑龙江	4.66	6.94	5.09	4.27	2.92
上海	0.16	0.12	0.11	0.11	0.10
江苏	13.82	11.68	10.21	8.44	7.08
浙江	4.19	3.65	3.48	3.34	3.12
安徽	15.22	16.64	16.10	14.99	12.21
福建	0.54	0.95	0.92	0.91	0.84
江西	11.91	11.94	12.06	12.33	12.54
山东	18.59	17.12	16.79	14.27	12.33
河南	20.79	19.74	18.69	16.53	10.82
湖北	13.88	8.90	7.01	5.96	5.12
湖南	8.88	10.88	10.35	10.19	8.37
广东	3.95	3.26	2.74	2.60	2.30
广西	1.73	2.30	2.21	2.71	2.25
海南	0.15	0.23	0.24	0.24	0.25
重庆	4.38	6.22	6.41	6.31	5.86
四川	21.13	26.59	26.96	26.76	25.62
贵州	0.99	2.76	3.93	5.00	4.72
云南	2.67	3.55	3.93	4.17	2.85
西藏	0.19	0.79	0.82	1.16	0.97
陕西	3.82	4.70	4.87	4.76	4.40
甘肃	1.00	1.08	1.29	0.93	0.91
青海	0.24	0.44	0.47	0.50	0.51
宁夏	0.39	0.39	0.40	0.40	0.33
新疆	1.53	1.38	1.37	1.24	1.22

5-1-9 各地区民政部门直接医疗救助人次

单位：万人次

地 区	2010年	2013年	2014年	2015年	2016年
全 国	**1479.3**	**2126.4**	**2395.3**	**2515.9**	**2696.1**
东 部	264.2	596.8	818.1	923.2	1145.3
中 部	405.7	630.5	698.5	725.9	692.9
西 部	809.4	899.1	878.8	866.8	857.9
北 京	4.3	14.3	8.9	9.8	9.5
天 津	2.5	21.4	20.7	19.7	22.7
河 北	46.6	55.1	25.9	29.1	33.4
山 西	27.1	27.4	22.0	22.4	23.7
内蒙古	39.2	29.7	30.2	27.9	32.1
辽 宁	34.1	36.3	74.3	70.0	63.7
吉 林	53.1	75.7	78.6	80.8	48.6
黑龙江	30.2	68.9	62.9	69.0	65.1
上 海	14.3	6.9	10.0	26.6	18.3
江 苏	30.1	176.5	310.6	255.9	349.8
浙 江	31.6	132.5	153.6	233.1	280.0
安 徽	49.5	87.0	94.7	87.6	87.5
福 建	16.0	54.7	79.9	127.6	154.4
江 西	62.3	58.8	154.9	167.7	181.7
山 东	15.5	28.8	26.9	35.0	82.8
河 南	56.5	104.6	85.7	79.6	65.7
湖 北	36.4	92.6	101.7	106.6	98.2
湖 南	90.5	115.5	98.0	112.3	122.5
广 东	55.1	55.3	98.7	104.1	119.2
广 西	29.3	41.4	42.3	93.2	59.5
海 南	14.1	15.2	8.5	12.2	11.5
重 庆	104.6	234.0	260.0	273.5	361.5
四 川	208.2	165.7	176.3	150.3	156.2
贵 州	86.7	78.6	30.2	22.1	37.6
云 南	69.7	81.1	82.2	84.6	73.6
西 藏	3.2	3.5	3.9	4.8	5.7
陕 西	42.8	50.8	38.9	47.6	38.3
甘 肃	68.7	69.7	40.9	40.3	29.1
青 海	84.7	52.9	28.6	16.1	16.4
宁 夏	29.4	32.8	33.1	30.8	11.5
新 疆	42.9	59.0	112.2	75.6	36.4

5-1-10 各地区民政部门资助参加基本医疗保险人数

单位：万人

地区	2010年	2013年	2014年	2015年	2016年
全国	**6076.7**	**6358.8**	**6723.7**	**6634.7**	**5560.4**
东部	1142.8	1096.4	1262.8	1389.5	1027.4
中部	2278.9	2139.4	2456.6	2272.2	1955.4
西部	2655.0	3123.0	3004.3	2973.0	2577.6
北京	13.3	9.7	11.3	5.7	6.7
天津	8.6	28.5	30.0	31.4	23.7
河北	240.7	215.0	213.1	309.3	198.5
山西	144.1	197.8	196.6	157.8	151.0
内蒙古	99.9	172.3	170.0	151.9	156.0
辽宁	110.2	82.6	174.5	116.0	94.8
吉林	239.0	160.5	185.6	164.0	63.1
黑龙江	244.5	282.8	262.6	249.6	239.4
上海	19.5	6.5	9.3	8.7	9.8
江苏	164.9	153.9	141.8	169.5	136.4
浙江	58.2	59.3	72.7	115.5	16.1
安徽	227.9	234.1	291.0	277.0	346.1
福建	85.0	91.8	85.3	89.6	63.5
江西	270.6	190.2	352.5	277.4	209.2
山东	212.4	202.4	254.9	260.7	220.0
河南	486.9	424.4	389.0	382.8	353.9
湖北	354.3	345.5	400.5	335.4	242.7
湖南	311.6	304.1	378.7	428.3	350.1
广东	186.7	208.2	231.3	245.4	234.7
广西	255.1	269.0	275.4	212.4	172.8
海南	43.4	38.5	38.7	37.7	23.2
重庆	229.1	203.9	175.6	157.3	155.6
四川	473.0	622.8	630.6	621.5	536.6
贵州	433.2	491.5	353.2	306.1	281.4
云南	581.4	559.1	560.1	627.4	548.2
西藏	5.2	1.1	4.9	7.1	4.9
陕西	117.1	101.9	91.5	78.5	74.0
甘肃	102.6	414.3	418.2	454.0	410.5
青海	61.9	63.5	66.6	67.1	72.5
宁夏	56.3	44.5	41.8	48.4	32.9
新疆	240.3	179.0	216.5	241.2	132.3

5-2-1　全国机构收留儿童和老年人情况

年　份	提供住宿的社会服务机构 年末在院(站)儿童数 (万人)	养老服务机构收留 老年人数 (万人)
2010	9.99	229.15
2011	10.80	265.23
2012	10.83	277.32
2013	10.87	297.86
2014	10.28	320.33
2015	9.63	309.18
2016	9.59	327.72

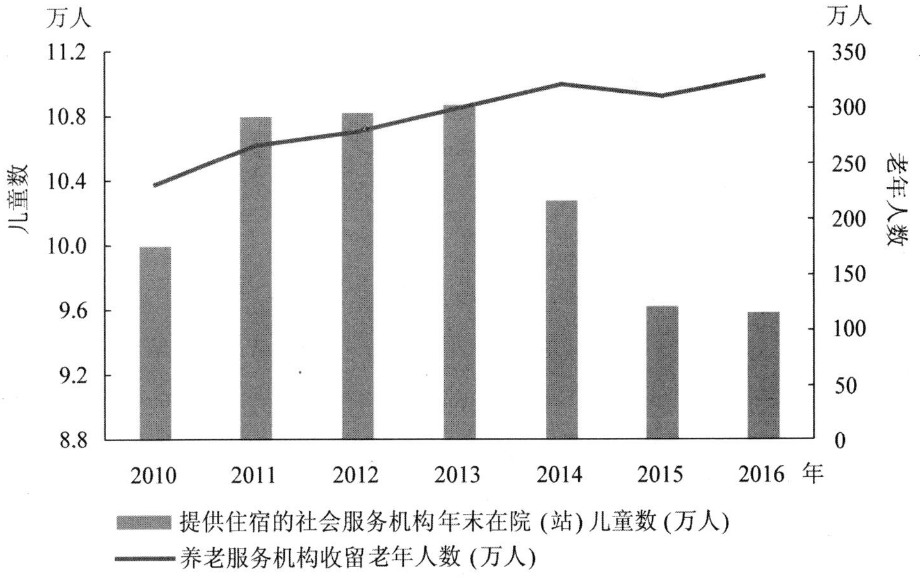

5-2-2　各地区养老服务机构数

单位：个

地　区	2010年	2013年	2014年	2015年	2016年
全　国	**39904**	**42475**	**33043**	**27752**	**28592**
东　部	13597	15522	12972	11444	11565
中　部	14606	15019	11502	9269	9999
西　部	11701	11933	8569	7039	7028
北　京	403	559	592	597	607
天　津	288	390	346	275	274
河　北	1563	1639	1283	1051	1054
山　西	1017	903	833	712	578
内蒙古	654	728	734	674	714
辽　宁	1258	1632	1663	1487	1447
吉　林	797	834	798	681	1301
黑龙江	644	676	983	779	840
上　海	626	647	637	630	649
江　苏	2012	2790	2324	2329	2343
浙　江	1675	2129	1919	1269	1340
安　徽	2334	2506	831	1076	1164
福　建	813	1124	380	355	346
江　西	1912	1934	1906	1537	1497
山　东	2282	2602	2119	1944	1959
河　南	2824	3098	2540	1075	1148
湖　北	2483	2251	2008	1658	1684
湖　南	2595	2817	1603	1751	1787
广　东	2465	1762	1489	1424	1491
广　西	1422	1513	492	476	480
海　南	212	248	220	83	55
重　庆	2174	1573	900	615	632
四　川	3226	3336	3409	2547	2573
贵　州	933	1247	387	804	870
云　南	730	824	495	398	412
西　藏	207	254	230	81	7
陕　西	881	971	759	575	569
甘　肃	660	592	342	348	249
青　海	141	190	143	35	36
宁　夏	78	78	80	98	92
新　疆	595	627	598	388	394

注：2014年及以后年份养老服务机构不包括没有在工商部门、编制部门、民政部门等部门办理登记手续的机构。

5-2-3 各地区每千老年人口养老床位数

单位：张

地 区	2010年	2013年	2014年	2015年	2016年
全 国	**17.8**	**24.4**	**27.2**	**30.3**	**31.6**
北 京	27.1	39.3	45.7	29.0	38.2
天 津	15.0	24.6	20.9	23.7	23.1
河 北	16.0	36.8	38.9	40.9	35.0
山 西	13.2	13.0	16.5	16.3	22.2
内蒙古	13.9	22.5	49.0	56.7	58.3
辽 宁	16.0	28.4	24.3	21.1	22.9
吉 林	19.0	19.2	17.8	14.3	25.6
黑龙江	13.5	18.7	21.8	27.0	27.3
上 海	28.9	32.1	33.5	27.2	28.9
江 苏	19.6	41.4	38.6	41.0	40.3
浙 江	25.6	36.5	52.9	51.7	56.3
安 徽	23.8	31.7	34.9	36.1	35.2
福 建	5.3	16.6	25.7	24.9	23.2
江 西	29.1	24.8	28.4	30.9	30.2
山 东	22.0	32.6	31.0	37.1	38.5
河 南	21.9	21.5	25.2	24.2	23.5
湖 北	27.5	27.2	27.3	30.1	33.0
湖 南	13.6	17.4	16.8	19.2	21.8
广 东	11.7	11.2	15.3	19.9	28.2
广 西	8.3	17.6	21.9	25.8	25.6
海 南	3.9	11.1	16.6	17.6	18.0
重 庆	17.3	32.0	25.0	33.2	29.3
四 川	21.1	30.1	24.5	30.7	31.4
贵 州	5.6	14.2	22.4	35.3	36.8
云 南	8.1	9.2	11.2	19.9	21.6
西 藏	20.8	17.3	27.7	61.9	14.2
陕 西	12.1	17.3	17.8	23.6	25.5
甘 肃	7.4	19.0	24.8	33.8	34.4
青 海	10.2	16.2	26.6	31.6	38.4
宁 夏	10.5	10.2	15.1	30.4	40.7
新 疆	16.6	13.6	21.0	24.8	26.6

注：本表养老床位数包括在工商部门、编制部门、民政部门办理登记手续的养老服务机构床位，以及未在上述部门办理登记手续的社区行政村养老服务设施、机构和农村互助型养老设施中的床位。

5-2-4 各地区养老服务机构和设施收留抚养老年人数

单位：万人

地 区	2010年	2013年	2014年	2015年	2016年
全 国	**229.1**	**297.9**	**320.3**	**309.2**	**327.7**
东 部	89.4	124.1	128.9	124.6	136.8
中 部	92.3	104.9	110.1	98.4	104.8
西 部	47.5	68.9	81.4	86.1	86.1
北 京	2.7	7.1	7.5	7.9	8.1
天 津	1.6	2.9	2.9	2.9	2.9
河 北	10.9	15.2	13.3	12.0	12.9
山 西	2.7	3.8	4.1	4.2	5.2
内蒙古	2.9	4.9	11.4	12.0	11.6
辽 宁	6.7	11.7	11.6	11.0	10.8
吉 林	4.8	4.2	4.7	4.1	6.9
黑龙江	5.4	8.3	9.9	10.9	10.9
上 海	6.0	7.4	7.6	7.5	7.9
江 苏	18.4	25.4	24.3	24.7	25.1
浙 江	10.3	14.0	15.8	14.9	17.0
安 徽	16.2	19.7	17.4	14.6	14.3
福 建	1.1	3.0	3.0	3.4	3.4
江 西	13.3	14.5	16.1	11.9	14.5
山 东	23.9	28.7	33.9	31.0	36.9
河 南	22.2	23.8	26.2	22.1	20.7
湖 北	17.4	17.2	17.2	16.7	17.2
湖 南	10.3	13.2	14.4	14.0	14.9
广 东	7.7	7.8	8.3	8.6	10.9
广 西	3.1	4.8	6.2	7.2	7.0
海 南	0.2	0.8	0.7	0.8	0.8
重 庆	5.8	9.4	9.6	11.6	11.8
四 川	22.6	28.8	31.2	29.6	29.1
贵 州	1.2	3.0	4.0	5.0	6.3
云 南	2.8	4.5	4.5	5.0	4.9
西 藏	0.3	0.5	0.5	1.2	0.2
陕 西	4.3	6.8	7.4	8.0	8.2
甘 肃	1.2	2.0	2.0	2.1	2.2
青 海	0.3	0.5	0.6	0.4	0.5
宁 夏	0.5	0.6	0.8	0.9	0.9
新 疆	2.5	3.1	3.2	3.4	3.4

注：本表养老机构和设施包括在工商部门、编制部门、民政部门办理登记手续的养老服务机构，以及未在上述部门办理登记手续的社区行政村养老服务设施、机构和农村互助型养老设施。

5-2-5 各地区儿童收养救助服务机构数

单位：个

地 区	2010年	2013年	2014年	2015年	2016年
全 国	**480**	**803**	**890**	**753**	**705**
东 部	125	184	184	151	155
中 部	169	309	324	248	238
西 部	186	310	382	354	312
北 京	12	14	13	12	12
天 津	2	2	2	2	2
河 北	10	12	13	8	5
山 西	5	11	10	13	13
内蒙古	6	7	8	8	8
辽 宁	6	11	12	12	12
吉 林	9	18	18	10	10
黑龙江	10	16	16	16	16
上 海	7	8	4	4	4
江 苏	25	46	45	32	32
浙 江	10	15	16	12	13
安 徽	24	48	52	36	36
福 建	9	10	12	11	11
江 西	13	18	17	17	16
山 东	10	24	26	17	17
河 南	12	17	22	23	22
湖 北	39	117	117	79	72
湖 南	57	64	72	54	53
广 东	33	40	39	39	46
广 西	15	15	37	41	43
海 南	1	2	2	2	1
重 庆	11	12	15	6	6
四 川	38	84	117	120	99
贵 州	16	23	25	26	29
云 南	16	35	37	32	28
西 藏	12	15	15	10	5
陕 西	10	11	13	12	13
甘 肃	9	29	27	29	18
青 海	2	12	22	12	8
宁 夏	1	12	10	10	10
新 疆	50	55	56	48	45

5-2-6 各地区儿童收养救助服务机构床位数

单位：张

地 区	2010年	2013年	2014年	2015年	2016年
全 国	**55713**	**98428**	**108000**	**100112**	**100097**
东 部	19031	29292	31445	27310	28928
中 部	17189	30764	33069	28161	29135
西 部	19493	38372	43187	44641	42034
北 京	1788	1968	1978	1910	1910
天 津	839	823	823	668	668
河 北	769	713	834	584	534
山 西	391	782	974	1180	1188
内蒙古	1314	1501	1683	1633	1633
辽 宁	1630	3016	4024	3371	4254
吉 林	1187	3967	3990	3110	3127
黑龙江	1733	2639	2837	2847	3708
上 海	2554	2599	2233	2091	2091
江 苏	2149	4055	4674	4064	4290
浙 江	1923	2645	2867	2654	2575
安 徽	3320	6288	6725	5967	6017
福 建	1103	1452	1554	1504	1504
江 西	288	1576	1460	1658	1682
山 东	1800	7226	7406	5390	5406
河 南	2168	2878	3864	4217	4042
湖 北	4406	7250	7863	4753	4886
湖 南	3696	5384	5356	4429	4485
广 东	4441	4655	4889	4911	5656
广 西	962	1918	2973	3082	3184
海 南	35	140	163	163	40
重 庆	1746	3019	3390	2489	2499
四 川	2486	6488	7987	7978	8135
贵 州	1005	3191	3279	3430	3861
云 南	1291	3303	3853	3780	3330
西 藏	1087	1695	2802	5769	3123
陕 西	2177	2842	3065	2915	2945
甘 肃	1111	3709	3791	4321	3581
青 海	409	2030	1992	1920	1828
宁 夏	300	1529	1330	840	840
新 疆	5605	7147	7042	6484	7075

5-2-7 各地区提供住宿的社会服务机构年末在院(站)儿童数

单位：人

地 区	2010年	2013年	2014年	2015年	2016年
全 国	**99947**	**108692**	**102776**	**96293**	**95852**
东 部	33030	33114	32319	30512	29541
中 部	35265	42033	36822	32522	34274
西 部	31652	33481	33635	33195	31973
北 京	1059	1826	1554	1427	1564
天 津	749	764	696	310	318
河 北	3466	2213	2040	1830	1531
山 西	3109	3726	2880	3345	2871
内蒙古	1992	1588	1414	1473	1438
辽 宁	2689	3017	3534	3001	3797
吉 林	2399	2678	2097	2193	2270
黑龙江	1823	2156	1633	1544	1724
上 海	2563	2472	2120	2173	1956
江 苏	4396	4500	3991	4352	4621
浙 江	2819	2750	2825	2513	2461
安 徽	4430	4703	3785	3379	4077
福 建	2102	2070	2144	1912	1818
江 西	6125	6283	7491	4718	6127
山 东	3039	3658	3902	3309	3046
河 南	6836	7181	7353	6038	5949
湖 北	5189	6228	4865	4901	4659
湖 南	5354	9078	6718	6404	6597
广 东	9798	9416	9151	9336	8120
广 西	3000	2626	3023	2852	3316
海 南	350	428	362	349	309
重 庆	2451	1759	1533	1334	1342
四 川	7227	4768	6378	4491	5138
贵 州	2220	3431	2527	3128	3515
云 南	2304	2515	2510	2363	1834
西 藏	1098	1784	2520	5281	2902
陕 西	3243	3444	2851	2669	2565
甘 肃	2667	4604	3725	3460	2896
青 海	624	1212	1358	1357	1295
宁 夏	463	579	510	547	514
新 疆	4363	5171	5286	4240	5218

5-2-8 各地区登记孤儿数

单位：人

地 区	2010年	2013年	2014年	2015年	2016年
全 国	**252110**	**548845**	**525179**	**502105**	**460450**
东 部	45923	124619	120504	115310	109376
中 部	129091	212254	198372	186913	164440
西 部	77096	211972	206303	199882	186634
北 京	154	2374	2287	2152	2071
天 津	1057	835	884	862	805
河 北	3074	15278	15663	16060	16479
山 西	3793	16115	15349	13545	12850
内蒙古		6127	5883	5526	5185
辽 宁	4422	7702	7760	7727	7233
吉 林	1915	5880	5401	5196	5106
黑龙江	385	8121	7884	7465	7286
上 海		2141	2054	1964	1824
江 苏	3333	19503	18445	17691	16510
浙 江	359	5204	5088	4827	4235
安 徽	7834	27076	27073	26993	27250
福 建	1081	6642	6437	6012	5504
江 西	35753	27107	24860	23133	21358
山 东	18350	19077	18023	17534	17360
河 南	21161	46844	45326	43261	34032
湖 北	4718	29478	26990	23704	19284
湖 南	53532	51633	45489	43616	37274
广 东	12848	43526	41711	38845	35807
广 西	3951	22502	23701	23614	21888
海 南	1245	2337	2152	1636	1548
重 庆	2342	13532	12422	11085	5404
四 川	11990	30137	30174	29684	28878
贵 州	7870	22630	21646	21047	20232
云 南	18462	25371	22995	23802	24176
西 藏	456	5576	5869	5798	5967
陕 西	444	13473	13013	12515	11569
甘 肃	8601	22411	21999	20608	18828
青 海	13146	16351	15991	16268	15771
宁 夏	3036	7066	7077	6890	6646
新 疆	6798	26796	25533	23045	22090

注：2010年数据为领证孤儿数。

5-2-9　各地区家庭收养儿童数

单位：人

地　区	2010年	2013年	2014年	2015年	2016年
全　国	**34473**	**24491**	**22876**	**22363**	**18736**
东　部	19133	13420	13154	12037	9730
中　部	7046	5258	3923	4192	3475
西　部	8294	5813	5799	6134	5518
北　京	1009	218	199	174	140
天　津	254	166	129	87	62
河　北	713	434	400	380	255
山　西	306	255	252	258	244
内蒙古	192	198	225	183	197
辽　宁	309	208	185	221	183
吉　林	78	38	43	32	23
黑龙江	270	93	47	44	69
上　海	887	316	255	199	306
江　苏	2734	2638	2018	2329	1721
浙　江	5667	4037	4206	3397	2483
安　徽	1431	1089	1013	878	737
福　建	971	1149	1292	1264	1076
江　西	1543	871	609	416	284
山　东	3051	2092	2520	2414	1982
河　南	914	690	439	729	717
湖　北	994	1381	717	748	695
湖　南	1510	841	803	1087	706
广　东	3284	1984	1788	1460	1436
广　西	2367	1432	1621	1587	1757
海　南	254	178	162	112	86
重　庆	766	354	297	214	247
四　川	1307	1064	1074	1009	1001
贵　州	760	387	427	285	253
云　南	1473	1278	1239	1565	1255
西　藏	59	115	32	475	
陕　西	352	356	328	377	387
甘　肃	176	102	130	96	86
青　海	42	60	32	42	49
宁　夏	97	35	48	47	37
新　疆	703	432	346	254	249

5-3-1 各地区享受国家抚恤补助的优抚对象人数

单位：万人

地 区	2010年	2013年	2014年	2015年	2016年
全 国	**625.0**	**950.5**	**917.3**	**897.0**	**874.8**
东 部	196.5	336.8	331.2	324.3	317.8
中 部	227.6	348.5	334.1	326.7	314.2
西 部	200.9	265.1	252.1	246.0	242.8
北 京	2.3	4.3	4.5	4.4	4.5
天 津	3.0	4.5	4.6	4.6	4.6
河 北	33.2	58.3	56.6	56.7	58.2
山 西	13.1	18.5	18.1	18.0	17.9
内蒙古	6.7	6.2	4.8	4.9	5.0
辽 宁	15.0	23.5	23.5	22.2	21.4
吉 林	10.3	12.4	12.8	12.3	12.1
黑龙江	11.7	14.1	12.4	11.9	11.6
上 海	2.0	4.0	4.0	4.0	3.9
江 苏	28.9	49.2	49.5	48.2	47.0
浙 江	11.8	26.2	27.6	29.9	30.7
安 徽	34.0	50.8	47.5	46.0	45.8
福 建	9.8	19.6	18.8	18.9	18.6
江 西	21.5	34.1	32.2	29.5	29.4
山 东	60.3	100.8	96.0	89.9	84.1
河 南	43.3	76.5	75.3	74.9	73.7
湖 北	37.1	52.8	47.9	47.3	44.2
湖 南	56.6	89.3	87.8	86.8	79.4
广 东	27.6	43.4	43.3	42.8	42.2
广 西	24.5	29.8	29.5	29.2	28.9
海 南	2.6	2.8	2.7	2.7	2.6
重 庆	22.4	28.6	28.0	26.5	25.3
四 川	61.0	89.2	86.0	84.2	84.6
贵 州	19.2	26.1	23.3	22.2	22.8
云 南	29.3	37.8	35.2	35.3	32.2
西 藏	0.5	0.5	0.5	0.5	0.3
陕 西	23.9	29.3	26.8	25.0	24.8
甘 肃	7.8	11.7	12.1	12.2	12.7
青 海	1.1	1.4	1.5	1.5	1.4
宁 夏	0.8	1.1	1.2	1.2	1.2
新 疆	3.7	3.5	3.4	3.4	3.4

5-3-2 各地区优抚对象年均抚恤水平

单位：元/人年

地 区	2010年	2013年	2014年	2015年	2016年
全 国	**5803.2**	**5770.3**	**6185.9**	**6954.0**	**8030.9**
北 京	23849.4	22738.9	22775.6	27268.4	30063.0
天 津	13121.3	10969.9	12218.7	13240.1	18295.2
河 北	6267.2	5072.2	5108.7	5539.0	6288.9
山 西	7497.4	8285.1	9033.0	10007.3	10712.7
内蒙古	8133.3	12490.0	17945.5	18405.9	18587.9
辽 宁	8001.1	7084.8	7255.9	7596.5	8761.2
吉 林	7698.4	7178.2	7939.7	9578.4	10355.4
黑龙江	6628.7	7108.7	7233.0	7397.2	12761.1
上 海	26501.1	16947.7	21114.8	23464.7	23746.2
江 苏	8238.1	7267.0	7681.4	8794.6	9669.9
浙 江	13706.4	7768.8	7947.1	8111.6	8960.9
安 徽	4904.6	4761.6	5298.3	6010.2	6326.4
福 建	7610.3	5754.6	6204.4	6998.4	7670.5
江 西	5757.4	5957.7	6390.7	6875.1	7933.6
山 东	6851.5	6151.3	6573.4	7777.6	8338.5
河 南	5201.8	4994.8	5097.4	5631.6	6591.0
湖 北	4725.0	5387.5	6025.8	6783.0	8003.2
湖 南	3746.0	3994.9	4304.0	4885.0	6120.8
广 东	6336.3	6288.1	6902.8	7614.3	9280.1
广 西	3400.1	4105.5	4262.5	5250.7	6584.4
海 南	6581.7	7800.6	10627.6	8237.2	10215.1
重 庆	4346.6	5412.0	5756.1	6592.5	7488.2
四 川	4778.3	4819.1	5082.0	5821.7	6589.1
贵 州	4253.4	4691.2	5326.2	6208.3	6979.0
云 南	3571.7	4353.7	4593.6	5469.9	7258.1
西 藏	7248.4	10731.8	14401.5	13050.6	28726.1
陕 西	4833.9	7296.6	7812.2	8754.2	10771.3
甘 肃	5238.5	4294.0	4222.5	4891.7	5055.8
青 海	7815.1	9187.4	10429.9	11271.2	11844.4
宁 夏	6609.3	9821.8	9228.2	10113.4	12041.4
新 疆	7288.2	11865.0	13156.2	14481.6	16535.4

5-4-1 各地区结婚登记数

单位：万对

地 区	2010年	2013年	2014年	2015年	2016年
全 国	**1241.0**	**1346.9**	**1306.7**	**1224.7**	**1142.8**
东 部	489.5	510.5	487.8	448.8	418.7
中 部	412.6	474.3	452.8	415.5	382.5
西 部	339.1	361.8	366.2	360.4	341.6
北 京	13.8	16.4	17.0	16.6	16.6
天 津	8.7	10.3	9.9	10.1	9.8
河 北	75.0	74.1	66.1	60.9	55.2
山 西	36.1	38.4	35.1	34.7	30.0
内蒙古	20.3	22.2	21.7	21.8	19.8
辽 宁	32.2	37.0	34.5	31.7	31.3
吉 林	22.3	25.4	23.5	23.4	22.2
黑龙江	30.9	37.7	35.2	31.8	30.6
上 海	13.0	15.0	14.2	14.2	12.5
江 苏	75.9	90.4	83.4	78.6	71.6
浙 江	43.2	42.2	43.7	39.2	36.7
安 徽	65.2	80.6	79.9	73.9	71.3
福 建	38.2	39.6	37.5	34.9	31.5
江 西	36.1	39.4	37.1	30.6	30.2
山 东	92.5	89.1	83.2	70.1	67.1
河 南	101.4	126.2	117.6	109.4	96.9
湖 北	57.1	64.6	62.2	57.3	51.4
湖 南	63.5	62.1	62.2	54.3	49.9
广 东	85.7	87.5	89.1	84.0	78.6
广 西	52.7	47.2	47.2	42.1	39.4
海 南	11.3	9.1	9.0	8.3	7.8
重 庆	31.3	30.3	30.4	29.3	27.9
四 川	71.5	77.4	77.4	74.2	72.7
贵 州	37.5	43.0	43.7	49.3	45.3
云 南	40.2	45.2	46.5	45.8	44.6
西 藏	1.3	1.2	2.0	1.5	3.0
陕 西	34.7	39.6	38.1	35.6	33.2
甘 肃	14.2	18.7	20.2	22.0	21.9
青 海	3.0	4.8	5.4	5.1	6.1
宁 夏	6.0	6.4	5.6	6.1	6.2
新 疆	26.4	26.1	27.9	27.7	21.4

5-4-2 各地区离婚情况

单位：万对

地 区	离婚数(万对)				
	2010年	2013年	2014年	2015年	2016年
全 国	**267.8**	**350.0**	**363.9**	**384.1**	**415.8**
北 京	4.4	6.5	6.6	8.2	10.6
天 津	3.0	4.5	4.5	5.2	6.5
河 北	14.5	17.9	18.6	19.9	22.0
山 西	4.3	6.1	6.6	7.2	7.7
内蒙古	5.7	8.1	8.8	9.2	9.8
辽 宁	12.8	15.2	15.3	15.2	16.0
吉 林	9.4	12.4	12.4	12.7	12.9
黑龙江	13.8	17.8	18.7	19.0	18.7
上 海	4.7	7.0	6.1	6.7	8.3
江 苏	16.0	21.7	21.8	22.9	26.1
浙 江	11.2	13.2	13.6	14.0	14.7
安 徽	11.0	15.6	17.1	18.1	21.7
福 建	6.1	8.3	8.7	8.9	9.6
江 西	6.5	8.6	8.9	9.5	10.2
山 东	16.8	22.5	23.4	24.1	25.5
河 南	13.4	21.0	23.1	25.2	27.7
湖 北	11.6	15.1	15.7	16.7	18.3
湖 南	13.8	16.7	17.6	18.1	19.3
广 东	12.7	17.7	17.8	19.3	21.2
广 西	7.3	9.3	10.1	10.4	11.3
海 南	0.9	1.3	1.4	1.5	1.7
重 庆	11.3	13.4	13.3	13.7	13.9
四 川	22.1	26.8	27.5	28.6	29.6
贵 州	6.4	8.6	9.6	10.8	12.1
云 南	6.9	9.1	10.0	10.9	11.9
西 藏	0.2	0.2	0.3	0.2	0.3
陕 西	6.4	8.1	8.5	9.7	10.1
甘 肃	2.8	3.9	4.2	4.6	5.0
青 海	0.8	1.1	1.3	1.3	1.5
宁 夏	1.2	1.6	1.6	1.8	2.0
新 疆	9.8	10.9	10.8	10.2	9.4

5-4-2 续表

地 区	粗离婚率(‰)				
	2010年	2013年	2014年	2015年	2016年
全 国	**2.0**	**2.6**	**2.7**	**2.8**	**3.0**
北 京	2.4	3.1	3.1	3.8	4.9
天 津	2.4	3.1	3.0	3.4	4.2
河 北	2.0	2.4	2.5	2.7	3.0
山 西	1.2	1.7	1.8	2.0	2.1
内蒙古	2.3	3.2	3.5	3.7	3.9
辽 宁	2.9	3.5	3.5	3.5	3.7
吉 林	3.4	4.5	4.4	4.6	4.7
黑龙江	3.6	4.7	4.9	5.0	4.9
上 海	2.1	2.9	2.5	2.8	3.4
江 苏	2.0	2.7	2.7	2.9	3.3
浙 江	2.1	2.4	2.5	2.5	2.7
安 徽	1.8	2.6	2.8	2.9	3.5
福 建	1.7	2.2	2.3	2.3	2.5
江 西	1.5	1.9	2.0	2.1	2.2
山 东	1.8	2.3	2.4	2.4	2.6
河 南	1.4	2.2	2.4	2.7	2.9
湖 北	2.0	2.6	2.7	2.9	3.1
湖 南	2.1	2.5	2.6	2.7	2.9
广 东	1.2	1.7	1.7	1.8	2.0
广 西	1.5	2.0	2.1	2.2	2.4
海 南	1.0	1.5	1.6	1.7	1.8
重 庆	3.9	4.5	4.4	4.6	4.6
四 川	2.7	3.3	3.4	3.5	3.6
贵 州	1.8	2.5	2.7	3.1	3.4
云 南	1.5	2.0	2.1	2.3	2.5
西 藏	0.7	0.6	0.8	0.7	1.1
陕 西	1.7	2.1	2.3	2.6	2.7
甘 肃	1.1	1.5	1.6	1.8	1.9
青 海	1.4	1.9	2.2	2.2	2.6
宁 夏	1.9	2.4	2.4	2.6	2.9
新 疆	4.5	4.8	4.7	4.3	4.0

5-4-3 各地区火化殡葬数

单位：万具

地 区	2010年	2013年	2014年	2015年	2016年
全 国	**474.1**	**468.9**	**459.3**	**459.5**	**471.8**
东 部	290.7	283.2	280.4	281.2	290.5
中 部	125.3	121.1	112.6	109.0	109.8
西 部	57.4	64.6	66.4	69.3	71.5
北 京	8.5	8.8	9.1	9.1	10.1
天 津	7.8	6.7	6.7	6.8	7.0
河 北	28.1	22.5	20.6	18.9	18.3
山 西	2.0	2.1	2.2	2.2	2.4
内蒙古	6.4	6.5	6.6	6.8	7.1
辽 宁	27.5	28.3	27.8	27.7	28.8
吉 林	12.0	10.8	7.6	9.9	10.1
黑龙江	17.0	16.8	16.5	17.5	16.3
上 海	14.8	12.1	12.3	12.8	12.8
江 苏	47.6	48.5	47.5	50.3	52.5
浙 江	31.6	30.6	30.7	31.9	31.8
安 徽	27.3	26.2	26.0	26.7	27.9
福 建	16.8	19.0	19.8	19.6	20.2
江 西	8.1	9.1	9.0	6.7	8.1
山 东	61.6	59.9	58.2	58.7	61.2
河 南	30.3	26.3	22.3	15.9	13.9
湖 北	21.8	21.8	20.8	22.0	22.2
湖 南	6.8	8.0	8.2	8.2	9.0
广 东	46.2	46.5	47.4	45.1	47.3
广 西	6.4	7.2	7.7	7.8	8.2
海 南	0.2	0.3	0.3	0.3	0.3
重 庆	6.8	7.7	7.9	7.8	7.7
四 川	18.5	20.1	20.6	20.7	21.6
贵 州	5.5	6.8	7.2	8.1	9.2
云 南	4.2	5.9	6.2	6.8	6.9
西 藏	0.1	0.1	0.1	0.1	0.1
陕 西	4.3	4.7	5.3	5.4	5.8
甘 肃	1.5	1.7	1.8	1.9	1.9
青 海	0.7	0.7	0.7	0.7	0.7
宁 夏	0.4	0.4	0.4	0.4	0.4
新 疆	2.6	2.8	1.8	2.9	1.9

5-5-1 各地区提供住宿的社会服务机构情况

地 区	提供住宿的社会服务机构数(个)				
	2010年	2013年	2014年	2015年	2016年
全 国	**44482**	**45977**	**36810**	**31187**	**31912**
东 部	15296	16541	14029	12347	12420
中 部	16081	16209	12803	10484	11160
西 部	13105	13226	9977	8355	8331
北 京	582	600	631	631	641
天 津	325	408	364	294	292
河 北	1776	1802	1467	1160	1142
山 西	1176	1019	952	841	696
内蒙古	730	785	797	735	784
辽 宁	1420	1749	1797	1617	1569
吉 林	918	935	893	767	1386
黑龙江	820	792	1124	926	970
上 海	686	678	665	660	677
江 苏	2259	2941	2477	2464	2476
浙 江	1845	2240	2030	1348	1422
安 徽	2496	2649	1002	1205	1295
福 建	951	1235	494	440	432
江 西	2029	2061	2033	1667	1631
山 东	2526	2715	2235	2047	2060
河 南	3034	3243	2698	1232	1306
湖 北	2715	2477	2265	1884	1881
湖 南	2893	3033	1836	1962	1995
广 东	2692	1913	1637	1588	1643
广 西	1532	1601	614	611	616
海 南	234	260	232	98	66
重 庆	2288	1638	966	672	690
四 川	3557	3655	3786	2928	2953
贵 州	1058	1383	519	936	1015
云 南	913	992	666	534	545
西 藏	224	278	253	101	16
陕 西	1071	1090	877	691	686
甘 肃	748	680	432	447	332
青 海	161	219	189	60	54
宁 夏	98	104	106	120	120
新 疆	725	801	772	520	520

5-5-1 续表

地区	每千人口社会服务床位数(张)				
	2010年	2013年	2014年	2015年	2016年
全国	**2.6**	**3.9**	**4.5**	**5.3**	**5.5**
东部	2.7	4.5	5.2	6.0	6.2
中部	2.9	3.6	3.9	4.5	4.8
西部	2.1	3.3	4.0	5.3	5.4
北京	5.0	6.3	6.7	7.1	7.2
天津	2.2	3.9	4.2	4.4	4.3
河北	2.2	5.7	6.1	7.0	6.2
山西	1.7	2.1	2.4	2.7	3.3
内蒙古	1.9	3.6	7.5	9.1	9.3
辽宁	3.0	4.5	5.0	5.1	5.2
吉林	2.8	3.4	3.5	3.0	5.1
黑龙江	2.0	3.1	3.7	5.3	5.5
上海	4.7	5.0	5.3	5.7	6.1
江苏	3.3	6.4	7.2	8.3	8.3
浙江	3.7	5.6	8.0	9.0	10.2
安徽	3.7	4.9	5.6	6.3	6.1
福建	0.8	2.7	3.3	3.8	3.8
江西	3.4	3.8	4.1	4.6	4.6
山东	3.5	5.0	5.8	7.2	7.2
河南	2.9	3.4	3.8	4.1	3.9
湖北	4.1	4.4	4.8	5.7	6.2
湖南	2.2	2.8	3.0	3.6	4.1
广东	1.4	1.8	2.1	2.5	3.6
广西	1.2	2.8	3.3	4.1	3.9
海南	0.5	1.7	2.0	2.4	2.3
重庆	3.3	5.0	5.5	7.0	6.5
四川	3.7	4.9	5.7	6.6	6.9
贵州	0.9	2.4	3.4	5.7	5.7
云南	1.1	1.6	1.7	3.0	3.0
西藏	2.0	3.4	3.4	9.7	3.9
陕西	1.9	2.8	3.1	4.2	4.4
甘肃	1.1	3.1	3.6	5.3	5.6
青海	1.1	2.9	3.3	4.2	4.7
宁夏	1.1	1.9	2.0	3.9	5.3
新疆	2.1	2.6	2.8	3.4	3.3

5-5-2 各地区每万人口拥有社会工作专业人才数

单位：人

地区	2011年	2013年	2014年	2015年	2016年
全国	**0.40**	**0.90**	**1.16**	**1.50**	**2.08**
北京	3.72	7.30	8.35	9.55	11.54
天津	1.01	1.63	2.22	3.07	4.20
河北	0.20	0.34	0.40	0.49	0.61
山西	0.26	0.37	0.45	0.59	0.85
内蒙古	0.11	0.23	0.32	0.47	0.80
辽宁	0.46	1.01	1.23	1.60	2.47
吉林	0.23	0.92	1.11	1.52	2.15
黑龙江	0.31	0.62	0.73	0.91	1.18
上海	1.11	2.46	3.04	3.90	6.02
江苏	0.79	2.01	2.66	3.49	4.70
浙江	0.85	1.84	2.32	2.91	4.02
安徽	0.27	0.50	0.70	0.91	1.21
福建	0.41	0.94	1.30	1.70	2.35
江西	0.27	0.40	0.46	0.54	0.69
山东	0.32	0.57	0.71	0.92	1.30
河南	0.18	0.32	0.39	0.47	0.60
湖北	0.18	0.53	0.71	0.93	1.35
湖南	0.19	0.41	0.50	0.66	0.90
广东	0.78	2.31	3.11	3.97	5.38
广西	0.24	0.39	0.46	0.56	0.73
海南	0.06	0.16	0.23	0.33	0.45
重庆	0.18	0.61	0.83	1.19	1.86
四川	0.20	0.43	0.61	0.84	1.26
贵州	0.09	0.14	0.18	0.23	0.32
云南	0.12	0.23	0.27	0.39	0.58
西藏	0.02	0.03	0.03	0.05	0.08
陕西	0.15	0.36	0.71	1.34	2.63
甘肃	0.13	0.23	0.29	0.38	0.57
青海	0.31	0.42	0.46	0.49	0.61
宁夏	0.22	0.40	0.49	0.66	1.36
新疆	0.20	0.40	0.38	0.67	1.01

5-5-3 各地区社区服务机构数

单位：个

地　区	2010年	2013年	2014年	2015年	2016年
全　国	**152941**	**251939**	**251368**	**360956**	**386186**
东　部	91713	167464	168315	224940	237393
中　部	35879	34609	32320	48388	54230
西　部	25349	49866	50733	87628	94563
北　京	4288	10467	10911	11528	11913
天　津	1295	1739	1793	2069	2952
河　北	5462	25148	10028	37106	37598
山　西	2064	3069	2910	3222	5294
内蒙古	2678	2122	2227	3754	4159
辽　宁	3309	5408	6295	6684	7259
吉　林	477	631	633	1757	1735
黑龙江	2442	2167	2204	3103	3185
上　海	2924	3232	3810	5865	6129
江　苏	16896	23689	29324	38986	40137
浙　江	20308	24062	23544	30370	30454
安　徽	4196	5452	6097	7969	8086
福　建	1772	2917	3183	5619	5818
江　西	3079	3189	3137	3339	3564
山　东	19390	23991	22758	27637	25872
河　南	3745	2924	3226	5345	4812
湖　北	9964	8466	8692	12165	14152
湖　南	9912	8711	5421	11488	13402
广　东	15960	45233	55011	57108	66677
广　西	1205	7595	906	13094	13476
海　南	109	1578	1658	1968	2584
重　庆	3197	4898	4107	7412	7853
四　川	2508	5552	12790	18762	20802
贵　州	6177	17293	17589	21622	23285
云　南	564	1269	1547	2990	3071
西　藏	29	34	39	329	74
陕　西	3373	2868	3153	6696	6975
甘　肃	3171	5147	4999	8177	9413
青　海	162	169	271	1130	1580
宁　夏	461	773	805	1006	1215
新　疆	1824	2146	2300	2656	2660

5-5-4 全国社会服务经费情况表

单位：亿元

年 份	社会服务经费总额	#社会救助	#社会福利	#抚恤	#退役安置
2001	284.8	41.6	90.6	69.5	31.2
2005	718.4	279.6	55.6	143.6	88.9
2010	2697.5	1302.1	109.9	362.7	269.0
2011	3229.1	1766.3	232.2	428.3	302.3
2012	3683.7	1866.1	319.5	517.0	372.1
2013	4276.5	2172.4	397.6	618.4	435.3
2014	4404.1	2197.5	480.9	636.6	456.8
2015	4926.4	2347.4	562.8	686.8	582.7
2016	5440.2	2492.8	753.4	769.8	625.6

5-5-5 全国社会服务经费主要支出构成

单位：%

年 份	社会服务经费总额	#社会救助	#社会福利	#抚恤	#退役安置
2001	100.00	14.61	31.81	24.40	10.96
2005	100.00	38.92	7.74	19.99	12.37
2010	100.00	48.27	4.07	13.45	9.97
2011	100.00	54.70	7.19	13.26	9.36
2012	100.00	50.66	8.67	14.03	10.10
2013	100.00	50.80	9.30	14.46	10.18
2014	100.00	49.90	10.92	14.45	10.37
2015	100.00	47.65	11.42	13.94	11.83
2016	100.00	45.82	13.85	14.15	11.50

6 基本医疗卫生

“十三五”时期，政府提供如下基本医疗卫生服务：

◆为城乡居民免费提供居民健康档案、健康教育、预防接种、传染病防治、儿童保健、孕产妇保健、老年人保健、高血压等慢性病管理、重性精神疾病管理、卫生监督协管等国家基本公共卫生服务；

◆实施国家免疫规划，艾滋病和结核病、血吸虫病等重大传染病防治，农村妇女住院分娩补助、适龄妇女宫颈癌乳腺癌检查等重大公共卫生项目；

◆实施国家基本药物制度，基本药物全部纳入基本医疗保障药物报销目录，并实行零差率销售；

◆为公众安全用药提供保障，确保药品质量和安全；

◆为育龄人群提供指导咨询；

◆为符合独生子女伤残、死亡的父母及节育手术并发症三级以上计划生育家庭提供特别扶助，为农村年满60周岁、只生一个子女或者两个女孩的计划生育家庭提供奖励扶助。

6-1-1　全国基本公共卫生服务情况

年　份	专业公共卫生机构人员（万人）	甲乙类法定报告传染病发病率（1/10万）	人均基本公共卫生服务补助经费（元）	人均政府卫生服务支出（元）
2000		192.6		56.0
2005	53.2	268.3		118.7
2006	53.5	266.8		135.4
2007	55.8	272.4		195.4
2008	58.0	268.0		270.6
2009	59.9	263.5		360.8
2010	62.5	238.7	17.8	427.5
2011	64.1	241.4	26.8	554.1
2012	66.7	238.8	27.7	617.9
2013	82.6	225.8	32.9	701.4
2014	87.5	227.0	37.7	773.4
2015	87.7	223.6	42.6	907.6
2016	87.1	215.7	45.6	1006.0

注：专业公共卫生机构人员2009年及以前年份不包括计划生育技术服务机构人员。

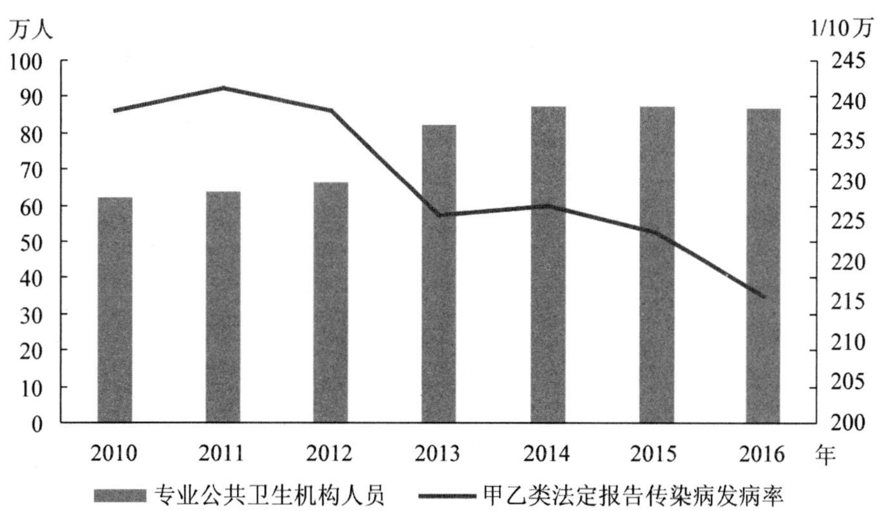

6-1-2 各地区专业公共卫生机构人员数

单位：人

地 区	2010年	2013年	2014年	2015年	2016年
全 国	**534181**	**826221**	**875045**	**876848**	**870652**
东 部	198808	303669	327406	329960	330708
中 部	174944	275930	281233	286106	280459
西 部	150429	236622	256406	250782	249485
北 京	10282	13887	14819	14868	15291
天 津	4812	6602	6388	6016	6006
河 北	30141	44862	43944	39792	37979
山 西	17479	19515	19321	19076	20922
内蒙古	15216	19054	19444	19025	19122
辽 宁	16837	23381	23183	22633	22231
吉 林	13524	15335	15561	16010	16249
黑龙江	16960	26395	25811	25030	24646
上 海	7164	11648	11841	11866	12384
江 苏	18832	26300	36086	37295	36528
浙 江	20547	25861	28377	28807	30323
安 徽	14587	26386	25961	25881	22457
福 建	11768	24295	24569	24810	22044
江 西	16614	25808	26559	27685	28859
山 东	33177	52544	61273	63841	65365
河 南	45639	78261	81197	81342	79161
湖 北	22764	35328	36382	37959	38532
湖 南	27377	48902	50441	53123	49633
广 东	41663	68481	70850	73483	75767
广 西	24482	43403	48578	50255	51590
海 南	3585	5808	6076	6549	6790
重 庆	7492	11205	11071	11759	12705
四 川	27861	44028	45060	42577	41483
贵 州	9921	21037	20834	18677	17641
云 南	16318	24747	25373	25581	25049
西 藏	1598	1717	1756	1761	1645
陕 西	18199	34755	35347	33783	32505
甘 肃	11084	14573	25887	24510	24344
青 海	3038	3367	3224	3297	3259
宁 夏	3283	4372	4477	4323	4699
新 疆	11937	14364	15355	15234	15443

注：本表数据2010年和2011年仅包括疾病预防控制中心、卫生监督所(中心)和妇幼保健院(所、站)机构人员。全国总计大于分省合计数为公务员中取得“卫生监督员”证书的人员。

6-1-3 各地区城乡居民健康档案规范化电子建档率

单位：%

地 区	2011年	2014年	2015年	2016年
全 国	**72.6**	**65.8**	**76.4**	**76.9**
北 京	75.9	57.1	64.5	65.7
天 津	58.0	61.3	73.2	73.4
河 北	67.0	64.5	75.1	79.9
山 西	79.2	71.3	78.2	80.4
内蒙古	75.8	54.8	79.3	80.5
辽 宁	62.3	51.7	75.8	67.6
吉 林	69.1	56.9	62.2	67.3
黑龙江	81.5	63.3	75.0	71.8
上 海	66.1	72.1	74.8	75.3
江 苏	83.5	66.9	76.3	74.0
浙 江	83.2	76.3	79.9	79.7
安 徽	64.5	59.6	72.2	73.9
福 建	59.6	65.1	82.3	76.0
江 西	56.2	57.4	70.9	71.2
山 东	86.2	73.6	73.2	74.4
河 南	72.2	80.7	85.8	86.6
湖 北	73.1	65.8	74.0	71.1
湖 南	58.9	58.3	73.6	73.4
广 东	67.9	67.7	77.6	79.9
广 西	65.2	66.9	77.8	76.9
海 南	67.5	62.2	70.6	74.1
重 庆	78.0	56.9	70.9	74.1
四 川	85.4	75.4	83.4	88.3
贵 州	74.4	56.1	66.5	66.0
云 南	69.3	74.6	81.9	79.3
西 藏	19.7	5.1	54.5	60.3
陕 西	80.9	59.3	78.3	79.8
甘 肃	76.7	69.2	77.7	79.0
青 海	80.4	77.0	81.8	79.3
宁 夏	78.0	63.2	84.3	80.2
新 疆	66.5	54.9	76.5	81.2

6-1-4 各地区7岁以下儿童健康管理率

单位：%

地 区	2010年	2013年	2014年	2015年	2016年
全 国	**83.4**	**90.7**	**91.3**	**92.1**	**92.4**
北 京	98.2	98.8	98.2	98.5	98.9
天 津	91.4	92.0	91.8	93.3	93.8
河 北	90.3	93.0	93.0	93.4	92.9
山 西	78.3	89.2	89.4	91.0	90.9
内蒙古	85.8	94.2	94.3	94.7	93.6
辽 宁	95.9	95.4	95.0	94.4	94.3
吉 林	83.6	92.0	90.8	92.0	90.1
黑龙江	89.7	94.7	94.8	94.8	95.3
上 海	97.4	99.0	99.6	99.5	99.6
江 苏	97.8	98.5	98.4	98.4	97.9
浙 江	95.8	97.1	97.1	97.3	97.1
安 徽	61.4	89.0	89.9	90.9	91.9
福 建	95.0	94.6	94.5	94.8	94.9
江 西	82.8	85.8	85.5	87.9	87.7
山 东	93.5	93.0	91.4	92.2	92.3
河 南	76.7	83.3	85.6	86.6	87.9
湖 北	86.2	91.6	92.3	92.3	92.8
湖 南	66.7	85.5	87.5	89.4	90.8
广 东	95.1	95.5	95.9	95.9	95.5
广 西	75.0	88.1	89.4	90.5	91.7
海 南	81.4	90.7	92.2	92.8	92.7
重 庆	80.5	90.1	90.3	92.0	92.2
四 川	82.8	90.8	92.3	93.1	93.8
贵 州	66.6	83.4	85.8	88.7	89.4
云 南	82.2	92.6	92.7	92.8	92.4
西 藏	52.0	63.2	58.9	64.7	69.7
陕 西	92.2	95.8	96.0	96.0	96.0
甘 肃	78.5	92.2	92.8	92.7	92.6
青 海	74.5	81.8	83.2	87.3	85.9
宁 夏	89.7	95.1	96.1	96.2	96.5
新 疆	77.3	84.6	85.0	87.4	87.0

6-1-5 各地区65岁及以上老年人健康管理人数

单位：万人

地 区	2010年	2013年	2014年	2015年	2016年
全 国	**9134.8**	**11691.6**	**11773.2**	**11829.9**	**11846.4**
东 部	2664.8	3235.7	4820.7	4778.7	4708.5
中 部	2631.2	3744.1	3897.3	4019.5	4099.5
西 部	2450.9	3263.3	3055.2	3031.7	3038.5
北 京	73.8	283.0	147.8	132.7	159.1
天 津	132.4	130.0	117.3	121.8	130.8
河 北	533.8	653.9	606.0	659.3	667.3
山 西	244.5	291.0	269.6	274.3	275.0
内蒙古	148.5	173.6	190.1	186.5	187.2
辽 宁	233.0	365.2	369.4	368.7	360.8
吉 林	192.2	246.2	238.7	222.3	217.3
黑龙江	280.7	293.4	293.8	278.6	265.0
上 海	130.4	101.6	196.9	203.9	212.5
江 苏	863.3	909.3	882.2	888.6	855.3
浙 江	605.5	711.8	568.6	532.4	466.4
安 徽	378.1	528.0	613.6	651.6	694.0
福 建	224.7	285.4	282.3	271.7	273.6
江 西	286.5	296.4	337.3	342.4	353.7
山 东	835.3	825.4	832.4	803.7	843.9
河 南	552.3	955.0	999.3	1049.6	1079.5
湖 北	289.7	526.6	503.9	541.7	543.8
湖 南	501.2	656.8	641.0	659.0	671.0
广 东	398.5	691.7	768.4	748.1	692.0
广 西	298.9	330.6	333.3	315.6	307.5
海 南	36.3	48.3	49.3	48.0	46.8
重 庆	265.5	280.2	302.0	296.9	273.0
四 川	645.1	867.3	859.4	854.9	867.4
贵 州	184.2	220.7	291.6	279.0	281.4
云 南	240.8	288.5	310.2	306.5	318.1
西 藏	2.5	12.9	6.4	9.5	12.0
陕 西	273.7	287.0	313.9	322.8	335.9
甘 肃	122.0	248.7	233.8	238.9	230.9
青 海	32.5	42.7	44.0	42.0	36.7
宁 夏	44.1	45.5	46.6	46.3	44.4
新 疆	84.5	94.7	123.9	132.5	143.9

6-1-6　各地区甲乙类法定报告传染病发病率

单位：1/10万

地　区	2010年	2013年	2014年	2015年	2016年
全　国	**238.7**	**225.8**	**227.0**	**223.6**	**215.7**
北　京	269.0	155.9	165.5	150.9	138.0
天　津	173.5	143.1	149.0	131.9	129.7
河　北	200.0	181.6	186.3	184.9	179.0
山　西	264.9	296.9	292.5	268.2	243.9
内蒙古	324.6	295.1	300.8	268.4	250.4
辽　宁	207.1	209.5	236.1	211.2	200.7
吉　林	245.6	195.0	203.3	174.3	145.9
黑龙江	239.5	216.1	207.8	199.8	181.0
上　海	185.6	173.8	174.2	186.9	184.0
江　苏	138.2	116.7	117.3	124.2	114.6
浙　江	296.5	192.5	193.9	193.2	195.3
安　徽	176.2	198.3	190.3	242.7	206.0
福　建	292.6	280.6	274.6	278.2	258.8
江　西	210.4	206.4	207.7	227.9	224.1
山　东	102.5	124.0	131.6	130.9	137.2
河　南	289.5	242.1	216.7	204.8	192.2
湖　北	278.6	254.8	246.8	251.6	249.9
湖　南	212.9	254.9	246.9	244.7	238.2
广　东	327.5	317.1	360.8	313.2	320.2
广　西	331.4	289.5	280.1	262.8	254.3
海　南	261.5	313.2	326.2	342.5	321.5
重　庆	240.8	254.6	250.4	262.1	263.6
四　川	225.4	198.3	182.9	187.7	184.9
贵　州	277.5	262.0	254.2	266.6	254.2
云　南	178.8	206.4	208.5	207.7	187.9
西　藏	187.8	237.6	267.7	325.5	287.1
陕　西	212.1	207.7	201.5	200.1	194.3
甘　肃	403.0	209.0	193.1	188.7	200.2
青　海	456.1	480.6	387.8	414.3	426.6
宁　夏	239.7	253.3	268.9	235.0	226.0
新　疆	539.3	619.0	611.8	635.1	606.7

6-1-7 各地区艾滋病发病率和死亡率

地　区	发病率(1/10万)				
	2010年	2013年	2014年	2015年	2016年
全　国	**1.20**	**3.12**	**3.33**	**3.69**	**3.97**
北　京	1.00	2.95	3.33	3.61	3.62
天　津	0.47	1.37	1.58	1.79	1.79
河　北	0.17	0.57	0.70	0.92	0.79
山　西	0.47	0.86	1.18	1.35	1.45
内蒙古	0.12	0.54	0.81	0.83	1.14
辽　宁	0.25	1.31	1.49	1.88	2.31
吉　林	0.36	1.25	1.59	1.96	1.99
黑龙江	0.29	0.98	1.26	1.44	1.48
上　海	1.43	2.31	1.88	2.15	2.27
江　苏	0.42	1.48	1.65	1.98	2.02
浙　江	0.88	2.28	2.74	3.02	3.37
安　徽	0.54	1.40	1.43	1.71	2.17
福　建	0.65	1.10	1.65	2.00	2.43
江　西	0.53	1.68	1.73	2.60	3.01
山　东	0.11	0.36	0.47	0.62	0.74
河　南	1.58	3.03	3.05	3.26	3.17
湖　北	0.62	1.77	1.89	2.02	2.18
湖　南	1.16	3.16	3.40	3.82	4.15
广　东	1.20	2.89	3.29	3.65	3.80
广　西	8.41	15.04	14.02	13.25	12.48
海　南	0.36	1.70	1.14	2.10	1.92
重　庆	1.49	6.16	8.39	8.76	10.20
四　川	1.94	7.39	8.02	9.55	11.16
贵　州	0.80	4.43	4.87	6.02	7.42
云　南	4.81	12.47	12.34	12.31	12.04
西　藏	0.14	0.29	0.67	1.04	1.57
陕　西	0.34	1.33	1.41	1.74	2.13
甘　肃	0.21	0.68	0.88	1.20	1.55
青　海	0.39	1.62	1.85	2.59	2.97
宁　夏	0.30	0.91	0.87	1.18	1.26
新　疆	2.50	8.02	7.12	8.13	8.14

6-1-7 续表

地 区	死亡率(1/10万)				
	2010年	2013年	2014年	2015年	2016年
全 国	**0.58**	**0.84**	**0.89**	**0.94**	**1.03**
北 京	0.14	0.18	0.21	0.22	0.15
天 津	0.18	0.17	0.22	0.24	0.20
河 北	0.07	0.10	0.15	0.15	0.16
山 西	0.20	0.23	0.20	0.20	0.27
内蒙古	0.06	0.09	0.13	0.15	0.15
辽 宁	0.09	0.23	0.28	0.30	0.29
吉 林	0.17	0.35	0.44	0.54	0.46
黑龙江	0.10	0.20	0.18	0.19	0.23
上 海	0.14	0.16	0.14	0.15	0.21
江 苏	0.11	0.27	0.29	0.23	0.28
浙 江	0.18	0.28	0.33	0.33	0.44
安 徽	0.24	0.31	0.35	0.27	0.39
福 建	0.25	0.21	0.23	0.24	0.29
江 西	0.26	0.38	0.43	0.68	0.86
山 东	0.06	0.07	0.09	0.11	0.12
河 南	1.54	1.19	1.29	1.30	1.28
湖 北	0.35	0.47	0.48	0.56	0.60
湖 南	0.61	0.84	1.09	0.87	1.17
广 东	0.51	0.67	0.72	0.73	0.82
广 西	3.09	5.92	5.55	5.59	5.57
海 南	0.38	0.56	0.63	0.53	0.64
重 庆	0.67	1.36	1.45	1.56	2.08
四 川	0.97	1.64	1.83	2.07	2.47
贵 州	0.59	1.15	1.15	1.45	1.73
云 南	2.37	3.60	3.66	3.88	3.99
西 藏	0.03	0.06	0.13	0.16	0.12
陕 西	0.16	0.21	0.20	0.30	0.35
甘 肃	0.06	0.17	0.15	0.22	0.24
青 海	0.13	0.28	0.40	0.39	0.49
宁 夏	0.13	0.20	0.24	0.21	0.18
新 疆	1.65	2.62	2.42	2.96	2.83

6-1-8 各地区肺结核发病率和死亡率

地 区	发病率(1/10万)				
	2010年	2013年	2014年	2015年	2016年
全 国	**74.27**	**66.80**	**65.63**	**63.42**	**61.00**
北 京	45.70	35.90	34.38	31.97	31.01
天 津	25.54	22.28	21.27	19.52	21.14
河 北	59.08	49.29	48.15	46.11	45.34
山 西	69.58	52.62	46.33	42.32	38.65
内蒙古	74.07	57.87	49.14	47.71	48.30
辽 宁	60.10	59.65	57.01	53.72	51.40
吉 林	83.79	62.03	60.66	56.45	49.76
黑龙江	95.84	88.24	89.43	86.73	80.16
上 海	34.33		28.74	27.56	27.28
江 苏	53.93	29.26	41.90	39.52	35.93
浙 江	63.89	53.00	54.05	50.80	48.78
安 徽	64.49	62.90	61.84	58.44	56.77
福 建	58.93	47.22	47.19	44.82	42.74
江 西	85.08	72.14	71.81	71.63	71.99
山 东	42.48	37.14	35.45	33.06	30.78
河 南	73.11	67.06	66.50	62.74	60.13
湖 北	84.75	83.14	79.58	78.14	74.70
湖 南	88.59	89.01	85.88	83.00	75.50
广 东	99.51	73.16	76.57	74.12	71.82
广 西	97.01	96.98	100.65	96.41	86.27
海 南	109.66	95.27	97.02	97.92	84.18
重 庆	89.90	83.31	76.62	75.00	73.34
四 川	81.74	75.35	69.68	67.13	65.66
贵 州	129.14	134.28	129.39	133.46	130.66
云 南	55.60	56.81	56.01	54.42	55.47
西 藏	118.34	138.12	147.99	140.20	154.37
陕 西	67.91	60.93	57.39	56.66	56.30
甘 肃	90.64	69.26	64.45	54.92	58.13
青 海	87.35	105.64	101.16	123.26	128.70
宁 夏	57.39	44.59	50.84	42.23	40.04
新 疆	164.46	172.73	176.00	184.53	185.66

6-1-8 续表

地区	死亡率(1/10万)				
	2010年	2013年	2014年	2015年	2016年
全 国	**0.22**	**0.19**	**0.17**	**0.17**	**0.18**
北 京	0.19	0.11	0.08	0.08	0.13
天 津	0.29	0.16	0.16	0.15	0.06
河 北	0.05	0.05	0.04	0.04	0.06
山 西	0.09	0.05	0.05	0.07	0.08
内蒙古	0.18	0.11	0.10	0.16	0.08
辽 宁	0.28	0.36	0.17	0.23	0.24
吉 林	0.26	0.15	0.08	0.12	0.10
黑龙江	0.47	0.53	0.42	0.45	0.40
上 海	0.48		0.30	0.24	0.22
江 苏	0.18	0.35	0.12	0.12	0.12
浙 江	0.28	0.16	0.21	0.21	0.20
安 徽	0.13	0.15	0.16	0.15	0.22
福 建	0.15	0.13	0.12	0.10	0.14
江 西	0.15	0.11	0.09	0.11	0.18
山 东	0.13	0.10	0.08	0.10	0.10
河 南	0.17	0.16	0.11	0.11	0.10
湖 北	0.19	0.11	0.10	0.12	0.14
湖 南	0.25	0.22	0.21	0.12	0.16
广 东	0.18	0.19	0.10	0.10	0.09
广 西	0.42	0.31	0.24	0.24	0.29
海 南	0.42	0.20	0.21	0.20	0.18
重 庆	0.35	0.33	0.32	0.35	0.44
四 川	0.27	0.21	0.18	0.14	0.19
贵 州	0.48	0.45	0.44	0.41	0.29
云 南	0.25	0.24	0.15	0.15	0.16
西 藏	0.86	0.68	0.61	0.28	0.28
陕 西	0.08	0.05	0.06	0.08	0.11
甘 肃	0.22	0.18	0.21	0.17	0.16
青 海	0.11	0.12	0.12	0.14	0.31
宁 夏	0.14	0.12	0.12	0.18	0.10
新 疆	0.78	1.12	0.95	1.17	1.32

6-1-9 各地区农村卫生厕所普及率

单位：%

地 区	2010年	2013年	2014年	2015年	2016年
全 国	**67.4**	**74.1**	**76.1**	**78.4**	**80.4**
北 京	91.4	97.0	98.2	94.4	99.8
天 津	96.0	93.4	93.6	93.6	94.4
河 北	53.2	56.7	60.9	68.8	73.2
山 西	53.5	53.2	53.6	56.0	58.8
内蒙古	37.0	50.0	53.1	62.6	71.4
辽 宁	64.1	66.9	68.4	72.8	76.9
吉 林	73.2	76.1	76.6	76.5	80.6
黑龙江	66.8	72.7	74.4	75.9	80.4
上 海	97.6	98.8	96.5	98.6	99.1
江 苏	83.0	93.1	96.1	96.9	97.4
浙 江	88.9	93.2	94.8	96.5	98.3
安 徽	57.6	62.6	65.2	67.1	68.9
福 建	79.7	90.7	91.8	94.0	93.9
江 西	77.7	86.9	89.0	89.4	89.1
山 东	84.1	90.1	91.6	92.2	92.1
河 南	69.8	74.4	75.3	75.6	79.6
湖 北	73.6	82.4	82.5	83.0	83.0
湖 南	63.1	65.7	68.5	74.4	79.5
广 东	85.8	90.0	91.1	92.3	93.7
广 西	60.0	78.4	83.3	85.7	85.6
海 南	67.3	78.8	79.3	82.4	79.8
重 庆	54.1	63.0	64.5	66.2	67.9
四 川	62.2	71.0	74.3	77.7	80.9
贵 州	38.5	47.7	48.9	54.8	58.0
云 南	56.4	60.8	62.8	64.6	64.8
西 藏					
陕 西	45.3	50.8	50.8	55.4	57.6
甘 肃	61.3	66.9	68.9	71.8	75.8
青 海	58.3	64.9	65.2	66.6	69.2
宁 夏	54.3	61.7	63.2	70.3	68.5
新 疆	67.1	70.1	73.6	76.5	64.6

6-2-1 全国每千人口医疗卫生机构执业(助理)医师数

单位：人

年 份	每千人口医疗卫生机构执业(助理)医师数	每千人口基层医疗卫生机构执业(助理)医师数	每千人口中医类别执业(助理)医师数
2000	1.68		
2005	1.56		
2006	1.60		
2007	1.61		
2008	1.66		
2009	1.75		
2010	1.80	0.71	0.22
2011	1.83	0.71	0.23
2012	1.94	0.75	0.27
2013	2.04	0.77	0.29
2014	2.12	0.78	0.31
2015	2.20	0.80	0.33
2016	2.31	0.83	0.35

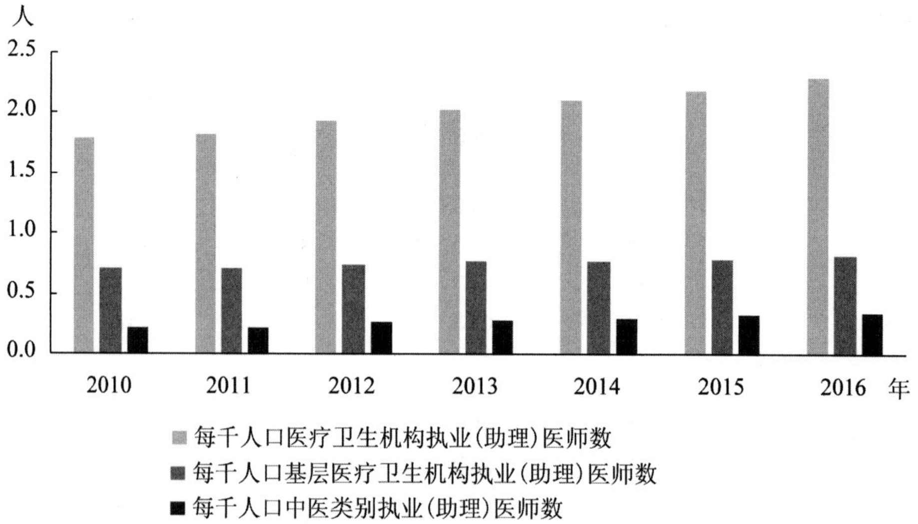

6-2-2 各地区每千人口医疗卫生机构床位数

单位：张

地 区	2010年	2013年	2014年	2015年	2016年
全 国	**3.6**	**4.6**	**4.8**	**5.1**	**5.4**
东 部	4.0	4.4	4.6	4.9	5.1
中 部	3.3	4.5	4.9	5.2	5.5
西 部	3.4	4.8	5.2	5.4	5.7
北 京	7.4	4.9	5.1	5.1	5.4
天 津	4.9	3.9	4.0	4.1	4.2
河 北	3.4	4.1	4.4	4.6	4.8
山 西	4.5	4.8	4.9	5.0	5.2
内蒙古	3.8	4.8	5.2	5.3	5.5
辽 宁	4.8	5.5	5.8	6.1	6.5
吉 林	4.2	4.8	5.1	5.2	5.5
黑龙江	4.2	4.9	5.3	5.6	5.8
上 海	7.4	4.7	4.8	5.1	5.3
江 苏	3.6	4.6	4.9	5.2	5.5
浙 江	3.9	4.2	4.5	4.9	5.2
安 徽	2.8	3.9	4.1	4.4	4.5
福 建	3.2	4.1	4.3	4.5	4.5
江 西	2.7	3.9	4.1	4.3	4.6
山 东	4.0	5.0	5.1	5.3	5.4
河 南	3.0	4.6	4.9	5.2	5.5
湖 北	3.3	5.0	5.5	5.9	6.1
湖 南	3.3	4.7	5.3	5.9	6.2
广 东	3.5	3.6	3.8	4.0	4.2
广 西	2.7	4.0	4.2	4.5	4.6
海 南	2.9	3.6	3.8	4.2	4.4
重 庆	3.1	5.0	5.4	5.9	6.3
四 川	3.4	5.3	5.6	6.0	6.3
贵 州	2.5	4.8	5.2	5.6	5.9
云 南	3.5	4.5	4.8	5.0	5.3
西 藏	3.0	3.5	3.8	4.3	4.4
陕 西	3.7	4.9	5.3	5.6	5.9
甘 肃	3.3	4.5	4.7	4.9	5.1
青 海	3.7	5.1	5.7	5.9	5.9
宁 夏	3.7	4.8	4.9	5.1	5.4
新 疆	5.4	6.1	6.2	6.4	6.5

6-2-3 各地区每千人口基层医疗卫生机构床位数

单位：张

地 区	2010年	2013年	2014年	2015年	2016年
全 国	**0.89**	**0.99**	**1.01**	**1.03**	**1.04**
东 部	0.76	0.81	0.80	0.81	0.81
中 部	0.95	1.07	1.11	1.15	1.17
西 部	1.02	1.20	1.23	1.24	1.26
北 京	0.22	0.22	0.21	0.20	0.20
天 津	0.54	0.49	0.47	0.45	0.45
河 北	0.92	0.96	0.99	1.01	1.03
山 西	1.14	1.07	1.04	1.03	1.01
内蒙古	0.92	0.97	1.02	0.96	0.98
辽 宁	0.74	0.79	0.80	0.80	0.84
吉 林	0.74	0.76	0.77	0.76	0.76
黑龙江	0.71	0.75	0.76	0.79	0.79
上 海	0.81	0.72	0.70	0.71	0.69
江 苏	0.87	0.93	0.94	0.95	0.97
浙 江	0.46	0.43	0.42	0.42	0.44
安 徽	0.97	0.96	0.96	0.95	0.95
福 建	0.71	0.85	0.86	0.87	0.85
江 西	0.81	1.05	1.08	1.10	1.14
山 东	1.12	1.26	1.20	1.18	1.16
河 南	0.97	1.11	1.13	1.16	1.17
湖 北	0.99	1.29	1.38	1.43	1.49
湖 南	1.10	1.28	1.39	1.53	1.58
广 东	0.56	0.56	0.57	0.59	0.60
广 西	0.99	1.20	1.26	1.27	1.29
海 南	0.67	0.65	0.68	0.70	0.71
重 庆	1.23	1.50	1.58	1.62	1.65
四 川	1.33	1.55	1.58	1.59	1.60
贵 州	0.93	1.19	1.19	1.19	1.23
云 南	0.83	1.00	1.02	1.03	1.07
西 藏	1.00	1.04	1.06	1.05	1.01
陕 西	0.81	0.91	0.92	0.94	0.95
甘 肃	0.92	1.05	1.07	1.10	1.10
青 海	0.71	0.98	0.98	0.99	0.88
宁 夏	0.39	0.47	0.46	0.48	0.48
新 疆	1.10	1.16	1.21	1.23	1.28

注：基层医疗卫生机构包括：社区卫生服务中心(站)、乡镇(街道)卫生院、村卫生室、门诊室、诊所(医务室)。

6-2-4 各地区每千农业人口乡镇卫生院(室)床位数

单位：张

地 区	2010年	2013年	2014年	2015年	2016年
全 国	**1.12**	**1.30**	**1.34**	**1.20**	**1.27**
北 京					
天 津	0.96	1.06	1.11	2.20	4.74
河 北	1.15	1.20	1.23	1.10	1.14
山 西	1.24	1.22	1.22	1.20	1.19
内蒙古	1.13	1.23	1.31	1.10	1.14
辽 宁	1.26	1.41	1.43	1.30	1.33
吉 林	1.14	1.25	1.26	1.00	0.97
黑龙江	0.93	1.08	1.13	1.00	0.98
上 海					
江 苏	1.41	1.70	1.81	1.10	1.20
浙 江	0.55	0.46	0.47	0.50	0.55
安 徽	0.93	0.93	0.95	1.00	1.03
福 建	1.00	1.22	1.22	1.20	1.11
江 西	0.93	1.22	1.23	1.10	1.18
山 东	1.60	1.90	1.83	1.40	1.42
河 南	0.99	1.10	1.11	1.10	1.08
湖 北	1.18	1.53	1.65	1.60	1.69
湖 南	1.19	1.39	1.49	1.60	1.61
广 东	1.19	1.26	1.28	1.10	1.10
广 西	1.05	1.27	1.44	1.50	1.50
海 南	0.99	0.94	0.96	0.80	0.81
重 庆	1.40	1.83	1.92	2.20	2.26
四 川	1.47	1.76	1.81	1.80	1.92
贵 州	0.80	1.02	1.06	1.00	1.02
云 南	0.91	1.25	1.32	1.10	1.14
西 藏	1.23	1.21	1.24	1.20	1.25
陕 西	1.04	1.21	1.27	1.20	1.28
甘 肃	1.06	1.18	1.21	1.20	1.26
青 海	0.77	1.30	1.40	0.90	0.84
宁 夏	0.56	0.77	0.70	0.80	0.78
新 疆	1.60	1.77	1.81	1.30	1.38

6-2-5 各地区每千人口医疗卫生机构执业(助理)医师数

单位：人

地　区	2010年	2013年	2014年	2015年	2016年
全　国	**1.79**	**2.04**	**2.12**	**2.20**	**2.31**
东　部	2.13	2.48	2.30	2.40	2.51
中　部	1.63	1.79	2.01	2.10	2.19
西　部	1.56	1.79	1.99	2.10	2.15
北　京	5.24	5.85	3.72	3.90	4.11
天　津	2.92	3.18	2.20	2.30	2.42
河　北	1.84	2.00	2.14	2.20	2.37
山　西	2.53	2.50	2.46	2.50	2.49
内蒙古	2.29	2.52	2.48	2.60	2.63
辽　宁	2.28	2.44	2.31	2.40	2.51
吉　林	2.28	2.31	2.30	2.40	2.55
黑龙江	2.09	2.13	2.12	2.20	2.22
上　海	3.75	4.05	2.52	2.60	2.70
江　苏	1.73	2.23	2.24	2.40	2.56
浙　江	2.54	2.86	2.65	2.90	3.01
安　徽	1.27	1.42	1.71	1.80	1.82
福　建	1.66	2.00	1.98	2.00	2.06
江　西	1.32	1.46	1.64	1.70	1.72
山　东	1.94	2.41	2.36	2.40	2.46
河　南	1.43	1.64	2.01	2.10	2.17
湖　北	1.62	1.90	2.17	2.30	2.41
湖　南	1.56	1.78	1.98	2.20	2.35
广　东	2.05	2.40	2.02	2.10	2.21
广　西	1.33	1.54	1.82	1.90	2.00
海　南	1.61	1.84	1.95	2.10	2.17
重　庆	1.45	1.64	1.94	2.00	2.12
四　川	1.61	1.90	2.21	2.20	2.24
贵　州	1.04	1.31	1.65	1.80	1.94
云　南	1.40	1.63	1.60	1.70	1.80
西　藏	1.52	1.63	1.76	1.90	1.98
陕　西	1.70	1.88	2.03	2.10	2.25
甘　肃	1.45	1.65	1.84	1.90	2.02
青　海	1.92	2.31	2.22	2.30	2.30
宁　夏	1.91	2.14	2.27	2.40	2.53
新　疆	2.27	2.34	2.38	2.40	2.51

6-2-6 各地区每千人口基层医疗卫生机构执业(助理)医师数

单位：人

地 区	2010年	2013年	2014年	2015年	2016年
全 国	**0.71**	**0.77**	**0.78**	**0.80**	**0.83**
北 京	0.99	1.07	1.04	1.10	1.16
天 津	0.59	0.58	0.58	0.61	0.65
河 北	0.73	0.77	0.81	0.84	0.88
山 西	0.95	0.88	0.89	0.89	0.87
内蒙古	0.89	0.91	0.90	0.92	0.93
辽 宁	0.71	0.74	0.68	0.70	0.73
吉 林	0.75	0.77	0.79	0.84	0.86
黑龙江	0.67	0.63	0.62	0.62	0.62
上 海	0.78	0.82	0.85	0.86	0.88
江 苏	0.66	0.88	0.91	0.96	1.02
浙 江	0.93	1.01	1.04	1.13	1.20
安 徽	0.60	0.63	0.64	0.65	0.67
福 建	0.65	0.75	0.75	0.74	0.78
江 西	0.55	0.59	0.63	0.63	0.62
山 东	0.74	0.92	0.88	0.87	0.86
河 南	0.63	0.73	0.74	0.76	0.77
湖 北	0.73	0.81	0.87	0.90	0.94
湖 南	0.79	0.82	0.82	0.89	0.95
广 东	0.66	0.74	0.74	0.77	0.81
广 西	0.68	0.73	0.74	0.76	0.79
海 南	0.61	0.64	0.69	0.72	0.74
重 庆	0.86	0.86	0.85	0.87	0.88
四 川	0.91	0.95	0.95	0.92	0.91
贵 州	0.48	0.50	0.52	0.57	0.63
云 南	0.50	0.52	0.50	0.52	0.56
西 藏	0.44	0.50	0.57	0.58	0.61
陕 西	0.64	0.66	0.66	0.65	0.70
甘 肃	0.60	0.66	0.68	0.71	0.74
青 海	0.61	0.80	0.72	0.71	0.68
宁 夏	0.56	0.65	0.64	0.67	0.70
新 疆	0.74	0.73	0.73	0.74	0.76

6-2-7 各地区每千农业人口乡镇卫生院人员数

单位：人

地 区	2010年	2013年	2014年	2015年	2016年
全 国	**1.30**	**1.41**	**1.43**	**1.46**	**1.36**
北 京					
天 津	1.28	1.31	1.38	1.35	2.63
河 北	1.08	1.09	1.09	1.09	0.93
山 西	1.15	1.05	1.01	1.01	0.98
内蒙古	1.39	1.38	1.40	1.43	1.21
辽 宁	1.22	1.22	1.20	1.23	1.08
吉 林	1.66	1.73	1.73	1.74	1.34
黑龙江	1.22	1.20	1.21	1.24	1.03
上 海					
江 苏	1.92	2.19	2.36	2.49	1.57
浙 江	1.50	1.40	1.45	1.53	1.68
安 徽	0.95	0.91	0.91	0.91	1.02
福 建	1.14	1.37	1.37	1.40	1.37
江 西	1.24	1.26	1.23	1.25	1.14
山 东	1.80	2.29	2.13	2.10	1.61
河 南	1.18	1.18	1.18	1.20	1.12
湖 北	1.70	1.77	1.87	1.86	1.85
湖 南	1.35	1.39	1.40	1.47	1.42
广 东	1.98	1.93	1.95	2.04	1.77
广 西	1.20	1.44	1.65	1.54	1.74
海 南	1.57	1.75	1.79	1.80	1.63
重 庆	1.38	1.55	1.57	1.70	1.79
四 川	1.26	1.47	1.51	1.56	1.60
贵 州	0.59	0.83	0.91	1.07	1.07
云 南	0.67	0.90	0.98	1.12	0.97
西 藏	1.11	1.17	1.36	1.40	1.51
陕 西	1.35	1.56	1.58	1.63	1.62
甘 肃	1.16	1.42	1.43	1.42	1.45
青 海	0.91	1.51	1.56	1.56	0.98
宁 夏	0.82	1.09	1.08	1.11	1.36
新 疆	1.59	1.65	1.67	1.74	1.20

6-2-8 各地区每万人口全科医生数

单位：人

地区	2012年	2013年	2014年	2015年	2016年
全国	**0.81**	**1.07**	**1.26**	**1.38**	**1.51**
北京	3.93	4.00	3.75	3.81	3.87
天津	0.77	0.97	1.05	1.39	1.54
河北	0.48	0.92	1.17	1.25	1.25
山西	0.71	0.81	0.98	1.10	1.13
内蒙古	0.67	0.95	1.17	1.23	1.26
辽宁	0.75	0.80	0.86	0.83	0.96
吉林	0.45	0.61	0.83	1.05	1.24
黑龙江	0.54	0.75	0.97	1.13	1.17
上海	2.24	2.47	2.80	3.04	3.29
江苏	1.90	2.22	2.48	2.61	3.15
浙江	2.24	3.10	3.53	3.90	4.04
安徽	0.53	0.72	1.13	1.20	1.39
福建	0.69	0.96	1.13	1.33	1.49
江西	0.46	0.54	0.66	0.73	0.79
山东	0.70	0.79	0.92	1.01	1.14
河南	0.50	0.68	0.89	1.09	1.27
湖北	0.65	0.87	1.05	1.19	1.19
湖南	0.39	0.59	0.75	0.90	0.96
广东	0.75	1.11	1.33	1.38	1.67
广西	0.66	0.86	0.96	0.97	1.05
海南	0.47	0.65	0.81	0.96	1.08
重庆	0.55	0.74	0.84	0.95	1.03
四川	0.58	1.11	1.21	1.27	1.25
贵州	0.30	0.43	0.69	0.89	1.04
云南	0.69	0.91	0.87	0.90	0.99
西藏	0.11	0.21	0.34	0.50	0.61
陕西	0.49	0.53	0.73	0.56	0.72
甘肃	0.54	0.82	1.05	1.27	1.45
青海	0.81	1.31	1.51	1.63	1.67
宁夏	0.40	0.60	0.71	0.85	0.97
新疆	0.86	1.20	1.45	1.57	1.68

6-2-9 各地区医院医疗服务情况

地 区	医院病床使用率(%)				
	2010年	2013年	2014年	2015年	2016年
全 国	**86.7**	**89.0**	**88.0**	**85.4**	**85.3**
东 部	87.6	88.5	88.1	85.5	85.6
中 部	84.8	89.5	88.7	85.7	85.4
西 部	87.5	89.2	87.2	84.7	83.9
北 京	84.5	83.5	83.2	80.6	82.2
天 津	86.3	84.8	83.9	81.6	82.1
河 北	82.9	88.3	86.7	83.6	86.3
山 西	73.1	80.8	81.1	76.9	75.9
内蒙古	78.0	78.7	76.0	73.2	74.7
辽 宁	83.2	88.5	87.7	85.4	83.8
吉 林	70.8	80.6	80.3	78.5	78.3
黑龙江	76.7	84.8	82.4	81.4	82.7
上 海	98.0	95.2	97.1	95.7	95.8
江 苏	94.3	91.1	90.3	88.6	87.3
浙 江	94.4	93.2	92.5	88.9	89.4
安 徽	87.3	86.8	87.7	85.0	84.8
福 建	89.6	88.5	86.8	82.6	81.9
江 西	87.6	93.2	93.2	90.4	89.4
山 东	81.6	85.2	86.9	84.3	85.0
河 南	85.4	90.7	91.2	87.2	87.9
湖 北	96.1	96.5	96.1	92.4	92.0
湖 南	93.3	94.3	89.5	86.4	86.0
广 东	87.2	87.3	86.3	83.5	84.0
广 西	89.9	97.5	95.1	89.8	88.0
海 南	88.0	84.9	80.5	79.4	78.2
重 庆	90.1	89.6	88.5	86.8	84.4
四 川	95.1	95.4	92.0	89.6	90.2
贵 州	86.4	85.2	82.7	80.9	78.2
云 南	88.1	85.4	85.5	82.9	83.0
西 藏	65.3	73.7	75.4	73.2	74.5
陕 西	82.2	87.7	86.7	83.4	82.2
甘 肃	78.6	84.6	83.4	82.2	82.6
青 海	79.6	86.2	81.3	76.0	74.4
宁 夏	89.8	89.7	87.7	83.2	84.4
新 疆	89.2	88.4	86.8	86.9	86.5

6-2-9 续表

地 区	医院医师日均担负诊疗人次(人次)				
	2010年	2013年	2014年	2015年	2016年
全 国	**6.4**	**7.3**	**7.5**	**7.3**	**7.3**
东 部	7.9	8.8	9.1	8.8	8.7
中 部	4.7	5.5	5.7	5.6	5.6
西 部	5.8	6.5	6.7	6.6	6.6
北 京	8.6	10.6	10.7	10.3	10.4
天 津	9.0	11.8	12.5	11.7	11.5
河 北	4.2	4.9	5.2	5.0	5.2
山 西	3.1	3.6	3.7	3.8	4.0
内蒙古	4.2	4.8	5.2	5.1	5.2
辽 宁	4.6	5.4	5.5	5.4	5.4
吉 林	4.1	5.0	5.3	5.0	5.0
黑龙江	3.8	4.7	4.8	4.7	4.8
上 海	13.2	15.0	15.2	15.1	14.8
江 苏	8.7	9.3	9.6	9.5	8.9
浙 江	10.1	11.9	12.1	11.5	11.1
安 徽	5.0	6.2	6.4	6.3	6.2
福 建	8.8	9.5	9.5	8.9	9.0
江 西	5.5	5.9	6.0	5.9	5.9
山 东	5.0	5.3	5.7	5.6	5.8
河 南	5.1	6.0	6.3	6.2	6.3
湖 北	6.3	6.7	6.9	6.7	6.8
湖 南	4.8	5.3	5.3	4.8	4.7
广 东	11.4	11.9	12.0	11.4	11.2
广 西	7.6	8.0	8.1	7.8	7.8
海 南	5.9	6.3	6.5	6.2	6.3
重 庆	6.5	7.4	7.5	7.6	7.4
四 川	6.3	6.7	6.9	6.9	7.0
贵 州	4.6	5.2	5.4	5.4	5.6
云 南	7.0	7.5	7.9	7.7	7.6
西 藏	5.4	5.8	6.1	6.1	6.1
陕 西	5.3	6.0	6.2	6.0	6.0
甘 肃	5.4	6.0	6.1	6.1	6.2
青 海	5.3	5.2	5.3	5.2	5.6
宁 夏	6.1	7.2	7.2	6.9	6.9
新 疆	4.8	5.7	5.9	5.7	5.8

6-2-10 各地区社区卫生服务中心医疗服务情况

地 区	病床使用率(%)				
	2010年	2013年	2014年	2015年	2016年
全 国	**56.1**	**57.0**	**55.6**	**54.7**	**54.6**
东 部	58.7	55.4	55.0	54.2	48.0
中 部	48.9	55.4	54.6	53.4	49.5
西 部	59.3	63.3	58.6	57.5	56.6
北 京	35.6	37.0	33.3	32.2	31.7
天 津	20.5	19.3	20.4	20.6	21.7
河 北	57.0	51.6	45.4	43.4	44.2
山 西	47.2	54.7	45.9	47.6	41.9
内蒙古	39.1	48.2	46.4	43.7	50.5
辽 宁	50.9	52.8	51.3	44.2	37.1
吉 林	30.0	30.3	31.0	26.8	30.0
黑龙江	43.8	47.4	44.4	42.8	39.2
上 海	86.9	88.4	87.2	86.0	88.6
江 苏	48.6	48.7	50.1	50.3	51.7
浙 江	49.4	39.4	38.7	40.1	40.1
安 徽	41.7	44.6	45.4	43.3	43.8
福 建	52.0	45.5	42.0	36.1	35.8
江 西	34.6	56.2	51.8	51.5	50.9
山 东	48.5	48.1	48.2	48.8	51.8
河 南	47.6	48.4	49.7	51.3	48.0
湖 北	69.6	70.9	69.6	61.6	62.0
湖 南	48.9	69.3	67.9	69.9	66.7
广 东	58.8	51.5	54.3	55.4	50.8
广 西	54.4	56.2	56.6	53.9	50.8
海 南	69.9	91.6	85.6	68.5	60.4
重 庆	66.3	77.3	75.2	74.6	73.5
四 川	70.1	49.3	59.5	61.0	62.7
贵 州	59.1	70.6	54.6	51.8	50.1
云 南	62.3	62.1	57.7	55.7	55.7
西 藏		22.3	33.3	22.2	14.3
陕 西	37.5	47.4	42.3	39.1	41.6
甘 肃	45.8	59.6	56.2	53.3	57.1
青 海	57.7	63.1	56.5	53.6	47.8
宁 夏	30.3	29.4	4.7	22.7	60.0
新 疆	61.1	50.8	51.3	48.7	50.6

6-2-10 续表

地 区	医师日均担负诊疗人次(人次)				
	2010年	2013年	2014年	2015年	2016年
全 国	**13.6**	**15.7**	**16.1**	**16.3**	**15.9**
东 部	17.8	19.7	20.2	20.5	19.0
中 部	6.2	7.9	8.3	8.1	8.3
西 部	8.0	10.1	10.5	10.6	10.2
北 京	13.2	16.8	16.9	16.5	17.1
天 津	20.5	27.5	28.2	25.6	22.9
河 北	6.0	8.7	8.7	8.8	8.7
山 西	4.4	5.7	5.6	5.7	6.7
内蒙古	4.9	6.4	6.5	6.2	6.6
辽 宁	6.9	10.2	10.6	10.5	9.9
吉 林	4.3	5.1	6.1	5.9	6.1
黑龙江	4.0	5.2	5.9	5.7	6.1
上 海	26.7	27.8	28.2	28.9	27.8
江 苏	16.3	18.0	18.6	19.7	19.1
浙 江	22.3	22.5	23.1	24.1	24.2
安 徽	7.5	10.7	10.6	11.0	11.0
福 建	12.0	13.5	13.9	15.5	16.1
江 西	7.1	7.9	7.9	8.3	8.5
山 东	6.0	9.1	9.8	9.5	9.8
河 南	6.0	9.1	9.4	9.1	9.3
湖 北	9.8	9.9	10.4	9.8	9.3
湖 南	5.5	7.6	7.7	7.2	6.6
广 东	22.2	24.1	24.6	24.5	22.7
广 西	9.6	12.9	14.4	15.1	14.2
海 南	9.3	12.5	14.6	12.6	10.5
重 庆	8.2	8.7	8.9	9.1	8.5
四 川	9.5	13.2	13.8	14.1	13.8
贵 州	6.3	8.0	8.0	7.1	7.3
云 南	9.3	11.6	11.1	11.5	11.8
西 藏		1.7	3.2	2.3	3.8
陕 西	7.7	8.8	9.0	8.8	8.3
甘 肃	5.1	7.3	7.9	8.6	8.1
青 海	12.7	10.8	8.4	8.2	7.4
宁 夏	6.4	5.8	7.9	8.9	14.0
新 疆	9.2	10.3	10.6	11.1	10.7

6-2-11 各地区乡镇卫生院医疗服务情况

地区	病床使用率(%)				
	2010年	2013年	2014年	2015年	2016年
全 国	**59.0**	**62.8**	**60.5**	**59.9**	**60.6**
东 部	53.9	55.1	54.2	54.3	55.6
中 部	61.2	65.5	63.5	63.3	59.8
西 部	61.9	67.0	63.0	61.3	58.9
北 京					
天 津	46.4	46.0	41.9	43.6	44.0
河 北	56.3	58.3	55.6	56.5	58.5
山 西	46.0	44.4	41.4	40.5	35.1
内蒙古	42.0	40.2	41.0	40.7	42.2
辽 宁	44.7	48.2	46.3	43.7	44.3
吉 林	34.0	32.2	30.2	28.3	28.8
黑龙江	57.4	60.1	52.5	53.9	56.6
上 海					
江 苏	57.3	61.2	61.6	63.4	63.6
浙 江	35.2	35.8	39.2	45.0	49.7
安 徽	53.9	62.4	62.0	60.6	60.6
福 建	59.2	59.5	54.4	49.9	49.5
江 西	71.2	76.2	70.4	70.7	68.7
山 东	53.2	55.3	56.0	55.6	60.7
河 南	64.1	61.7	62.1	62.6	62.2
湖 北	69.1	75.7	73.7	73.6	76.7
湖 南	66.8	74.6	71.2	70.0	70.5
广 东	60.1	54.6	53.2	53.3	55.2
广 西	67.3	75.7	69.4	65.3	63.3
海 南	34.1	33.7	33.1	34.8	33.3
重 庆	72.1	77.9	73.5	72.9	74.1
四 川	66.5	71.3	67.7	67.1	70.7
贵 州	66.7	70.5	59.6	51.7	44.9
云 南	57.3	62.2	57.5	54.6	53.4
西 藏	23.6	28.9	30.1	30.9	28.3
陕 西	43.2	49.4	47.6	47.9	46.6
甘 肃	54.4	57.3	56.0	57.1	60.0
青 海	53.2	59.7	58.7	52.9	55.1
宁 夏	51.4	53.4	48.1	48.3	49.1
新 疆	67.9	70.2	71.4	74.0	74.0

6-2-11 续表

地 区	医师日均担负诊疗人次(人次)				
	2010年	2013年	2014年	2015年	2016年
全 国	**8.2**	**9.3**	**9.5**	**9.6**	**9.5**
东 部	9.5	9.9	10.2	10.2	10.1
中 部	6.4	7.8	8.0	8.0	7.9
西 部	8.9	10.3	10.6	10.8	10.7
北 京					
天 津	8.3	10.4	11.0	11.9	11.7
河 北	6.8	7.1	7.1	7.2	7.4
山 西	4.4	6.0	5.9	6.1	6.7
内蒙古	5.3	5.7	5.4	5.3	5.5
辽 宁	5.9	7.5	7.6	7.5	8.0
吉 林	4.7	4.6	4.6	4.5	4.7
黑龙江	4.9	4.9	4.6	4.7	4.8
上 海					
江 苏	10.6	12.0	12.2	11.7	10.9
浙 江	14.8	17.8	18.7	18.6	18.0
安 徽	8.4	8.9	9.0	9.3	8.8
福 建	8.1	9.4	10.1	10.8	11.0
江 西	6.4	7.4	7.9	8.5	8.9
山 东	7.2	7.2	7.7	7.6	7.5
河 南	7.4	10.3	11.0	11.7	12.5
湖 北	7.4	9.2	8.8	8.8	8.1
湖 南	5.0	5.7	5.5	4.8	4.6
广 东	11.4	9.8	9.5	9.2	8.7
广 西	9.5	11.8	11.9	12.3	12.0
海 南	16.2	17.4	17.1	16.6	16.5
重 庆	8.8	8.0	7.9	7.8	7.6
四 川	9.0	10.5	10.8	11.3	11.5
贵 州	8.4	9.4	9.5	8.9	8.7
云 南	12.4	15.2	16.9	18.0	17.8
西 藏	20.4	18.1	14.7	14.1	13.4
陕 西	7.6	8.3	8.8	9.8	9.0
甘 肃	8.9	11.6	10.2	9.4	8.9
青 海	7.8	5.8	6.4	5.9	6.1
宁 夏	11.3	12.0	13.6	13.0	13.7
新 疆	7.4	10.4	11.8	12.6	12.9

6-2-12 各地区村卫生室基本工作情况

地 区	执业(助理)医师数(人)				
	2010年	2013年	2014年	2015年	2016年
全 国	**173275**	**291291**	**304343**	**309923**	**319797**
东 部	65150	110441	113883	120294	125244
中 部	64317	111911	120293	124422	127872
西 部	43808	68939	70167	65207	66681
北 京	597	971	791	950	991
天 津	684	1374	1410	1441	1392
河 北	15850	25335	26775	28569	30162
山 西	5678	8822	9463	10035	9821
内蒙古	3172	5652	5981	6342	6717
辽 宁	4051	6777	4887	5304	5607
吉 林	2497	4575	4738	4740	4512
黑龙江	4835	6801	6577	7082	7193
上 海	3657	3195	3899	3644	3810
江 苏	4229	20414	22862	25323	26684
浙 江	8685	11466	11570	12600	12680
安 徽	12240	15703	16540	17442	18602
福 建	4785	6575	6591	6699	7035
江 西	4812	10022	11370	11662	11847
山 东	13544	18707	19910	21047	21278
河 南	17283	34202	35384	36403	37391
湖 北	7214	14047	15774	16102	17020
湖 南	9758	17739	20447	20956	21486
广 东	8448	14207	13549	12871	13916
广 西	4735	9134	9610	4701	5753
海 南	520	1420	1639	1846	1689
重 庆	4755	6930	6732	6885	6653
四 川	16572	18663	19474	18495	16649
贵 州	2133	4501	3766	4341	5647
云 南	1949	4431	4658	4003	3815
西 藏	100	246	357	319	360
陕 西	4959	7577	6897	6444	6933
甘 肃	2154	5074	5776	6290	6632
青 海	1134	2317	2109	2187	1971
宁 夏	325	1051	1060	1078	1090
新 疆	1820	3363	3747	4122	4461

6-2-12 续表

地区	诊疗人次数(万人次)				
	2010年	2013年	2014年	2015年	2016年
全国	**165702**	**201218**	**198629**	**189407**	**185264**
东部	67106	84135	84326	81614	79853
中部	57533	70512	70847	66403	65365
西部	41063	46572	43456	41389	40046
北京	432	400	404	379	382
天津	782	956	1068	1050	1002
河北	15333	19521	19748	19518	18959
山西	3456	3762	3647	3354	3313
内蒙古	2258	2231	2164	2047	1925
辽宁	3422	3877	4103	4074	4093
吉林	2053	2953	2948	2634	2636
黑龙江	3089	3432	3047	2509	2499
上海	877	711	700	674	785
江苏	7884	8733	9257	9358	9145
浙江	3443	3847	3813	3997	4056
安徽	7105	9382	8986	8214	7821
福建	4454	4675	4615	4375	4433
江西	6624	9379	9747	9043	8873
山东	21601	27633	26638	24666	23458
河南	20648	22842	23353	22153	22201
湖北	7101	10683	11183	10609	10192
湖南	7458	8079	7935	7888	7830
广东	8356	13106	13228	12766	12738
广西	5501	6876	6141	5494	4911
海南	523	674	753	759	800
重庆	3191	3541	3085	3014	3026
四川	11019	11864	11139	10651	10121
贵州	4016	4374	4155	3684	3309
云南	5456	5963	5696	5717	5756
西藏	124	142	168	156	123
陕西	4650	5418	5189	4974	5197
甘肃	3108	4169	3778	3778	3793
青海	463	509	488	460	437
宁夏	480	539	531	488	490
新疆	736	946	920	927	957

6-3-1 全国中医医院诊疗情况

年 份	病床使用率(%)	出院者平均住院日(日)	医师日均担负	
			诊疗人次(人次)	住院床日(日)
2000	50.7	11.4		
2005	65.7	10.8		
2006	67.7	10.4		
2007	73.2	10.4	6.5	1.4
2008	78.6	10.5	6.7	1.6
2009	83.1	10.4	6.9	1.7
2010	85.7	10.7	7.1	1.9
2011	86.3	10.5	7.6	2.1
2012	88.6	10.2	7.9	2.3
2013	88.6	10.1	7.9	2.4
2014	87.3	10.0	8.2	2.4
2015	84.7	9.9	7.8	2.4
2016	87.1	9.8	7.7	2.3

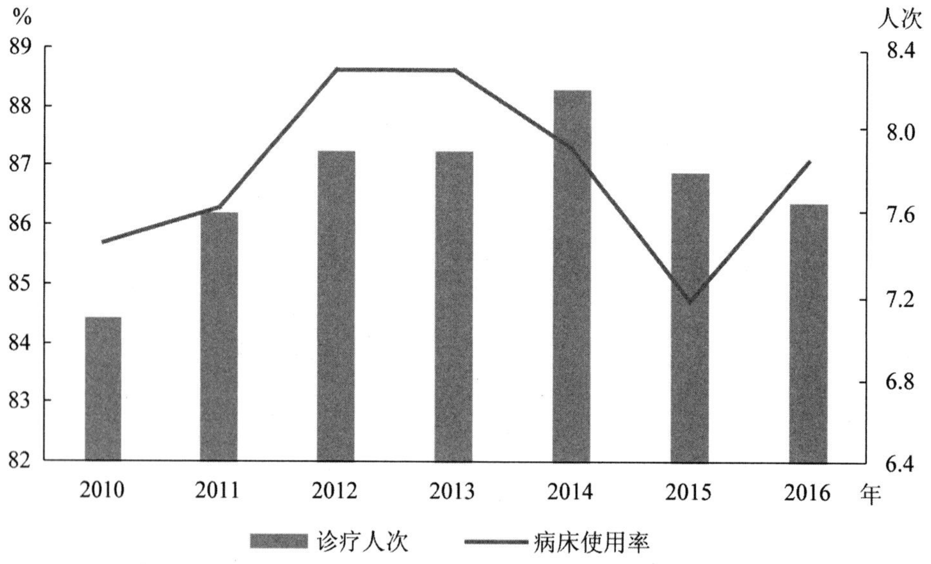

6-3-2 各地区中医类别医疗机构情况

地 区	每千人口中医类医疗卫生机构床位数(张)				
	2012年	2013年	2014年	2015年	2016年
全 国	**0.52**	**0.58**	**0.64**	**0.70**	**0.75**
北 京	0.83	0.88	0.95	0.98	1.12
天 津	0.51	0.55	0.56	0.64	0.66
河 北	0.47	0.50	0.54	0.58	0.63
山 西	0.49	0.55	0.57	0.59	0.64
内蒙古	0.57	0.73	0.82	0.93	1.02
辽 宁	0.50	0.54	0.59	0.65	0.70
吉 林	0.52	0.56	0.57	0.64	0.71
黑龙江	0.48	0.55	0.61	0.67	0.72
上 海	0.40	0.43	0.45	0.48	0.48
江 苏	0.49	0.56	0.62	0.65	0.69
浙 江	0.57	0.63	0.69	0.76	0.78
安 徽	0.40	0.46	0.51	0.54	0.58
福 建	0.48	0.55	0.58	0.59	0.59
江 西	0.47	0.51	0.57	0.61	0.64
山 东	0.55	0.59	0.64	0.69	0.73
河 南	0.52	0.58	0.64	0.70	0.75
湖 北	0.57	0.65	0.73	0.83	0.86
湖 南	0.63	0.68	0.75	0.83	0.90
广 东	0.37	0.40	0.44	0.49	0.53
广 西	0.48	0.56	0.63	0.69	0.75
海 南	0.39	0.43	0.47	0.51	0.53
重 庆	0.50	0.63	0.73	0.83	0.96
四 川	0.66	0.73	0.83	0.87	0.94
贵 州	0.46	0.58	0.67	0.73	0.81
云 南	0.49	0.57	0.62	0.66	0.72
西 藏	0.31	0.39	0.47	0.60	0.57
陕 西	0.61	0.68	0.74	0.81	0.87
甘 肃	0.78	0.89	0.99	1.09	1.14
青 海	0.66	0.78	0.97	1.03	1.08
宁 夏	0.66	0.77	0.79	0.82	0.85
新 疆	0.76	0.82	0.88	0.92	0.98

6-3-2 续表

地区	每千人口中医类别执业(助理)医师数(人)				
	2010年	2013年	2014年	2015年	2016年
全国	**0.22**	**0.29**	**0.31**	**0.33**	**0.35**
北京	0.54	0.66	0.68	0.73	0.78
天津	0.34	0.37	0.39	0.44	0.47
河北	0.22	0.29	0.30	0.34	0.36
山西	0.30	0.37	0.38	0.39	0.40
内蒙古	0.33	0.44	0.46	0.51	0.53
辽宁	0.21	0.26	0.27	0.28	0.29
吉林	0.27	0.29	0.31	0.33	0.35
黑龙江	0.20	0.24	0.25	0.26	0.27
上海	0.24	0.26	0.29	0.31	0.32
江苏	0.17	0.24	0.25	0.27	0.30
浙江	0.24	0.34	0.37	0.41	0.44
安徽	0.14	0.18	0.19	0.19	0.20
福建	0.23	0.31	0.32	0.34	0.36
江西	0.17	0.21	0.23	0.24	0.25
山东	0.19	0.28	0.29	0.32	0.32
河南	0.21	0.27	0.30	0.31	0.33
湖北	0.18	0.23	0.25	0.27	0.29
湖南	0.21	0.26	0.28	0.31	0.33
广东	0.21	0.28	0.29	0.31	0.33
广西	0.17	0.23	0.25	0.27	0.29
海南	0.13	0.17	0.19	0.21	0.21
重庆	0.31	0.39	0.40	0.42	0.45
四川	0.33	0.48	0.51	0.55	0.56
贵州	0.14	0.19	0.21	0.24	0.26
云南	0.15	0.20	0.20	0.21	0.23
西藏	0.24	0.36	0.31	0.36	0.39
陕西	0.24	0.28	0.30	0.30	0.33
甘肃	0.31	0.40	0.44	0.46	0.48
青海	0.22	0.39	0.40	0.42	0.42
宁夏	0.21	0.27	0.28	0.30	0.32
新疆	0.19	0.25	0.27	0.29	0.32

6-4-1 各地区累计在册执业药师数

单位：人

地 区	2010年	2013年	2014年	2015年	2016年
全 国	**74186**	**108362**	**166504**	**250180**	**335355**
东 部	41183	59811	89880	130719	168144
中 部	19140	27353	43375	67948	95375
西 部	13863	21198	33249	51513	71836
北 京	3184	3748	4624	4934	6605
天 津	2219	3197	3885	4888	5762
河 北	2889	4798	7678	13704	19502
山 西	2595	3668	5620	7430	9647
内蒙古	1396	1832	2814	4455	6545
辽 宁	2162	3929	6407	11407	16806
吉 林	1605	1923	2999	5634	9895
黑龙江	582	875	2046	3925	7313
上 海	4678	5356	5455	5751	6176
江 苏	5924	8536	13324	17063	20436
浙 江	6035	8977	12488	16057	19874
安 徽	1588	3729	6157	11732	15807
福 建	2677	3687	5008	7698	9661
江 西	1734	1953	2758	3579	4933
山 东	5431	7635	12483	17865	23948
河 南	4106	5926	10480	15977	22399
湖 北	4390	5490	7222	9787	12694
湖 南	2540	3789	6093	9884	12687
广 东	5444	9086	17255	28965	36412
广 西	1447	2537	4239	6834	10123
海 南	540	862	1273	2387	2962
重 庆	1590	2673	4158	6574	8846
四 川	3763	5948	8479	11317	16284
贵 州	543	690	1093	1565	2399
云 南	1583	2188	3194	4498	5643
西 藏	136	208	309	420	487
陕 西	1150	2251	4488	3740	10814
甘 肃	842	1144	1986	8160	5391
青 海	226	252	404	614	830
宁 夏	230	325	587	1228	1677
新 疆	957	1150	1498	2108	2797

6-4-2 各地区药品不良事件报告数

单位：份

地区	2010年	2013年	2014年	2015年	2016年
全国	**692904**	**1317337**	**1328134**	**1403508**	**1443531**
东部	355168	603373	607175	563301	571549
中部	247640	436810	396718	431591	453115
西部	71650	258043	302995	390144	392546
北京	14249	15242	14327	13656	14856
天津	2782	7169	7909	9338	8263
河北	14908	47942	55070	54084	59420
山西	26797	61859	50565	44302	44658
内蒙古	955	18170	38432	45549	36044
辽宁	9412	52122	51561	33561	37317
吉林	15725	30713	20622	23253	17723
黑龙江	23000	36646	33240	51071	50264
上海	24020	33138	32725	33366	35752
江苏	57609	83139	87185	93131	94360
浙江	51300	69333	71561	73496	73420
安徽	68434	89756	82360	101234	113679
福建	22180	47777	41676	38488	34474
江西	15808	32894	39653	47699	56858
山东	100161	163650	149923	149739	141566
河南	55233	74256	61236	53088	56994
湖北	15147	46266	44279	48817	49986
湖南	27496	64420	64763	62127	62953
广东	42176	45563	51323	58842	64979
广西	1568	3232	4180	49810	51810
海南	16371	38298	43915	5600	7142
重庆	12731	26290	25399	26114	27606
四川	17554	59529	78500	90912	90084
贵州	7480	49000	47623	53196	58493
云南	6914	28510	29497	34121	37597
西藏	19	463	528	804	1686
陕西	7252	15574	19536	35603	35760
甘肃	9822	27505	31707	20569	21351
青海	4362	8732	7311	2673	3439
宁夏	198	2543	2515	9817	10644
新疆	2795	18495	17767	20976	18032

6-4-3 各地区医疗器械不良事件报告数

单位：份

地 区	2010年	2013年	2014年	2015年	2016年
全 国	**67858**	**238644**	**265246**	**317875**	**358221**
东 部	45677	129627	137137	160369	177213
中 部	17027	65826	66471	78277	89224
西 部	5154	43191	61638	79136	91310
北 京	656	2043	3592	7980	5994
天 津	110	3759	3737	4501	4123
河 北	1746	4728	8034	9463	11773
山 西	1385	6993	6353	7692	6506
内蒙古	4	2289	7819	9621	7474
辽 宁	2875	6246	6265	6507	10067
吉 林	427	6917	4298	5618	5187
黑龙江	277	5449	7760	8487	9761
上 海	591	1689	1722	2934	5255
江 苏	120	36930	38728	43612	42555
浙 江	3438	7629	8452	9652	10296
安 徽	3296	7947	7941	11752	13611
福 建	985	10019	7783	7033	6294
江 西	1639	5535	7840	9581	12747
山 东	32431	49486	46218	50609	53093
河 南	2422	9841	8613	11426	15691
湖 北	1745	7788	7980	8301	9191
湖 南	5836	15356	15686	15420	16530
广 东	2723	7016	12422	17205	26178
广 西	2055	7856	10055	12496	14750
海 南	2	82	184	873	1585
重 庆	914	5030	4936	5579	8380
四 川	155	6152	10481	14265	16339
贵 州	123	6875	7241	8872	11140
云 南	917	5416	6350	8174	10147
西 藏			4	6	71
陕 西	496	5018	8756	9875	9721
甘 肃	405	3067	3793	4702	5750
青 海		116	181	381	851
宁 夏	54	342	555	1628	1587
新 疆	31	1030	1467	3537	5100

6-5-1 全国卫生总费用构成情况

年 份	卫生总费用(亿元)				卫生总费用构成(%)			卫生总费用与GDP之比(%)
	总计	政府支出	社会卫生支出	个人卫生支出	政府支出	社会卫生支出	个人卫生支出	
2000	4586.6	709.5	1171.9	2705.2	15.5	25.6	59.0	4.6
2005	8659.9	1552.5	2586.4	4521.0	17.9	29.9	52.2	4.7
2006	9843.3	1778.9	3210.9	4853.6	18.1	32.6	49.3	4.6
2007	11574.0	2581.6	3893.7	5098.7	22.3	33.6	44.1	4.4
2008	14535.4	3593.9	5065.6	5875.9	24.7	34.9	40.4	4.6
2009	17541.9	4816.3	6154.5	6571.2	27.5	35.1	37.5	5.2
2010	19921.4	5688.6	7156.6	7076.2	28.6	35.9	35.5	5.0
2011	24345.9	7464.2	8416.5	8465.3	30.7	34.6	34.8	5.2
2012	28119.0	8432.0	10030.7	9656.3	30.0	35.7	34.3	5.4
2013	31868.9	9545.8	11393.8	10729.3	30.1	36.0	33.9	5.6
2014	35312.4	10579.2	13437.8	11295.4	30.0	38.1	32.0	5.6
2015	40587.7	12533.0	15890.7	12164.0	30.9	39.2	30.0	6.0
2016年	46344.9	13910.3	19096.7	13337.9	30.0	41.2	28.8	6.2

注：①本表系核算数；②按当年价格计算；③2001年起卫生总费用不含高等医学教育经费，2006年起包括城乡医疗救助经费。

6-5-2 各地区医疗卫生机构财政补助收入情况

地区	财政补助收入(亿元)				
	2010年	2013年	2014年	2015年	2016年
全国	**1667.9**	**3131.0**	**3500.6**	**4321.3**	**4848.6**
东部	799.5	1498.7	1667.6	2024.3	2308.5
中部	380.9	732.1	805.9	1019.1	1137.0
西部	487.5	900.3	1027.1	1277.9	1403.1
北京	121.4	205.6	225.4	248.9	266.9
天津	38.8	54.2	67.2	76.3	87.7
河北	46.9	98.9	104.0	130.4	135.9
山西	40.2	85.0	90.6	116.3	125.3
内蒙古	51.6	87.7	96.2	113.5	122.8
辽宁	50.5	81.1	73.1	87.6	92.3
吉林	52.0	82.2	91.9	113.7	122.2
黑龙江	51.6	78.6	92.3	122.5	129.8
上海	76.0	146.9	153.3	191.4	222.4
江苏	80.8	189.2	201.9	253.1	302.0
浙江	102.9	194.9	223.5	251.2	282.4
安徽	46.1	91.9	95.1	125.9	143.6
福建	51.6	94.1	101.2	129.1	138.4
江西	38.6	70.6	82.6	108.3	131.3
山东	87.3	166.2	190.5	227.6	257.6
河南	52.4	116.2	120.8	147.6	162.3
湖北	50.9	101.8	120.7	148.3	170.3
湖南	49.1	105.7	111.9	136.6	152.1
广东	128.0	239.8	297.3	388.5	477.9
广西	46.0	101.3	109.5	133.4	144.5
海南	15.4	27.7	30.0	40.1	45.0
重庆	33.2	66.4	74.4	100.4	105.3
四川	83.8	167.4	183.8	227.8	256.7
贵州	31.2	64.6	77.3	98.2	119.6
云南	57.6	104.3	114.6	154.5	173.2
西藏	7.0	10.1	15.5	17.6	20.3
陕西	48.3	93.3	101.2	129.7	135.9
甘肃	39.8	61.8	90.3	97.8	106.8
青海	13.3	22.1	25.0	35.5	36.0
宁夏	15.6	24.6	27.7	35.5	37.3
新疆	60.0	96.8	111.6	133.8	144.6

6-5-2 续表

地区	占医疗卫生机构收入比重(%)				
	2010年	2013年	2014年	2015年	2016年
全国	**12.2**	**13.5**	**13.2**	**14.6**	**14.6**
东部	10.5	12.2	12.0	13.1	13.2
中部	11.9	13.0	12.5	14.1	14.1
西部	16.9	17.1	17.0	18.7	18.4
北京	15.2	15.2	14.9	14.8	14.2
天津	13.4	12.1	13.1	13.3	13.8
河北	8.9	11.0	10.3	11.7	10.6
山西	15.5	18.5	17.7	21.2	20.4
内蒙古	23.2	22.6	22.5	24.5	23.8
辽宁	10.7	10.8	9.0	9.8	9.3
吉林	19.8	19.4	18.7	21.0	20.5
黑龙江	15.0	14.2	15.1	17.6	16.9
上海	10.2	13.3	12.3	13.6	14.0
江苏	7.8	10.9	10.2	11.4	12.3
浙江	10.3	12.6	12.6	13.0	13.0
安徽	11.4	12.9	11.7	13.7	14.1
福建	13.4	15.4	14.5	16.5	16.5
江西	14.2	14.0	14.0	16.1	17.1
山东	9.6	11.0	10.7	11.5	11.4
河南	8.6	10.4	9.2	10.2	10.0
湖北	9.7	11.1	11.1	12.2	12.5
湖南	9.5	11.4	10.7	11.7	11.6
广东	9.2	11.2	12.1	14.1	15.1
广西	13.0	15.3	14.8	16.3	16.0
海南	19.0	19.6	19.6	22.5	22.4
重庆	12.8	13.6	13.0	15.0	14.3
四川	12.8	13.6	13.0	14.3	14.4
贵州	15.5	15.6	16.2	18.2	19.2
云南	16.9	17.7	16.9	19.9	19.4
西藏	43.0	36.4	42.1	38.0	35.7
陕西	16.0	17.1	16.2	18.1	17.2
甘肃	24.6	21.9	25.4	26.2	25.0
青海	26.4	23.3	23.3	28.2	26.4
宁夏	24.0	21.7	20.9	23.5	22.2
新疆	22.8	22.4	22.8	24.4	23.8

6-6-1 全国监测地区儿童和孕产妇死亡率

年 份	新生儿死亡率(‰)	婴 儿死亡率(‰)	5岁以下儿童死亡率(‰)	孕产妇死亡率(1/10万)
2000	22.8	32.2	39.7	53.0
2005	13.2	19.0	22.5	47.7
2006	12.0	17.2	20.6	41.1
2007	10.7	15.3	18.1	36.6
2008	10.2	14.9	18.5	34.2
2009	9.0	13.8	17.2	31.9
2010	8.3	13.1	16.4	30.0
2011	7.8	12.1	15.6	26.1
2012	6.9	10.3	13.2	24.5
2013	6.3	9.5	12.0	23.2
2014	5.9	8.9	11.7	21.7
2015	5.4	8.1	10.7	20.1
2016	4.9	7.5	10.2	19.9

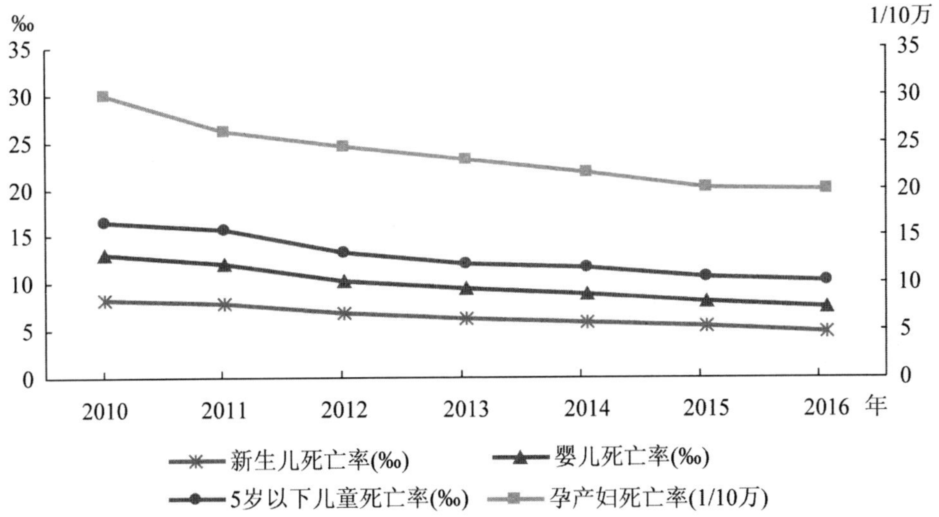

6-6-2 各地区新生儿访视率

单位：%

地 区	2010年	2013年	2014年	2015年	2016年
全 国	**89.6**	**93.2**	**93.6**	**94.3**	**94.6**
北 京	95.2	95.6	96.6	96.5	96.3
天 津	97.0	94.6	98.6	98.1	98.2
河 北	89.9	92.7	92.4	93.1	91.7
山 西	85.3	90.4	92.0	91.5	92.8
内蒙古	91.5	95.8	96.2	95.7	94.9
辽 宁	96.2	96.0	95.4	94.5	93.7
吉 林	88.1	95.0	95.1	95.6	96.1
黑龙江	91.3	95.4	95.7	96.5	96.5
上 海	86.9	98.2	98.4	98.1	98.1
江 苏	100.0	100.0	100.0	100.0	100.0
浙 江	97.7	98.9	99.0	99.0	98.7
安 徽	59.8	82.2	85.0	89.4	92.2
福 建	94.3	93.5	93.8	94.3	94.5
江 西	92.3	93.1	93.0	93.6	94.7
山 东	96.4	93.6	93.0	93.4	92.8
河 南	79.5	84.4	86.9	88.4	89.1
湖 北	93.1	96.0	94.3	95.6	95.1
湖 南	90.3	94.1	94.0	94.8	95.8
广 东	95.7	95.3	94.1	95.6	95.6
广 西	94.4	98.7	99.1	99.3	99.2
海 南	74.7	86.8	89.0	89.3	90.4
重 庆	86.3	88.5	93.0	93.3	93.6
四 川	87.5	93.7	94.9	95.0	95.2
贵 州	90.7	94.2	94.1	93.7	93.5
云 南	93.9	97.6	98.1	97.6	97.9
西 藏	50.6	73.9	70.1	81.8	82.1
陕 西	94.9	97.6	97.2	97.6	97.5
甘 肃	91.6	96.6	96.7	96.7	96.4
青 海	86.3	88.9	92.4	89.8	89.2
宁 夏	98.3	98.4	98.4	98.9	99.0
新 疆	86.4	92.0	90.1	91.5	91.9

6-6-3 各地区5岁以下儿童中重度营养不良比重

单位：%

地 区	2010年	2013年	2014年	2015年	2016年
全 国	**1.55**	**1.37**	**1.48**	**1.49**	**1.44**
北 京	0.19	0.10	0.16	0.16	0.17
天 津	0.18	0.23	0.29	0.32	0.33
河 北	2.95	2.39	2.21	2.22	2.14
山 西	1.14	0.96	1.15	0.87	0.88
内蒙古	0.98	0.57	0.84	0.60	0.57
辽 宁	0.86	0.84	0.83	0.81	0.80
吉 林	0.35	0.26	0.29	0.32	0.27
黑龙江	1.60	1.59	1.55	1.42	1.39
上 海	0.06	0.07	0.13	0.13	0.15
江 苏	0.48	0.47	0.60	0.56	0.62
浙 江	0.66	0.54	0.87	0.51	0.50
安 徽	0.99	0.64	0.72	0.66	0.68
福 建	1.44	1.12	1.03	0.95	0.93
江 西	2.30	2.28	2.58	2.55	2.42
山 东	0.70	0.64	0.88	0.99	0.96
河 南	1.98	1.52	1.64	1.61	1.70
湖 北	1.16	0.94	1.06	1.18	1.18
湖 南	2.20	1.62	1.42	1.45	1.31
广 东	0.96	1.13	1.54	1.68	1.72
广 西	3.05	2.94	4.05	4.16	3.86
海 南	2.86	3.37	3.37	2.95	2.84
重 庆	0.98	0.78	0.96	1.15	1.02
四 川	1.18	1.37	1.13	1.21	1.15
贵 州	1.52	1.05	1.10	1.21	1.26
云 南	3.56	2.65	2.13	1.93	1.77
西 藏	5.12	4.17	4.32	4.87	3.32
陕 西	1.05	1.06	1.01	0.94	0.94
甘 肃	1.66	1.21	1.37	1.30	1.45
青 海	3.07	2.46	2.36	2.07	2.38
宁 夏	0.72	0.48	0.60	0.80	0.85
新 疆	2.74	1.91	2.13	2.02	1.72

6-6-4 各地区孕产妇产前检查率

单位：%

地 区	2010年	2013年	2014年	2015年	2016年
全 国	**94.1**	**95.6**	**96.2**	**96.5**	**96.6**
北 京	98.9	98.8	98.9	98.6	98.7
天 津	98.4	95.5	95.8	99.0	97.2
河 北	94.6	95.9	95.8	96.0	96.0
山 西	92.9	90.6	95.1	95.8	96.0
内蒙古	95.5	97.3	97.1	97.1	97.2
辽 宁	97.9	96.5	98.2	97.7	97.7
吉 林	90.7	96.2	95.8	96.5	97.3
黑龙江	96.4	97.8	97.5	97.7	97.9
上 海	87.0	98.5	98.6	98.4	98.4
江 苏	100.0	100.0	100.0	100.0	100.0
浙 江	98.4	98.6	98.7	98.6	98.8
安 徽	74.4	89.8	90.7	93.0	94.1
福 建	97.4	96.5	96.7	97.0	97.2
江 西	94.1	94.5	94.9	95.7	96.1
山 东	97.7	95.5	94.6	95.4	95.3
河 南	91.2	93.3	94.2	94.9	94.4
湖 北	97.0	95.9	96.8	96.8	97.2
湖 南	94.0	96.0	95.9	96.1	96.8
广 东	96.8	96.9	97.0	97.2	97.2
广 西	97.8	96.3	99.3	99.3	99.4
海 南	91.9	94.4	95.8	96.0	96.4
重 庆	94.1	95.1	96.5	96.9	97.0
四 川	91.5	95.6	95.8	96.0	96.1
贵 州	92.7	96.0	95.8	94.9	94.8
云 南	96.1	97.6	98.5	98.3	98.5
西 藏	64.2	66.6	88.9	87.3	90.2
陕 西	97.6	96.6	98.1	98.3	98.2
甘 肃	93.8	96.6	97.9	97.4	97.2
青 海	86.1	89.4	95.7	95.2	94.7
宁 夏	99.2	99.2	99.3	99.3	99.2
新 疆	93.8	94.8	94.3	94.2	94.5

6-6-5 各地区孕产妇产后访视率

单位：%

地　区	2010年	2013年	2014年	2015年	2016年
全　国	**90.8**	**93.5**	**93.9**	**94.5**	**94.6**
北　京	97.1	96.2	96.6	96.2	96.5
天　津	95.3	94.9	94.9	94.0	96.4
河　北	91.2	92.5	92.8	93.4	92.3
山　西	86.8	90.6	92.3	92.4	92.6
内蒙古	93.3	96.0	96.2	95.5	95.4
辽　宁	96.7	95.6	96.1	94.7	94.0
吉　林	88.5	94.9	94.5	95.3	96.0
黑龙江	93.2	96.6	96.3	96.3	96.4
上　海	86.9	98.2	98.4	98.1	98.1
江　苏	100.0	100.0	100.0	100.0	100.0
浙　江	97.7	98.2	98.2	98.1	98.1
安　徽	60.3	82.9	84.9	90.1	92.0
福　建	94.3	93.7	93.6	94.1	94.2
江　西	93.2	94.0	93.6	94.4	94.9
山　东	97.0	94.2	93.1	93.2	93.2
河　南	83.7	86.3	87.7	90.1	90.2
湖　北	94.3	94.8	95.6	95.4	95.3
湖　南	91.6	93.9	94.0	94.4	95.2
广　东	95.8	95.2	95.3	95.7	95.2
广　西	95.4	98.6	98.9	98.8	98.7
海　南	76.5	87.0	89.1	89.3	89.9
重　庆	89.3	91.2	93.4	93.4	93.4
四　川	89.4	94.3	94.9	95.2	95.2
贵　州	91.9	94.8	94.5	93.7	93.4
云　南	94.4	97.9	97.8	97.7	97.8
西　藏	52.8	68.5	75.6	84.1	87.4
陕　西	96.5	97.4	97.0	97.4	97.4
甘　肃	91.6	95.7	96.8	96.7	96.2
青　海	86.3	88.6	94.3	93.4	93.5
宁　夏	98.3	98.4	98.7	98.7	98.5
新　疆	87.7	92.4	91.7	92.3	92.5

7 基本住房保障

“十三五”时期，政府提供如下基本住房保障服务：

◆为城镇中等偏下收入住房困难家庭、新就业无房职工和城镇稳定就业的外来务工人员提供公共租赁住房或租赁补贴；

◆为符合条件的棚户区居民实施住房改造；

◆为农村困难家庭危房改造提供补助。

7-1-1 全国公共租赁住房保障情况

年　份	累计(建成) 公共租赁住房(廉租住房)套数 (万套)	公共租赁住房(廉租住房) 实物保障(在保)户数 (万户)
2010	135.0	122.4
2011	301.7	200.1
2012	544.4	271.5
2013	788.6	406.9
2014	1004.4	720.8
2015	1222.8	989.3
2016	1497.7	1381.9

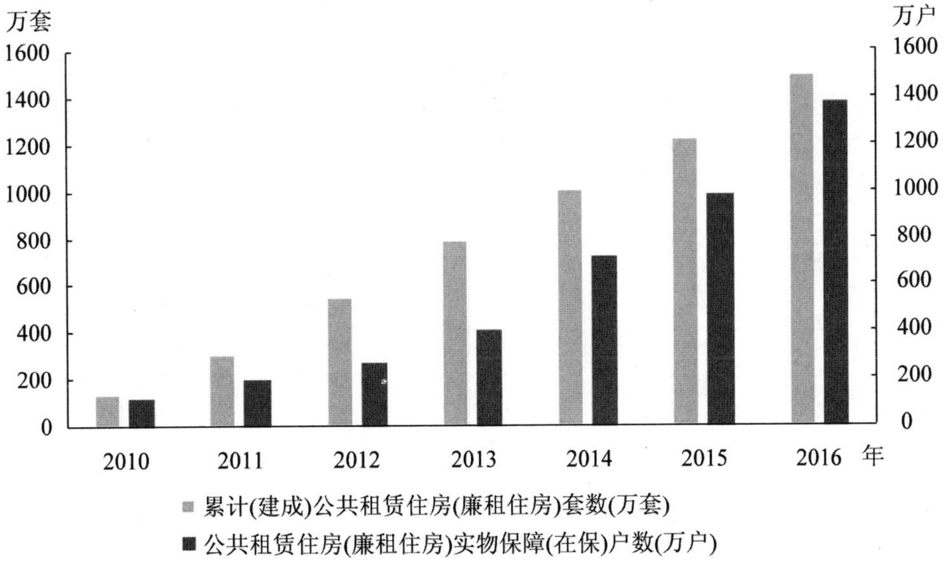

7-1-2 各地区累计(建成)公共租赁住房(廉租住房)套数

单位：万套

地　区	2010年	2013年	2014年	2015年	2016年
全　国	**135.0**	**788.6**	**1004.4**	**1222.8**	**1497.7**
东　部	27.5	159.9	197.8	237.8	265.3
中　部	55.8	278.1	350.6	425.5	461.0
西　部	51.7	350.6	456.0	559.4	561.8
北　京	0.5	3.6	4.4	5.3	8.8
天　津	3.5	5.5	8.5	8.5	8.5
河　北	3.2	23.7	28.3	34.9	38.4
山　西	11.3	28.7	33.8	36.8	39.2
内蒙古	4.8	16.4	22.4	28.0	31.3
辽　宁	0.3	14.3	17.0	19.5	21.6
吉　林	4.6	19.4	22.1	24.7	25.2
黑龙江	2.6	18.4	21.6	26.1	26.2
上　海	0.6	6.7	8.2	9.2	10.4
江　苏	9.7	30.2	36.4	42.1	44.2
浙　江	1.5	8.9	13.9	18.5	22.6
安　徽	5.8	43.2	57.1	68.6	72.4
福　建	2.4	14.7	17.7	20.8	23.0
江　西	4.2	37.4	46.5	62.6	69.1
山　东	3.7	22.7	26.1	33.0	37.4
河　南	9.9	46.9	63.8	77.7	83.9
湖　北	4.9	27.0	34.2	40.6	43.6
湖　南	12.6	57.1	71.5	88.5	101.5
广　东	1.4	26.6	33.7	41.3	45.3
广　西	3.3	17.6	23.6	30.7	36.2
海　南	0.8	3.0	3.7	4.7	5.0
重　庆	5.7	39.5	46.5	53.0	58.5
四　川	7.5	38.8	45.8	51.7	56.3
贵　州	5.7	26.8	38.3	51.4	65.1
云　南	6.8	40.6	52.4	70.7	79.0
西　藏	0.4	2.5	4.2	5.5	6.3
陕　西	3.4	33.8	47.4	60.7	68.9
甘　肃	2.5	24.4	31.4	36.8	39.6
青　海	1.4	21.2	25.5	27.6	28.8
宁　夏	1.2	9.1	11.7	14.1	15.5
新　疆	8.9	80.0	106.6	129.4	142.9

7-1-3　各地区公共租赁住房(廉租住房)新开工套数

单位：万套

地　区	2010年	2013年	2014年	2015年
全　国	**219.5**	**270.0**	**201.3**	**156.9**
东　部	46.0	43.3	29.0	29.3
中　部	69.1	95.9	67.9	49.7
西　部	104.3	130.7	104.3	77.9
北　京	1.9	3.1	2.0	2.0
天　津	4.3	0.2	0.0	
河　北	3.3	5.7	4.1	3.8
山　西	9.4	4.4	2.8	2.3
内蒙古	6.0	4.7	3.7	4.3
辽　宁	1.6	3.6	2.6	1.9
吉　林	6.6	1.5	1.1	0.8
黑龙江	8.2	3.8	2.6	1.5
上　海	2.7	1.9	0.6	0.5
江　苏	12.0	7.6	3.8	3.4
浙　江	3.6	4.6	2.1	4.5
安　徽	7.3	16.9	11.2	6.3
福　建	4.3	3.2	2.3	1.3
江　西	6.8	18.4	10.6	6.7
山　东	4.6	6.9	6.5	6.2
河　南	11.4	25.8	16.4	5.9
湖　北	5.5	8.0	7.4	6.0
湖　南	13.8	17.0	15.8	20.1
广　东	6.8	5.6	4.5	5.3
广　西	2.5	7.7	6.3	6.0
海　南	1.0	1.1	0.4	0.3
重　庆	32.6	14.1		
四　川	9.0	6.6	9.5	4.8
贵　州	8.3	17.8	24.4	15.3
云　南	10.2	21.3	4.8	3.6
西　藏	0.2	2.5	1.9	1.9
陕　西	5.8	13.3	14.2	13.0
甘　肃	5.5	8.3	8.5	4.1
青　海	5.4	0.9	1.5	2.1
宁　夏	2.2	2.7	2.5	1.0
新　疆	16.7	30.8	27.1	21.9

注：根据国家有关规定，2016年国家没有要求新开工公共租赁住房(廉租住房)建设。

7-1-4 各地区公共租赁住房(廉租住房)实物保障户数(在保)

单位：万户

地 区	2010年	2013年	2014年	2015年	2016年
全 国	**122.4**	**406.9**	**720.8**	**989.3**	**1381.9**
东 部	48.9	131.6	191.9	242.0	258.9
中 部	41.0	126.4	207.8	311.0	406.9
西 部	32.5	148.9	321.2	436.3	504.6
北 京	0.8	5.4	6.8	4.9	14.5
天 津	0.7	4.4	5.2	8.0	13.2
河 北	1.3	10.2	13.8	21.0	32.4
山 西	0.4	3.0	22.9	30.0	31.3
内蒙古	4.1	10.6	15.1	24.3	26.5
辽 宁	4.3	12.6	14.7	11.6	18.1
吉 林	6.3	13.1	19.1	23.6	29.4
黑龙江	8.7	22.6	28.5	28.9	34.3
上 海		5.5	2.1	15.8	11.2
江 苏	28.4	43.1	47.5	52.6	50.5
浙 江			42.5	47.0	20.8
安 徽	3.3	21.9	30.6	46.2	60.9
福 建	3.6	10.2	12.6	18.8	22.3
江 西	4.4	19.4	25.9	45.1	57.3
山 东	5.1	18.6	21.9	29.3	33.8
河 南	3.6	14.3	21.3	51.1	70.2
湖 北			20.5	32.4	42.4
湖 南	14.3	32.1	38.9	53.7	81.2
广 东	4.3	17.7	20.3	27.0	35.8
广 西			13.7	16.7	32.2
海 南	0.4	3.9	4.5	5.8	6.2
重 庆	4.1	26.7	23.0	34.4	42.3
四 川	9.0	24.0	29.7	39.5	50.2
贵 州			33.1	41.0	63.5
云 南	6.9	23.2	31.4	47.8	63.2
西 藏	0.5	1.3	3.4	6.7	8.3
陕 西			24.3	35.1	63.3
甘 肃	4.6	19.5	25.1	29.4	39.2
青 海	0.6	11.3	17.2	21.1	23.5
宁 夏	0.5	5.2	9.1	11.2	13.5
新 疆	2.1	27.1	96.1	129.0	145.2

7-1-5 各地区住房租赁补贴户数(在保)

单位：万户

地 区	2010年	2013年	2014年	2015年	2016年
全 国	**300.5**	**309.0**	**340.1**	**317.1**	**306.6**
东 部	45.7	57.7	58.7	54.2	46.2
中 部	175.5	167.5	177.1	141.8	110.5
西 部	79.3	83.9	104.3	121.1	112.1
北 京	2.2	2.0	2.2	1.2	1.4
天 津	6.3	7.5	7.7	5.3	5.5
河 北	11.4	12.4	10.4	10.9	4.8
山 西	18.0	18.1	15.8	14.2	14.9
内蒙古	10.9	9.9	6.1	8.1	8.8
辽 宁	6.2	10.9	11.2	11.3	7.5
吉 林	32.8	22.5	20.7	17.1	15.8
黑龙江	39.5	38.5	34.9	28.1	8.6
上 海		5.1	5.2	5.1	4.2
江 苏	5.7	6.5	6.6	6.6	7.6
浙 江			3.8	4.0	4.3
安 徽	15.2	14.7	15.6	12.1	8.9
福 建	3.1	2.7	2.3	1.0	1.3
江 西	15.9	16.0	17.0	12.3	13.0
山 东	5.5	5.7	5.2	4.8	5.0
河 南	28.3	21.8	18.6	10.9	9.8
湖 北			19.4	14.2	10.1
湖 南	25.9	35.9	35.1	32.8	29.4
广 东	3.7	3.5	2.9	3.0	4.1
广 西			9.4	8.3	4.9
海 南	1.7	1.3	1.2	0.9	0.6
重 庆	4.8	3.4	3.0	2.2	2.3
四 川	23.1	22.6	21.8	19.9	14.1
贵 州			10.9	9.6	8.7
云 南	12.1	13.4	12.8	10.5	8.3
西 藏	0.6	1.5	1.1	1.2	1.2
陕 西			9.0	7.7	11.3
甘 肃	13.5	13.3	11.3	12.1	10.5
青 海	2.5	3.3	1.9	2.1	2.3
宁 夏	4.1	3.7	2.3	2.3	1.8
新 疆	7.6	12.7	14.8	37.2	37.8

7-2-1 各地区实际开工的各类棚户区改造住房套数(含货币安置户数)

单位：万套

地区	2010年	2013年	2014年	2015年	2016年
全　国	**274.4**	**329.2**	**506.0**	**601.8**	**632.8**
东　部	38.8	95.0	123.1	166.8	157.3
中　部	139.1	136.5	217.6	229.3	251.2
西　部	96.6	97.7	165.2	205.7	197.6
北　京	1.3	11.5	3.0	5.2	4.4
天　津		6.9	5.7	3.0	5.0
河　北	8.0	11.6	14.5	15.7	25.8
山　西	12.3	10.7	13.6	22.3	23.6
内蒙古	21.8	12.9	20.3	24.2	16.1
辽　宁	7.3	10.7	29.5	21.9	17.0
吉　林	17.9	15.1	21.4	16.7	26.8
黑龙江	54.7	22.8	14.0	20.9	12.8
上　海		6.4	3.0	3.5	21.2
江　苏	1.3	9.5	18.8	23.9	22.1
浙　江	5.6	13.0	11.6	22.6	14.1
安　徽	20.4	25.0	35.4	34.0	16.6
福　建	2.7	4.6	6.5	11.4	13.0
江　西	13.6	14.0	20.6	16.5	49.6
山　东	6.2	17.2	24.0	47.5	20.4
河　南	8.6	14.3	49.1	42.6	36.8
湖　北	4.3	15.8	36.8	44.6	39.2
湖　南	7.2	18.8	26.7	31.7	45.9
广　东	2.7	2.0	3.8	8.8	6.1
广　西	1.5	2.6	4.5	15.6	3.5
海　南	3.6	1.5	2.8	3.3	8.0
重　庆	21.0	1.6	0.5	3.2	5.8
四　川	10.2	13.4	38.3	31.2	27.0
贵　州	1.1	13.7	15.6	34.9	43.0
云　南	7.3	7.8	11.6	17.4	18.0
西　藏	0.2	1.0	4.8	1.5	2.1
陕　西	13.1	11.7	21.9	28.9	28.0
甘　肃	9.1	5.4	9.1	11.6	13.1
青　海	1.7	4.5	9.6	6.5	8.1
宁　夏	3.0	2.2	9.1	8.1	6.4
新　疆	6.5	20.6	20.0	22.5	26.7

7-3-1 各地区农村危房改造户数

单位：万户

地 区	2010年	2013年	2014年	2015年	2016年
全 国	**120.0**	**266.0**	**260.3**	**455.3**	**331.0**
东 部	5.1	27.6	28.2	50.7	34.8
中 部	29.4	76.0	84.5	140.3	88.3
西 部	85.5	162.4	147.5	264.3	207.9
北 京		0.1	0.1	0.1	0.1
天 津		0.1	0.1	0.4	0.5
河 北	3.9	7.8	10.7	12.5	10.8
山 西	2.8	5.5	7.2	13.0	5.8
内蒙古	4.0	9.1	8.5	21.4	31.1
辽 宁	0.6	2.6	1.9	1.8	2.1
吉 林	1.4	4.9	4.7	6.0	4.5
黑龙江	2.2	7.3	7.8	13.0	12.4
上 海		0.1	0.1	0.1	0.1
江 苏		2.5	2.5	4.3	1.5
浙 江		2.0	1.4	1.6	2.0
安 徽	4.3	9.7	10.9	17.9	10.7
福 建		2.6	3.3	3.7	2.0
江 西	3.1	13.5	15.8	30.8	10.0
山 东		4.5	4.8	8.6	4.3
河 南	7.4	15.9	18.5	26.3	13.4
湖 北	4.0	7.1	7.3	12.1	9.5
湖 南	4.2	12.1	12.3	21.1	22.0
广 东		3.0	2.1	13.2	8.0
广 西	11.5	15.6	16.6	29.7	14.9
海 南	0.6	2.3	1.3	4.4	3.5
重 庆	4.1	7.7	6.1	11.0	6.0
四 川	7.0	23.7	18.3	32.0	19.8
贵 州	18.0	20.0	18.9	35.0	30.8
云 南	11.5	17.8	19.2	49.4	42.0
西 藏	2.9	4.2	3.1	3.0	0.9
陕 西	6.0	6.8	7.3	11.1	7.1
甘 肃	7.4	14.6	14.0	21.8	14.0
青 海	3.2	4.0	3.2	6.7	6.5
宁 夏	2.7	3.4	2.3	7.7	3.2
新 疆	7.2	35.5	30.0	35.6	31.8

8 公共文化体育

“十三五”时期，政府提供如下公共文化体育服务：

- ◆向全民免费开放公共图书馆、文化馆（站）、博物馆、美术馆、纪念馆、科技馆、工人文化宫、青少年宫等基层公共文化体育设施；
- ◆为农村居民免费提供文化信息资源共享、电影放映、送书送报送戏等公益性文化服务；
- ◆为全民免费提供基本的广播电视服务和突发事件应急广播服务；
- ◆为主要少数民族地区提供文化服务；
- ◆为未成年人、老年人、现役军人、残疾人和低收入人群提供免费参观文化遗产服务；
- ◆为城乡居民参加全民健身活动提供免费指导服务。

8-1-1　全国公益性文化服务

年　份	每万人口拥有公共文化设施建筑面积（平方米）	人均图书馆流通次数（次）	人均接受文化馆站服务次数（次）	人均参观博物馆次数（次）
2010	255.8	0.24		0.30
2011	295.2	0.28	0.29	0.35
2012	312.4	0.32	0.33	0.42
2013	334.2	0.36	0.32	0.47
2014	359.5	0.39	0.37	0.62
2015	374.7	0.43	0.40	0.57
2016	391.6	0.48	0.42	0.62

注：公共文化设施建筑面积包括公共图书馆实际使用公用房屋建筑面积和文化馆(站)实际使用房屋建筑面积。

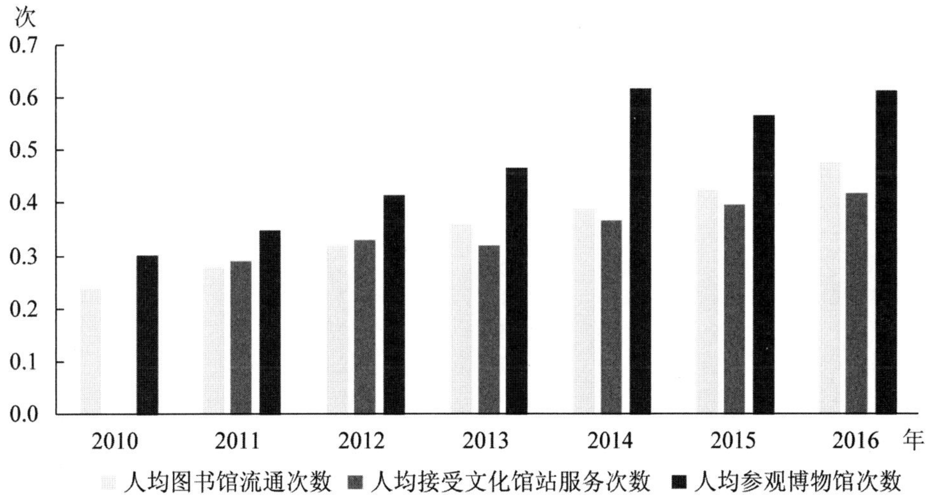

8-1-2　各地区每万人口拥有公共文化设施建筑面积

单位：平方米

地　区	2010年	2013年	2014年	2015年	2016年
全　国	**255.8**	**334.2**	**359.5**	**374.7**	**391.6**
东　部	333.8	414.5	444.1	467.8	485.5
中　部	178.5	245.0	265.4	272.2	290.9
西　部	225.3	313.5	336.9	346.9	359.8
北　京	304.4	426.4	445.6	442.8	463.9
天　津	277.3	340.6	367.0	372.4	378.4
河　北	140.0	203.3	223.7	222.9	230.6
山　西	278.4	353.8	377.8	381.6	401.6
内蒙古	273.1	398.6	428.1	436.3	474.3
辽　宁	302.0	322.5	388.9	410.3	387.1
吉　林	134.8	227.4	261.2	284.2	291.6
黑龙江	205.2	262.4	281.7	290.6	313.1
上　海	645.9	737.5	731.7	740.9	750.7
江　苏	385.9	512.5	556.2	604.5	637.5
浙　江	539.3	702.2	777.9	849.1	921.1
安　徽	130.2	211.6	221.8	231.0	243.1
福　建	358.0	341.4	417.4	424.8	430.9
江　西	192.3	265.2	315.2	315.4	323.5
山　东	268.0	323.2	325.5	339.6	369.8
河　南	129.3	192.6	199.2	200.3	207.0
湖　北	237.9	281.2	298.0	298.1	370.1
湖　南	180.1	241.8	267.6	284.5	289.3
广　东	339.1	438.1	446.7	474.9	474.0
广　西	178.8	207.1	228.0	229.7	244.5
海　南	219.5	202.1	210.3	206.3	209.8
重　庆	272.3	346.0	374.0	403.5	414.4
四　川	208.4	312.2	319.7	331.1	336.4
贵　州	125.7	257.5	283.8	281.5	294.1
云　南	228.6	276.2	291.4	297.7	300.4
西　藏	527.1	1067.8	1296.8	1320.4	1299.7
陕　西	203.7	282.8	306.0	296.2	307.0
甘　肃	238.9	316.3	349.4	363.4	386.5
青　海	232.3	299.4	327.4	367.2	368.9
宁　夏	322.8	494.3	532.7	550.5	610.8
新　疆	370.4	462.7	500.0	535.5	550.7

注：公共文化设施建筑面积包括公共图书馆实际使用公用房屋建筑面积和文化馆(站)实际使用房屋建筑面积。

8-1-3 各地区公共图书馆数和馆藏量

地 区	公共图书馆数(个)				
	2010年	2013年	2014年	2015年	2016年
全 国	**2884**	**3112**	**3117**	**3139**	**3153**
东 部	971	995	993	1000	1006
中 部	867	926	931	942	944
西 部	1045	1190	1192	1196	1202
北 京	24	24	24	24	24
天 津	31	31	31	31	31
河 北	165	173	172	172	172
山 西	126	127	126	126	127
内蒙古	113	116	116	117	117
辽 宁	128	129	129	129	130
吉 林	65	66	66	66	66
黑龙江	107	107	107	107	108
上 海	28	25	25	25	24
江 苏	111	113	114	114	114
浙 江	97	98	98	100	102
安 徽	88	107	113	122	123
福 建	86	91	88	90	90
江 西	108	114	114	114	113
山 东	149	153	153	154	154
河 南	142	157	157	158	158
湖 北	107	112	112	112	112
湖 南	124	136	136	137	137
广 东	132	137	138	140	142
广 西	108	112	112	112	114
海 南	20	21	21	21	23
重 庆	43	43	43	43	43
四 川	161	197	198	203	203
贵 州	93	94	95	96	98
云 南	150	152	151	151	151
西 藏	4	78	78	79	81
陕 西	112	114	114	110	110
甘 肃	94	103	103	103	103
青 海	44	49	49	49	49
宁 夏	20	26	26	26	26
新 疆	103	106	107	107	107

8-1-3 续表

地 区	人均拥有公共图书馆藏量(册)				
	2010年	2013年	2014年	2015年	2016年
全 国	**0.46**	**0.55**	**0.58**	**0.61**	**0.65**
东 部	0.59	0.72	0.75	0.80	0.86
中 部	0.31	0.37	0.38	0.40	0.43
西 部	0.36	0.42	0.45	0.47	0.49
北 京	0.87	0.98	1.03	1.12	1.19
天 津	0.97	1.00	1.05	1.10	1.16
河 北	0.22	0.26	0.29	0.30	0.31
山 西	0.34	0.40	0.40	0.42	0.47
内蒙古	0.38	0.53	0.58	0.60	0.68
辽 宁	0.68	0.76	0.81	0.85	0.90
吉 林	0.50	0.58	0.60	0.64	0.68
黑龙江	0.43	0.48	0.45	0.48	0.51
上 海	2.96	3.00	3.04	3.13	3.17
江 苏	0.56	0.73	0.79	0.86	0.95
浙 江	0.69	0.94	1.02	1.13	1.25
安 徽	0.21	0.29	0.29	0.32	0.35
福 建	0.46	0.65	0.70	0.73	0.79
江 西	0.34	0.44	0.47	0.47	0.47
山 东	0.38	0.45	0.46	0.48	0.51
河 南	0.20	0.24	0.25	0.26	0.28
湖 北	0.41	0.46	0.49	0.51	0.56
湖 南	0.30	0.34	0.36	0.38	0.42
广 东	0.44	0.57	0.59	0.65	0.72
广 西	0.41	0.45	0.52	0.54	0.56
海 南	0.33	0.42	0.46	0.47	0.50
重 庆	0.36	0.38	0.42	0.43	0.47
四 川	0.32	0.38	0.39	0.41	0.43
贵 州	0.23	0.33	0.35	0.35	0.35
云 南	0.34	0.38	0.40	0.41	0.44
西 藏	0.18	0.32	0.39	0.50	0.53
陕 西	0.30	0.37	0.40	0.40	0.43
甘 肃	0.41	0.47	0.50	0.52	0.53
青 海	0.64	0.66	0.67	0.70	0.76
宁 夏	0.73	0.91	1.04	1.06	1.02
新 疆	0.51	0.55	0.56	0.55	0.59

8-1-4 各地区公共图书馆总流通人次

地 区	公共图书馆总流通人次(万人次)				
	2010年	2013年	2014年	2015年	2016年
全 国	**32823**	**49232**	**53036.0**	**58892.2**	**66037.0**
东 部	19509	30131	32329.8	36848.0	41595.1
中 部	6468	9719	10333.4	11332.7	12718.3
西 部	6312	8964	9974.6	10323.3	11326.1
北 京	775	1033	1145.8	1263.9	1401.9
天 津	606	714	681.0	788.7	851.5
河 北	736	1079	1210.5	1427.6	1622.2
山 西	374	603	675.8	830.3	981.4
内蒙古	312	575	621.1	649.0	742.7
辽 宁	1457	1939	1891.8	2068.2	2313.1
吉 林	503	540	599.1	732.5	806.1
黑龙江	622	822	893.1	967.8	986.0
上 海	1853	3605	3961.5	3931.4	4170.4
江 苏	3006	5047	5424.5	6001.3	6488.6
浙 江	3454	4946	5479.5	7942.0	9788.5
安 徽	760	1347	1545.8	1739.0	1994.4
福 建	1193	1809	2051.9	2396.3	2603.5
江 西	639	1165	1213.5	1258.3	1374.5
山 东	1717	2355	2557.8	2729.0	3643.6
河 南	1026	1785	1968.1	2233.2	2538.7
湖 北	1516	1763	1867.7	1954.6	2082.0
湖 南	1028	1694	1570.4	1617.1	1955.4
广 东	4540	7357	7657.0	7854.7	8334.8
广 西	1343	1471	1998.0	2065.2	2067.0
海 南	172	247	268.5	445.0	377.0
重 庆	621	1147	1221.1	1234.8	1308.5
四 川	1168	1738	1867.2	2010.1	2358.0
贵 州	369	467	525.5	594.0	604.4
云 南	907	1223	1210.0	1222.6	1380.8
西 藏	3	11	16.6	20.0	25.4
陕 西	519	879	927.4	982.4	1155.6
甘 肃	468	616	658.4	678.1	724.3
青 海	89	114	119.9	111.8	111.2
宁 夏	163	221	265.7	281.7	318.6
新 疆	350	502	543.6	473.7	529.4

8-1-4 续表

地 区	比上年增长(%)				
	2010年	2013年	2014年	2015年	2016年
全 国	**2.0**	**13.3**	**7.7**	**11.0**	**12.1**
东 部	-2.1	16.5	7.3	14.0	12.9
中 部	8.8	8.4	6.3	9.7	12.2
西 部	9.2	9.0	11.3	3.5	9.7
北 京	-5.9	19.4	10.9	10.3	10.9
天 津	-10.3	13.3	-4.6	15.8	8.0
河 北	3.3	5.5	12.2	17.9	13.6
山 西	6.8	26.9	12.1	22.9	18.2
内蒙古	0.5	37.9	8.0	4.5	14.5
辽 宁	-12.5		-2.4	9.3	11.8
吉 林	2.7	-21.9	10.9	22.3	10.0
黑龙江	0.8	-1.7	8.6	8.4	1.9
上 海	26.9	74.8	9.9	-0.8	6.1
江 苏	7.9	11.5	7.5	10.6	8.1
浙 江	-18.8	8.2	10.8	44.9	23.2
安 徽	13.3	6.6	14.8	12.5	14.7
福 建	1.0	18.5	13.4	16.8	8.6
江 西	7.2	10.2	4.2	3.7	9.2
山 东	7.1	15.7	8.6	6.7	33.5
河 南	1.5	9.0	10.3	13.5	13.7
湖 北	19.2	16.3	5.9	4.7	6.5
湖 南	9.3	13.7	-7.3	3.0	20.9
广 东	-0.6	14.6	4.1	2.6	6.1
广 西	22.1	7.7	35.8	3.4	0.1
海 南	-10.8	-8.5	8.7	65.7	-15.3
重 庆	5.7	6.4	6.5	1.1	6.0
四 川	1.5	6.8	7.4	7.6	17.3
贵 州	38.2	11.2	12.5	13.0	1.8
云 南	-5.7	14.3	-1.1	1.0	12.9
西 藏	35.5	175.0	51.3	20.2	26.9
陕 西	35.2	20.9	5.5	5.9	17.6
甘 肃	13.1	10.4	6.9	3.0	6.8
青 海	-0.6	11.8	5.1	-6.8	-0.5
宁 夏	11.0	5.2	20.2	6.1	13.1
新 疆	-3.7	-22.2	8.3	-12.9	11.8

8-1-5 各地区人均图书馆流通次数

单位：次

地 区	2010年	2013年	2014年	2015年	2016年
全 国	**0.25**	**0.36**	**0.39**	**0.43**	**0.48**
东 部	0.35	0.54	0.57	0.65	0.73
中 部	0.15	0.23	0.24	0.26	0.29
西 部	0.18	0.24	0.27	0.28	0.30
北 京	0.40	0.49	0.53	0.58	0.65
天 津	0.47	0.48	0.45	0.51	0.55
河 北	0.10	0.15	0.16	0.19	0.22
山 西	0.10	0.17	0.19	0.23	0.27
内蒙古	0.13	0.23	0.25	0.26	0.29
辽 宁	0.33	0.44	0.43	0.47	0.53
吉 林	0.18	0.20	0.22	0.27	0.29
黑龙江	0.16	0.21	0.23	0.25	0.26
上 海	0.80	1.49	1.63	1.63	1.72
江 苏	0.38	0.64	0.68	0.75	0.81
浙 江	0.63	0.90	0.99	1.43	1.75
安 徽	0.13	0.22	0.25	0.28	0.32
福 建	0.32	0.48	0.54	0.62	0.67
江 西	0.14	0.26	0.27	0.28	0.30
山 东	0.18	0.24	0.26	0.28	0.37
河 南	0.11	0.19	0.21	0.24	0.27
湖 北	0.26	0.30	0.32	0.33	0.35
湖 南	0.16	0.25	0.23	0.24	0.29
广 东	0.43	0.69	0.71	0.72	0.76
广 西	0.29	0.31	0.42	0.43	0.43
海 南	0.20	0.28	0.30	0.49	0.41
重 庆	0.22	0.39	0.41	0.41	0.43
四 川	0.15	0.21	0.23	0.25	0.29
贵 州	0.11	0.13	0.15	0.17	0.17
云 南	0.20	0.26	0.26	0.26	0.29
西 藏	0.01	0.04	0.05	0.06	0.08
陕 西	0.14	0.23	0.25	0.26	0.30
甘 肃	0.18	0.24	0.25	0.26	0.28
青 海	0.16	0.20	0.21	0.19	0.19
宁 夏	0.26	0.34	0.40	0.42	0.47
新 疆	0.16	0.22	0.24	0.20	0.22

8-1-6 各地区文化馆(站)数

单位：个

地 区	2010年	2013年	2014年	2015年	2016年
全 国	**43382**	**44260**	**44423**	**44291**	**44497**
东 部	12927	12826	12802	12767	12862
中 部	13988	14168	14175	14209	14239
西 部	16467	17266	17446	17315	17396
北 京	337	346	346	349	352
天 津	256	291	299	260	254
河 北	2319	2399	2397	2402	2416
山 西	1533	1538	1538	1540	1540
内蒙古	1017	1156	1156	1179	1226
辽 宁	1550	1543	1544	1543	1556
吉 林	965	975	974	979	979
黑龙江	1654	1640	1640	1641	1665
上 海	240	239	238	237	237
江 苏	1442	1394	1395	1396	1395
浙 江	1612	1432	1420	1417	1466
安 徽	1509	1557	1557	1559	1559
福 建	1190	1237	1215	1222	1222
江 西	1924	1877	1880	1881	1869
山 东	2013	1966	1969	1971	1973
河 南	2466	2527	2523	2533	2546
湖 北	1376	1382	1390	1399	1402
湖 南	2561	2672	2673	2677	2679
广 东	1738	1746	1746	1742	1748
广 西	1284	1290	1290	1291	1292
海 南	230	233	233	228	243
重 庆	1041	1038	1040	1045	1062
四 川	4652	4802	4808	4785	4781
贵 州	1524	1687	1686	1665	1666
云 南	1517	1546	1558	1564	1583
西 藏	321	615	772	774	774
陕 西	1827	1772	1772	1591	1581
甘 肃	1417	1434	1434	1455	1458
青 海	409	413	413	414	414
宁 夏	250	253	253	266	270
新 疆	1208	1260	1264	1286	1289

8-1-7 各地区文化馆(站)服务人次

地区	文化馆(站)服务人次数(万人次)				
	2011年	2013年	2014年	2015年	2016年
全国	**38760**	**44171**	**50668**	**54826**	**57896**
东部	17398	19699	24777	25636	26691
中部	9325	10584	10942	12062	13033
西部	12037	13891	14949	17128	18172
北京	769	1282	825	875	965
天津	300	274	305	360	410
河北	1037	1155	1233	1409	1585
山西	934	821	865	1054	1006
内蒙古	707	736	759	888	968
辽宁	1395	1562	1347	1374	1459
吉林	720	980	617	705	725
黑龙江	630	859	829	900	1107
上海	1985	1962	4405	2363	2468
江苏	1497	2148	2357	2635	3008
浙江	2369	2991	3848	5169	5605
安徽	974	1428	1542	1816	1831
福建	790	1013	1054	1036	1235
江西	756	997	1145	1249	1203
山东	2442	2516	3107	3433	3861
河南	1782	2244	2179	2522	2741
湖北	1781	1639	1714	1695	2199
湖南	1748	1616	2052	2122	2220
广东	4627	4528	5923	6726	5863
广西	1376	1718	2048	1970	2008
海南	187	268	372	255	231
重庆	1316	1133	1315	1782	2088
四川	2748	3509	3366	3831	3808
贵州	812	802	1028	1308	1436
云南	1676	1820	1982	2110	2205
西藏	65	96	133	217	254
陕西	954	1068	1171	1312	1412
甘肃	600	746	808	919	946
青海	144	208	352	347	400
宁夏	401	731	557	580	511
新疆	1238	1324	1429	1864	2137

8-1-7 续表

地 区	增长速度(%)			
	2013年	2014年	2015年	2016年
全 国	**0.3**	**14.7**	**8.2**	**5.6**
东 部	1.5	25.8	3.5	4.1
中 部	0.0	3.4	10.2	8.1
西 部	-1.1	7.6	14.6	6.1
北 京	30.9	-35.7	6.1	10.3
天 津	-18.7	11.4	17.9	14.0
河 北	12.5	6.7	14.3	12.5
山 西	-6.5	5.3	21.8	-4.5
内蒙古	13.6	3.2	17.0	9.0
辽 宁	-16.8	-13.7	2.0	6.2
吉 林	3.6	-37.0	14.2	2.9
黑龙江	-10.4	-3.5	8.5	23.1
上 海	-2.6	124.5	-46.4	4.4
江 苏	-10.8	9.7	11.8	14.2
浙 江	4.1	28.6	34.3	8.4
安 徽	20.5	8.0	17.8	0.8
福 建	-1.6	4.1	-1.7	19.1
江 西	9.6	14.9	9.0	-3.6
山 东	4.6	23.5	10.5	12.5
河 南	7.5	-2.9	15.8	8.7
湖 北	-9.6	4.6	-1.1	29.7
湖 南	-10.5	27.0	3.4	4.6
广 东	6.5	30.8	13.6	-12.8
广 西	-0.3	19.2	-3.8	1.9
海 南	36.7	38.9	-31.4	-9.7
重 庆	-4.4	16.1	35.5	17.2
四 川	-9.6	-4.1	13.8	-0.6
贵 州	-11.1	28.2	27.2	9.8
云 南	-10.6	8.9	6.4	4.5
西 藏	15.7	38.8	62.9	17.0
陕 西	21.1	9.6	12.1	7.6
甘 肃	6.0	8.4	13.7	2.9
青 海	28.4	69.1	-1.4	15.3
宁 夏	37.7	-23.8	4.0	-11.9
新 疆	0.6	7.9	30.4	14.6

8-1-8 各地区人均接受文化馆(站)服务次数

单位：次

地　区	2011年	2013年	2014年	2015年	2016年
全　国	**0.29**	**0.33**	**0.37**	**0.40**	**0.42**
东　部	0.31	0.35	0.44	0.45	0.47
中　部	0.22	0.25	0.26	0.28	0.30
西　部	0.33	0.38	0.41	0.46	0.49
北　京	0.38	0.61	0.38	0.40	0.44
天　津	0.22	0.19	0.20	0.23	0.26
河　北	0.14	0.16	0.17	0.19	0.21
山　西	0.26	0.23	0.24	0.29	0.27
内蒙古	0.28	0.29	0.30	0.35	0.38
辽　宁	0.32	0.36	0.31	0.31	0.33
吉　林	0.26	0.36	0.22	0.26	0.27
黑龙江	0.16	0.22	0.22	0.24	0.29
上　海	0.85	0.81	0.97	0.98	1.02
江　苏	0.19	0.27	0.30	0.33	0.38
浙　江	0.43	0.54	0.70	0.93	1.00
安　徽	0.16	0.24	0.25	0.30	0.30
福　建	0.21	0.27	0.28	0.27	0.32
江　西	0.17	0.22	0.25	0.27	0.26
山　东	0.25	0.26	0.32	0.35	0.39
河　南	0.19	0.24	0.23	0.27	0.29
湖　北	0.31	0.28	0.29	0.29	0.37
湖　南	0.27	0.24	0.30	0.31	0.33
广　东	0.44	0.43	0.55	0.62	0.53
广　西	0.30	0.36	0.43	0.41	0.42
海　南	0.21	0.30	0.41	0.28	0.25
重　庆	0.45	0.38	0.44	0.59	0.68
四　川	0.34	0.43	0.41	0.47	0.46
贵　州	0.23	0.23	0.29	0.37	0.40
云　南	0.36	0.39	0.42	0.44	0.46
西　藏	0.21	0.31	0.42	0.67	0.77
陕　西	0.25	0.28	0.31	0.35	0.37
甘　肃	0.23	0.29	0.31	0.35	0.36
青　海	0.25	0.36	0.60	0.59	0.67
宁　夏	0.63	1.12	0.84	0.87	0.76
新　疆	0.56	0.58	0.62	0.79	0.89

8-1-9 各地区博物馆数

单位：个

地 区	2010年	2013年	2014年	2015年	2016年
全 国	**2435**	**3473**	**3658**	**3852**	**4109**
东 部	918	1287	1361	1473	1616
中 部	762	1112	1167	1178	1235
西 部	747	1069	1130	1197	1255
北 京	41	41	45	40	41
天 津	18	20	22	22	22
河 北	65	103	105	107	111
山 西	89	97	99	100	105
内蒙古	54	72	75	84	87
辽 宁	61	63	63	64	65
吉 林	57	73	78	76	77
黑龙江	76	156	158	158	176
上 海	27	100	103	99	99
江 苏	213	292	301	312	317
浙 江	100	183	187	224	275
安 徽	120	154	164	171	171
福 建	94	98	98	98	98
江 西	108	137	137	137	138
山 东	114	194	243	312	393
河 南	111	222	248	248	270
湖 北	120	170	174	175	183
湖 南	81	103	109	113	115
广 东	169	175	176	177	177
广 西	64	104	106	124	125
海 南	16	18	18	18	18
重 庆	37	71	78	78	82
四 川	108	188	206	225	239
贵 州	59	75	74	73	73
云 南	120	84	86	86	90
西 藏	2	2	4	7	7
陕 西	106	221	238	249	274
甘 肃	102	143	147	150	152
青 海	18	22	22	23	23
宁 夏	6	11	12	12	13
新 疆	71	76	82	86	90

8-1-10　各地区博物馆年度基本陈列、展览数

单位：个

地　区	展览总数				
	2010年	2013年	2014年	2015年	2016年
全　国	**17297**	**16822**	**21170**	**21154**	**23109**
东　部	7231	8091	10044	10408	11795
中　部	4920	4495	5736	5329	5507
西　部	5030	4073	5210	5233	5698
北　京	224	201	283	269	249
天　津	127	110	155	157	180
河　北	316	479	584	607	664
山　西	228	233	326	352	337
内蒙古	224	333	518	455	446
辽　宁	293	309	424	429	426
吉　林	361	362	428	381	352
黑龙江	367	570	764	749	889
上　海	180	630	865	835	1094
江　苏	1591	1658	1932	1890	1986
浙　江	1063	1421	1606	1709	1968
安　徽	859	731	991	862	867
福　建	811	614	707	788	909
江　西	1093	497	641	510	517
山　东	948	1419	1880	2172	2474
河　南	973	907	1136	1073	1133
湖　北	669	796	909	964	988
湖　南	370	399	541	438	424
广　东	1465	1163	1476	1460	1733
广　西	318	350	453	445	517
海　南	213	87	132	92	112
重　庆	306	313	442	449	437
四　川	1133	638	882	928	1161
贵　州	208	212	209	225	254
云　南	938	365	555	466	507
西　藏	2	20	18	24	29
陕　西	905	847	883	1044	1183
甘　肃	570	616	739	705	702
青　海	54	64	73	70	65
宁　夏	57	59	91	80	97
新　疆	315	256	347	342	300

8-1-10 续表 单位：个

地 区	每万人口拥有博物馆陈列展览数				
	2010年	2013年	2014年	2015年	2016年
全 国	**0.13**	**0.12**	**0.15**	**0.15**	**0.17**
东 部	0.13	0.14	0.18	0.18	0.21
中 部	0.12	0.11	0.13	0.12	0.13
西 部	0.14	0.11	0.14	0.14	0.15
北 京	0.11	0.10	0.13	0.12	0.11
天 津	0.10	0.07	0.10	0.10	0.12
河 北	0.04	0.07	0.08	0.08	0.09
山 西	0.06	0.06	0.09	0.10	0.09
内蒙古	0.09	0.13	0.21	0.18	0.18
辽 宁	0.07	0.07	0.10	0.10	0.10
吉 林	0.13	0.13	0.16	0.14	0.13
黑龙江	0.10	0.15	0.20	0.20	0.23
上 海	0.08	0.26	0.36	0.35	0.45
江 苏	0.20	0.21	0.24	0.24	0.25
浙 江	0.20	0.26	0.29	0.31	0.35
安 徽	0.14	0.12	0.16	0.14	0.14
福 建	1.38	0.16	0.19	0.21	0.23
江 西	0.25	0.11	0.14	0.11	0.11
山 东	0.10	0.15	0.19	0.22	0.25
河 南	0.10	0.10	0.12	0.11	0.12
湖 北	0.33	0.14	0.16	0.16	0.17
湖 南	0.06	0.06	0.08	0.06	0.06
广 东	0.14	0.11	0.14	0.13	0.16
广 西	0.07	0.07	0.10	0.09	0.11
海 南	0.25	0.10	0.15	0.10	0.12
重 庆	0.11	0.11	0.15	0.15	0.14
四 川	0.14	0.08	0.11	0.11	0.14
贵 州	0.06	0.06	0.06	0.06	0.07
云 南	1.06	0.08	0.12	0.10	0.11
西 藏	0.01	0.06	0.06	0.07	0.09
陕 西	0.24	0.23	0.23	0.28	0.31
甘 肃	0.22	0.24	0.29	0.27	0.27
青 海	0.10	0.11	0.13	0.12	0.11
宁 夏	0.09	0.09	0.14	0.12	0.14
新 疆	0.14	0.11	0.15	0.14	0.13

8-1-11 各地区博物馆参观人次总数

地 区	参观人次总数(万人次)				
	2010年	2013年	2014年	2015年	2016年
全 国	**40679**	**63777**	**84256**	**78112**	**85061**
东 部	15984	26714	35270	31677	35675
中 部	11483	17649	23243	22246	23212
西 部	11626	16892	23151	21932	23800
北 京	500	501	1848	579	649
天 津	401	546	949	1003	1013
河 北	1246	2480	3338	2646	2724
山 西	1082	1030	2388	1466	1460
内蒙古	584	908	1105	1150	1124
辽 宁	1034	1178	1337	1158	1389
吉 林	508	726	959	949	943
黑龙江	716	1824	2133	2092	2201
上 海	625	1768	1969	1935	2218
江 苏	4557	6118	7301	7850	8512
浙 江	1957	3789	5468	4577	5957
安 徽	1205	2037	2611	2680	2798
福 建	1600	2125	2334	2412	2545
江 西	2073	2657	2828	2949	3391
山 东	1384	4336	6124	5130	5836
河 南	1794	4181	5536	4728	4964
湖 北	1905	2358	2842	2624	2671
湖 南	2200	2836	3946	4758	4784
广 东	2583	3599	4331	4252	4727
广 西	744	1253	1681	1655	1773
海 南	99	274	271	137	104
重 庆	1551	1916	2214	2299	2528
四 川	3357	4834	5987	5997	5976
贵 州	1177	1265	1395	1581	1654
云 南	1529	1238	2127	1700	1912
西 藏	15	34	128	49	55
陕 西	1498	2875	4927	4208	5338
甘 肃	647	1767	2402	2191	2317
青 海	83	54	247	147	247
宁 夏	74	111	261	198	188
新 疆	366	636	675	756	686

8-1-11 续表

地 区	比上年增长(%)				
	2010年	2013年	2014年	2015年	2016年
全 国	**24.3**	**13.1**	**32.1**	**-7.3**	**8.9**
东 部	22.3	15.3	32.0	-10.2	12.6
中 部	19.2	8.1	31.7	-4.3	4.3
西 部	32.7	16.8	37.0	-5.3	8.5
北 京	8.6	-5.3	269.1	-68.7	12.0
天 津	6.3	10.6	73.7	5.7	1.1
河 北	23.2	48.8	34.6	-20.7	3.0
山 西	8.1	-17.4	131.9	-38.6	-0.4
内蒙古	31.5	-3.3	21.7	4.0	-2.2
辽 宁	20.7	10.1	13.4	-13.4	20.0
吉 林	-19.3	-15.6	32.2	-1.1	-0.7
黑龙江	8.7	39.2	17.0	-1.9	5.2
上 海	28.5	8.2	11.4	-1.7	14.6
江 苏	16.0	11.2	19.4	7.5	8.4
浙 江	12.7	21.4	44.3	-16.3	30.1
安 徽	22.5	-5.9	28.2	2.6	4.4
福 建	60.2	15.3	9.9	3.3	5.5
江 西	28.5	41.5	6.5	4.3	15.0
山 东	23.4	12.8	41.2	-16.2	13.8
河 南	18.8	22.1	32.4	-14.6	5.0
湖 北	43.8	5.7	20.5	-7.7	1.8
湖 南	15.1	-11.7	39.1	20.6	0.5
广 东	28.6	12.3	20.3	-1.8	11.2
广 西	20.6	11.4	34.1	-1.5	7.1
海 南	15.9	7.3	-1.1	-49.5	-24.0
重 庆	33.8	16.6	15.6	3.8	10.0
四 川	30.3	14.8	23.8	0.2	-0.3
贵 州	45.0	35.1	10.3	13.4	4.6
云 南	63.9	14.8	71.8	-20.1	12.5
西 藏	65.6	44.2	271.9	-62.1	13.5
陕 西	53.8	12.7	71.4	-14.6	26.8
甘 肃	-21.0	49.9	35.9	-8.8	5.8
青 海	-12.4	-38.3	354.4	-40.4	67.9
宁 夏	51.0	31.7	135.6	-24.1	-5.0
新 疆	33.7	4.7	6.2	12.0	-9.2

8-1-12　各地区人均参观博物馆次数

单位：次

地　区	2010年	2013年	2014年	2015年	2016年
全　国	**0.30**	**0.47**	**0.62**	**0.57**	**0.62**
东　部	0.29	0.48	0.62	0.56	0.62
中　部	0.27	0.41	0.54	0.52	0.54
西　部	0.32	0.46	0.63	0.59	0.64
北　京	0.25	0.24	0.86	0.27	0.30
天　津	0.31	0.37	0.63	0.65	0.65
河　北	0.17	0.34	0.45	0.36	0.36
山　西	0.30	0.28	0.65	0.40	0.40
内蒙古	0.24	0.36	0.44	0.46	0.45
辽　宁	0.24	0.27	0.30	0.26	0.32
吉　林	0.18	0.26	0.35	0.34	0.34
黑龙江	0.19	0.48	0.56	0.55	0.58
上　海	0.27	0.73	0.81	0.80	0.92
江　苏	0.58	0.77	0.92	0.98	1.06
浙　江	0.36	0.69	0.99	0.83	1.07
安　徽	0.20	0.34	0.43	0.44	0.45
福　建	0.43	0.56	0.61	0.63	0.66
江　西	0.46	0.59	0.62	0.65	0.74
山　东	0.14	0.45	0.63	0.52	0.59
河　南	0.19	0.44	0.59	0.50	0.52
湖　北	0.33	0.41	0.49	0.45	0.45
湖　南	0.33	0.42	0.59	0.70	0.70
广　东	0.25	0.34	0.40	0.39	0.43
广　西	0.16	0.27	0.35	0.35	0.37
海　南	0.11	0.31	0.30	0.15	0.11
重　庆	0.54	0.65	0.74	0.76	0.83
四　川	0.42	0.60	0.74	0.73	0.72
贵　州	0.34	0.36	0.40	0.45	0.47
云　南	0.33	0.26	0.45	0.36	0.40
西　藏	0.05	0.11	0.40	0.15	0.17
陕　西	0.40	0.76	1.31	1.11	1.40
甘　肃	0.25	0.68	0.93	0.84	0.89
青　海	0.15	0.09	0.42	0.25	0.42
宁　夏	0.12	0.17	0.39	0.30	0.28
新　疆	0.17	0.28	0.29	0.32	0.29

8-2-1 各地区广播节目综合人口覆盖率

单位：%

地区	全国覆盖率				
	2010年	2013年	2014年	2015年	2016年
全国	**96.8**	**97.8**	**98.0**	**98.2**	**98.4**
北京	100.0	100.0	100.0	100.0	100.0
天津	100.0	100.0	100.0	100.0	100.0
河北	99.3	99.3	99.3	99.3	99.4
山西	93.3	96.8	98.0	98.5	98.6
内蒙古	96.6	98.2	98.4	99.0	99.1
辽宁	98.5	98.6	98.8	99.0	99.1
吉林	98.5	98.6	98.6	98.6	98.7
黑龙江	98.6	98.6	98.6	98.6	99.2
上海	100.0	100.0	100.0	100.0	100.0
江苏	100.0	100.0	100.0	100.0	100.0
浙江	99.2	99.6	99.6	99.6	99.7
安徽	97.3	98.3	98.6	98.8	98.9
福建	97.8	98.2	98.3	98.7	99.0
江西	96.8	97.4	97.5	97.6	98.0
山东	98.1	98.5	98.7	98.8	99.0
河南	97.3	98.1	98.2	98.3	98.4
湖北	98.1	98.8	98.9	99.1	99.3
湖南	92.0	93.2	93.5	94.1	94.7
广东	98.0	99.9	99.9	99.9	99.9
广西	94.5	96.2	96.6	96.7	96.9
海南	96.4	96.5	96.5	96.5	96.8
重庆	95.7	98.3	98.4	98.6	98.9
四川	96.2	97.0	97.0	97.1	97.2
贵州	87.6	90.0	91.5	92.3	93.0
云南	95.4	96.3	96.5	96.7	97.4
西藏	90.3	94.4	94.8	94.8	95.2
陕西	96.7	97.4	97.8	98.1	98.3
甘肃	93.5	97.7	97.9	98.0	98.1
青海	90.0	95.7	97.0	98.0	98.2
宁夏	92.9	96.1	96.1	96.6	96.7
新疆	94.9	95.7	96.5	96.6	96.8

8-2-1 续表 单位：%

地区	农村覆盖率				
	2010年	2013年	2014年	2015年	2016年
全国	**95.6**	**97.0**	**97.3**	**97.5**	**97.8**
北京	100.0	100.0	100.0	100.0	100.0
天津	100.0	100.0	100.0	100.0	100.0
河北	99.1	99.1	99.2	99.1	99.1
山西	90.2	94.6	96.6	97.4	97.9
内蒙古	94.0	96.7	97.0	98.4	98.3
辽宁	97.3	97.6	97.9	98.2	98.3
吉林	97.8	98.0	98.0	98.0	98.1
黑龙江	97.7	98.1	98.2	98.4	99.2
上海	100.0	100.0	100.0	100.0	100.0
江苏	100.0	100.0	100.0	100.0	100.0
浙江	99.1	99.5	99.5	99.5	99.6
安徽	96.8	97.9	98.2	98.4	98.6
福建	97.4	97.8	97.9	98.3	98.7
江西	96.2	96.9	97.0	97.1	97.6
山东	97.6	98.1	98.4	98.5	98.6
河南	96.9	97.7	97.9	97.9	98.1
湖北	97.5	98.5	98.6	98.8	99.1
湖南	87.5	89.9	90.3	90.7	91.8
广东	96.1	99.8	99.8	99.8	100.0
广西	93.6	95.7	96.1	96.2	96.3
海南	95.5	95.4	95.4	95.4	95.9
重庆	94.6	97.7	97.9	98.1	98.5
四川	95.4	96.3	96.3	96.4	96.4
贵州	85.6	88.5	90.5	91.5	92.4
云南	94.4	95.5	95.7	96.0	96.7
西藏	88.6	93.2	93.7	93.8	94.2
陕西	96.0	96.8	97.2	97.6	97.8
甘肃	91.9	97.3	97.5	97.6	97.8
青海	86.9	94.1	95.9	97.2	97.4
宁夏	89.8	93.3	93.7	94.3	94.7
新疆	94.0	95.3	96.3	96.4	96.6

8-2-2 各地区电视节目综合人口覆盖率

单位：%

地区	全国覆盖率				
	2010年	2013年	2014年	2015年	2016年
全国	**97.6**	**98.4**	**98.6**	**98.8**	**98.9**
北京	100.0	100.0	100.0	100.0	100.0
天津	100.0	100.0	100.0	100.0	100.0
河北	99.3	99.3	99.3	99.3	99.3
山西	97.5	98.4	99.0	99.3	99.4
内蒙古	95.4	97.6	98.6	99.1	99.2
辽宁	98.6	98.7	99.0	99.1	99.1
吉林	98.6	98.7	98.8	98.8	98.8
黑龙江	98.8	98.8	98.8	98.8	99.0
上海	100.0	100.0	100.0	100.0	100.0
江苏	99.9	99.9	99.9	100.0	100.0
浙江	99.4	99.6	99.7	99.7	99.7
安徽	97.5	98.6	98.7	98.9	99.0
福建	98.4	98.6	98.7	98.9	99.1
江西	98.0	98.5	98.5	98.6	98.8
山东	97.9	98.2	98.5	98.5	98.6
河南	97.4	98.1	98.3	98.4	98.6
湖北	98.1	98.8	98.9	99.0	99.2
湖南	96.4	97.4	97.5	98.0	98.3
广东	98.0	99.9	99.9	99.9	99.9
广西	96.5	98.0	98.2	98.3	98.4
海南	95.4	95.5	95.5	95.5	95.8
重庆	97.4	98.9	98.9	99.1	99.2
四川	97.3	97.9	98.1	98.2	98.3
贵州	92.6	94.1	95.4	96.0	96.1
云南	96.4	97.3	97.5	97.7	98.2
西藏	91.4	95.5	95.9	96.0	96.3
陕西	97.7	98.3	98.5	98.7	98.9
甘肃	93.7	98.0	98.3	98.5	98.6
青海	95.0	96.9	97.5	98.0	98.2
宁夏	98.2	99.1	99.1	99.2	99.3
新疆	95.3	96.0	96.9	97.0	97.3

8-2-2 续表 单位：%

地 区	农村覆盖率				
	2010年	2013年	2014年	2015年	2016年
全 国	**96.8**	**97.9**	**98.1**	**98.3**	**98.5**
北 京	100.0	100.0	100.0	100.0	100.0
天 津	100.0	100.0	100.0	100.0	100.0
河 北	99.0	99.0	99.1	99.0	99.0
山 西	96.2	97.6	98.3	98.8	99.1
内蒙古	91.9	95.7	97.4	98.4	98.5
辽 宁	97.6	97.7	98.2	98.3	98.4
吉 林	97.9	98.1	98.2	98.2	98.2
黑龙江	98.0	98.4	98.5	98.7	99.2
上 海	100.0	100.0	100.0	100.0	100.0
江 苏	99.9	99.8	99.8	100.0	100.0
浙 江	99.3	99.6	99.6	99.6	99.7
安 徽	97.1	98.2	98.4	98.6	98.8
福 建	98.2	98.4	98.4	98.7	98.9
江 西	97.6	98.1	98.2	98.2	98.5
山 东	97.4	97.8	98.2	98.3	98.3
河 南	97.0	97.8	98.0	98.2	98.4
湖 北	97.5	98.4	98.5	98.7	98.9
湖 南	94.4	96.1	96.4	96.9	97.5
广 东	96.1	99.8	99.9	99.9	100.0
广 西	95.9	97.7	97.9	98.0	98.0
海 南	94.1	93.9	93.9	93.9	94.6
重 庆	96.9	98.5	98.6	98.8	98.9
四 川	96.7	97.4	97.6	97.8	97.9
贵 州	91.5	93.4	94.8	95.5	95.7
云 南	95.6	96.7	96.9	97.2	97.8
西 藏	90.0	94.5	94.9	95.1	95.4
陕 西	97.3	97.8	98.1	98.3	98.5
甘 肃	92.4	97.7	98.0	98.1	98.2
青 海	93.0	96.0	96.7	97.3	97.5
宁 夏	97.4	98.5	98.6	98.7	99.0
新 疆	93.9	95.1	96.5	96.7	96.9

8-2-3 各地区有线广播电视用户覆盖率

单位：%

地 区	全国覆盖率				
	2010年	2013年	2014年	2015年	2016年
全 国	**46.4**	**54.1**	**54.8**	**54.6**	**52.8**
北 京	91.7	125.1	106.9	108.9	109.7
天 津	78.0	83.2	89.0	98.0	96.7
河 北	31.1	37.7	39.3	39.2	36.2
山 西	37.9	38.9	39.2	39.5	35.1
内蒙古	41.2	37.8	40.6	41.6	40.6
辽 宁	51.1	66.0	62.1	61.7	55.7
吉 林	48.8	56.9	57.6	59.1	52.1
黑龙江	42.9	55.2	59.9	45.7	48.4
上 海	100.0	100.0	100.0	100.0	97.4
江 苏	78.5	93.1	94.6	91.4	84.8
浙 江	74.1	89.7	92.4	95.8	92.9
安 徽	22.6	33.1	35.9	39.1	41.2
福 建	61.4	66.9	69.3	69.1	69.3
江 西	34.0	48.3	48.6	52.8	52.3
山 东	57.3	61.8	61.9	58.5	61.5
河 南	24.3	33.3	33.0	31.9	32.6
湖 北	45.3	51.5	51.3	52.1	51.5
湖 南	30.2	41.7	43.8	55.5	61.6
广 东	71.2	80.6	91.4	90.4	89.4
广 西	31.2	45.8	40.9	42.8	43.8
海 南	34.2	42.7	44.9	43.5	43.7
重 庆	44.3	42.6	40.8	38.3	33.1
四 川	45.2	46.5	46.9	43.0	35.5
贵 州	30.0	32.1	30.8	33.1	35.0
云 南	40.2	37.5	34.4	31.0	27.2
西 藏	25.8	30.4	30.5	31.8	32.6
陕 西	43.2	51.4	51.8	54.9	56.8
甘 肃	27.4	25.7	25.2	28.2	24.7
青 海	27.2	37.8	40.7	39.3	30.7
宁 夏	37.2	45.7	46.7	48.8	49.8
新 疆	32.8	32.5	35.0	34.5	30.0

8-2-3　续表　　　　单位：%

地　区	农村覆盖率				
	2010年	2013年	2014年	2015年	2016年
全　国	**29.4**	**35.3**	**31.5**	**33.5**	**33.2**
北　京	55.4	63.9	68.6	73.7	81.8
天　津	33.5	29.7	23.3	20.9	27.1
河　北	16.8	17.9	18.5	15.9	17.4
山　西	26.7	30.0	33.2	31.7	25.7
内蒙古	23.9	24.6	23.2	14.1	10.5
辽　宁	34.7	37.9	35.1	33.8	32.9
吉　林	35.7	35.3	43.2	43.4	41.8
黑龙江	36.4	34.1	15.5	23.7	24.6
上　海	73.3	88.2	84.4	76.0	49.0
江　苏	71.9	89.4	92.3	89.0	63.8
浙　江	61.3	73.2	75.6	81.8	76.1
安　徽	11.2	23.1	25.6	27.7	27.9
福　建	43.1	52.6	53.8	47.4	57.5
江　西	21.6	49.6	49.4	46.9	73.3
山　东	47.4	52.2	23.4	42.6	41.6
河　南	12.8	19.1	18.7	19.6	19.6
湖　北	32.7	40.1	34.4	42.4	47.3
湖　南	15.8	22.0	22.5	31.7	40.9
广　东	37.8	47.5	27.2	20.1	25.2
广　西	18.3	26.9	26.8	39.2	29.0
海　南	15.9	24.0	25.8	29.3	22.9
重　庆	25.5	21.7	20.5	18.3	12.0
四　川	29.7	31.8	26.1	24.1	19.6
贵　州	10.0	4.5	9.6	11.7	14.7
云　南	21.4	17.9	18.4	15.7	13.3
西　藏	4.8	5.2	5.0	5.1	4.7
陕　西	18.3	24.0	25.0	28.7	32.8
甘　肃	10.8	4.9	5.0	5.8	7.6
青　海	1.2	4.8	3.0	2.6	1.5
宁　夏	1.5	1.8	–		
新　疆	5.7	16.7	14.7	12.6	15.5

8-2-4 各地区公共广播电视节目播出时间

单位：万小时

地 区	公共广播节目				
	2010年	2013年	2014年	2015年	2016年
全 国	**1266.0**	**1379.5**	**1405.8**	**1421.8**	**1456.5**
东 部	538.6	561.0	568.5	566.2	580.4
中 部	345.5	370.2	383.4	391.0	397.5
西 部	358.2	405.2	419.7	438.4	451.6
北 京	11.9	17.3	17.3	17.2	18.1
天 津	13.3	15.0	15.0	14.7	13.9
河 北	58.4	64.6	67.4	65.3	65.9
山 西	37.1	39.8	40.5	41.3	41.6
内蒙古	63.6	66.9	67.5	68.4	66.5
辽 宁	71.6	67.3	67.2	68.0	68.8
吉 林	40.8	45.4	48.7	49.5	50.1
黑龙江	41.9	47.0	48.9	48.9	53.7
上 海	13.1	13.8	13.8	13.6	14.5
江 苏	77.5	80.1	82.4	78.0	78.6
浙 江	71.0	74.1	75.0	76.2	77.9
安 徽	50.4	50.9	52.2	54.0	52.6
福 建	50.6	51.9	51.7	52.4	52.3
江 西	34.5	37.0	40.0	40.8	41.0
山 东	83.9	88.3	90.4	93.9	95.7
河 南	62.6	64.4	66.3	67.5	67.9
湖 北	44.7	47.1	47.3	47.8	48.1
湖 南	33.5	38.6	39.6	41.1	42.5
广 东	76.5	76.7	76.6	74.7	81.6
广 西	27.7	32.5	35.9	37.7	40.1
海 南	10.8	11.8	11.8	12.2	13.1
重 庆	10.9	15.8	16.8	16.8	17.9
四 川	52.7	59.4	60.7	65.8	69.0
贵 州	15.8	22.6	22.7	25.3	24.9
云 南	27.2	29.4	30.2	30.6	33.1
西 藏	3.9	4.2	4.9	5.8	6.3
陕 西	40.6	45.8	48.5	47.0	47.2
甘 肃	27.2	31.0	32.3	34.2	35.7
青 海	5.6	7.5	7.4	9.5	9.5
宁 夏	10.2	10.0	10.7	11.6	11.6
新 疆	73.0	80.1	82.2	85.7	89.7

注：全国合计数包括国家总局直属公共广播和公共电视节目播出时间。

8-2-4 续表

单位：万小时

地区	公共电视节目				
	2010年	2013年	2014年	2015年	2016年
全国	**1635.5**	**1705.7**	**1747.6**	**1779.6**	**1792.4**
东部	543.4	572.8	585.6	589.5	593.5
中部	515.0	516.1	525.3	525.1	526.7
西部	554.7	589.8	607.5	629.0	632.2
北京	10.8	12.7	12.6	12.8	13.2
天津	15.2	16.9	16.6	16.9	18.0
河北	74.2	78.2	81.3	80.2	81.1
山西	46.9	47.8	48.5	48.8	48.9
内蒙古	63.2	63.9	65.1	64.7	63.4
辽宁	70.4	73.4	73.8	74.3	74.4
吉林	48.8	50.5	52.5	52.6	53.0
黑龙江	66.1	62.6	62.8	60.5	63.4
上海	17.5	18.0	17.9	17.8	17.9
江苏	81.1	82.1	82.0	78.5	77.5
浙江	71.2	73.8	75.6	75.4	75.6
安徽	64.1	60.3	61.0	61.4	59.6
福建	33.4	34.1	34.9	36.5	36.9
江西	65.1	63.9	65.7	67.4	67.1
山东	95.3	104.5	107.6	115.5	115.5
河南	86.9	88.2	90.9	90.9	91.1
湖北	65.6	68.4	68.4	67.6	67.4
湖南	71.4	74.5	75.5	76.0	76.1
广东	66.3	70.3	75.1	72.8	74.0
广西	48.1	54.3	54.9	57.6	59.6
海南	8.0	8.8	8.3	8.9	9.5
重庆	25.1	30.0	29.5	29.6	29.7
四川	99.3	110.5	111.3	114.7	114.0
贵州	24.7	23.5	24.1	27.2	25.5
云南	74.4	76.3	79.2	81.2	83.4
西藏	4.7	5.8	5.9	8.1	8.3
陕西	57.8	61.2	61.1	59.5	60.5
甘肃	41.5	44.2	45.3	48.7	50.0
青海	7.0	8.9	9.2	11.2	10.1
宁夏	15.3	15.4	15.9	17.2	16.6
新疆	93.7	95.8	106.1	109.3	111.1

8-2-5 各地区全年农村公益电影放映场次

单位：万场

地 区	2010年	2013年	2014年	2015年	2016年
全 国	**830.1**	**779.5**	**860.4**	**733.6**	**746.6**
东 部	324.9	302.8	313.8	267.9	278.5
中 部	262.6	228.6	285.5	244.4	246.7
西 部	242.7	248.1	261.0	221.3	221.4
北 京	48.1	20.6	5.8	19.0	16.6
天 津	4.8	4.4	5.6	0.1	4.7
河 北	59.9	62.2	72.1	58.8	58.8
山 西	33.8	15.8	41.6	34.0	35.8
内蒙古	14.7	18.8	16.7	13.5	13.5
辽 宁	14.5	15.2	15.5	16.0	15.9
吉 林	11.3	11.2	13.5	11.3	11.7
黑龙江	10.6	11.1	13.3	10.7	11.5
上 海	9.2	8.6	2.4	6.0	6.3
江 苏	22.5	24.3	22.4	25.2	19.7
浙 江	29.0	29.2	38.8	30.0	30.0
安 徽	32.8	16.0	22.3	19.2	19.3
福 建	18.3	17.2	21.1	14.5	17.6
江 西	27.8	26.3	25.1	27.1	27.5
山 东	93.1	91.8	97.8	84.0	83.0
河 南	58.1	60.4	69.7	55.1	56.5
湖 北	35.9	36.0	37.8	32.0	30.6
湖 南	52.3	51.8	62.2	55.0	53.8
广 东	22.3	26.1	28.4	12.4	22.9
广 西	17.6	17.8	21.2	17.2	17.5
海 南	3.3	3.1	3.8	1.9	3.0
重 庆	18.4	14.3	12.5	11.1	13.1
四 川	60.4	68.6	69.0	57.7	58.0
贵 州	24.9	23.8	26.8	21.0	21.2
云 南	17.6	19.3	18.2	16.8	16.1
西 藏	12.7	11.5	7.8	10.8	9.1
陕 西	34.8	34.2	39.8	32.6	32.4
甘 肃	20.1	15.8	23.8	19.6	19.7
青 海	4.4	5.0	6.2	5.0	5.0
宁 夏	4.6	2.6	3.3	3.9	4.3
新 疆	12.3	16.3	15.9	12.1	11.6

8-3-1　各地区图书种数

单位：种

地　区	图书种数				
	2010年	2013年	2014年	2015年	2016年
全　国	**328387**	**444427**	**448431**	**475768**	**499884**
东　部	82669	124661	127534	132246	143881
中　部	54002	78310	80845	84121	91011
西　部	42177	59149	56595	65316	65291
北　京	5670	9830	10802	11907	13712
天　津	4550	5539	5745	6421	6789
河　北	2264	6896	7022	6817	9263
山　西	2683	4009	3458	3812	3513
内蒙古	2885	3015	3157	3125	3249
辽　宁	9060	10737	11942	10964	10385
吉　林	15553	21770	21565	23823	26919
黑龙江	3515	5247	5043	6087	7336
上　海	19256	24694	24420	24492	27481
江　苏	14400	23268	23936	26503	27569
浙　江	8084	12706	12687	13701	14165
安　徽	5646	9444	9934	8902	9441
福　建	3415	3320	3456	3395	3954
江　西	3870	5583	5890	6729	7491
山　东	6987	13885	14282	14760	15925
河　南	4876	6889	7705	7410	8588
湖　北	10464	13900	15910	15543	15105
湖　南	7395	11468	11340	11815	12618
广　东	6354	10355	9495	10088	10841
广　西	7344	8803	7871	7532	7406
海　南	2629	3431	3747	3198	3797
重　庆	4690	5356	6062	6156	5685
四　川	6645	8554	9095	10038	10878
贵　州	823	894	845	738	1013
云　南	4598	7739	6958	8465	8563
西　藏	570	658	547	648	588
陕　西	6378	9395	9334	10459	10284
甘　肃	1930	2907	2410	3412	3484
青　海	429	663	597	779	613
宁　夏	905	2385	1987	2686	3098
新　疆	4980	8780	7732	11278	10430

8-3-1 续表

单位：种

地区	#新出版				
	2010年	2013年	2014年	2015年	2016年
全国	**189295**	**255981**	**255890**	**260426**	**262415**
东部	45976	71636	73308	70192	70559
中部	33718	46354	45128	48192	51524
西部	21869	31798	30323	33763	33431
北京	3085	5672	6474	7118	7310
天津	3372	3957	3755	4173	4507
河北	1000	3548	3071	2436	3254
山西	1573	2643	1866	2281	2264
内蒙古	1266	1989	1937	1725	1791
辽宁	4925	6772	7405	5806	4993
吉林	11575	12586	11425	13560	16516
黑龙江	2422	3832	3626	4712	5541
上海	11055	13510	13055	12752	13907
江苏	7988	14143	14383	14646	13647
浙江	4210	7389	6867	6940	6853
安徽	2732	5471	5227	4832	5212
福建	2320	2283	2442	2318	2620
江西	2427	3562	3535	4424	4345
山东	3605	6362	8153	6823	5618
河南	2422	4204	4244	4118	4598
湖北	6328	8445	9571	8932	7911
湖南	4239	5611	5634	5333	5137
广东	3305	6866	6005	6092	6367
广西	3328	4747	3752	3367	3067
海南	1111	1134	1698	1088	1483
重庆	2585	2363	3190	2495	2195
四川	3396	4946	5252	6074	6332
贵州	642	667	721	564	742
云南	2746	4232	3781	4503	4436
西藏	182	246	237	258	260
陕西	3189	4967	4667	5441	5271
甘肃	1255	1521	1319	2161	2149
青海	227	331	269	351	306
宁夏	585	1417	1253	1430	1645
新疆	2468	4372	3945	5394	5237

8-3-2 各地区期刊种数

单位：种

地 区	2010年	2013年	2014年	2015年	2016年
全 国	**9884**	**9877**	**9966**	**10014**	**10084**
东 部	3183	3178	3184	3183	3187
中 部	2020	2021	2030	2035	2040
西 部	1791	1795	1801	1800	1810
北 京	173	170	172	172	174
天 津	257	253	254	254	254
河 北	230	229	229	227	227
山 西	201	199	201	201	202
内蒙古	149	148	147	147	147
辽 宁	326	323	323	320	321
吉 林	236	237	239	242	240
黑龙江	314	314	315	314	314
上 海	633	635	636	637	637
江 苏	464	468	468	468	470
浙 江	221	223	225	226	226
安 徽	184	186	186	186	186
福 建	179	176	176	176	176
江 西	160	161	164	165	165
山 东	271	269	269	270	270
河 南	250	248	248	248	248
湖 北	423	423	424	425	429
湖 南	252	253	253	254	256
广 东	387	388	388	389	388
广 西	185	182	185	184	184
海 南	42	44	44	44	44
重 庆	139	137	138	138	138
四 川	349	351	353	354	359
贵 州	89	88	90	90	90
云 南	127	128	127	127	127
西 藏	36	35	35	35	37
陕 西	286	286	286	287	287
甘 肃	138	136	136	134	134
青 海	48	53	53	54	54
宁 夏	36	37	37	37	37
新 疆	209	214	214	213	216

8-3-3 各地区报纸种数

单位：种

地 区	2010年	2013年	2014年	2015年	2016年
全 国	**1939**	**1915**	**1912**	**1906**	**1894**
东 部	671	660	660	656	651
中 部	476	473	472	471	469
西 部	565	563	559	561	557
北 京	35	35	35	35	35
天 津	28	24	24	24	24
河 北	66	64	65	65	64
山 西	60	60	60	60	60
内蒙古	61	60	58	58	58
辽 宁	75	70	70	70	68
吉 林	52	52	52	52	51
黑龙江	70	68	68	68	68
上 海	72	73	72	70	70
江 苏	80	81	81	81	81
浙 江	70	69	69	68	67
安 徽	51	51	51	51	51
福 建	43	42	42	42	42
江 西	40	41	41	41	41
山 东	88	87	87	87	87
河 南	79	78	78	78	77
湖 北	74	74	74	73	73
湖 南	50	49	48	48	48
广 东	100	101	101	100	99
广 西	55	54	54	54	53
海 南	14	14	14	14	14
重 庆	26	27	27	27	27
四 川	87	89	88	88	85
贵 州	31	31	30	30	30
云 南	43	42	42	42	42
西 藏	23	23	25	25	25
陕 西	44	43	43	43	43
甘 肃	56	51	50	50	50
青 海	25	27	26	26	26
宁 夏	15	14	14	14	14
新 疆	99	102	102	104	104

8-3-4 各地区少数民族文字图书期刊出版数量

单位：种

地区	图书种数				
	2010年	2013年	2014年	2015年	2016年
全国	**7577**	**9511**	**8031**	**9192**	**9436**
中央	1061	761	476	569	570
东部	107	168	179	168	267
中部	859	892	962	608	819
西部	5550	7690	6414	7847	7780
北京					
天津					
河北					
山西					
内蒙古	1578	1648	1688	1639	2025
辽宁	107	168	177	168	267
吉林	820	855	866	565	708
黑龙江	39	37	96	43	111
上海			2		
江苏					
浙江					
安徽					
福建					
江西					
山东					
河南					
湖北					
湖南					
广东					
广西	144	73	74	78	35
海南					
重庆					
四川	202	288	402	580	549
贵州	2	21	13	16	19
云南	105	199	102	161	183
西藏	486	524	451	517	451
陕西		8	2	3	
甘肃	89	135	138	130	103
青海	265	343	318	360	286
宁夏					
新疆	2679	4451	3226	4363	4129

8-3-4 续表 单位：种

地区	期刊种数				
	2010年	2013年	2014年	2015年	2016年
全国	**207**	**231**	**227**	**223**	**225**
中央	15	21	21	20	19
东部					
中部	16	17	15	15	15
西部	176	193	191	188	191
北京					
天津					
河北					
山西					
内蒙古	46	44	42	42	42
辽宁					
吉林	13	13	13	13	13
黑龙江	3	4	2	2	2
上海					
江苏					
浙江					
安徽					
福建					
江西					
山东					
河南					
湖北					
湖南					
广东					
广西		1	1	1	1
海南					
重庆					
四川	4	4	4	4	4
贵州					
云南	2	3	3	3	3
西藏	14	14	14	14	16
陕西					
甘肃	3	3	3	3	3
青海	6	12	12	12	12
宁夏					
新疆	101	112	112	109	110

9 残疾人基本公共服务

“十三五”时期，政府提供如下残疾人基本公共服务：

◆为困难残疾人提供生活补贴和重度残疾人提供护理补贴，无业重度残疾人提供最低生活保障；

◆为符合条件的贫困残疾人参加社会保险按规定给予补贴；

◆为残疾人提供基本生活保障；

◆为就业年龄段智力、精神及重度肢体残疾人提供脱氧服务；

◆为有康复需求的持证残疾人、残疾儿童提供残疾康复服务；

◆为适龄残疾儿童、少年免费提供义务教育，并针对残疾学生的特殊需要适当提高补助水平；

◆为残疾人免费提供就业服务和就业援助；

◆为残疾人提供盲人阅读、聋人手语及影视字幕、特殊艺术、自强健身等公共文化体育服务；

◆为残疾人提供无障碍环境支持。

9-1 全国残疾人接受九年义务教育在校生数

单位：万人

受教阶段	2010年	2011年	2012年	2013年	2014年	2015年	2016年
总　计	**41.1**	**38.9**	**36.8**	**35.8**	**38.5**	**43.2**	**48.2**
小学阶段	30.1	27.7	26.9	25.9	28.3	31.9	35.8
初中阶段	11.5	11.2	10.0	9.9	10.2	11.3	12.3

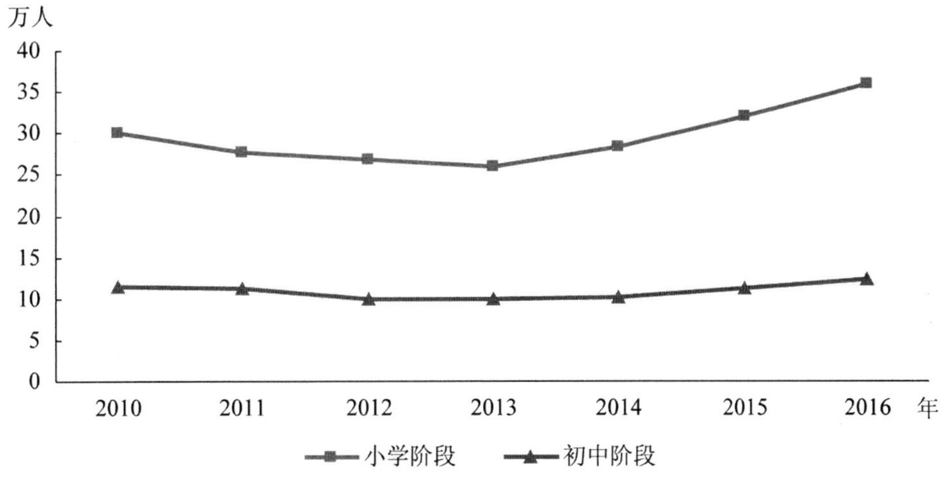

9-2 各地区城乡居民基本养老保险残疾人参保人数

单位：万人

地 区	2011年	2013年	2014年	2015年	2016年
全 国	**1492.5**	**2039.8**	**2180.0**	**2229.6**	**2370.6**
东 部	509.8	593.4	638.4	660.4	695.6
中 部	590.0	797.3	868.6	886.4	937.3
西 部	392.7	648.2	673.0	682.8	737.7
北 京	9.4	10.5	9.7	10.1	9.3
天 津	5.6	5.8	5.8	6.2	7.3
河 北	90.2	128.5	122.0	124.1	136.0
山 西	60.0	94.2	95.6	96.8	100.8
内蒙古	8.8	27.9	28.6	30.4	34.9
辽 宁	41.9	52.0	52.0	51.9	36.6
吉 林	8.2	20.6	25.3	26.0	29.4
黑龙江	10.3	25.2	25.1	25.8	28.6
上 海	2.0	5.0	5.9	6.4	6.6
江 苏	121.7	82.6	130.4	129.3	125.8
浙 江	25.0	42.6	44.1	49.9	56.6
安 徽	96.4	99.9	101.3	104.1	105.3
福 建	23.9	54.8	55.1	57.0	74.2
江 西	52.3	58.2	58.2	59.9	83.1
山 东	136.9	135.2	134.9	140.4	141.8
河 南	173.4	229.2	296.4	300.6	308.7
湖 北	85.4	107.4	104.6	108.9	113.2
湖 南	104.0	162.5	162.1	164.3	168.2
广 东	39.9	58.3	61.5	67.4	83.2
广 西	29.7	90.6	97.4	103.0	104.8
海 南	13.3	18.0	17.0	17.7	18.4
重 庆	19.8	43.4	45.1	47.8	48.4
四 川	113.5	172.2	178.3	184.2	204.4
贵 州	35.7	52.1	54.2	54.7	56.6
云 南	43.6	76.1	79.0	71.3	78.5
西 藏	1.3	1.7	1.8	1.8	2.5
陕 西	65.3	43.5	43.9	40.1	45.4
甘 肃	36.2	91.9	92.7	93.6	96.8
青 海	3.7	5.0	4.0	5.1	11.7
宁 夏	11.2	18.9	18.7	19.3	19.8
新 疆	23.8	24.9	29.3	31.3	33.9

9-3 各地区城乡居民基本养老保险重度残疾人参保补贴人数

单位：万人

地 区	2011年	2013年	2014年	2015年	2016年
全 国	**357.1**	**376.0**	**379.2**	**422.1**	**445.7**
东 部	133.2	110.1	114.8	132.5	139.2
中 部	139.1	151.3	148.3	164.0	172.3
西 部	84.8	114.3	116.1	125.6	134.2
北 京	5.0	4.3	4.4	4.9	4.6
天 津	1.7	1.7	1.8	1.9	2.0
河 北	18.9	18.1	16.1	17.8	21.1
山 西	9.7	13.3	13.2	14.2	14.8
内蒙古	2.8	5.0	5.1	5.8	7.0
辽 宁	8.8	9.2	9.0	9.9	6.5
吉 林	2.3	5.5	6.7	7.8	7.6
黑龙江	3.0	2.9	2.7	3.4	3.6
上 海	1.0	3.4	3.4	3.6	3.6
江 苏	21.9	12.7	17.2	19.2	18.1
浙 江	17.5	7.3	9.6	11.3	12.2
安 徽	33.9	21.1	20.8	23.5	24.6
福 建	9.2	11.7	11.2	12.3	13.4
江 西	10.2	7.4	7.4	7.6	16.1
山 东	32.2	25.0	23.7	29.2	29.6
河 南	28.6	53.4	53.7	59.5	54.2
湖 北	22.4	19.3	15.3	18.2	20.4
湖 南	29.0	28.4	28.4	29.8	31.1
广 东	14.8	13.5	15.0	18.5	23.0
广 西	7.0	11.9	11.9	13.5	14.0
海 南	2.0	3.3	3.6	3.8	5.2
重 庆	4.9	8.6	10.0	10.7	11.6
四 川	22.7	29.2	29.4	31.7	35.1
贵 州	4.3	7.9	7.7	8.1	7.9
云 南	11.3	13.6	14.1	14.0	15.1
西 藏	0.3	0.2	0.2	0.2	0.2
陕 西	12.8	9.1	8.0	7.3	7.3
甘 肃	8.5	19.0	19.0	21.7	20.6
青 海	1.7	1.2	0.9	1.4	3.9
宁 夏	3.5	4.7	4.8	5.1	5.1
新 疆	4.9	4.1	5.1	6.0	6.4

9-4 各地区地市级残疾人康复设施覆盖率

单位：%

地 区	2011年	2013年	2014年	2015年	2016年
全 国	**9.0**	**15.2**	**17.9**	**21.9**	**26.4**
北 京	6.3	6.3	6.3	6.3	6.3
天 津	18.8	37.5	43.8	50.0	56.3
河 北		18.2	18.2	27.3	27.3
山 西	27.3	72.7	72.7	81.8	72.7
内蒙古	8.3	8.3	8.3	8.3	8.3
辽 宁	14.3	21.4	21.4	35.7	42.9
吉 林		11.1	11.1	11.1	11.1
黑龙江	7.7	7.7	7.7	15.4	23.1
上 海	5.9	5.9	17.6	18.8	18.8
江 苏	46.2	61.5	61.5	61.5	69.2
浙 江	27.3	36.4	36.4	54.5	63.6
安 徽					
福 建					11.1
江 西	9.1	27.3	27.3	27.3	36.4
山 东	5.9	29.4	52.9	52.9	41.2
河 南	11.8	23.5	35.3	35.3	41.2
湖 北	7.7	7.7	7.7	7.7	15.4
湖 南	7.1	14.3	14.3	14.3	28.6
广 东	23.8	23.8	28.6	33.3	42.9
广 西				7.1	14.3
海 南				25.0	25.0
重 庆	7.9	7.9	13.2	15.8	18.4
四 川	4.8	14.3	14.3	19.0	19.0
贵 州	11.1	11.1	11.1		11.1
云 南					
西 藏				14.3	14.3
陕 西					
甘 肃					21.4
青 海	12.5	12.5			12.5
宁 夏				40.0	40.0
新 疆				14.3	28.6

9-5 各地区县(市、区)级系统开展无障碍建设改造率

单位：%

地 区	2010年	2013年	2014年	2015年	2016年
全 国	**22.7**	**45.6**	**47.3**	**50.9**	**51.0**
北 京	100.0	100.0	100.0	100.0	100.0
天 津	100.0	100.0	100.0	100.0	100.0
河 北	98.4	100.0	100.0	100.0	100.0
山 西	34.6	52.3	52.3	52.3	55.4
内蒙古		54.4	56.1	56.1	55.7
辽 宁	4.4	23.7	4.4	4.4	4.4
吉 林	17.4	17.4	17.4	18.8	18.8
黑龙江		19.1	25.5	27.0	27.0
上 海	100.0	100.0	100.0	100.0	100.0
江 苏	45.8	54.0	50.9	50.0	50.5
浙 江		25.7	25.7	75.2	76.0
安 徽	2.5	63.6	63.6	66.1	66.1
福 建	3.2	51.1	51.1	51.1	51.1
江 西		52.3	64.9	100.0	100.0
山 东	3.8	36.4	36.4	36.4	36.4
河 南		33.0	33.1	33.1	33.1
湖 北	1.7	65.5	65.5	72.4	72.4
湖 南		15.4	4.4	4.4	4.4
广 东	4.2	45.8	93.6	100.0	100.0
广 西	100.0	100.0	100.0	100.0	100.0
海 南	9.1	8.7	7.4	7.4	7.4
重 庆		100.0	100.0	100.0	100.0
四 川	16.3	17.2	17.2	18.1	18.1
贵 州	26.8	26.8	26.8	26.8	26.8
云 南	51.0	51.0	51.0	51.0	51.0
西 藏		1.2			
陕 西	36.8	36.8	36.8	36.8	36.8
甘 肃	42.0	100.0	100.0	100.0	100.0
青 海	21.6	21.6	21.6	21.6	21.6
宁 夏	3.7	85.2	85.2	85.2	85.2
新 疆	2.7	1.7	1.7	2.5	2.5

9-6 各地区特殊教育学校生师比(教师=1)

地 区	2010年	2013年	2014年	2015年	2016年
全 国	**4.2**	**3.9**	**3.9**	**4.0**	**4.0**
东 部	3.9	3.7	3.7	3.7	3.5
中 部	4.4	3.9	3.9	4.2	4.3
西 部	4.6	4.2	4.2	4.5	4.5
北 京	3.0	3.2	2.9	2.6	2.4
天 津	3.2	3.3	3.7	4.2	3.7
河 北	3.4	3.0	3.1	3.2	3.3
山 西	4.3	3.8	3.6	3.7	3.7
内蒙古	3.0	2.7	2.8	3.0	3.0
辽 宁	3.4	3.3	3.4	3.4	3.1
吉 林	3.3	3.0	2.7	2.7	2.8
黑龙江	3.6	3.5	3.5	3.7	3.9
上 海	4.2	3.8	3.7	3.5	3.0
江 苏	4.3	3.8	3.8	3.9	3.8
浙 江	5.0	4.9	4.5	4.3	3.7
安 徽	5.0	4.8	4.9	6.3	6.0
福 建	4.1	4.1	4.1	4.2	4.0
江 西	5.8	5.4	5.6	5.7	5.8
山 东	3.6	3.4	3.3	3.4	3.3
河 南	4.1	3.3	3.3	3.3	3.6
湖 北	5.1	4.6	4.3	4.3	4.2
湖 南	5.1	4.3	4.6	5.1	5.6
广 东	4.4	4.1	4.3	4.1	3.6
广 西	5.1	5.2	4.9	5.2	5.2
海 南	6.4	4.5	4.2	4.5	3.6
重 庆	4.6	4.6	4.7	4.9	4.9
四 川	4.7	4.6	4.9	5.0	5.0
贵 州	4.5	4.2	4.3	5.9	5.9
云 南	6.0	4.7	4.7	4.8	5.1
西 藏	4.4	4.0	4.5	4.1	3.7
陕 西	4.1	3.3	3.3	3.2	3.3
甘 肃	5.0	3.5	3.6	3.6	3.7
青 海	7.6	5.7	5.7	7.4	7.4
宁 夏	4.6	3.5	3.8	3.9	4.1
新 疆	4.6	4.3	3.7	3.5	3.0

9-7 各地区接受义务教育残疾人在校生数

单位：万人

地 区	2010年	2013年	2014年	2015年	2016年
全 国	**41.60**	**35.81**	**39.49**	**43.22**	**48.17**
东 部	16.09	14.32	15.49	16.06	16.85
中 部	10.91	8.48	10.19	11.94	13.75
西 部	14.60	13.01	13.81	15.22	17.57
北 京	0.75	0.80	0.77	0.70	0.68
天 津	0.25	0.27	0.30	0.30	0.31
河 北	1.21	1.27	1.26	1.32	1.41
山 西	0.80	0.68	0.82	0.89	1.04
内蒙古	0.38	0.41	0.62	0.81	0.92
辽 宁	0.83	0.74	0.83	0.80	0.87
吉 林	0.66	0.54	0.54	0.58	0.73
黑龙江	0.80	0.91	0.91	0.91	1.06
上 海	0.83	0.75	0.79	0.70	0.69
江 苏	2.85	2.19	2.24	2.21	2.37
浙 江	1.26	1.57	1.59	1.54	1.57
安 徽	1.35	0.98	1.43	1.87	2.05
福 建	3.15	2.47	2.51	2.44	2.51
江 西	2.34	1.69	1.98	2.36	2.78
山 东	2.11	2.01	2.18	2.30	2.55
河 南	2.15	1.65	1.83	1.98	2.36
湖 北	1.50	1.02	1.11	1.09	1.17
湖 南	1.30	1.01	1.57	2.25	2.56
广 东	2.54	2.10	2.83	3.51	3.67
广 西	1.57	1.28	1.32	1.40	1.59
海 南	0.31	0.16	0.19	0.25	0.20
重 庆	1.45	1.54	1.39	1.39	1.59
四 川	4.17	4.35	4.23	4.29	4.74
贵 州	1.61	1.24	1.35	1.76	2.00
云 南	2.13	1.74	2.10	2.32	2.76
西 藏	0.02	0.08	0.12	0.18	0.26
陕 西	0.77	0.64	0.79	0.85	1.05
甘 肃	1.33	0.83	0.76	0.91	1.12
青 海	0.24	0.21	0.23	0.31	0.37
宁 夏	0.15	0.18	0.31	0.38	0.42
新 疆	0.79	0.51	0.59	0.62	0.74

9-8 各地区接受高中教育残疾人在校生数

单位：人

地 区	2010年	2013年	2014年	2015年	2016年
全 国	**9621**	**9995**	**9883**	**10067**	**10028**
东 部	5790	6283	6089	6332	6365
中 部	2454	2083	2036	1887	1979
西 部	1377	1629	1758	1848	1684
北 京	450	331	208	163	169
天 津	56	237	271	320	374
河 北	286	361	432	435	452
山 西	176	354	298	302	360
内蒙古	196	205	288	187	180
辽 宁	619	579	522	532	550
吉 林	281	188	166	169	181
黑龙江	354	210	236	221	242
上 海	539	652	600	638	530
江 苏	1248	1198	1112	1052	943
浙 江	416	637	691	795	926
安 徽	518	556	540	535	411
福 建	526	479	410	478	389
江 西	307	200	165	191	222
山 东	934	896	798	863	852
河 南	335	202	252	283	257
湖 北	300	339	350	139	178
湖 南	183	34	29	47	128
广 东	658	833	963	972	1082
广 西	101	162	38	70	79
海 南	58	80	82	84	98
重 庆	130	190	148	128	165
四 川	164	254	352	375	338
贵 州	126	291	334	337	229
云 南	137		49	98	89
西 藏	18	45	47	46	56
陕 西	90	82	65	84	70
甘 肃	77	127	150	161	166
青 海	122	28	33	33	31
宁 夏	38	69	62	116	143
新 疆	178	176	192	213	138

9-9 各地区残疾人文化活动参与率

单位：%

地 区	2010年	2013年	2014年	2015年	2016年
全 国	**5.2**	**8.2**	**3.8**	**2.9**	**3.1**
北 京	19.0	35.9	33.6	21.7	24.6
天 津	22.1	52.0	4.2	4.5	4.2
河 北	9.0	11.2	0.4	0.5	0.6
山 西	5.5	11.4	0.8	0.7	0.7
内蒙古	2.2	5.3	0.5	1.0	1.1
辽 宁	8.1	10.9	6.1	5.4	5.8
吉 林	3.6	6.5	1.7	3.0	4.4
黑龙江	2.6	4.6	0.9	1.2	1.4
上 海	21.0	45.7	22.0	17.2	16.9
江 苏	12.1	18.1	2.4	2.7	3.0
浙 江	7.6	19.9	39.3	10.6	13.1
安 徽	1.7	3.1	0.9	1.1	0.8
福 建	1.9	4.1	0.6	0.9	1.6
江 西	2.7	5.1	0.7	0.6	2.2
山 东	3.0	5.3	3.3	3.5	2.7
河 南	5.4	8.7	1.2	0.7	1.1
湖 北	4.3	6.4	1.9	2.0	2.1
湖 南	5.0	6.9	0.5	0.5	0.7
广 东	5.8	9.1	2.4	3.2	3.2
广 西	1.0	2.0	1.1	1.2	0.8
海 南	2.9	3.5	0.6	0.5	0.7
重 庆	3.2	5.4	4.8	4.6	4.2
四 川	3.3	6.6	3.7	4.5	3.6
贵 州	1.3	3.1	0.6	1.1	1.4
云 南	3.6	6.1	1.8	1.3	2.3
西 藏	1.6	2.2			
陕 西	2.9	5.4	1.3	1.6	1.8
甘 肃	11.1	14.3	1.5	2.3	1.8
青 海	5.6	7.6	3.0	3.8	3.7
宁 夏	2.6	3.9	0.3	0.8	1.5
新 疆	3.2	6.8	3.2	4.9	5.1

9-10 各地区电视手语栏目开播率

单位：%

地 区	2010年	2013年	2014年	2015年	2016年
全 国	**43.4**	**53.5**	**52.1**	**56.9**	**58.5**
北 京	13.3	26.7	26.7	23.5	23.5
天 津	42.9	35.7	28.6	31.3	29.4
河 北	75.0	100.0	91.7	83.3	83.3
山 西	8.3	25.0	16.7	25.0	33.3
内蒙古	53.8	76.9	61.5	69.2	69.2
辽 宁	40.0	73.3	73.3	73.3	80.0
吉 林	30.0	100.0	100.0	100.0	90.0
黑龙江	35.7	57.1	57.1	42.9	50.0
上 海	94.1	76.5	94.1	100.0	100.0
江 苏	57.1	100.0	92.9	92.9	92.9
浙 江	100.0	91.7	91.7	91.7	100.0
安 徽	82.4	76.5	64.7	76.5	94.1
福 建	80.0	100.0	90.0	90.0	90.0
江 西	41.7	41.7	50.0	33.3	33.3
山 东	61.1	50.0	50.0	50.0	50.0
河 南	22.2	22.2	27.8	33.3	27.8
湖 北	35.7	35.7	42.9	57.1	57.1
湖 南	6.7	20.0	13.3	6.7	13.3
广 东	31.8	45.5	40.9	40.9	40.9
广 西	40.0	40.0	33.3	46.7	46.7
海 南	25.0	75.0	25.0	40.0	40.0
重 庆	25.0	50.0	68.2	87.5	88.9
四 川	22.7	27.3	13.6	31.8	27.3
贵 州	40.0	30.0	40.0	50.0	80.0
云 南	47.1	47.1	47.1	64.7	64.7
西 藏					
陕 西	81.8	90.9	90.9	81.8	72.7
甘 肃	40.0	66.7	86.7	93.3	93.3
青 海	11.1	11.1	11.1	44.4	44.4
宁 夏	50.0	66.7	66.7	50.0	50.0
新 疆	40.0	40.0	26.7	46.7	40.0

9-11 各地区残疾人群众体育健身活动示范点

单位：个

地 区	2011年	2013年	2014年	2015年	2016年
全 国	**799**	**2191**	**2769**	**3591**	**5433**
东 部	520	1252	1532	1988	2710
中 部	130	504	662	843	1507
西 部	149	435	575	760	1216
北 京	86	130	156	118	136
天 津	26	67	85	96	127
河 北	15	148	223	350	392
山 西	5	35	70	98	168
内蒙古	4	20	30	38	70
辽 宁	28	54	57	58	91
吉 林	47	208	243	282	494
黑龙江	5	33	54	66	136
上 海	149	405	479	533	877
江 苏	101	106	114	129	166
浙 江	69	140	190	255	286
安 徽		49	58	60	67
福 建	23	68	73	77	77
江 西	1	10	39	71	101
山 东	9	67	81	120	146
河 南	17	24	19	83	228
湖 北	30	88	105	108	145
湖 南	25	57	74	75	168
广 东	14	64	71	245	395
广 西	5	15	19	48	51
海 南		3	3	7	17
重 庆	18	114	142	188	328
四 川	30	118	182	220	275
贵 州	3	18	31	56	81
云 南	12	24	29	24	54
西 藏					
陕 西	36	53	62	67	67
甘 肃	29	34	36	62	216
青 海	1	5	6	17	17
宁 夏	8	28	32	33	41
新 疆	3	6	6	7	16

9-12 各地区每十万人口康复专业人才数

单位：人

地 区	2011年	2013年	2014年	2015年	2016年
全 国	**4.9**	**10.7**	**12.0**	**12.0**	**16.7**
北 京	2.9	11.1	13.2	12.6	22.0
天 津	7.1	10.6	15.6	12.0	24.8
河 北	3.1	6.6	6.6	10.3	14.9
山 西	11.1	17.8	18.9	24.8	21.1
内蒙古	1.0	10.4	12.0	10.2	18.7
辽 宁	4.3	16.3	18.0	10.6	18.5
吉 林	5.7	18.3	18.3	22.9	37.1
黑龙江	4.7	11.8	14.3	14.6	12.6
上 海	6.3	11.3	11.6	12.9	33.5
江 苏	10.0	9.0	9.3	9.1	14.5
浙 江	1.4	4.4	6.2	6.1	8.9
安 徽	0.6	5.1	5.2	7.5	8.5
福 建	7.4	13.1	10.9	10.8	14.1
江 西	2.5	5.7	6.0	6.4	10.8
山 东	10.8	18.9	21.4	19.2	26.2
河 南	3.6	8.2	14.4	14.3	15.5
湖 北	2.4	11.4	11.6	11.6	20.6
湖 南	1.7	12.0	12.7	13.3	18.6
广 东	9.2	14.7	14.0	12.6	16.0
广 西	0.9	7.5	7.8	7.0	9.0
海 南	2.4	1.5	6.2	6.3	12.0
重 庆	13.6	13.3	14.0	14.5	24.9
四 川	0.5	5.7	7.7	9.2	14.0
贵 州	6.2	10.9	10.5	10.1	16.5
云 南	1.5	6.4	6.5	7.6	13.0
西 藏	0.9	1.3	1.7	1.3	2.0
陕 西	6.2	16.2	21.2	20.0	20.4
甘 肃	4.3	5.3	8.6	6.2	9.7
青 海	0.9	1.4	2.8	6.1	10.0
宁 夏	1.3	3.7	4.3	5.2	9.2
新 疆	1.5	15.5	15.8	14.8	13.6

9-13 各地区残疾人体育健身指导员人数

单位：人

地 区	2011年	2013年	2014年	2015年	2016年
全 国	**4150**	**17608**	**28716**	**42148**	**67938**
东 部	2245	8582	13595	19600	33540
中 部	227	4982	9451	11916	18091
西 部	1678	4044	5670	10632	16307
北 京	756	1578	2261	2374	3974
天 津	405	771	782	787	2974
河 北	39	1392	2036	2569	3223
山 西	8	665	831	1338	2243
内蒙古	13	46	162	535	1210
辽 宁	167	749	766	787	1395
吉 林	98	781	1117	1117	2041
黑龙江	24	517	699	711	1181
上 海	308	718	980	1320	2058
江 苏	203	218	317	2571	3319
浙 江	125	1203	1240	1483	2303
安 徽	2	634	1052	2426	3646
福 建	74	661	1609	1574	3263
江 西	11	52	949	949	981
山 东	43	754	2388	2926	6848
河 南		1024	2450	2574	3554
湖 北	49	671	1240	1340	2540
湖 南	35	638	1113	1461	1905
广 东	123	496	1097	2875	3369
广 西	40	380	705	1846	1937
海 南	2	42	119	334	814
重 庆	73	512	606	614	734
四 川	1380	1635	1721	3649	3909
贵 州	4	81	180	725	925
云 南	44	171	507	979	2183
西 藏			2		1
陕 西	51	272	576	1136	3443
甘 肃	35	603	728	778	1319
青 海	6	72	74	82	212
宁 夏	16	155	159	163	163
新 疆	16	116	250	125	271

附录

主要指标解释

主要指标解释

九年义务教育巩固率 指初中毕业班学生数占该年级入小学一年级时学生数的百分比。根据教育部门有关统计资料测算。计算公式为：

九年义务教育巩固率=初中毕业班学生数/该年级入小学一年级时学生数×100%

学前三年毛入园率 指学前教育在园（班）幼儿数占3-5岁年龄组人口数（个别地区为4～6岁年龄组人口数）的百分比。取自教育部统计年报。计算公式为：

学前三年毛入园率=在园（班）幼儿数/3-5岁年龄组人口数×100%

小学学龄儿童净入学率 指调查范围内已入小学学习的学龄儿童占校内外学龄儿童总数的比重。计算公式为：

小学学龄儿童净入学率=已入学的小学学龄儿童数/校内外小学学龄儿童总数×100%

专任教师 指具有教师资格，专职从事教学工作的人员。

双师型教师 是指同时具备中级以上教师资格和行业能力资格，从事职业教育工作的教师。

城镇登记失业率 指城镇登记失业人员与城镇单位就业人员(扣除使用的农村劳动力、聘用的离退休人员、港澳台及外方人员)、城镇单位中的不在岗职工、城镇私营业主、个体户主、城镇私营企业和个体就业人员、城镇登记失业人员之和的比。

接受职业指导人数 指报告期内接受过公共就业和人才交流服务机构的工作人员或公共就业和人才交流服务机构邀请的有关专家职业指导的总人次数。

接受创业服务人数 指报告期内接受过公共就业和人才交流服务机构提供创业服务的总人次数。

就业困难人员 指符合就业促进法规定的相关条件的人员，一般指大龄、身有残疾、享受最低生活保障、连续失业一年以上，以及因失去土地等原因难以实现就业的人员。具体范围由各省、自治区、直辖市人民政府根据本地实际情况规定。

零就业家庭户数 指报告期内，城镇家庭中，所有法定劳动年龄内、具有劳动能力和就业愿望的家庭成员均处于失业状态，且无经营性、投资性收入的家庭户数。

城镇职工基本养老保险参保人数 指报告期末按照国家法律、法规和有关政策规定参加城镇基本养老保险，并在社保经办机构已建立缴费记录档案的职工人数（包括中断缴费但未终止养老保险关系的职工人数，不包括只登记未建立缴费纪录档案的人数）和离休、退休、退职人员的人数。

城乡居民基本养老保险参保人数 指报告期末，参加新农保、城居保或城乡居民养老保险（在经办机构参保登记并已建立缴费记录以及制度实施当年已经年满60周岁并在经办机构参保登记）的总人数（不包括参保缴费期间死亡人员和领取待遇期间死亡人员）。

城镇职工基本医疗保险参保人数 指报告期末参加城镇职工基本医疗保险（实施统帐结合和单建统筹基金）的职工人数和退休人数的合计。

纳入企业社区管理的企业退休人员人数 指依托企业建立，在经民政部门和人力资源和社会保障部门认可的街道社区内设立的退休人员管理服务机构接收管理的退休人数。

社会保障卡持卡人数 指报告期末实际持有中华人民共和国社会保障卡的总人数，换卡、补卡人数不再重复计算。

提供住宿的社会服务机构数 能为老年人、残疾人、智障与精神病人、儿童等人员提供住宿的社会服务机构数。包括城市养老服务机构、农村养老服务机构、社会福利院、光荣院、荣誉军人康复医院、复员军人疗养院、军休所、社会福利医院、复退军人精神病院、儿童福利院、未成年人救助保护中心、生活无着人员救助管理站、军供站、安置农场、其他收养机构。

城市居民最低生活保障人数 指在报告期末共同生活的家庭成员人均收入低于当地最低生活保障标准，且家庭财产状况符合相关规定的城镇居民，并已发放补助经费的人数。包括“三无”对象，失业人员和在职、下岗、退休人员等。三无人员指无生活来源、无劳动能力、无法定赡养人、扶养人或抚养人的人员。

农村最低生活保障人数 指报告期末共同生活的家庭成员人均收入低于当地最低生活保障标准，得到当地政府给予最低生活保障待遇的农业人口家庭，并已领取补助经费的人数。

农村集中供养五保人数 指无法定抚养义务人，或者虽有法定抚养义务人，但是抚养人无抚养能力的；无劳动能力的；无生活来源的集中供养，并已发放补助经费的人数。

农村分散供养五保人数 指无法定抚养义务人，或者虽有法定抚养义务人，但是抚养人无抚养能力的；无劳动能力的；无生活来源的分散供养，并已发放补助经费的人数。

提供住宿社会服务机构收留抚养儿童数 指报告期内民政部门提供住宿的社会服务机构中收留抚养儿童总人数。主要包括社会福利机构抚养的孤儿和弃婴。

医疗卫生机构 指从卫生行政部门取得《医疗机构执业许可证》，或从民政、工商行政、机构编制管理部门取得法人单位登记证书，为社会提供医疗保健、疾病控制、卫生监督服务或从事医学科研和医学在职培训等工作的单位。医疗卫生机构包括医院、基层医疗卫生机构、专业公共卫生机构、其他医疗卫生机构。

基层医疗卫生机构 包括社区卫生服务中心、社区卫生服务站、街道卫生院、乡镇卫生院、村卫生室、门诊部、诊所(医务室)。

专业公共卫生机构 包括疾病预防控制中心、专科疾病防治机构、妇幼保健机构、健康教育机构、急救中心(站)、采供血机构、卫生监督机构、卫生部门主管的计划生育技术服务中心。不包括传染病院、结核病医院、血防医院、精神病医院、卫生监督(监测、检测)机构。

床位数 指年末医疗卫生机构实有床位数，又称实有床位数、病床数。实有床位包括正规床、简易床、监护床、超过半年的加床、正在消毒和修理的床位、因扩建或大修而停用的床位。不包括产科新生儿床、接产室待产床、库存床、观察床、临时加床和病人家属陪侍床。

执业（助理）医师 指《医师执业证》“级别”为“执业助理医师”且实际从事医疗、预防保健工作的人员，不包括实际从事管理工作的执业助理医师。执业助理医师类别分为临床、中医、口腔和公共卫生四类。

甲乙类法定报告传染病死亡率 是指某年某地区每 10 万人口中甲、乙类法定报告传染病死亡数。计算公式为：

甲乙类法定报告传染病死亡率=甲、乙类法定报告传染病死亡数/人口数×100000

累计在册执业药师数 指累计在注册有效期内 执业药师数，由统计资料计算获得。

药品不良反应报告数 指怀疑药品产生不良反应现象的病例报告数，由统计资料计算获得。

医疗器械不良事故报告数 指怀疑医疗器械产生不良事件的病例报告数，由统计资料计算获得。

城镇保障性安居工程开工套数 指自年初至报告期末，通过新建和改（扩、翻）建方式新开工的各类保障性住房和棚户区改造安置住房的套数，包括棚户区改造中以货币安置方式解决的户数。房屋开工应以正式开始破土刨槽（地基处理或打永久桩）的日期为准。

农村危房改造竣工户数 指截至当年底已竣工的农村危房改造户数。

农村危房改造竣工率 指农村危房改造竣工户数与年度任务数的比例。

公共图书馆 指文化部门主办的面向社会服务的图书馆数量，不包含部队、高校系统及文化馆内设的图书馆。

藏量 指图书馆已编目的古籍、图书、期刊和报纸的合订本、手册、手稿，以及缩微制品、录像带、录音带、光盘等视听文献资料数量之和。

总流通人次 指本年度内到图书馆场所接受图书馆服务的总人次，包括借阅书刊、咨询问题，以及参加各类读者活动等。

文化馆 指专门从事群众文化活动的群众文化场馆数量，不包含文化部门以外的文化宫和少年宫。

农村广播节目综合人口覆盖率 指在对象区内能接收到中央、省、地（市）、县（市）广播传输机构以无线、有线、卫星等方式传输的广播节目信号的农村人口数占对象区总农村人口数的比重。计算公式：

农村广播节目综合人口覆盖率＝农村广播节目综合覆盖人口/对象区内的总农村人口数×100%

农村电视节目综合人口覆盖率 指在对象区内能接收到中央、省、地（市）、县（市）

电视传输机构以无线、有线、卫星等方式传输的电视节目信号的农村人口数占对象区总农村人口数的比重。计算公式：

农村电视节目综合人口覆盖率＝农村电视节目综合覆盖人口/对象区内的总农村人口数×100%

全年公共广播节目播出时间 指广播电视播出机构全年播出公共广播节目的时间，含节目重复播出时间。

全年公共电视节目播出时间 指广播电视播出机构全年播出公共电视节目的时间，含节目重复播出时间。

全民健身活动中心 指指室内建筑面积500至2000平方米以内、具有5种以上体育场地设施、不设固定看台的可开展多项群众健身活动的场所。

残疾居民参加城乡社会养老保险

符合参保条件的残疾居民 指截止到本年度12月31日，年满16周岁（不含在校学生）、未参加城镇职工基本养老保险、有参加城镇或农村居民社会养老保险意愿的城乡非从业残疾居民。

实际参保的残疾居民指在“符合参保条件的残疾居民”中实际缴费参加城乡居民社会养老保险并已建立缴费记录档案的残疾居民，包括城乡居民养老保险制度实施时，已年满60周岁、未享受城镇职工基本养老保险待遇，直接按月领取城镇居民社会养老保险基础养老金的残疾居民，不包括只登记未建立缴费记录档案的残疾人。其中领取待遇指在“实际参保的残疾居民”中，已年满60周岁、未享受城镇职工基本养老保险待遇、直接按月领取城乡居民社会养老保险基础养老金的残疾居民；60周岁以下参保残疾居民指在“实际参保的残疾居民”中，60周岁以下，实际缴费参加城乡居民社会养老保险并已建立缴费记录档案的残疾居民。

城镇残疾人就业人数合计 指截止到本年度12月31日，实际在业的城镇（非农业户口）残疾人，就业形式包括集中就业、分散按比例就业（包括实施按比例就业前已在社会各单位就业的残疾人）、个体及其他形式就业、公益性岗位就业、辅助性就业等各种形式。其中集中就业指城镇残疾人在福利企业、符合集中就业条件的盲人按摩机构等就业；按比例就业指城镇残疾人分散在机关、团体、企事业单位及各种经济组织等单位就业；个体及其他形式就业指城镇残疾人个体就业和灵活就业；公益性岗位就业指城镇残疾人在城镇公共管理和涉及居民利益的非营利性的服务岗位上就业；辅助性就业指通过集中组织精神、智力和重度肢体残疾人参加适当生产劳动，以提高劳动技能、改善身体生活状况为目的的就业，包括公疗机构、农疗机构、集中托养机构中的劳动车间、庇护工场等。本年度新增 分别指本年度通过集中就业、按比例就业、个体及其他形式就业、公益性岗位就业、辅助性就业等各种形式新安排实现就业的城镇残疾人。

盲文及盲人有声读物阅览室 指截止到本年度12月31日，省、地市、县（市、区）三级公共图书馆已经开办的盲文及盲人有声读物图书室。

残疾人群众体育健身活动 指本年度省级举办的残疾人群众体育健身活动，主要指为推广普及群众体育健身活动而举办的健身展示交流、比赛和培训活动，不包括以选拔运动员参加全国残疾人运动会和单项赛事为主要目的的残疾人体育比赛。

残疾人群众体育活动示范点　指截止到本年度 12 月 31 日，已建设完成的省级、地市级残疾人群众体育活动示范点。

残疾人体育健身指导员　指截止到本年度 12 月 31 日，已培养的省级、地市级残疾人社会体育健身指导员。

第二篇

分领域年度报告

2016 年我国基本公共服务均等化建设取得积极成效　均衡发展水平仍需提升

为反映《"十三五"推进基本公共服务均等化规划》（以下简称《规划》）的实施进程，国家统计局在搜集有关统计资料基础上，对 2016 年落实《规划》中涉及的教育、劳动就业创业、医疗卫生、社会服务、文化体育、社会保险、住房保障、残疾人保障等领域的基本公共服务建设情况进行了监测分析，结果显示，2016 年，我国基本公共服务均等化建设取得积极成效，均等化状况得到改善，但均衡发展水平仍需进一步提升。

一、基本公共教育服务体系建设不断完善，义务教育均等化程度不断提高

国家不断加大财政投入力度，继续推进对家庭经济困难学生资助工作。2016 年，国家财政支出中，九年义务教育经费支出 12412 亿元，比上年增长 7.7%，快于一般公共预算总支出 6.3%的增速。九年义务教育学生营养改善计划受益学生 3256 万人，免费中等职业教育学生 1001 万人，占同类别学校在校生数比重分别为 22.9%和 62.6%。普通高中受资助学生 1158 万人次。

城乡间、地区间义务教育均等化程度不断提高。2016 年，九年义务教育生师比（以专任教师为 1）城镇为 15.96，与上年持平；乡村为 13.78，略高于上年，城乡间差距有所缩减。各省（自治区、直辖市）间（以下简称地区间）九年义务教育生师比变异系数继续走低，2016 年为 0.136，低于 2015 年的 0.142。

九年义务教育生师比变异系数

二、创业服务规模快速提升，就业服务体系建设取得新成果

2016 年，全国接受创业服务 409.8 万人，比上年增长 12.3%。全年接受职业指导 1684.6

万人，登记求职介绍成功 1675 万人，职业技能鉴定考核人数 1756 万人，消除零就业家庭 5 万户。

2016 年，社区和行政村劳动就业和社会保障服务窗口覆盖率 73.1%，比上年增加 1 个百分点。地区间服务窗口覆盖率变异系数从 2011 年 0.441 降到 2016 年的 0.367，表明地区间就业服务体系建设均等化程度在不断提高。

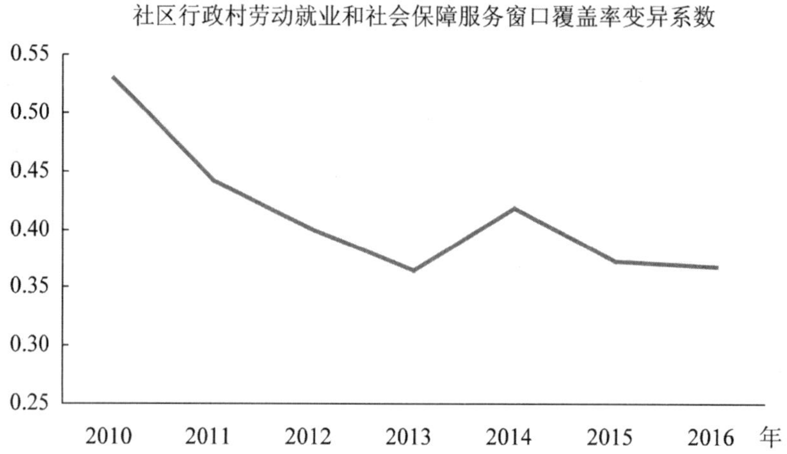

三、大力提升基层医疗卫生服务能力，地区间基本医疗卫生服务不断趋向均衡发展

2016 年，一般公共预算支出中，用于公共卫生服务费用支出 1692 亿元，基层医疗卫生机构经费支出 1211 亿元，分别比上年增长 9.2%和 9.8%，分别快于一般公共预算支出增速约 3 个百分点。财政支出优先支持基层医疗卫生机构建设。2016 年，每千人口基层医疗卫生机构床位数 1.04 张，每千人口基层医疗卫生机构执业(助理)医师 0.83 人，比上年分别增长 1.4%和 3.5%。2016 年，地区间医疗卫生机构每千人口执业（助理）医师变异系数 0.183，处于较低水平，表明地区间基本医疗卫生服务不断趋向均衡发展。

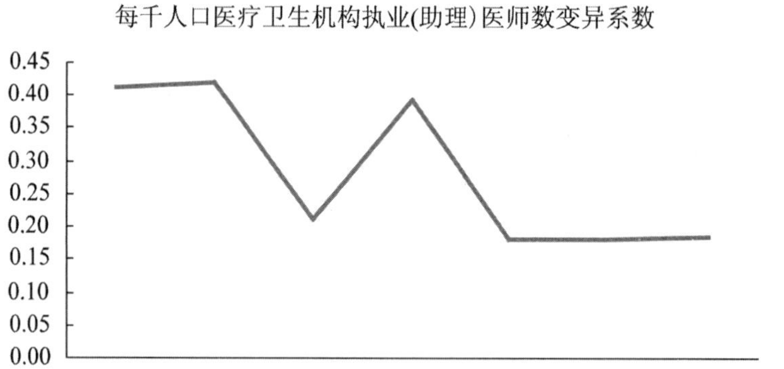

四、努力提高养老服务水平，基本社会服务规模持续扩大

2016 年，全国各类养老床位数 701.7 万张，每千老年人口（60 岁及以上）养老床位数 31.6 张，分别增长 4.3%和 4.4%，分区域看，东部地区 35.2 张，中部地区 27.3 张，西部地区 31.2 张，区域间差距逐年不断缩小。多数地区每千老年人口养老床位数有所增加，其中吉林、广东、山西、青海、北京等地比上年增幅均超过 30%。地区间每千老年人口养老床位数变异系数多年来一直处于走低的趋势，2016 年达到最低点 0.314，比上年 0.364 大幅降低，表明地区间养老服务均衡性有明显改善。

每千老年人口养老床位数变异系数

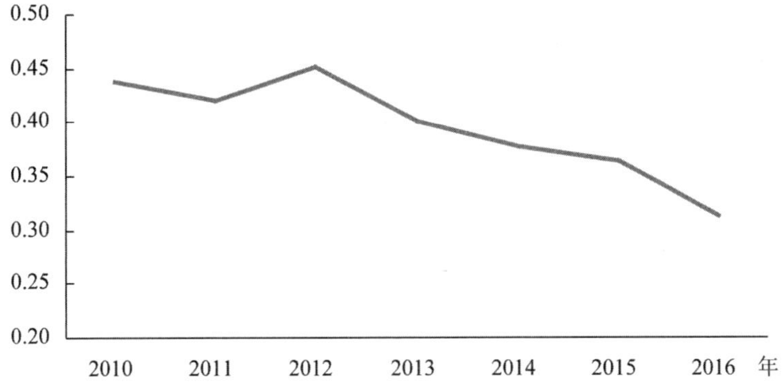

2016 年城乡居民最低生活保障人数 6066.7 万人，其中农村居民占 75.6%，比重逐年提升。地区间提供住宿的社会服务机构平均收留抚养和救助人数的变异系数年度间持续降低，2016 年为 0.453，低于上年的 0.469，是近几年来的最低点，表明各地区社会服务机构服务水平趋向均等化发展。

五、基本公共文化体育服务水平不断提高，地区差距不断缩小

2016 年，全国公共图书馆 3153 个，文化馆（站）44497 个，分别比上年增加 14 个和 206 个。每万人口拥有公共图书馆建筑面积 103.0 平方米，人均拥有公共图书馆藏量 0.65 册。东、中、西部公共文化基础设施建设齐头并进。2016 年，东、中、西部人均拥有公共图书馆藏量分别为 0.86 册、0.43 册和 0.49 册，比上年分别增长 7.3%、7.5%和 5.7%；文化馆（站）数西部地区最多，为 17396 个，中部地区次之，为 14239 个，东部地区 12862 个，东、中、西三大区域之比（以西部为 1）为 0.74∶0.82∶1。

截至 2016 年底，全国农村电影放映 746 万场，观众 8.48 亿人次；建成地面卫星接收站 210 个。2016 年，全国广播节目和电视节目综合人口覆盖率分别达到 98.4%和 98.9%，均比上年有所提高。

六、基本社会保险覆盖率进一步提升

2016 年，城乡居民基本养老保险参保人数 5.1 亿人，比上年增长 0.7%，城镇职工基本养老保险参保人数 3.8 亿人，增长 7.3%；城乡居民养老保险实际领取待遇人数 1.5 亿人，增长 3.2%。城镇居民基本医疗保险参保人数 4.5 亿人，增长 19.0%，城镇职工基本医疗保险参保人数 3.0 亿人，增长 2.2%。失业保险参保人数 1.8 亿人，工伤保险 2.2 亿人，生育保险 1.8 亿人，均比上年有所增长。全年领取失业保险金人数 483.9 万人，增长 5.9%；享受工伤保

险待遇人数196万人，减少2.9%；享受生育保险待遇人数913.7万人次，增长42.3%。10.1亿人持有全国统一的社会保障卡，社会保障卡普及率73.2%，比上年提高近9个百分点。

七、基本住房保障进程加快

国家加快保障性安居工程建设，切实解决城镇居民基本住房问题和农村困难群众住房安全问题。2016年，国家财政基本住房保障经费6776亿元，增长16.9%，占全部财政预算支出3.6%，高于2015年的3.3%。全年累计（建成）公共租赁住房1354.8万套，比上年增长10.8%；公共租赁住房实物保障户数1236.7万户，增长25%；住房租赁补贴户数268.7万户。2016年实际开工的各类棚户区改造住房套数（含货币安置户数）606.1万户，比上年增长0.7%；农村危房改造331万户，年度竣工率超过100%。

八、残疾人基本公共服务力度加大

大力推进专业化残疾人康复设施建设。全年投入使用的残疾人综合服务设施504.7万平方米，其中康复设施213.4万平方米，接受康复服务残疾人239万人，累计建设残疾人扶贫基地7111个，扶贫安置残疾人就业11.6万人。

继续实施残疾人事业专项彩票公益金助学项目，2016年为全国1.4万余人次家庭经济困难的残疾儿童享受普惠性学前教育提供资助，比上年增加2000余人次。各地也多渠道争取资金支持，对2607名残疾儿童给予学前教育资助，比上年增加840人。

加强国家通用手语、通用盲文的规范与推广。2016年电视手语栏目开播率58.5%，比上年增加1.6个百分点。公共图书馆盲文及盲人有声读物图书室51个，比上年增长82.1%。

总体来看，2016年我国基本公共服务均等化状况得到改善，服务能力进一步提高。同时也应该看到，我国基本公共服务基础依然薄弱，公共资源在城乡和地区之间配置不均衡问题依然突出，服务水平差异还较大。2016年中等职业教育生师比，东、中、西部分别为17.45、20.12和23.30，最高广西33.69，最低吉林8.93，与上年相比，东部地区生师比在降低，西部地区在增高，从近几年情况看，地区间差距有扩大趋势。每千人口拥有执业（助理）医师，最高北京4.11人，最低江西1.71人，注册护士最高北京4.51人，最低西藏1.16人。人均拥有公共图书馆藏量最高上海3.17册，最低河南0.28册。落实《规划》要求，还需要继续深化基本公共教育、基层医疗卫生、社会保障、养老服务、文化服务等领域的体制机制改革，扎扎实实抓好政策落地落实，加快构建社会广泛参与的医疗、养老体系，加速推进医疗+互联网，加快重点服务领域均等化建设步伐，不断提升人民群众的获得感和满意度。

（国家统计局社会科技和文化产业统计司　金红　骞金昌）

2016 年财政政策的收入再分配状况

2016 年，财政部门深入贯彻以人民为中心的发展思想，出台和落实税收、社会保障和转移支付等政策措施，继续完善再分配调节机制，着力缩小收入分配差距，一大批惠民举措落地实施，中等收入群体持续扩大，人民获得感显著增强。

一、加大税收政策支持力度

（一）关于促进就业创业的税收政策。2016 年以来，国务院明确了一系列有利于创业就业的税收政策。一是将重点群体、退役士兵就业创业税收优惠政策延续到 2019 年底；二是将减半征收企业所得税的小型微利企业的年应纳税所得额上限从 30 万元提高至 50 万元；三是开展完善创业投资税收优惠政策试点，将创投企业享受按投资额的 70%抵扣应纳税所得额优惠政策的投资对象范围由中小高新技术企业扩大到种子期、初创期科技型企业，并将优惠主体由公司制创投企业和合伙制创投企业的法人合伙人扩大到个人投资者；四是将科技型中小企业研发费用税前加计扣除的比例由 50%提高至 75%。

（二）关于支持创业创新的税收政策。为进一步支持国家大众创业、万众创新战略的实施，自 2016 年 9 月 1 日起，对符合条件的非上市公司股票（权）期权、限制性股票和股权奖励实行递延纳税政策，允许递延至股权转让时，对股权转让收入减除股权取得成本以及合理税费后的差额，按 20%的税率一次性征税；对上市公司股票期权、限制性股票和股权奖励维持现行征税政策不变，但将缴税期限由 6 个月放宽至 12 个月；对技术成果投资入股由 5 年分期纳税政策调整为选择性税收优惠政策，在继续保留 5 年分期纳税政策的同时，允许企业和个人选择递延纳税政策，递延至实际转让股权时纳税。上述优惠政策出台实施，有效解决了纳税人当期缴税现金流不足、税负偏重问题，对于激发科研人员创业创新的活力和积极性将发挥重要作用。完善研发费用加计扣除政策，自 2016 年 1 月 1 日起，放宽了适用加计扣除政策的研发活动范围，扩大了研发费用口径，并简化审核管理，鼓励企业加大研发投入。修订高新技术企业认定管理办法，自 2016 年 1 月 1 日起，放宽对中小企业认定条件，扩充了高新技术领域范围，加大对科技型企业特别是中小企业享受 15%企业所得税低税率的政策扶持力度;延续完善大学科技园和科技企业孵化器税收优惠政策,取消在孵企业研究开发费用占比、迁入企业上年营业收入等条件，进一步扩大政策适用范围。

（三）关于支持医疗保障体系建设的税收政策。为发展多层次医疗保障体系，自 2016 年 1 月 1 日起，在全国 31 个中心城市（北京、上海、天津、重庆四个直辖市，各省、自治区分别选择一个试点城市）开展商业健康保险个人所得税政策试点，对个人购买规定范围内的商业健康保险支出，允许其在当年计算个人所得税时按2400元/年（200元/月）予以税前扣除。政策试点一年多来，推进成效较为显著，社会公众对政策的认知度不断提高，市场参与主体逐步增多，商业健康保险保费收入增长较快，成为保险业新的增长点。按照国务院常务会议决定，从2017年7月1日起，将商业健康保险个人所得税税前扣除试点政策推广至全国实施，让更多老百姓享受到税收政策的红利。

（四）关于鼓励扶危济困的税收政策。为鼓励企业回馈社会、扶危济困，财税部门不断完善有关企业公益性捐赠的税收优惠政策。一是根据企业所得税法，企业通过公益性社会团体或者县级以上人民政府及其部门，用于公益事业的捐赠支出，在年度利润总额12%以内的部分，准予在当年税前扣除。2017年2月，全国人大常委会审议通过《企业所得税法》修正案，规定企业公益性捐赠支出超过年度利润总额12%的部分准予结转以后三年税前扣除，进一步加大了对企业公益性捐赠的政策支持力度；二是鼓励企业捐赠股权用于公益事业。2016年5月，财政部、税务总局印发《关于公益股权捐赠企业所得税政策问题的通知》，规定企业依法向公益性社会团体捐赠股权的，按取得股权的历史成本确定转让收入，相当于免除了捐赠人在捐赠环节的所得税。

（五）关于支持保障性安居工程的税费政策。一是减免税收。对经济适用住房、公共租赁住房（含廉租住房）建设运营管理以及各类棚户区改造，减免城镇土地使用税、印花税、土地增值税、契税等相关税收。对企业按规定用于工矿、林区、垦区棚户区改造的支出，准予在企业计算所得税前扣除。二是免收各项收费基金。对建设经济适用住房、公共租赁住房（含廉租住房）以及各类棚户区改造等，免收各项行政事业性收费和政府性基金。三是免收土地出让收入。对棚户区改造中的安置住房、经济适用住房以及面向经济适用住房对象供应的公共租赁住房（含廉租住房）建设用地，实行行政划拨方式供应，除依法支付土地补偿费、拆迁补偿费外，一律免缴土地出让收入。

二、建立学生资助政策体系

目前，我国基本建立了覆盖所有教育阶段、形式多样、功能完善的学生资助政策体系。2016年，财政部在落实现行学生资助政策的同时，进一步健全完善了义务教育、普通高中的学生资助政策。

（一）学前教育阶段。按照“地方先行、中央补助”的原则，地方政府对经审批设立的普惠性幼儿园在园家庭经济困难儿童、孤儿和残疾儿童予以资助，中央财政根据地方出台的资助政策、经费投入及实施效果等因素，予以奖补。

（二）义务教育阶段。按照《国务院关于进一步完善城乡义务教育经费保障机制的通知》（国发〔2015〕67号），从2016年春季学期开始，统一城乡义务教育学校生均公用经费基准定额，继续落实好农村学生“两免一补”政策。

（三）中等职业教育阶段。继续落实中等职业教育国家助学金和免学费政策规定。一是对公办中等职业学校全日制正式学籍一、二、三年级在校生中所有农村（含县镇）学生、城市涉农专业学生和家庭经济困难学生免除学费（艺术类相关表演专业学生除外）；二是具有中等职业教育学校全日制学历教育正式学籍的一、二年级在校涉农专业学生和非涉农专业家庭经济困难学生享受国家助学金；三是对在职业教育行政管理部门依法批准、符合国家标准的民办中等职业教育学校就读的一、二年级符合免学费政策条件的学生，按照当地同类型同专业公办中等职业教育学校学生享受免学费政策。

（四）普通高中教育阶段。2016 年 8 月，财政部、教育部印发《关于免除普通高中建档立卡家庭经济困难学生学杂费的意见》（财教〔2016〕292 号），从 2016 年秋季学期起，免除公办普通高中建档立卡等家庭经济困难学生（含非建档立卡的家庭经济困难残疾学生、农村低保家庭学生、农村特困救助供养学生）学杂费。对在政府教育行政管理部门依法批准的民办普通高中就读的符合免学杂费政策条件的学生享受免学杂费政策。

（五）本专科教育阶段。落实了国家奖学金、国家励志奖学金、国家助学金、国家助学贷款、基层就业学费补偿贷款代偿、应征入伍国家资助、师范生免费教育等多元混合的资助政策体系。

（六）研究生教育阶段。落实了研究生国家奖学金、国家助学金、学业奖学金、“三助”岗位津贴、国家助学贷款等相结合的资助政策体系。

（七）其他方面。2016 年，安排中央彩票公益金 4 亿元用于资助普通高中家庭经济困难学生生活费补助和大学新生入学路费。在实施普惠性学生资助政策的同时，进一步采取有效措施，加大对贫困地区、民族地区和边疆地区的支持，将六盘山区等 11 个连片特困地区和西藏及四省藏区、新疆南疆四地州中等职业学校农村学生（不含县城）全部纳入享受助学金范围。继续支持举办内地新疆西藏中职班，推进四省藏区实施“9+3”免费中职教育等。为进一步助力脱贫攻坚，将各教育阶段建档立卡等家庭经济困难学生优先纳入资助范围。

2016 年，国家各项学生资助政策得到有效落实，有效保证了家庭经济困难学生顺利入学。2016 年，国家学生资助政策累计资助 9100 多万人次（不包括义务教育免除学杂费和免费教科书、营养膳食补助）。累计资助金额 1600 多亿元（不包括义务教育免除学杂费和免费教科书、营养膳食补助），其中各级财政资金约 1100 亿元，中央财政投入约 580 亿元。

三、支持社会保障和就业

（一）社会保障和就业支出情况。

2016 年，全国一般公共预算社会保障和就业支出共计 21591.45 亿元，同比增长 13.5%；其中，中央本级一般公共预算社会保障和就业支出 890.58 亿元，同比增长 23.2%。此外，中央财政通过地方转移支付积极支持社会保障和就业发展，其中：一般转移支付方面，基本养老金转移支付 4974.7 亿元，主要用于确保机关事业单位、企业离退休人员基本养老金和城乡居民基础养老金按时足额发放，以及落实机关事业单位和企业退休人员基本养老金调整政策；专项转移支付方面，就业补助资金 438.78 亿元，主要用于支持各地落实社会保险补贴、公益性岗位补贴、职业培训补贴等就业创业扶持政策，以及加强高技能人才培养基地、公共就业服务人力资源市场信息网络建设等；优抚对象补助经费 383.64 亿元，退役安置补助经费 384.73 亿元，主要用于优抚对象等人员抚恤和生活补助等；中央自然灾害生活补助资金 77.78 亿元，主要用于解决由于旱灾、暴雨等自然灾害给人民群众造成的生活困难问题；孤儿基本生活保障支出 19.39 亿元，主要用于补助孤儿及艾滋病感染儿童基本生活费；困难群众基本生活救助补助支出 1370.13 亿元，主要用于保障低保对象、特困人员、临时救助对象等困难群众基本生活；残疾人事业发展补助资金 12.75 亿元，主要用于残疾人康复、扶贫、托养和机动轮椅车等方面支出；流浪乞讨人员救助资金 20 亿元，主要用于支持各地做好流浪乞讨人员救助管理工作。

党的十八大以来，全国一般公共预算社会保障和就业支出共计 83655.05 亿元。其中，2012 年 12585.52 亿元，2013 年 14490.54 亿元，2014 年 15968.85 亿元，2015 年 19018.69 亿元，2016 年 21591.45 亿元。重点科目支出情况如图所示：

2012-2016 年全国财政社会保障和就业支出情况表

单位：亿元

项　　目	合计	2012 年	2013 年	2014 年	2015 年	2016 年
社会保障和就业总支出	83655.05	12585.52	14490.54	15968.85	19018.69	21591.45
1.财政对社会保险基金的补助	27503.99	3828.29	4403.14	5042.83	6596.19	7633.54
2.行政事业单位离退休经费	19320.87	2848.84	3208.43	3668.01	4360.95	5234.64
3.就业补助	4085.78	736.53	822.56	870.78	870.93	784.98
4.自然灾害生活救助	1192.07	272.02	240.91	210.47	195.52	273.15
5.最低生活保障	7918.73	1365.07	1624.42	1606.47	1665.17	1657.60

（二）医疗卫生支出执行情况。一般性转移支付方面，新型农村合作医疗和城镇居民基本医疗保险补助支出 2363.24 亿元，各级财政对新农合和城镇居民医保的补助标准从每人每年 380 元提高到 420 元，其中中央财政对西部地区补助标准由每人每年 216 元提高到 300 元，对中部地区的补助标准由每人每年 216 元提高到 240 元，对东部地区的补助标准也相应提高；专项转移支付方面，公立医院补助资金 142.6 亿元，主要用于支持公立医院综合改革和住院医师规范化培训等；基本药物制度补助资金 90.95 亿元，主要用于支持基层医疗卫生机构实施国家基本药物制度，推进基层医疗卫生机构体制机制综合改革；公共卫生服务补助资金 544.42 亿元，主要用于向城乡居民提供基本公共卫生服务，基本公共卫生服务人均经费标准从 40 元提高到 45 元；计划生育转移支付资金 91.48 亿元，主要用于支持提供各项计划生育服务；基建支出 220.51 亿元，主要用于加强医疗卫生和计划生育机构基本建设；城乡医疗救助支出 141.13 亿元，资助城乡困难群众参加基本医疗保险，并对其医保报销后仍难以负担的医疗费用给予补助，全面开展重特大疾病医疗救助等工作。同时，进一步健全疾病应急救助制度，对需要紧急救治但身份不明确或无负担能力的个人急救费用给予补助。

十八大以来，全国一般公共预算医疗卫生（含计划生育）支出共计 52529.35 亿元，其中：2012 年 8057.96 亿元，2013 年 9187.43 亿元，2014 年 10176.81 亿元，2015 年 11953.18 亿元，2016 年 13153.97 亿元（2012-2015 年数据为决算数，2016 年数据为执行数）。

（三）支持就业创业。2016 年，各级财政部门充分发挥政府公共财政职能作用，积极贯彻落实各项就业创业扶持政策。一方面，加大就业补助资金投入力度，2016 年，中央财政下达就业补助转移支付资金 447.28 亿元，比上年增长 0.5%，用于支持各地落实职业培训补贴、求职创业补贴、社会保险补贴、高技能人才培养补助等就业创业扶持政策。另一方面，积极研究完善促进就业政策体系。一是印发《关于开展第二批新型学徒制试点工作的通知》，扩大新型学徒制试点范围；二是印发《关于深入推进国家高技能人才振兴计划的通知》，深入推进国家高技能人才振兴计划；三是印发《关于在化解钢铁煤炭行业过剩产能实现脱困发展过程中做好职工安置工作的意见》，对开展跨区就业信息对接和有组织的劳务输出中的就业困难人员按规定给予一次性交通费补助。四是印发《关于切实做好就业扶贫工作的指导意见》，进一步加大对农村贫困劳动力的就业创业支持工作。

四、支持农民增收

2016 年，中央财政加大强农惠农富农政策力度，推进农业供给侧结构性改革，加快转变农业发展方式，着力构建促进农业增收长效机制，确保了农业稳定发展和农民持续增收。

（一）完善农业补贴政策，促进增加农民转移性收入。一是全面推开农业“三项补贴”改革。将农作物良种补贴、农资综合补贴和粮食直补合并为农业支持保护补贴，政策目标调整为耕地地力保护和粮食适度规模经营，进一步提高了补贴政策精准性、指向性和实效性。二是完善农机购置补贴政策。中央财政安排 236.45 亿元继续大力支持农机购置补贴，不断优化补贴机具种类，重点补贴粮棉油糖等主要农作物生产关键环节所需机具，并要求各地根据当地优势主导产业发展需要，选择部分关键环节机具实行敞开补贴，鼓励更多农民购买先进适用农机，有力减轻了农民购机负担，推动了农机产业发展。三是实施新一轮草原生态保护补助奖励政策。安排 187.6 亿元支持启动实施新一轮草原生态保护补助奖励政策，适当提高了补奖标准，保障了牧民收入稳定。四是积极完善相关林业财政政策。按照农民自愿、政府引导的原则，支持实施新一轮退耕还林还草并扩大规模，国家按退耕还林每亩 1500 元、还草 1000 元的标准给予补助。支持全面停止天然林商业性采伐，适当提高天保工程森林管护费、社会保险补助费和森林生态效益补偿标准。继续实施造林、抚育补贴政策，推进国有林场、林区改革。通过实施和完善林业财政政策，确保当地群众收入不受到影响，并进一步提高了承担造林、抚育等任务的农民、农民专业合作社以及林业职工的收入水平。

（二）加快现代农业建设，促进增加农民经营性收入。一是支持构建现代农业产业体系。安排 12 亿元，支持扩大农村一二三产业融合试点范围，着力构建农业与二三产业交叉融合的现代产业体系，让农民从二三产业发展的增值收益中分享利润。安排 136.5 亿元，支持地方优势特色产业发展，进一步促进主导产业提质增效和可持续发展，发挥对农民增收的辐射带动作用。支持实施“粮改饲”、“粮改豆”、耕地轮作休耕等试点，加强与玉米生产者补贴以及价格政策的衔接，推动种植结构调整。二是支持构建现代农业生产体系。通过农田水利设施建设和水土保持补助资金安排 219.62 亿元，统筹支持包括高效节水灌溉在内的农田水利建设，开展区域规模化高效节水灌溉建设，促进改善农业生产条件，巩固了农业生产硬件基础。及时安排拨付农业生产救灾和特大防汛抗旱等资金，支持水利防灾减灾能力建设和农村气象灾害防御体系建设，增强了农业生产的灾害抵御能力。三是支持构建现代农业经营体系。安排 14 亿元，支持各地因地制宜发展粮食、农机、畜牧、林果等不同类型农民合作社，提升农民合作社发展水平和带动农户增收能力。安排 12 亿元，支持开展新型农业生产社会化服务体系建设试点，完善农业生产社会化服务体系。安排 10 亿元，支持开展农产品产地初加工补助试点，减少农产品产后损失，提升农产品有效供给水平，增加农民收入。四是支持高标准农田建设和农业产业发展。中央财政安排农业综合开发资金 404 亿元，支持建设高标准农田 2636.65 万亩，建设完成 87 个重点中型灌区节水配套改造项目，切实改善了农业生产条件，提高了农业综合生产能力和效益。同时，建设完成经济林、蔬菜等种植基地 96.54 万亩、水产养殖基地 16.23 万亩，扶持农产品加工和农业生产服务项目 1167 个，重点围绕区域农业主导产业，打造了一批支撑农业产业发展的优势特色产业集群，推进农村一二三产业融合发展。

（三）着力深化机制改革，促进增加农民财产性收入。一是支持开展扶持村级集体经济发展试点。中央财政安排农村综合改革转移支付资金 33 亿元，支持河北等 13 个省份开展扶持村级集体经济发展试点工作，以增强村级集体经济实力、实现农民共同富裕为目标，探索资源有效利用、提供服务、物业管理、混合经营等多种集体经济实现形式，发挥村级集体经济优越性，调动村集体成员积极性，增强村集体自我发展、自我服务、自我管理能力和水平。二是积极探索资产收益扶贫工作。指导各地因地制宜推进资产收益扶贫工作，探索将财政专项扶贫资金和其他涉农资金投入设施农业、养殖、乡村旅游等项目形成的资产，具备条件的折股量化给贫困村和贫困户，尤其是丧失劳动能力的贫困户，让贫困人口分享产业发展收益。

（四）支持做好服务保障，促进增加农民工资性收入。中央财政安排 13.86 亿元，用于支持新型职业农民培育工作。主要以新型农业经营主体带头人为培育对象，支持打造高素质新型农业经营主体，着力培养一大批有文化、懂技术、会经营的新型职业农民。同时，积极配合有关部门做好农民进城务工就业管理和服务等相关工作。

五、支持脱贫攻坚

2016 年是全面打响脱贫攻坚战的第一年。中央财政大幅增加财政扶贫投入，积极构建完善财政扶贫政策体系，为“十三五”全面脱贫攻坚战取得良好开局提供了有力支撑。

（一）大幅度增加财政扶贫投入。在财政收支矛盾突出的形势下，中央财政安排补助地方财政专项扶贫资金 660.95 亿元，较上年增长 43.4%，资金分配向中西部省份倾斜，更加突出精准扶贫精准脱贫的要求。此外，安排专项彩票公益金 15 亿元，比上年增长 66.7%，重点支持贫困革命老区开展小型生产性公益设施建设，加快贫困革命老区发展步伐。

（二）开展贫困县涉农资金整合试点。为统筹利用各方面资源，更好地贯彻落实各项脱贫攻坚政策，调动基层在脱贫攻坚中的积极性和主动性，促进权责匹配，按照党中央、国务院部署，2016 年开展了贫困县涉农资金整合试点，将各级财政安排用于农业生产发展、农村基础设施建设等方面资金的配置权，完全下放给处于脱贫攻坚第一线的贫困县，由其根据当地脱贫攻坚规划统筹使用，确保如期完成脱贫攻坚任务。2016 年，全国共有 961 个贫困县开展了整合试点，其中，片区县和重点县 792 个（占全国 832 个片区县和重点县的 95%）。

（三）稳步推进易地扶贫搬迁。明确易地扶贫搬迁贷款贴息政策，下达贷款贴息资金 29.82 亿元。协调落实用于支持易地扶贫搬迁的中央专项建设基金及财政贴息政策，推动各地筹资落实到位。会同相关部门编制“十三五”易地扶贫搬迁规划，明确易地扶贫搬迁所涉贷款管理、城乡建设用地增减挂钩相关政策，建立易地扶贫搬迁工作每月定期报告和重大事项不定期报告制度，加强跟踪督导。

据国家统计局提供的全国农村贫困监测调查结果统计，2016 年全国贫困人口 4335 万人，比 2015 年减少 1240 万人，下降 22.2%；贫困发生率 4.5%，较 2015 年下降 1.2 个百分点；贫困地区农村居民人均可支配收入 8452 元，剔除价格因素影响，实际增长 8.4%，实际增速高于全国农村平均水平 2.2 个百分点。

六、支持保障性安居工程

保障性安居工程是重大的民生工程和发展工程，党中央、国务院高度重视。2016 年，各级财政部门认真贯彻落实党中央、国务院的决策部署，主动发挥财政职能作用，积极筹措资金，落实税费优惠政策，完善支持政策，加强资金管理，切实有力地推进保障性安居工程工作。2016 年，全国保障性安居工程财政支出 5267.91 亿元，同比增长 11.9%，支持全国开工棚户区改造 606 万套，新入住公租房 266 万户，发放租赁补贴近 300 万户，农村危房改造 314 万户。分资金来源情况看，一般公共财政预算支出 4313.03 亿元，占 81.9%；土地出让收益支出 954.88 亿元，占 18.1%。分资金使用情况看，公共租赁住房（含廉租住房）支出 1121.7 亿元，占 21.3%；各类棚户区改造支出 2200.51 亿元，占 41.8%；农村危房改造支出 439.39 亿元，占 8.3%；保障性住房租金补贴支出 72.29 亿元，占 1.4%；其他支出（主要指用于配套设施建设部分）1434.02 亿元，占 27.2%。同时，中央财政补助力度进一步加大。2016 年，中央财政一般公共预算安排用于保障性安居工程的补助资金达 2341.9 亿元，比年初预算安排增加 25.46 亿元。其中，补助城镇保障性安居工程 2075 亿元，占 88.6%;补助农村危房改造 266.9 亿元，占 11.4%。分项目情况看，中央财政一般公共预算补助资金重点向各类棚户区改造倾斜，补助各类棚户区改造及配套基础设施建设 1909 亿元，占城镇保障性安居工程中央补助资金的 92%，比上年增长 30.4%。各级财政资金投入的增加，有力地保障了保障性安居工程建设资金需要。

截至 2016 年底，全国通过公共租赁住房、棚户区改造安置住房等多种保障方式，累计解决了 4000 多万户城镇家庭的住房困难，城镇低收入住房困难家庭已基本实现应保尽保。通过农村保障性安居工程累计支持了 2311.4 万贫困农户改善了住房条件。保障性安居工程的实施，不仅改善了城镇居民住房条件，而且拉动了房地产及相关产业投资，增加了就业，促进了经济增长，增进了社会和谐。

七、完善机关事业单位工资收入分配政策

（一）调整机关事业单位基本工资标准。从 2016 年 7 月 1 日起，调整机关事业单位工作人员的基本工资标准，将部分规范津贴补贴（绩效工资）纳入基本工资，同时相应增加机关事业单位离休人员的离休费，中央财政通过增加均衡性转移支付给予地方适当补助。

（二）实行以增加知识价值为导向的分配政策。为加快实施创新驱动发展战略，激发科研人员创新创业积极性，2016 年 11 月，中央办公厅、国务院办公厅印发了《关于实行以增加知识价值为导向分配政策的若干意见》，明确通过稳定提高基本工资、加大绩效工资分配激励力度、落实科技成果转化奖励等激励措施，使科研人员收入与岗位职责、工作业绩、实际贡献紧密联系。

（三）开展公立医院薪酬制度试点。选择部分地区或公立医院开展薪酬制度改革试点，健全激励约束机制，规范收入分配秩序，着力体现医务人员技术劳务价值，促进公立医院增强公益性。

（四）扩大高校科研创新自主权。结合深化高等教育领域简政放权放管结合优化服务改革，健全符合高校特点的薪酬分配制度，支持高校推进内部薪酬分配改革，绩效工资分配时向关键岗位、高层次人才、业务骨干和做出突出成绩的工作人员倾斜，激发广大教学科研人员教书育人、干事创业的积极性和主动性。

八、加大中央财政对地方转移支付力度

2016 年中央财政进一步优化财政支出结构，加大对财政困难地区的转移支付力度，集中更多财力推动区域协调发展。2016 年中央财政累计安排西部地区各项转移支付 23542 元，比 2015 年增加 1137 亿元，增长 5.1%；其中，安排西部一般性转移支付 14315 亿元，比 2015 年增加 1369 亿元，增长 10.6%，有力支持西部地区切实提高财政保障能力和基本公共服务水平。2016 年中央财政创新一般性转移支付管理机制，统筹均衡性转移支付、县级基本财力保障机制奖补资金以及阶段性财力补助，支持东北三省区弥补县级财力缺口，三项资金对辽宁、吉林、黑龙江的补助金额分别为 379 亿元、492 亿元、635 亿元，分别比上年增加 116 亿元、67 亿元、103 亿元。继续支持中部崛起战略，2016 年安排山西、安徽、江西、河南、湖南、湖北等中部六省一般性转移支付 9425 亿元，比上年增长 11.5%，稳步提高中部地区的基本公共服务水平，推动中部地区经济社会又好又快发展。加大对民族地区、边疆地区、革命老区的支持力度，2016 年中央财政安排民族地区转移支付 640 亿元，边境地区转移支付 151.8 亿元，革命老区转移支付 89.36 亿元。

（财政部综合司　常城　井明　王晓飞）

2016 年特殊群体社会服务保障状况

2016 年，我国民政社会服务水平不断提高，社会福利制度不断健全，优待抚恤标准再次提高，社会救助体系更加完善，慈善事业稳步发展，老年人、残疾人、孤儿和困境儿童等群体群体基本生活保障水平逐步提升。

一、社会服务保障基本情况

（一）老年人服务保障

1. 制定切实可行的政策，保障养老服务业发展环境不断优化

全国人大常委会颁布了《老年人权益保障法》修正案，将经营性养老机构许可修改为“先照后证”，民政部修改了《养老机构设立许可办法》（民政部令第 48 号），调整了许可条件和工作程序，制定了中央财政投资兴办的发挥实训、示范功能的养老机构的审批受理单、服务指南、工作细则和服务规范。民政部会同有关部门出台了《关于印发促进消费带动转型升级行动方案的通知》（发改综合〔2016〕832 号）、《关于开展老年人意外伤害保险工作的指导意见》（全国老龄办发〔2016〕32 号）、《关于中央财政支持开展居家和社区养老服务改革试点工作的通知》（民函〔2016〕200 号）、《关于推进老年宜居环境建设的指导意见》（全国老龄办发〔2016〕73 号）、《关于进一步加强老年法律维权工作的意见》（全国老龄办发〔2016〕102 号）5 个文件，为社会力量参与养老服务业发展营造了良好政策环境。

在医养结合方面，民政部、卫生计生委印发了《关于印发医养结合重点任务分工方案的通知》（国卫办家庭函〔2016〕353 号）、《关于做好医养结合服务机构许可工作的通知》（民发〔2016〕52 号），卫生计生委制定了《养老机构医务室基本标准》、《养老机构护理站基本标准》。

2. 养老服务体系建设加快推进

全国 27 个省份建立了 80 周岁以上高龄老年人津贴制度，20 个省份建立了生活困难老年人养老服务补贴制度，17 个省份建立了失能老年人护理补贴制度。截至 2016 年底，全国共有 2355.4 万老年人享受了高龄补贴，40.5 万老年人享受了护理补贴，282.9 万人享受了养老服务补贴；全国纳入农村低保的老年人达 1858.9 万人，纳入城市低保的老年人达 258.0 万人，纳入特困救助供养的老年人达 429.3 万人，对符合救助保障条件的老年人基本实现了“应保尽保”。

社区和居家养老服务方面，“十三五”以来，中央和地方投入大量资金，支持社区日间照料服务设施建设。截至 2016 年底，全国共有社区养老机构和设施 3.5 万个，同比增长

34.6%；社区互助型养老服务设施 7.6 万个，同比增长 22.6%。机构养老服务方面，公办养老机构改革有序推进，养老服务市场全面放开，养老服务质量稳步提升，放管服改革加快推进，土地、金融、税收和人才等政策促进社会力量发展养老服务作用进一步发挥。截至 2016 年底，全国登记注册的养老机构总数达到 2.9 万个，全国养老床位达到 730.2 万张，比上年增长 8.6%，每千名老年人养老床位数达到 31.6 张，比上年增长 4.3%。

表 1　享受高龄补贴的老年人数（2010—2016 年）

单位：万人、%

指　标	2010 年	2011 年	2012 年	2013 年	2014 年	2015 年	2016 年
享受高龄补贴的老年人数	576.4	883.1	1257.7	1557.9	1719.6	2155.1	2355.4
增长率	33.8	53.2	42.4	23.9	10.4	25.3	9.3

在全国 90 个地区开展了医养结合试点，养老机构与医疗机构的业务协作机制开始建立，全国 23%的养老机构设有医务室、护理站等医疗机构，健康服务能力明显提高。

图 1　养老服务床位数（2007-2016 年）

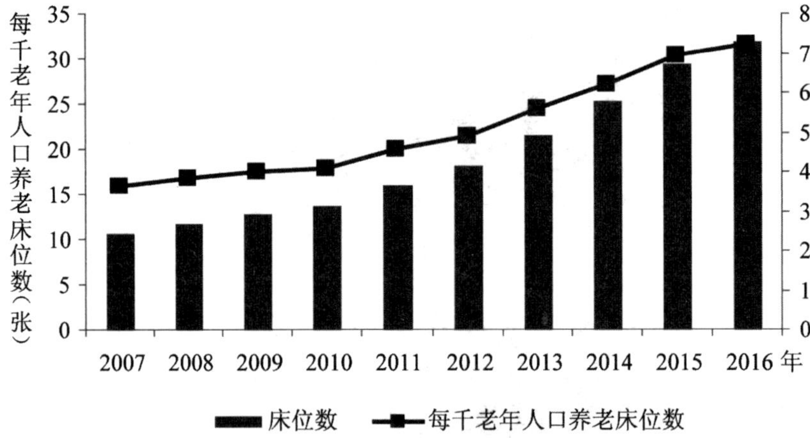

单位：万张、张

指　标	2007 年	2008 年	2009 年	2010 年	2011 年	2012 年	2013 年	2014 年	2015 年	2016 年
床位数	242.9	267.4	293.5	316.1	369.2	416.5	493.7	577.7	672.7	730.2
每千老年人口养老床位数	15.83	16.72	17.56	17.79	19.96	21.48	24.39	27.2	30.3	31.6

（二）儿童服务保障

1. 孤儿基本生活保障制度全面落实

民政部推动落实《国务院办公厅关于加强孤儿保障工作的意见》，指导地方为孤儿弃婴及时、足额发放基本生活费。2016 年度，儿童福利机构养育孤儿生活费平均标准达到每人每月 1192 元，社会散居孤儿基本生活费平均标准达到每人每月 837 元。中央财政共安排孤儿基本生活保障补助资金 19.4 亿元，惠及 50.2 万孤儿和艾滋病病毒感染儿童。截至 2016 年底，全国共有儿童收养救助服务机构 705 个，床位 10.0 万张，年末收留抚养 5.4 万人。其中儿童福利机构 465 个，床位 9.0 万张；未成年人救助保护中心 240 个，床位 1.0 万张，全年共救助流浪乞讨未成年人 5.2 万人次。

图 2　儿童服务床位数（2007-2016 年）

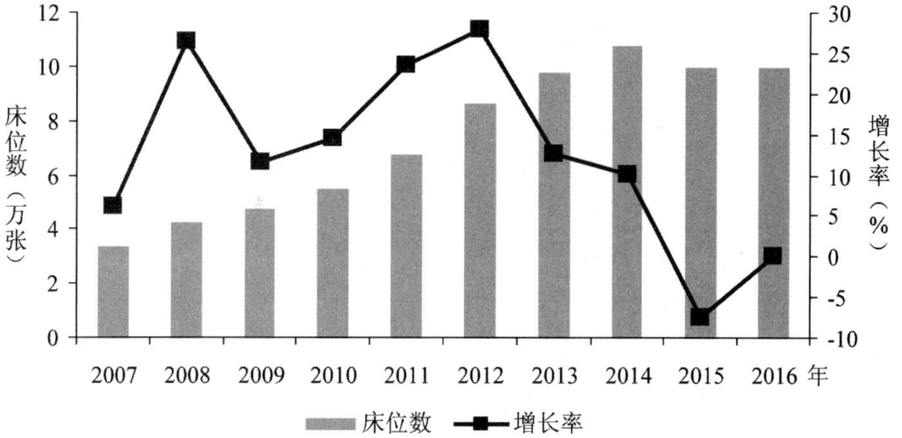

单位：万张、%

指　标	2007 年	2008 年	2009 年	2010 年	2011 年	2012 年	2013 年	2014 年	2015 年	2016 年
床位数	3.4	4.3	4.8	5.5	6.8	8.7	9.8	10.8	10.0	10.0
增长率	6.2	26.5	11.6	14.6	23.6	27.9	12.6	10.2	-7.4	-

2. 适度普惠型儿童福利制度建设等试点有序推进

推进适度普惠型儿童福利制度建设试点和百县千村—基层儿童福利服务体系建设试点， 50 个适度普惠型儿童福利制度建设试点地区建立困境儿童福利保障制度，101 个县形成以市、县儿童福利机构为骨干，以乡镇、村（居）委会为依托，以儿童福利主任为社区工作力量，以家庭监护为基础的儿童福利服务体系。印发《关于进一步推进“明天计划”救治工作的通知》（民明办〔2016〕03 号）、《关于开展贫困家庭病残儿童“明天计划”救治试点工作的方案》（民明办〔2016〕04 号）文件， “明天计划”手术对象范围不断拓展，“明天计划”工作更加规范。

（三）残障人服务保障

1. 残疾人保障政策措施持续完善

2016 年，民政部着力推动《国务院关于全面建立困难残疾人生活补贴和重度残疾人护理补贴制度的意见》（国发〔2015〕52 号）的贯彻落实，指导地方出台具体实施意见，完善残疾人两项补贴制度与其它制度的衔接办法，紧抓政策落实督促检查，跟踪掌握补贴发放情况。截至 2016 年底，全国各省均已建立了困难残疾人生活补贴和重度残疾人护理补贴两项制度，残疾人两项补贴已惠及521.3万困难残疾人和500.1万重度残疾人。制定出台《“十三五”加快残疾人小康进程规划纲要》及配套实施方案、《国家残疾预防行动计划》、《工伤保险辅助器具配置管理办法》，新增部分医疗康复项目纳入基本医疗保障支付范围等法规政策，残疾人保障制度设计进一步完善。

2. 精神卫生社区康复服务能力不断增强

贯彻落实《关于加快民政精神卫生福利服务发展意见》和《精神卫生社会福利机构基本规范》等文件，大力推动精神卫生福利机构建设，利用民政部本级彩票公益金，并联合财政部投入中央专项彩票公益金资助地方精神病院新建、改扩建项目。2016年投入中央预算内资金1.9亿元，补助8个省（自治区、直辖市）的8个地级市民政精神卫生福利机构设施建设，有力落实了《“十三五”社会服务兜底工程实施方案》提出的建设任务。截至2016年底，全国民政部门管理的智障与精神疾病服务机构共244个，床位8.4万张。其中社会福利医院（精神病院）150个，床位5.3万张，年末收留抚养各类人员4.4万人；复退军人精神病院94个，床位3.1万张，年末收留抚养各类人员2.5万人。

3. 康复辅助器具产业加快发展

国务院印发了《关于加快发展康复辅助器具产业的若干意见》（国发〔2016〕60号），在国家层面对康复辅助器具产业作出总体规划和安排部署。经国务院批准，建立了加快康复辅助器具发展部际联席会议制度，完善了工作机制。截至2016年底，共有25个民政部门直属的康复辅具机构，初步保障了残疾人群体对康复辅助器具的需求。

（四）社会救助

1. 城乡低保

国务院办公厅转发民政部等部门《关于做好农村最低生活保障制度与扶贫开发政策有效衔接的指导意见》，提出加强农村低保制度与扶贫开发政策在政策、对象、标准和管理等方面衔接的重点任务。截至2016年底，全国共有城乡低保对象6066.7万人，其中城市低保对象1480.2万人，农村低保对象4586.5万人。城市低保平均标准为494.6元/人•月，较上年增长9.7%，农村低保平均标准为3744.0元/人•年，较上年增长17.8%。全年累计支出城乡低保资金1702.4亿元。

2. 特困人员救助供养

国务院印发《关于进一步健全特困人员救助供养制度的意见》，将城市“三无”人员救助和农村“五保”人员供养统一为特困人员救助供养制度，实现了对象范围、供养内容、形式以及标准的城乡统筹。截至2016年底，全国共有农村特困救助供养人员496.9万人，其中集中供养139.7万人，全年累计支出农村特困人员救助供养资金228.9亿元。全国共有城市特困救助供养人员9.1万人。

3. 医疗救助和临时救助

民政部会同有关部门印发《关于做好2016年大病保险工作的通知》（国医改办〔2016〕2号），明确大病保险对特困人员、低保对象和农村建档立卡贫困人口等实行倾斜性支付政策。2016年，全国各级民政部门实施住院和门诊救助2696.1万人次，支出资金232.7亿元；

资助困难群众参加基本医疗保险 5560.4 万人次，支出资金 63.4 亿元。推动 300 个全国“救急难”综合试点单位开展试点，北京、内蒙古、上海、江苏、浙江、广东等地全面部署开展“救急难”工作，黑龙江、福建、山东、贵州、青海、甘肃、新疆等地进一步扩大了试点范围。2016 年，全国共实施临时救助 850.7 万人次，累计支出救助资金 87.7 亿元，平均救助水平 1031.3 元/人次。其中，救助非本地户籍对象 24.4 万人次。

图 3　农村特困人员救助供养人数情况表（2007—2016 年）

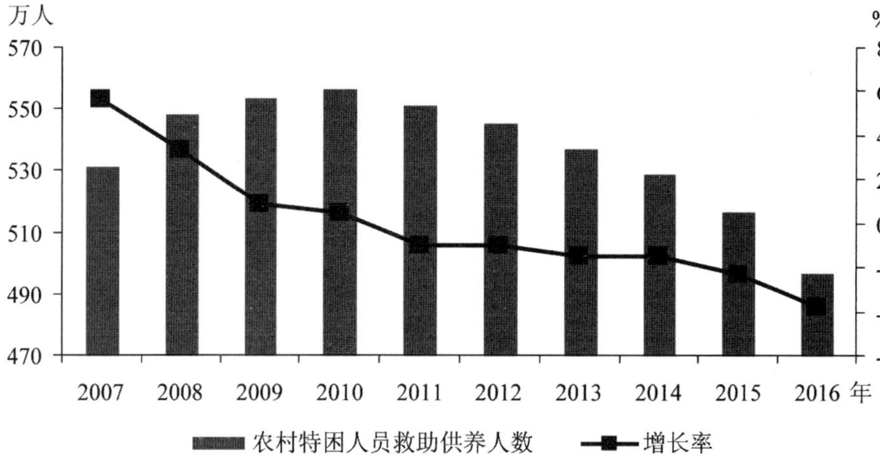

单位：万人

指　标	2007 年	2008 年	2009 年	2010 年	2011 年	2012 年	2013 年	2014 年	2015 年	2016 年
农村特困人员救助供养人数	531.3	548.6	553.4	556.3	551.0	545.6	537.3	529.1	516.7	496.9
增长率	5.6	3.3	0.9	0.5	-1.0	-1.0	-1.5	-1.5	-2.3	-3.8

4. 社会救助家庭经济状况核对机制建立

民政部分别与证监会、工商总局、住房城乡建设部制定查询社会救助家庭成员证券财产、工商登记、住房公积金、住房保障和住房买卖等信息的政策措施。2016 年全年，全国共开展各类受托核对 9074 万次，其中，开展低保核对 8106 万次、住房保障核对 479 万次、其他核对 489 万次，全国累计检出申报信息不实的各类申请为 6.66%，有效防止了公共资源浪费。

（五）慈善事业

1. 慈善事业健康发展

2016 年 3 月 16 日，《中华人民共和国慈善法》（主席令第四十三号）公布，自 2016 年 9 月 1 日起施行。各地民政部门通过政府搭台、社会唱戏等方式，举办了形式多样、各具特色、易于参与的慈善活动。一幅幅贯彻落实慈善法的生动画卷在神州大地展开，弘扬了传统慈善文化，传播了现代慈善理念。截至 2016 年底，全国共建立经常性社会捐助工作站、点和慈善超市 2.9 万个（其中：慈善超市 8966 个）。全年共接收社会捐赠款 827.0 亿元，比上年增长 26.4%，其中：民政部门直接接收社会各界捐款 40.3 亿元，各类社会组织接收捐款 786.7 亿元。全年各地民政部门直接接收捐赠物资价值折合人民币 7.4 亿元，捐赠衣被 6638.3 万件。民政部门接收其他部门转入的捐赠物资折款 1.4 亿元，社会捐款 5.9 亿元，衣被 488.0 万件，惠及困难群众 1165.8 万人次。

2. 慈善信托落地生根

为贯彻落实慈善法，2016 年 8 月 25 日，民政部和银监会印发《关于做好慈善信托备案有关工作的通知》（民发〔2016〕151 号）；2017 年 7 月 7 日，银监会和民政部联合印发《慈善信托管理办法》（银监发〔2017〕37 号），基本建立了慈善信托规制体系，为我国慈善信托落地生根奠定了制度基础。自 2016 年 9 月 1 日至 2017 年 9 月 3 日，我国共成立慈善信托 38 笔，信托合同规模近 8.6 亿元，涉及扶贫、教育、留守儿童等多个慈善领域。

图 4　接收社会捐款和衣被

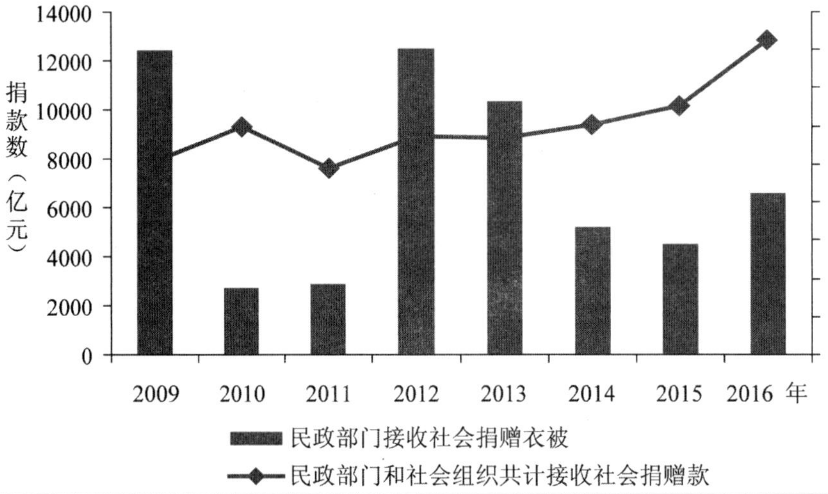

指　标	2009 年	2010 年	2011 年	2012 年	2013 年	2014 年	2015 年	2016 年
民政部门和社会组织共计接收社会捐赠款	507.2	596.8	490.1	572.5	566.4	604.4	654.5	827.0
民政部门接收社会捐赠衣被	12476.6	2750.2	2918.5	12538.2	10405.0	5244.5	4537.0	6638.3

3. 慈善助力脱贫攻坚

慈善法将扶贫济困列为首要的慈善活动。2016 年，慈善工作始终紧紧围绕国家的脱贫攻坚战略，着力发挥慈善事业扶贫济困积极作用。2016 年 9 月 1 日，第九届“中华慈善奖”表彰典礼在南通隆重举行，通过树立慈善标杆和典范的方式，激发了社会各界扶贫济困、赈灾恤弱的积极性。2016 年 9 月，以“以法兴善、助力脱贫”为主题的第五届中国公益慈善项目交流展示会，专设扶贫济困专区，对接慈善资金 133.2 亿元，比上届增长 8.7%。

4. 福利彩票销售额平稳增加

2016 年中国福利彩票销售 2064.9 亿元，比上年增加 49.8 亿元，增长 2.5%。全年筹集福利彩票公益金 591.5 亿元，比上年增长 4.9%。福利彩票公益金被广泛用于“养老、助残、救孤、济困”各项社会公益领域。2016 年，民政系统共支出彩票公益金 268.3 亿元，比上年减少 20.6 亿元，下降 7.1%，其中用于抚恤 7.1 亿元，退役安置 0.8 亿元，社会福利 172.9 亿元，社会救助 30.0 亿元，自然灾害救助 2.7 亿元。

图 5 福利彩票销售

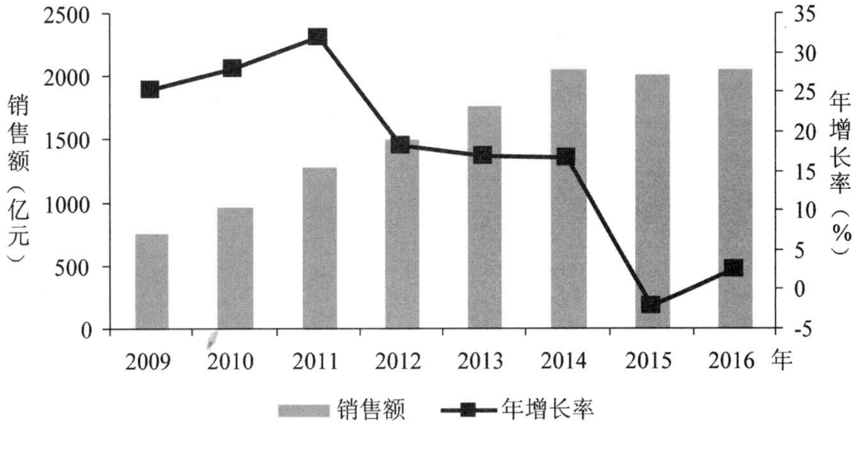

指　标	2009 年	2010 年	2011 年	2012 年	2013 年	2014 年	2015 年	2016 年
销售额	756.0	968.0	1278.0	1510.3	1765.3	2059.7	2015.1	2064.9
年增长率	25.2	28.0	32.0	18.2	16.9	16.7	-2.2	2.5

（六）优抚保障

1. 优抚对象保障标准继续提高

2016 年，全国享受定期抚恤补助的优抚对象共计 874.8 万人：伤残人员 71.5 万人、“三属”（烈士遗属、因公牺牲军人遗属、病故军人遗属）22.0 万人、“三红”（在乡退伍红军老战士、在乡西路军红军老战士、红军失散人员）2165 人、在乡老复员军人 63.7 万人、带病回乡退伍军人 112.8 万人、参战参试退役人员 154.3 万人、60 岁以上农村籍退伍军人 405.6 万人、60 周岁以上烈士子女 24.0 万人。

为进一步提高优抚对象生活保障水平，按照自然增长机制要求，民政部、财政部从 2016 年 10 月 1 日起再次大幅提高部分优抚对象等人员抚恤和生活补助标准。伤残人员残疾抚恤金标准、城镇“三属”定期抚恤金标准、“三红”生活补助标准，在原来标准基础上提高 10%，农村“三属”定期抚恤金与城镇“三属”拉平，首次实现了“三属”定期抚恤金标准城乡一体；在乡老复员军人中央财政生活补助标准每人每月增加 100 元；带病回乡退伍军人、参战参试退役人员、烈士老年子女生活补助标准每人每月增加 40 元；农村籍老义务兵老年生活补助标准每服一年义务兵役每月增加 5 元。这是自改革开放以来，国家第 23 次提高伤残人员残疾抚恤金标准，第 26 次提高“三属”定期抚恤金标准和“三红”生活补助标准。对于保障优抚对象与广大人民群众一道奔小康，共享经济社会发展成果具有重要意义。优抚对象中央财政抚恤补助标准具体见下表：

2. 中央财政优抚对象保障经费投入

2016 年，中央财政累计下达优抚经费 405.4 亿元：优抚对象抚恤补助资金 379.8 亿元、老党员生活补贴资金 1.6 亿元、优抚对象医疗补助资金 23.8 亿元、红军长征胜利 80 周年为红军老战士发放一次性补助金 0.2 亿元，确保了优抚对象和老党员生活、医疗待遇的落实。各级地方财政也不断加大优抚经费投入，切实承担起优抚对象生活政府保障的主体责任。

表 3　中央财政抚恤补助标准表（自 2016 年 10 月 1 日起执行）

单位：元/年

类别	等级	性质	抚恤补助标准
残疾人员	一级	因战	66230
		因公	64140
		因病	62040
	二级	因战	59940
		因公	56780
		因病	54660
	三级	因战	52590
		因公	49420
		因病	46290
	四级	因战	43100
		因公	38910
		因病	35750
	五级	因战	33670
		因公	29440
		因病	27340
	六级	因战	26310
		因公	24890
		因病	21030
	七级	因战	19990
		因公	17890
	八级	因战	12620
		因公	11550
	九级	因战	10480
		因公	8420
	十级	因战	7360
		因公	6300

表 3　续表

类别	等级	性质	抚恤补助标准
三属	城镇三属	烈士遗属	21030
		因公牺牲军人遗属	18050
		病故军人遗属	16980
	农村三属	烈士遗属	21030
		因公牺牲遗属	18050
		病故军人遗属	16980
三红	在乡退伍红军老战士		45930
	在乡西路军红军老战士		45930
	红军失散人员		20720
在乡老复员军人	抗日时期	东部 7 省	10132
		中西部 25 省	10622
	其他时期	东部 7 省	9772
		中西部 25 省	10262
带病回乡退伍军人	东部 9 省		2160
	中部 10 省		3240
	西部 12 省		4320
	新疆兵团		5400
参战参试享受补助人员（含铀矿开采退役人员）	东部 9 省		2400
	中部 10 省		3600
	西部 12 省		4800
	新疆兵团		6000
年满 60 周岁农村籍退役士兵			每服 1 年义务兵役每月补助 25 元
烈士老年子女			每人每月补助 340 元

二、社会服务保障领域存在的困难和问题

在养老服务方面，养老服务城乡和区域发展不均衡，部分政策“含金量”低、落地难，老年人获得感低。社区居家养老服务发展滞后，养老服务供给与需求不匹配，服务质量偏低。护理型、医养结合型服务偏少。养老服务人才队伍建设滞后于养老服务业发展需求。老年人基本养老保险保障层次水平偏低，针对失能老年人的长期护理保障制度仍处于探索阶段，针对经济困难高龄、失能老年人的补贴制度覆盖面有待提高。

在儿童福利方面，儿童福利机构内护理员、保育员、营养师、康复师等岗位专业性强，技术要求高，同时面临职称、工资待遇低等实际问题，导致人才流失严重。部分孤儿基数大、经济不发达的省份存在孤儿基本生活保障金地方配套资金不规范问题。

在残障人福利方面，残疾人福利工作的发展总体滞后于经济社会发展进程，资金投入不足，基础设施建设较为滞后，残疾人福利事业发展存在体制机制障碍，一些政策措施有待健全和做好衔接理顺，残疾人福利部门和残疾人组织的沟通协调仍需进一步加强。民政部门在完善残疾人权益保障相关法律法规等制度建设方面的职能作用有待进一步发挥。

在社会救助方面，一是社会救助兜底保障压力较大。对比新公布的2016年国家扶贫标准，全国还有600个县的农村低保标准低于国家扶贫标准。城乡之间、区域之间低保标准的差距没有明显缩小；不少地方医疗救助水平偏低，医疗救助资金严重不足，医疗救助与基本医保、大病保险等相关政策的衔接有待进一步加强。困难人群重特大疾病医疗支出负担较重，“因病致贫、因病返贫”问题突出。二是社会救助资源统筹不够。社会救助资源相对分散，制度之间没有形成高效联动、有效协同和无缝衔接。政府救助与慈善救助衔接不够，尚未形成救助合力。三是社会救助规范管理有待进一步加强。家庭收入和财产多元化、隐性化，无法精确核算等，导致救助对象精准认定困难。

在慈善事业方面，社会公众的慈善意识有待进一步提高，慈善信托的税收优惠政策缺失，对扶贫济困的慈善活动的特殊优惠政策以及费用减免、用地保证、金融支持、购买服务等方面的支持措施有待加强。

在优抚保障方面，加快军人抚恤优待政策从“解困型”向“优待型”转变的形势依然严峻。随着国家低收入人群保障、大病救助等社会保障制度的建立，以解困为主的优抚政策已难以适应形势任务要求，迫切需要加大顶层设计改革力度，尽快实现军人抚恤优待政策从“解困型”向“优待型”转变。

三、政策建议

（一）老年人养老方面

1. 全面建立以居家为基础、社区为依托、机构为补充的多层次养老服务体系

研究制定《关于进一步推动社区居家养老服务发展的指导意见》，巩固社区居家养老基础地位，补齐居家养老支持政策短板，充分发挥社区公共服务设施功能；夯实家庭养老支持政策基础，开展“互联网+养老”行动，推广社区养老服务信息网络平台建设，鼓励社区嵌入式、小微养老机构发展，将专业化、定制化服务引入社区、家庭；建立面向失能老年人为主的医养结合服务体系。支持面向失能老年人的老年养护院、社区日间照料中心等设施建设。加大对护理型床位建设、运营补助力度，提升养老服务康复护理功能。促进医养融合发展，鼓励社会力量兴办医养结合机构，推动医疗资源进家庭、进社区、进机构。支持养老机构开展医疗服务，享受社会办医优惠政策，纳入基本医疗保险定点范围。

2. 全面放开养老服务市场，推动供给侧结构性改革

研究制定《关于全面提升养老服务质量的若干意见》，激发市场活力，增加养老服务和产品供给，提升养老服务质量，提高老年人满意度。鼓励挖掘闲置社会资源建设养老服务设施，提高老年人就近就便获得养老服务的可及性。加强农村留守老年人关爱服务工作，补足农村养老服务短板。鼓励养老服务机构连锁化、品牌化经营。促进养老服务与医疗、家政、保险、教育、旅游等相关领域融合发展，繁荣养老服务消费市场。

3. 完善与老龄化相适应的福利慈善体系

统筹规划建设公益性养老服务设施，提供方便可及、价格合理的各类养老服务和产品，落实托底保障责任。全面建立针对经济困难高龄、失能老年人的补贴制度。统筹社会保险、社会福利、社会救助、慈善等社会保障内容，强化政策衔接、实现制度整合，确保困难老年人基本生活。支持开展长期护理社会保障试点，发展商业性长期护理保险。落实《中华人民共和国慈善法》要求，使公益慈善组织成为发展养老服务业的重要力量。推动老年宜居环境建设，为老年人提供安全、便捷、舒适的生活环境。

（二）儿童福利方面

稳步提高孤儿基本生活费标准，保障孤儿教育、医疗需求。协调推进落实“十三五”社会服务兜底工程，加强儿童福利服务体系建设。关注留守困境儿童，研究完善相关福利制度。加强孤儿养育专业人才队伍建设，引导公益性、互助性的社会组织关注儿童福利事业。

（三）残障人福利方面

1. 继续贯彻落实残疾人两项补贴等制度

规范残疾人两项补贴制度建立和落实，指导各地民政部门会同残联加强与当地财政部门的沟通协调，增强资金保障能力，保证残疾人两项补贴按期、足额发放。印发全国残疾人两项补贴发放情况通报，通过公开各地残疾人两项补贴的发放范围、标准、进度等，促进各地提高保障水平。推动出台《国务院关于加快发展康复辅助器具产业的若干意见》的具体实施意见，加快《意见》落地实施。选择一批符合条件的地区开展康复辅助器具产业综合创新试点。

2. 推进精神障碍社区康复服务发展

积极协调推动出台《关于加快精神障碍社区康复服务发展的意见》，通过设立精神障碍社区康复机构或购买服务等方式，为精神障碍患者提供康复服务。继续推动精神卫生福利机构建设，利用民政部本级彩票公益金资助地方精神病院建设，提高精神障碍患者集中照料和康复服务水平。加快研究制定《残疾人服务机构管理办法》，加强对残疾人服务机构的监督管理。

（四）社会救助方面

加强社会救助与其他社会保障制度衔接，引导社会力量参与，提高救助水平。完善低保审核审批办法，推进低保制度城乡统筹发展。落实社会救助保障标准与物价上涨挂钩联动机制。加强农村低保制度与扶贫开发政策有效衔接，推进农村低保兜底脱贫。全面落实特困人员救助供养制度，逐步提高生活不能自理特困人员集中供养率。全面推开“救急难”工作，加大临时救助和医疗救助力度。完善核对机制，加快核对信息系统建设，完善“一门受理、协同办理”服务平台。推行政府购买服务，加强基层社会救助能力建设。开展困难群众基本生活救助工作年度绩效评价。

（五）慈善事业方面

民政、教育、税务、宣传等部门积极配合、共同参与，为慈善法落地见效提供支持。加快制定《慈善法》配套扶持政策促进出台税收、金融、土地、产权转让、社会支持、购买服务、费用减免等方面优惠政策；推动教育部门将慈善文化纳入教育教学内容；宣传部门宣传慈善活动、普及慈善知识、传播慈善文化。

（六）优抚保障方面

修订《军人抚恤优待条例》，优化提高抚恤优待标准，继续提高优抚保障水平。整合完善参战、参试部队范围，进一步规范“两参”人员认定原则和要求。大力化解优抚对象上访问题，研究《关于加强优抚对象社会化服务工作的意见》。继续协调提高军休人员和机构相关待遇经费标准。配合军地有关部门提出无军籍职工与国家机关事业单位职工养老保险制度接轨的政策意见。

（民政部规划财务司　马静）

第三篇

“十三五”推进基本公共服务均等化规划解读

国务院关于印发“十三五”推进基本公共服务均等化规划的通知

国发〔2017〕9号

各省、自治区、直辖市人民政府，国务院各部委、各直属机构：

现将《“十三五”推进基本公共服务均等化规划》印发给你们，请认真贯彻执行。

国务院

2017年1月23日

（此件公开发布）

“十三五”推进基本公共服务均等化规划

基本公共服务是由政府主导、保障全体公民生存和发展基本需要、与经济社会发展水平相适应的公共服务。基本公共服务均等化是指全体公民都能公平可及地获得大致均等的基本公共服务，其核心是促进机会均等，重点是保障人民群众得到基本公共服务的机会，而不是简单的平均化。享有基本公共服务是公民的基本权利，保障人人享有基本公共服务是政府的重要职责。推进基本公共服务均等化，是全面建成小康社会的应有之义，对于促进社会公平正义、增进人民福祉、增强全体人民在共建共享发展中的获得感、实现中华民族伟大复兴的中国梦，都具有十分重要的意义。

本规划依据《中华人民共和国国民经济和社会发展第十三个五年规划纲要》编制，是“十三五”乃至更长一段时期推进基本公共服务体系建设的综合性、基础性、指导性文件。

第一章　规划背景

第一节　发展基础

“十二五”以来，我国已初步构建起覆盖全民的国家基本公共服务制度体系，各级各类基本公共服务设施不断改善，国家基本公共服务项目和标准得到全面落实，保障能力和群众满意度进一步提升。截至2015年，义务教育均衡发展深入推进，国民受教育机会显著增加，九年义务教育巩固率达到93%，进城务工人员随迁子女在流入地公办学校就读的比例超过80%；实施就业优先战略，公共就业创业服务和职业培训不断强化，全国就业人员达到77451万人，劳动者参加就业技能培训后就业率平均达70%以上；覆盖城乡的社会保障体系进一步健全，城乡居民养老保险制度实现整合，保障水平稳步提高，社会服务体系继续完善，临时救助制度全面实施，残疾人小康进程加快推进；基本公共卫生服务项目增加到12类，全民医保体系加快健全，基本医保参保率超过95%，大病保险覆盖全部城乡居民医保参保人员，国家基本公共卫生服务经费和城乡居民基本医疗保险补助标准分别提高到每人每年40元和380元，人民健康水平总体上达到中高收入国家平均水平；城镇保障性安居工程和农村危房改造力度加大，全国累计开工城镇保障性安居工程住房4013万套、其中改造棚户区住房2191万套，改造农村危房1794万户；现代公共文化服务体系建设积极推进，农村公共文化服务能力增强，全民健身活动蓬勃开展，广播、电视人口综合覆盖率均达到98%。

同时，我国基本公共服务还存在规模不足、质量不高、发展不平衡等短板，突出表现在：城乡区域间资源配置不均衡，硬件软件不协调，服务水平差异较大；基层设施不足和利用不够并存，人才短缺严重；一些服务项目存在覆盖盲区，尚未有效惠及全部流动人口和困难群体；体制机制创新滞后，社会力量参与不足。

第二节　发展环境

“十三五”时期是全面建成小康社会的决胜阶段，我国发展仍处于可以大有作为的重要战略机遇期，完善国家基本公共服务体系、推动基本公共服务均等化水平稳步提升，面临新的机遇和挑战。

——经济进入新常态。经济增长从高速转向中高速，经济结构深度调整，发展动力加快转换，保民生兜底线的任务更加艰巨。同时民生持续改善也会为经济发展创造更多有效需求，为推进供给侧结构性改革提供强大内生动力。

——人口形成新结构。人口总量增长势头明显减弱，劳动年龄人口减少，人口老龄化加速，老年抚养比上升，新型城镇化推动城乡人口结构变化，对公共服务供给结构、资源布局、覆盖人群等带来较大影响。

——社会呈现新特征。社会结构深刻变动、利益格局深刻调整，人民群众的公平意识、民主意识、权利意识不断增强，合理引导社会预期、加快基本公共服务均等化任务更加艰巨。

——消费体现新需求。中等收入群体规模不断扩大，群众提高生活水平和改善生活质量的愿望更加强烈，消费需求更加多样化多层次，提高公共服务供给质量和水平的要求更加紧迫。

——科技孕育新突破。新一轮科技革命和产业变革正在兴起，移动互联网、物联网、大数据、云计算等技术快速发展，推动公共服务新业态不断发展、供给方式不断创新、服务模式更加丰富。

第二章　指导思想和主要目标

第一节　指导思想

高举中国特色社会主义伟大旗帜，全面贯彻党的十八大和十八届三中、四中、五中、六中全会精神，深入贯彻习近平总书记系列重要讲话精神和治国理政新理念新思想新战略，认真落实党中央、国务院决策部署，统筹推进“五位一体”总体布局和协调推进“四个全面”战略布局，牢固树立和贯彻落实新发展理念，坚持以人民为中心的发展思想，坚持以社会主义核心价值观为引领，从解决人民群众最关心最直接最现实的利益问题入手，以普惠性、保基本、均等化、可持续为方向，健全国家基本公共服务制度，完善服务项目和基本标准，强化公共资源投入保障，提高共建能力和共享水平，努力提升人民群众的获得感、公平感、安全感和幸福感，实现全体人民共同迈入全面小康社会。

——兜住底线，引导预期。立足基本国情，充分发挥基本公共服务兜底作用，牢牢把握服务项目，严格落实服务指导标准。坚持尽力而为、量力而行，合理引导社会预期，通过人人参与、人人尽力，实现人人共享。

——统筹资源，促进均等。统筹运用各领域各层级公共资源，推进科学布局、均衡配置和优化整合。加大基本公共服务投入力度，向贫困地区、薄弱环节、重点人群倾斜，推动城乡区域人群均等享有和协调发展。

——政府主责，共享发展。深化简政放权、放管结合、优化服务改革，划清政府与市场界限，增强政府基本公共服务职责，合理划分政府财政事权和支出责任，强化公共财政保障和监督问责。充分发挥市场机制作用，支持各类主体平等参与并提供服务，形成扩大供给合力。

——完善制度，改革创新。推进基本公共服务均等化、标准化、法制化，促进制度更加规范。加快转变政府职能，创新服务提供方式，消除体制机制障碍，全面提升基本公共服务质量、效益和群众满意度。

第二节　主要目标

到 2020 年，基本公共服务体系更加完善，体制机制更加健全，在学有所教、劳有所得、病有所医、老有所养、住有所居等方面持续取得新进展，基本公共服务均等化总体实现。

——均等化水平稳步提高。城乡区域间基本公共服务大体均衡，贫困地区基本公共服务主要领域指标接近全国平均水平，广大群众享有基本公共服务的可及性显著提高。

——标准体系全面建立。国家基本公共服务清单基本建立，标准体系更加明确并实现动态调整，各领域建设类、管理类、服务类标准基本完善并有效实施。

——保障机制巩固健全。基本公共服务供给保障措施更加完善，基层服务基础进一步夯实，人才队伍不断壮大，供给模式创新提效，可持续发展的长效机制基本形成。

——制度规范基本成型。各领域制度规范衔接配套、基本完备，服务提供和享有有规可循、有责可究，基本公共服务依法治理水平明显提升。

“十三五”时期基本公共服务领域主要发展指标

指　　标	2015 年	2020 年	累 计
基本公共教育			
九年义务教育巩固率（%）	93	95	–
义务教育基本均衡县（市、区）的比例（%）[1]	44.48	95	–
基本劳动就业创业			
城镇新增就业人数（万人）[2]	–	–	＞5000
农民工职业技能培训（万人次）	–	–	4000
基本社会保险			
基本养老保险参保率（%）[3]	82	90	–
基本医疗保险参保率（%）[4]	–	＞95	–
基本医疗卫生			
孕产妇死亡率（1/10 万）	20.1	18	–
婴儿死亡率（‰）	8.1	7.5	–
5 岁以下儿童死亡率（‰）	10.7	9.5	–

续表

指　　标	2015 年	2020 年	累 计
基本社会服务			
养老床位中护理型床位比例（%）	–	30	–
生活不能自理特困人员集中供养率（%）[5]	31.8	50	–
基本住房保障			
城镇棚户区住房改造（万套）	–	–	2000
建档立卡贫困户、低保户、农村分散供养特困人员、贫困残疾人家庭等 4 类重点对象农村危房改造（万户）	–	–	585
基本公共文化体育			
公共图书馆年流通人次（亿）	5.89	8	–
文化馆（站）年服务人次（亿）	5.07	8	–
广播、电视人口综合覆盖率（%）[6]	＞98	＞99	–
国民综合阅读率（%）[7]	79.6	81.6	–
经常参加体育锻炼人数（亿人）[8]	3.64	4.35	–
残疾人基本公共服务			
困难残疾人生活补贴和重度残疾人护理补贴覆盖率（%）[9]	–	＞95	–
残疾人基本康复服务覆盖率（%）[10]	–	80	–

注：1. 指通过省级评估、国家认定程序认定的义务教育均衡发展县（市、区）占全国所有县（市、区）的比例。

2. 指城镇累计新就业人数减去累计自然减员人数。其中城镇累计新就业人数是指报告期内城镇累计新就业的城镇各类单位、私营企业和个体经济组织、社区公益性岗位就业人员和各种灵活形式就业人员的总和；累计自然减员人数是指报告期内因退休、伤亡等自然原因造成的城镇累计减少的就业人员数。

3. 指按照国家有关法律和社会保险政策规定，实际参加基本养老保险的人数与法定应参加基本养老保险的人数之比。

4. 指按照国家有关法律和社会保险政策规定，实际参加基本医疗保险的人数与法定应参加基本医疗保险的人数之比。

5. 指在机构集中供养的生活不能自理特困人员与生活不能自理特困人员总数之比。

6. 指在对象区内能接收到中央、省（区、市）、市（地、州）、县（市、区）广播、电视传输机构以无线、有线、卫星等方式传输的广播、电视节目信号的人口数占对象区总人口数的比重。

7. 指全国每年有阅读行为（包括阅读书报刊物和数字出版物、手机媒体等各类读物）的人数与总人口数的比例。

8. 指每周参加体育锻炼 3 次及以上、每次体育锻炼持续时间 30 分钟及以上、每次体育锻炼的运动强度达到中等及以上的人数。

9. 指困难残疾人享受生活补贴和重度残疾人享受护理补贴的人数达到应享受补贴人数的比例。

10. 指有康复需求的残疾儿童和持证残疾人接受康复评估、手术、药物、功能训练、辅具适配等基本康复服务的比例。

第三章 国家基本公共服务制度

第一节 制度框架

国家基本公共服务制度紧扣以人为本，围绕从出生到死亡各个阶段和不同领域，以涵盖教育、劳动就业创业、社会保险、医疗卫生、社会服务、住房保障、文化体育等领域的基本公共服务清单为核心，以促进城乡、区域、人群基本公共服务均等化为主线，以各领域重点任务、保障措施为依托，以统筹协调、财力保障、人才建设、多元供给、监督评估等五大实施机制为支撑，是政府保障全民基本生存发展需求的制度性安排。

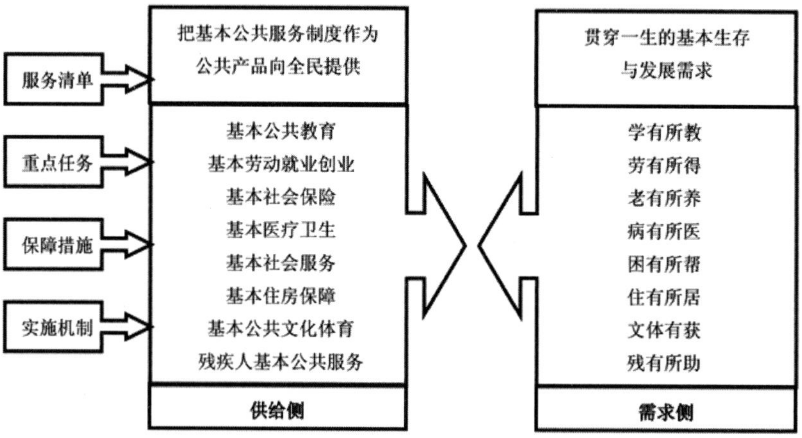

国家基本公共服务制度框架

第二节 服务清单

国家建立基本公共服务清单制，依据现行法律法规和相关政策确定基本公共服务主要领域，以及各领域具体服务项目和国家基本标准，向社会公布，作为政府履行职责和公民享有相应权利的依据。《“十三五”国家基本公共服务清单》（以下简称《清单》，详见附件 1）包括公共教育、劳动就业创业、社会保险、医疗卫生、社会服务、住房保障、公共文化体育、残疾人服务等八个领域的 81 个项目。每个项目均明确服务对象、服务指导标准、支出责任、牵头负责单位等。其中，服务对象是指各项目所面向的受众人群；服务指导标准是指各项目的保障水平、覆盖范围、实现程度等；支出责任是指各项目的筹资主体及承担责任；牵头负责单位是指国家层面的主要负责单位，具体落实由地方各级人民政府及有关部门、单位按职责分工负责。

《清单》是“十三五”时期实现基本公共服务均等化的重要基础，各项目服务内容和标准要在规划期内落实到位。在本规划实施过程中，可结合经济社会发展状况，按程序对《清单》具体内容进行动态调整。

第三节　实施机制

国家建立健全科学有效的基本公共服务实施机制，改善人财物等基础条件，以推动规划目标顺利实现，确保国家基本公共服务制度高效运转。

——统筹协调机制。加强中央和地方、政府和社会的互动合作，促进各级公共服务资源有效整合，形成实施合力。

——财力保障机制。拓宽资金来源，增强县级政府财政保障能力，稳定基本公共服务投入。

——人才建设机制。加强人才培养培训，强化激励约束，促进合理流动，相关政策重点向基层倾斜，不断提高服务能力和水平。

——多元供给机制。积极引导社会力量参与，推进政府购买服务，推广政府和社会资本合作（PPP）模式。

——监督评估机制。坚持目标导向和问题导向，完善信息统计收集和需求反馈机制，加强对本规划实施的动态跟踪监测，推动总结评估和督促检查。

第四章　基本公共教育

国家完善基本公共教育制度，加快义务教育均衡发展，保障所有适龄儿童、青少年平等接受教育，不断提高国民基本文化素质。本领域服务项目共 8 项，具体包括：免费义务教育、农村义务教育学生营养改善、寄宿生生活补助、普惠性学前教育资助、中等职业教育国家助学金、中等职业教育免除学杂费、普通高中国家助学金、免除普通高中建档立卡等家庭经济困难学生学杂费。

第一节　重点任务

——义务教育。建立城乡统一、重在农村的义务教育经费保障机制，加大对中西部和民族、边远、贫困地区的倾斜力度。统筹推进县域内城乡义务教育一体化改革发展，推进建设标准、教师编制标准、生均公用经费基准定额、基本装备配置标准统一和“两免一补”政策城乡全覆盖，基本实现县域校际资源均衡配置，扩大优质教育资源覆盖面，提高乡村学校和教学点办学水平。落实县域内义务教育公办学校校长、教师交流轮岗制度。保障符合条件的进城务工人员随迁子女在公办学校或通过政府购买服务在民办学校就学。加强国家通用语言文字教育基础薄弱地区双语教育。加强学校体育和美育教育。

——高中阶段教育。重点支持中西部贫困地区尤其是集中连片特困地区高中阶段教育发展，积极发展中等职业教育。逐步分类推进中等职业教育免除学杂费，率先从建档立卡等家庭经济困难学生（含非建档立卡的家庭经济困难残疾学生、农村低保家庭学生、农村特困救助供养学生）实施普通高中免除学杂费。

——普惠性学前教育。大力发展公办幼儿园，积极扶持民办幼儿园提供普惠性服务。扩大集中连片特困地区、少数民族地区学前教育资源。支持地方健全学前教育资助制度，资助普惠性幼儿园在园家庭经济困难儿童、孤儿和残疾儿童接受学前教育。

——继续教育。建立个人学习账号和学分累计制度，完善学分认定和转换办法，拓宽学分认定转换渠道，探索建立多种形式学习成果认定转换机制，促进各类学习资源开放共享，推动构建惠及全民的终身教育体系。

第二节　保障措施

——义务教育学校标准化建设。以中西部贫困地区为重点，新建和改扩建校舍、运动场地、食堂（伙房）、厕所、饮水等设施条件，采购课桌凳、学生用床、图书、计算机等教学设施设备，全面改善贫困地区义务教育薄弱学校基本办学条件，逐步推进未达标城乡义务教育学校校舍、场所标准化。

——高中阶段教育设施建设。普及高中阶段教育，改善中西部贫困地区普通高中基本办学条件，逐步实现办学条件达到国家规定的基本标准。改善中等职业学校基本办学条件，重点支持中等职业学校通过校企合作方式加强实习实训设施建设，推动职业教育产教融合发展。

——学前教育行动计划。加强普惠性幼儿园建设，新建、改扩建一批公办幼儿园，积极扶持企事业单位办幼儿园、集体办幼儿园和民办幼儿园向社会提供普惠性学前教育服务，重点保障中西部农村适龄儿童和实施全面两孩政策新增适龄儿童入园需求。

——教师队伍建设。实施乡村教师支持计划。逐步扩大农村教师特岗计划实施规模。落实并完善集中连片特困地区和边远艰苦地区乡村教师生活补助政策。实施中西部中小学首席教师岗位计划，加大“国培计划”对中西部地区乡村教师校长培训的集中支持力度。加强乡村学校音体美等师资紧缺学科教师和民族地区双语教师培训。

——教育信息化建设。鼓励探索网络化教育新模式，对接线上线下教育资源，扩大优质教育资源覆盖面。加快推进“三通两平台”（即“宽带网络校校通、优质资源班班通、网络学习空间人人通”，教育资源公共服务平台、教育管理公共服务平台）建设与应用，继续提升农村中小学信息化水平，通过政府购买服务等方式支持国家级优质教育资源平台建设。建立个人学习账号和学分认证平台，为学习者提供学分认定服务。

第五章　基本劳动就业创业

国家实施就业优先战略，大力推动大众创业、万众创新，鼓励以创业带动就业，健全覆盖城乡的公共就业创业服务体系，加强职业培训，维护职工和企业合法权益，构建和谐劳动关系，推动实现比较充分和更高质量的就业。本领域服务项目共 10 项，具体包括：基本公共就业服务、创业服务、就业援助、就业见习服务、大中城市联合招聘服务、职业技能培训和技能鉴定、“12333”人力资源和社会保障服务热线电话咨询、劳动关系协调、劳动人事争议调解仲裁、劳动保障监察。

第一节　重点任务

——公共就业服务。全面落实就业政策法规咨询、信息发布、职业指导和职业介绍、就业登记和失业登记等公共就业服务制度，组织开展就业服务专项活动。加强对就业困难人员的就业援助，确保有就业能力的零就业家庭、低保家庭至少有一人就业。做好高校毕业生就业和农村劳动力转移就业，以及化解过剩产能过程中的职工安置工作。加快推进流动人员人事档案信息化服务。建立健全行业人力资源需求预测和就业状况定期发布制度，完善人力资源市场供求分析。

——创业服务。鼓励公共就业服务机构为创业者提供项目选择、开业指导、融资对接、跟踪扶持等服务。把创新创业课程纳入国民教育体系，建立健全衔接创业教育和创业实践的创业培训体系。深化行政审批制度改革和商事制度改革，推行市场主体登记注册便利化，减少政府对企业生产服务项目的行政许可和对正常经营活动的行政干预，落实降低企业负担的税费政策。落实创业担保贷款政策，提高就业重点群体和困难人员金融服务的可获得性。加快发展众创空间等创业服务载体，健全创业辅导制度。

——职业培训。大力开展就业技能培训、岗位技能提升培训和创业培训，开展贫困家庭子女、未升学初高中毕业生、农民工、失业人员和转岗职工、退役军人、残疾人免费接受职业培训行动，打通技能劳动者从初级工、中级工、高级工到技师、高级技师的职业发展通道。

——劳动关系协调和劳动权益保护。完善劳动用工制度，健全最低工资标准调整和工资支付保障长效机制，落实职工带薪年休假制度。加强劳动保障监察和劳动人事争议调解仲裁，推进劳动保障监察综合执法，建立劳动保障监察举报投诉案件省级联动处理机制，健全完善劳动人事争议多元处理机制，维护用人单位和劳动者合法权益。定期发布职业薪酬信息和重点行业人工成本信息。

第二节　保障措施

——基层劳动就业和社会保障服务平台建设。充分依托现有条件和政府综合服务场所，完善县、乡镇两级劳动就业和社会保障服务设施设备，推进基层综合服务全覆盖，保障基层开展就业创业、社会保险经办等服务。

——职业技能公共实训基地建设。充分利用现有设施设备，结合地区实际，建设一批区域性大型公共实训基地、市级综合型公共实训基地和县级地方产业特色型公共实训基地。

——省、市级人力资源服务设施建设。充分依托现有条件和政府综合服务场所，完善省、市级人力资源综合服务设施，改善就业创业和人才服务、劳动关系协调、劳动人事争议调解仲裁、劳动保障监察等综合服务条件。

——信息服务平台建设。建设面向人人的公共就业创业服务平台，推进公共就业服务全程信息化，实现各类就业信息统一发布和信息监测。以“12333”电话咨询为重点，配备必要的服务场地和设施设备，健全咨询服务队伍和服务机制，为社会公众提供政策咨询、信息查询、信息公开、在线受理和投诉举报等服务。

第六章　基本社会保险

国家构建全覆盖、保基本、多层次、可持续的社会保险制度，实施全民参保计划，保障公民在年老、疾病、工伤、失业、生育等情况下依法从国家和社会获得物质帮助。本领域服务项目共 7 项，具体包括：职工基本养老保险、城乡居民基本养老保险、职工基本医疗保险、生育保险、城乡居民基本医疗保险、失业保险、工伤保险。

第一节　重点任务

——社会保险政策制度。继续实行统账结合的城镇职工基本养老保险制度，完善个人账户，健全激励约束机制，提高收付透明度，坚持精算平衡，推动实现职工基础养老金全国统筹。落实机关事业单位养老保险制度改革举措。推进实施城乡居民基本养老保险制度。健全基本医疗保险稳定可持续的筹资和报销比例调整机制，制定城乡居民医保政府补助三年规划，在提高政府补助标准的同时适当提高个人缴费比重，逐步将个人缴费与城乡居民家庭收入水平挂钩。完善医保缴费参保政策，改进个人账户，开展门诊费用统筹。实现基本医保基金中长期精算平衡，增强制度可持续性。改革医保支付方式，合理控制医疗费用，整合城乡居民医保政策和经办管理。全面实施城乡居民大病保险制度。将生育保险与基本医疗保险合并实施。探索建立长期护理保险制度，开展长期护理保险试点。继续完善预防、补偿、康复三位一体的工伤保险制度体系。推动医疗保险、失业保险、工伤保险逐步实现省级统筹。结合社会平均工资和物价变动等因素，合理确定相关社会保险待遇水平。

——社会保险关系转续。建立标准统一、全国联网的社会保障管理信息系统，完善并简化转续流程，推行网上认证、网上办理转续，力争实现全国范围内社会保险待遇异地领取、直接结算，方便参保职工、失业和退休人员流动就业、异地生活。

第二节　保障措施

——社会保障卡工程。全面发行和应用社会保障卡，持卡人口覆盖率达到 90%，实现社会保障一卡通，支持社会保障卡跨业务、跨地区、跨部门应用，建立社会保障卡应用平台和覆盖广泛的用卡终端环境，健全社会保障卡便民服务体系，完善社会保障卡规范管理和安全保障体系。

——省、市级社会保障服务设施建设。充分依托现有条件和政府综合服务场所，完善省、市级社会保障服务设施，推动改善社保经办等服务条件。

——全民社会保障信息化。建设部门和省级公共服务信息化平台，支持各类业务系统和各类服务渠道的统一接入、有序整合和统筹调度，推动电话、网站、移动应用、短信、自助服务一体机等多种渠道的协同应用，实现一个窗口对外、一条龙服务。开展网上社保办理、个人社保权益查询、跨地区医保结算等互联网应用。

第七章　基本医疗卫生

国家建立健全覆盖城乡居民的基本医疗卫生制度，推进健康中国建设，坚持计划生育基本国策，以基层为重点，以改革创新为动力，预防为主、中西医并重，提高人民健康水平。本领域服务项目共20项，具体包括：居民健康档案、健康教育、预防接种、传染病及突发公共卫生事件报告和处理、儿童健康管理、孕产妇健康管理、老年人健康管理、慢性病患者管理、严重精神障碍患者管理、卫生计生监督协管、结核病患者健康管理、中医药健康管理、艾滋病病毒感染者和病人随访管理、社区艾滋病高危行为人群干预、免费孕前优生健康检查、基本药物制度、计划生育技术指导咨询、农村部分计划生育家庭奖励扶助、计划生育家庭特别扶助、食品药品安全保障。

第一节　重点任务

——重大疾病防治和基本公共卫生服务。继续实施国家基本公共卫生服务项目和国家重大公共卫生服务项目。开展重大疾病和突发急性传染病联防联控，提高对传染病、慢性病、精神障碍、地方病、职业病和出生缺陷等的监测、预防和控制能力。加强突发公共事件紧急医学救援、突发公共卫生事件监测预警和应急处理。深入开展爱国卫生运动，继续推进卫生城镇创建工作，开展健康城市、健康村镇建设，实施全国城乡环境卫生整洁行动，加快农村改厕，农村卫生厕所普及率提高到85%。加强居民身心健康教育和自我健康管理，做好心理健康服务。

——医疗卫生服务。落实区域卫生规划和医疗机构设置规划，依据常住人口规模和服务半径等合理配置医疗卫生资源。深化基层医改，巩固完善基本药物制度，全面推进公立医院综合改革，推动形成基层首诊、双向转诊、急慢分治、上下联动的分级诊疗模式。完善中医医疗服务体系，发挥中医药特色优势，推动中医药传承与创新。

——妇幼健康和计划生育服务管理。实施全面两孩政策，改革完善计划生育服务管理，实施生育登记服务。开展孕前优生健康检查，加强高危孕产妇和新生儿健康管理。提高妇女常见病筛查率和早诊早治率，扩大农村妇女宫颈癌、乳腺癌项目检查覆盖范围。继续落实计划生育技术服务基本项目，将流动人口纳入城镇计划生育服务范围。加强出生人口性别比综合治理。完善农村部分计划生育家庭奖励扶助制度、计划生育家庭特别扶助制度，继续实施“少生快富”工程。

——食品药品安全。实施食品安全战略，完善法规制度，提高安全标准，全面落实企业主体责任，提高监督检查频次，扩大抽检监测覆盖面，实行全产业链可追溯管理。深化药品医疗器械审评审批制度改革，探索按照独立法人治理模式改革审评机构，推行药品经营企业分级分类管理。加大农村食品药品安全治理力度，完善对网络销售食品药品的监管。

第二节　保障措施

——基层医疗卫生服务能力提升。在县级区域依据常住人口数，原则上办好1个县办综合医院和1个县办中医类医院（含中医、中西医结合、民族医等），每个乡镇（街道）办好 1 所标准化建设的乡镇卫生院（社区卫生服务中心），每个行政村办好 1 个村卫生室。优先支持 832 个国家扶贫开发工作重点县和集中连片特困地区县县级医院和基层医疗卫生机构建设，打造 30 分钟基层医疗服务圈，基层医疗卫生机构标准化达标率达到 95%以上。

——疾病防治和基本公共卫生服务能力强化。加强卫生应急、疾病预防控制、精神卫生、血站、卫生计生监督能力建设。提高肿瘤、心脑血管疾病、呼吸系统疾病等疑难病症防治能力。支持肿瘤、心脑血管疾病、糖尿病、精神病、传染病、职业病、地方病等薄弱领域服务能力建设。

——妇幼健康服务保障。加强儿童医院和综合性医院儿科以及妇幼健康服务机构建设，合理增加产床。加快产科和儿科医师、助产士及护士人才培养，力争增加产科医生和助产士 14 万名。落实孕前优生健康检查，开展再生育技术服务。

——中医药传承创新。改善中医医院基础设施条件，支持中医重点学科和重点专科（专病）建设，加强中医临床研究基地和科研机构建设，鼓励基层医疗卫生机构开设中医综合服务区（中医馆），继续实施中医药传承与创新人才工程，实施中药民族药标准化行动。

——医疗卫生人才培养。加强住院医师规范化培训，力争到 2020 年经过规范化培训的住院医师数量达到 50 万人，每万人口全科医生数达到 2 名。继续实施助理全科医生培训、全科医生转岗培训和农村订单定向免费培养医学生政策，加强基层医务人员继续教育，完善城市医疗卫生人才对口支援农村制度。

——食品药品安全治理体系建设。完善食品安全协调工作机制，健全检验检测等技术支撑体系和信息化监管系统，建立食品药品职业化检查员队伍，实现各级监管队伍装备配备标准化。

——人口健康信息化。以全民健康保障信息化工程和健康中国云服务计划为基础，依托现有资源统筹建立人口健康信息平台。推进居民电子健康档案应用。积极利用移动互联网提供在线预约诊疗、健康咨询、检查检验报告查询等服务，提高重大疾病和突发公共卫生事件防控能力。完善中西部地区县级医院电子病历等信息系统功能，加强县级医院与对口三级医院、县级医院与基层医疗卫生机构之间的远程诊疗信息系统建设，健全基于互联网、大数据技术的分级诊疗信息系统。

第八章　基本社会服务

国家建立完善基本社会服务制度，为城乡居民提供相应的物质和服务等兜底帮扶，重点保障特定人群和困难群体的基本生存权与平等参与社会发展的权利。本领域服务项目共 13 项，具体包括：最低生活保障、特困人员救助供养、医疗救助、临时救助、受灾人员救助、法律援助、老年人福利补贴、困境儿童保障、农村留守儿童关爱保护、基本殡葬服务、优待抚恤、退役军人安置、重点优抚对象集中供养。

第一节　重点任务

——社会救助。推进城乡低保统筹发展，健全低保对象认定办法，建立低保标准动态调整机制，确保农村低保标准逐步达到国家扶贫标准。完善特困人员认定条件，合理确定救助供养标准，适度提高救助供养水平。合理界定医疗救助对象，健全疾病应急救助制度，全面开展重特大疾病医疗救助工作，加强医疗救助与基本医疗保险、大病保险和其他救助制度的衔接。全面、高效实施临时救助制度。降低法律援助门槛，扩大法律援助范围。

——社会福利。全面建立针对经济困难高龄、失能老年人的补贴制度，并做好与长期护理保险的衔接。提高城乡社区卫生服务机构为老年人提供医疗保健服务的能力，加快社区居家养老信息网络和服务能力建设，推进医养结合发展。进一步完善孤儿基本生活保障制度，做好困境儿童保障工作，统筹推进未成年人社会保护试点和农村留守儿童关爱保护。全面推进精神障碍患者社区康复服务。

——社会事务。建立和完善公民婚姻信息数据库，探索开展异地办理婚姻登记工作。完善儿童被收养前寻亲公告程序，全面建立收养能力评估制度。推进基本殡葬公共服务，巩固提高遗体火化率，推行火葬区骨灰和土葬改革区遗体规范、集中节地生态安葬。做好第二次全国地名普查，健全地名管理法规标准，加强地名文化保护，开展多种形式的地名信息化服务。

——优抚安置。全面落实优抚安置各项制度政策，提升对复员退伍军人、军休人员的优抚安置和服务保障能力。完善优抚政策和优抚对象抚恤优待标准调整机制。将优抚安置对象优先纳入社区、养老、医疗卫生等服务体系，探索建立优抚安置对象社会化服务平台。

第二节　保障措施

——社会救助经办服务体系建设。充分依托现有条件和政府综合服务场所，推动乡镇人民政府和街道办事处设置社会救助经办平台，加强社会救助管理信息系统与居民家庭经济状况核对系统的整合、集成，提升基层社会救助经办服务能力。

——公共法律服务体系建设。加强法律援助综合服务平台和便民窗口、法律服务中心（站、工作室）、“12348”法律服务热线等基础设施建设，改善服务条件。加强基层普法阵地、人民调解组织、司法鉴定机构建设，健全服务网络。

——养老服务体系建设。支持主要面向失能、半失能老年人的老年养护院，医养结合设施和社区老人日间照料中心，荣誉军人休养院、光荣院，农村特困人员救助供养服务机构等服务设施建设，增加护理型床位和设施设备。推进无障碍通道、老年人专用服务设施、旧楼加建电梯建设，以及适老化路牌标识、适老化照明改造。积极开展养老护理人员培养培训。搭建养老信息服务网络平台，推广应用便携式体检、紧急呼叫监控等设备。

——社会福利服务设施建设。结合地区实际，建设一批县级儿童福利设施。依托现有设施资源，试点建设县级未成年人保护设施。支持尚无精神病人福利设施的地市建设一所精神病人福利设施，为特殊困难精神障碍患者提供集中养护服务。

——殡葬服务设施建设。在火葬区尚无殡仪馆的县（市、区）新建殡仪馆，对已达危房标准、设施设备陈旧的殡仪馆进行改造或改扩建。更新改造已达到强制报废年限或不符合国家环境保护标准的火化炉。试点建设县（市、区）公益性骨灰安放设施。

——自然灾害救助物资储备体系建设。进一步优化中央救灾物资储备库布局，设区的市级以上人民政府和自然灾害多发、易发地区的县级人民政府应当根据自然灾害特点、居民人口数量和分布等情况，按照布局合理、规模适度的原则，设立救灾物资储备库（点），并视情在多灾易灾乡镇（街道）和城乡社区设置救灾物资储备室。

——社会工作者队伍建设。实施社会工作专业人才服务贫困地区计划、农村留守人员社会保护计划、城镇流动人口社会融入计划、特殊群体社会关爱计划，推进社会工作者专业化、职业化，力争到2020年社会工作专业人才总规模达145万人。

第九章 基本住房保障

国家建立健全基本住房保障制度，加大保障性安居工程建设力度，加快解决城镇居民基本住房问题和农村困难群众住房安全问题，更好保障住有所居。本领域服务项目共3项，具体包括：公共租赁住房、城镇棚户区住房改造、农村危房改造。

第一节 重点任务

——公共租赁住房。转变公租房保障方式，实行实物保障与租赁补贴并举，推进公租房货币化。支持公租房保障对象通过市场租房，政府对符合条件的家庭给予租赁补贴。完善租赁补贴制度，结合市场租金水平和保障对象实际情况，合理确定租赁补贴标准。在城镇稳定就业的外来务工人员、新就业大学生和青年医生、青年教师等专业技术人员，符合当地城镇居民公租房准入条件的，应纳入公租房保障范围。提高公租房运营保障能力，健全准入退出管理机制。

——城镇棚户区住房改造。围绕实现约1亿人居住的城镇棚户区、城中村和危房改造目标，实施棚户区改造行动计划和城镇旧房改造工程，基本完成城镇棚户区和危房改造任务。将棚户区改造与城市更新、产业转型升级更好结合起来，加快推进集中成片棚户区和城中村改造，有序推进旧住宅小区综合整治、危旧住房和非成套住房改造，棚户区改造政策覆盖全国重点镇。完善配套基础设施，加强工程质量监管。

——农村危房改造。合理确定农村危房改造补助对象和标准，优先帮助住房最危险、经济最贫困农户解决最基本的住房安全问题。加快推进贫困地区危房改造，按照精准扶贫、精准脱贫要求，重点解决建档立卡贫困户、低保户、农村分散供养特困人员、贫困残疾人家庭的基本住房安全问题。

第二节 保障措施

——保障必要用地需求。在土地利用年度计划中根据保障性住房建设需要，单独列出，做到应保尽保。依法收回的闲置土地、具备净地出让条件的储备土地和农用地转用计划指标，应优先保证保障性住房用地需求。

——实施财税优惠政策。统筹运用政府财力，加大对基本住房保障的支持力度。继续落实好城镇保障性安居工程建设和运营管理涉及的行政事业性收费、政府性基金（含土地出让收入）以及相关税收减免政策。土地出让收益用于保障性安居工程的比例不低于10%。

——加大融资支持力度。支持符合条件的企业发行债券融资，用于保障性安居工程建设。进一步发挥开发性、政策性金融机构作用，加大对棚户区改造项目的信贷支持力度。鼓励商业银行在风险可控、商业可持续的前提下，开发适合住房租赁业务发展需要的信贷产品。

——合理确定住房价格。依据当地经济社会发展水平、保障对象的承受能力以及建设成本等因素，合理制定、调整保障性住房价格或租金标准。

第十章　基本公共文化体育

国家构建现代公共文化服务体系和全民健身公共服务体系，促进基本公共文化服务和全民健身基本公共服务标准化、均等化，更好地满足人民群众精神文化需求和体育健身需求，提高全民文化素质和身体素质。本领域服务项目共10项，具体包括：公共文化设施免费开放、送地方戏、收听广播、观看电视、观赏电影、读书看报、少数民族文化服务、参观文化遗产、公共体育场馆开放、全民健身服务。

第一节　重点任务

——公共文化。落实国家基本公共文化服务指导标准和地方实施标准。深化公益性文化事业单位改革，积极搭建公益性文化活动平台，以群众需求为导向，推行“菜单式”、“订单式”公共文化服务。加大政府向社会力量购买公共文化服务力度。深入推进公共图书馆、博物馆、美术馆、文化馆和综合文化站免费开放工作。以县级文化馆、图书馆为中心推进总分馆制，实现农村、城市社区公共文化服务资源整合和互联互通。加强文化遗产保护。

——广播影视。采用地面无线、直播卫星和有线网络等方式，推动数字广播电视基本实现全覆盖、户户通。进一步改善农村电影放映条件。努力增加贴近基层群众需要的服务性广播电视栏目节目。

——新闻出版。推动全民阅读，加强残疾人等特殊群体的基本阅读权益保障。扶持实体书店发展，加快推进实体书店或各类图书代销代购网点覆盖全国所有乡镇。完善农家书屋出版物补充更新工作。加强“三农”出版物出版发行。推动少数民族语言文字及双语出版物出版发行、数字化传播和少数民族语言文字作品创作。

——群众体育。实施全民健身计划，组织实施国民体质监测，推行《国家体育锻炼标准》，开展全民健身活动，实行科学健身指导。推动公共体育场馆向社会免费或低收费开放。全面实施青少年体育活动促进计划，培养青少年体育爱好和运动技能，推广普及足球、篮球、排球和冰雪运动等。

第二节　保障措施

——公共文化服务体系建设。推动各地区进一步完善图书馆、文化馆（站）、博物馆等基本公共文化服务设施。在乡镇（街道）和村（社区）统筹建设集宣传文化、党员教育、科学普及、普法教育、体育健身等功能于一体的综合性文化服务中心。为集中连片特困地区和西藏、四省藏区、新疆南疆四地州以及国家扶贫开发工作重点县、新疆生产建设兵团边境团场和南疆困难团场每个县级文化馆配备一辆流动文化车，为村文化活动室购置基本公共文化服务设备。

——广播影视服务体系建设。加强广播电视数字化覆盖、广播电视无线发射台站、全国有线电视网络互联互通平台、国家和地方应急广播体系、基层广播电视播出机构制播能力、广播电视和视听新媒体监管平台等建设，支持直播卫星平台扩容。实施农村电影放映工程，继续巩固“一行政村一月放映一场电影”成果。加强少数民族语言广播影视节目译制、制作、播出和传输覆盖能力建设。

——新闻出版服务体系建设。举办“书香中国”系列活动，充分利用现有设施，统筹建设社区阅读中心、数字农家书屋、公共数字阅读终端等设施。合理规划建设农村和中小城市出版物发行网点，建设城乡阅报栏（屏），支持革命老区、民族地区、边疆地区、贫困地区公共阅读设施建设。实施少数民族新闻出版东风工程、盲文出版工程、儿童阅读书报发放计划、市民阅读发放计划。

——遗产保护服务体系建设。重点支持全国重点文物保护单位、国家历史文化名城、国家级非物质文化遗产、国家级风景名胜区、国家森林公园、国家地质公园等文化和自然遗产保护利用设施建设。

——公共体育服务设施建设。重点支持足球场地设施、中小型全民健身中心、县级体育场、农民体育健身工程、社区多功能运动场、冰雪运动设施、科学健身指导服务平台等建设。充分利用体育中心、公园绿地、闲置厂房、校舍操场、社区空置场所等，拓展公共体育设施场所。

——数字文化服务平台建设。推动全国文化信息资源共享、数字图书馆博物馆建设等公共数字文化工程建设。提高公共文化大数据采集、存储和分析处理能力。科学规划公共数字文化资源，建设分布式资源库群，实施“互联网+中华文明”行动计划，鼓励各地区挖掘整合中华优秀文化资源，开发特色数字文化产品。

第十一章　残疾人基本公共服务

国家提供适合残疾人特殊需求的基本公共服务，为残疾人平等参与社会发展创造便利化条件和友好型环境，让残疾人安居乐业、衣食无忧，生活得更加殷实、更加幸福、更有尊严。本领域服务项目共 10 项，具体包括：困难残疾人生活补贴和重度残疾人护理补贴、无业重度残疾人最低生活保障、残疾人基本社会保险个人缴费资助和保险待遇、残疾人基本住房保障、残疾人托养服务、残疾人康复、残疾人教育、残疾人职业培训和就业服务、残疾人文化体育、无障碍环境支持。

第一节　重点任务

——残疾人基本生活。全面落实困难残疾人生活补贴和重度残疾人护理补贴制度。生活困难、靠家庭供养且无法单独立户的成年无业重度残疾人，经个人申请，可按照单人户纳入最低生活保障范围。对获得最低生活保障后仍有困难的重度残疾人采取必要措施给予生活保障。完成农村贫困残疾人家庭存量危房改造。

——残疾人就业创业和社保服务。为有劳动能力和就业意愿的城乡残疾人免费提供就业创业服务，按规定提供免费职业培训。落实好针对就业困难残疾人的各项就业援助和扶持政策，为智力、精神和重度肢体残疾人提供辅助性、支持性就业服务等。落实贫困和重度残疾人参加社会保险个人缴费资助政策，完善重度残疾人医疗报销制度，做好重度残疾人就医费用结算服务。

——残疾人康复、教育、文体和无障碍服务。继续实施残疾儿童抢救性康复、贫困残疾人辅助器具适配、防盲治盲、防聋治聋等重点康复项目，加强残疾人健康管理和社区康复。积极推进为家庭经济困难的残疾儿童、青少年提供包括义务教育和高中阶段教育在内的 12 年免费教育。加强国家通用手语、通用盲文的规范与推广。推动公共文化体育场所设施免费或优惠向残疾人开放，为视力、听力残疾人等提供特需文化服务。加快推进公共场所和设施的无障碍改造。

第二节　保障措施

——残疾人服务体系建设。支持各地建设一批专业化残疾人康复设施、托养设施和综合服务设施，配备基本服务设备，推动形成功能完善、网络健全的残疾人专业康复和托养服务体系。

——县域残疾人综合服务能力提升。强化县级残疾人康复、托养、职业培训、辅助器具适配、文化体育等服务能力，充分发挥基层公共服务设施助残功能，推动形成县（市、区）、乡（镇）、村（居）三级联动互补的残疾人基层服务网络。

——特殊教育基础能力提升。依托现有特教学校构建特殊教育资源中心，提升特殊教育普及水平、保障条件和教育质量。完善特殊教育体系，积极创造条件保障完成义务教育且有意愿的残疾学生有机会接受适宜的中等职业教育。

——残疾人服务专业人才培养。建设康复大学，提升高等院校特殊教育专业办学水平，推动师范院校开设特殊教育课程。加快培养残疾人康复、托养、特殊教育、护理照料、就业服务、社会工作等方面的人才队伍。

——残疾人服务信息化。完善残疾人人口基础信息和基本服务需求信息数据管理系统。依托中国残疾人服务网，搭建残疾人就业创业网络服务平台。加快推进智能化残疾人证试点。鼓励支持服务残疾人的电子产品、移动应用软件等开发应用。

第十二章　促进均等共享

以贫困地区和贫困人口为重点，着力扩大覆盖范围、补齐短板、缩小差距，不断提高城乡、区域、人群之间基本公共服务均等化程度。

第一节　推动基本公共服务全覆盖

——开展贫困地区脱贫攻坚。加大革命老区、民族地区、边疆地区、集中连片特困地区脱贫攻坚力度，保障贫困人口享有义务教育、医疗卫生、文化体育、住房安全等基本公共服务，推动贫困地区基本公共服务主要领域指标接近全国平均水平。深入开展教育扶贫、健康扶贫、文化扶贫。在易地扶贫搬迁、整村推进、就业促进等工作中，按照精准扶贫、精准脱贫的要求，确保基本公共服务不留缺口。推动地区对口帮扶，加大基本公共服务资金、项目和人才支援力度。

——重点帮扶特殊困难人群。对农村留守人员、困境儿童和残疾人进行全面摸底排查，建立翔实完备、动态更新的信息台账。逐步完善救助管理机构、福利机构场所设施条件，满足农村留守儿童临时监护照料需要。在外出就业较为集中的农村地区，充分利用布局调整后闲置资源开展托老、托幼等关爱服务。健全孤儿、弃婴、法定抚养人无力抚养儿童、低收入家庭重病重残等困境儿童的福利保障体系。对低保家庭中的老年人、未成年人、重度残疾人等重点救助对象，提高救助水平，保障基本生活。

——促进城镇常住人口全覆盖。深化户籍制度改革，推动有能力在城镇稳定就业和生活的农业转移人口举家进城落户。推进居住证制度覆盖全部未落户城镇常住人口，加大对农业转移人口市民化的财政支持力度并建立动态调整机制，保障居住证持有人在居住地享有教育、就业、卫生等领域的基本公共服务。为农民工提供新市民培训服务，提高农民工综合素质和融入城市的能力。

第二节　促进城乡区域均等化

——缩小城乡服务差距。加快义务教育、社会保障、公共卫生、劳动就业等制度城乡一体设计、一体实施。重点以县（市、区）为单位，有步骤、分阶段推动规划、政策、投入、项目等同城化管理，统筹设施建设和人员安排，推动城乡服务内容和标准统一衔接。把社会事业发展重点放在农村和接纳农业转移人口较多的城镇，补齐农村和特大镇基本公共服务短板。鼓励和引导城镇公共服务资源向农村延伸，促进城市优质资源向农村辐射。

——提高区域服务均等化水平。强化省级人民政府统筹职能，加大对省域内基本公共服务薄弱地区扶持力度，通过完善事权划分、规范转移支付等措施，逐步缩小县域间、地市间服务差距。强化跨区域统筹合作，促进服务项目和标准水平衔接。着力推进京津冀地区、长江经济带等重点区域基本公共服务均等化，形成可复制、可推广的经验。

——夯实基层服务基础。整合相关资源，持续改善基层各类公共服务设施条件。依托政府综合服务大厅完善相关经办服务设施，推动基层综合公共服务平台统筹发展和共建共享。简化基层办事环节和手续，优化服务流程，明确办理时限，推行一站式办理、上门办理、预约办理等服务方式。在山区、草原等地广人稀、居住分散地区，配备必要的教学点，开展卫生巡诊等上门服务。

第十三章　创新服务供给

紧扣增进民生福祉，加快推进社会事业改革，吸引社会力量参与，扩大基本公共服务有效供给，提高服务质量和水平。

第一节　培育多元供给主体

——加快事业单位分类改革。理顺政府与事业单位在基本公共服务供给中的关系，强化提供基本公共服务事业单位的公益属性，推动去行政化和去营利化，逐步将有条件的事业单位转为企业或社会组织。进一步落实事业单位法人自主权，深化人事、收入分配等配套制度改革，确保依法决策、独立自主开展活动并承担责任。

——积极引导社会力量参与。进一步规范和公开基本公共服务机构设立的基本标准、审批程序，严控审批时限，鼓励有条件的地方采取招标等方式确定举办或运营主体。积极推动基本公共服务领域民办非营利性机构享受与同行业公办机构同等待遇。

——大力发展社会组织。深化社会组织登记管理制度改革，落实税收优惠政策。加强社会组织孵化培育和人才扶持，采取人员培训、项目指导、公益创投等多种途径和方式，提升社会组织承接政府购买服务能力。采取降低准入门槛、加强分类指导和业务指导等办法，大力培育发展社区社会组织，支持其承接基层基本公共服务和政府委托事项。

第二节　推动供给方式多元化

——推进政府购买公共服务。能由政府购买服务提供的，政府不再直接承办，交由具备条件、信誉良好的社会组织、机构、事业单位和企业等承担。制定实施政府购买公共服务指导性目录，确定政府购买公共服务的种类、性质和内容，规范项目遴选、信息发布、组织购买、项目监管、绩效评价等流程，加强政府购买公共服务的财政预算管理。

——加强政府和社会资本合作。能由政府和社会资本合作提供的，广泛吸引社会资本参与。政府通过投资补助、基金注资等多种方式，优先支持 PPP 项目。在实践证明有效的领域，推行通过公开招标、邀请招标、竞争性磋商、竞争性谈判等多种方式，公平选择具有相应管理经验、专业能力、融资实力以及信用状况良好的社会资本作为合作伙伴。

——鼓励发展志愿和慈善服务。广泛动员志愿服务组织与志愿者参与基本公共服务提供，定期发布志愿服务项目需求和岗位信息，建立健全志愿服务记录制度，完善激励保障措施。发挥慈善组织、专业社会工作服务机构在基本公共服务提供中的重要补充作用，落实慈善捐赠的相关优惠政策。

——发展“互联网+”益民服务。加快互联网与政府公共服务体系的深度融合，推动公共数据资源开放，促进公共服务创新供给和服务资源整合，构建面向公众的一体化在线公共服务体系。推动具备条件的服务事项实行网上受理、网上办理、网上反馈、实时查询，对暂不具备条件的事项提供全程在线咨询服务。积极应用大数据理念、技术和资源，及时了解公众服务需求和实际感受，为政府决策和监管提供支持。

——扩大开放交流合作。鼓励通过合资、合作等方式，支持合作办医，共建养老和残疾人托养机构。加强公共教育、公共文化体育等领域对外交流与合作。借鉴国际先进管理和服务经验，提升基本公共服务供给质量和水平。

第十四章　强化资源保障

优化资源配置，加强财力保障，加大重大工程项目、服务管理人才和规划用地等投入力度，为促进基本公共服务均等化提供支撑。

第一节　提升财政保障能力

——加大财政投入力度。稳定基本公共服务投入，明确保障措施和《清单》项目支出责任，确保服务项目及标准落实到位。中央和地方各级财政要为提高贫困地区基本公共服务水平提供必要支持。加大地方政府债券对基本公共服务保障的支持力度。

——优化转移支付结构。合理划分中央和地方财政事权与支出责任，适度加强中央政府承担基本公共服务的职责和能力。推进转移支付制度改革，增加一般性转移支付规模和比例，重点增加对老少边穷地区的转移支付，缩小地区间财力差距，提高县级财政保障能力，引导地方将一般性转移支付资金投入到民生等重点领域。对新疆维吾尔自治区、新疆生产建设兵团、西藏自治区、四省藏区、革命老区、集中连片特困地区的民生保障和改善、基础设施建设、基层政权和社会管理能力建设等项目，中央预算内投资给予倾斜支持。

——提高资金使用效率。清理、整合、规范专项转移支付，完善资金管理办法，提高项目管理水平。简化财政管理层级，扩大省直管县财政管理体制改革覆盖面，加大省级人民政府转移支付对省域内基本公共服务财力差距的调节力度。统筹安排、合理使用、规范管理各类公共服务投入资金。对医院、学校、保障性住房等建筑质量实行单位负责人和项目负责人终身负责制。

第二节　加强人才队伍建设

——加强人才培养培训。支持高等院校和中等职业学校开设相关学科专业，扩大专业服务和管理人才培养规模。健全从业人员继续教育制度，强化定岗、定向培养，完善远程教育培训。建立政府、社会、用人单位和个人相结合的投入机制，对参加相关职业培训和职业技能鉴定的人员，按规定给予补贴。探索公办与非公办公共服务机构在技术和人才等方面的合作机制，对非公办机构的人才培养、培训和进修等给予支持。

——促进人才合理流动。实施东部带西部、城市带农村的人才对口支持政策，引导公共服务和管理人才向中西部地区和基层流动。深化公办机构人事制度改革，健全公开招聘和竞争上岗制度，推动服务人员保障社会化管理，逐步由身份管理向岗位管理转变。

——提升基层人员能力。完善基层人员工资待遇、职称评定、医疗保险及养老保障等激励政策。推进基层公共服务队伍轮训，实施高校毕业生基层培养计划，继续做好“三支一扶”计划、西部志愿者计划、大学生村官计划、农村教师特岗计划、全科医生特岗计划、社会工作专业人才队伍建设等工作。鼓励通过优化编制资源配置、积极推进政府购买服务等方式，保障基层服务力量。

第三节　完善配套政策体系

——加强规划布局和用地保障。综合服务半径、服务人口、资源承载能力等因素，对城乡公共服务设施进行统筹布局。结合新型城镇化和人口发展趋势，对土地供给进行前瞻规划，优先保障基本公共服务建设用地。新建居住区要按相关规定，完善教育、卫生、文化体育、养老托幼、社区服务等配套设施，并在合理服务半径内尽量集中安排。

——建立健全服务标准体系。各行业主管部门会同国务院标准化行政主管部门等，分别制定实施基本公共服务各领域设施建设、设备配置、人员配备、经费投入、服务规范和流程等具体标准，推动城乡、区域之间标准衔接。推进基本公共服务标准化工程建设，在有条件的地区开展公共服务标准化试点。

——强化社会信用体系支撑。增强全民诚信意识，健全个人信用档案。加强公共服务行业自律和社会监督，将公共服务机构、从业人员、服务对象诚信情况记入信用记录，纳入全国信用信息共享平台，对严重失信主体采取失信惩戒或依法强制退出等措施。

第十五章　推进规划实施和监督评估

按照长效可行、分工明晰、统筹有力、协调有序的要求，扎实推进规划实施和监督评估，促进政策和项目落地。

第一节　明确责任分工

——国务院各有关部门要按照职责分工，做好行业发展规划、专项建设规划与本规划的衔接，明确工作责任和进度安排，推动各领域重点任务、保障措施和《清单》项目有效落实。要加强部门间统筹协调，共同研究推动解决基本公共服务均等化工作中跨部门、跨行业、跨区域及政策创新等重大问题。

——省级人民政府要强化主体责任，以本规划为指导，结合实际制定推进本地区基本公共服务均等化规划、行动计划或基本公共服务清单，科学确定服务范围和项目内容，分年足额落实财政投入，切实促进省域内基本公共服务均等化。

——市、县级人民政府负责推进落实国家和省级人民政府确定的基本公共服务清单及相关政策措施，制定办事指南，明确责任单位，优化服务流程，提高质量效率，保证清单项目落实到位，并及时向上级政府和有关部门报告进展情况。

第二节　加强监督问责

——国家发展改革委要会同国家统计局等有关部门，建立健全基本公共服务综合评估指标体系，推进基本公共服务基础信息库建设，开展年度统计监测。适时组织开展本规划实施情况中期评估，重大情况及时向国务院报告。

——国务院各有关部门、地方各级人民政府要建立政府主导与社会参与的良性互动机制，推动政务公开和政府信息公开，拓展公众参与渠道，做好舆情监测预警和应对，定期开展基本公共服务需求分析和社会满意度调查，及时妥善回应社会关切。

——地方各级人民政府要加强绩效评价和监督问责，强化过程监管，把本规划落实情况纳入绩效考核。要依法接受同级人大及其常委会的监督，自觉接受人民政协的民主监督，接受社会和人民群众监督。

附件：1. “十三五”国家基本公共服务清单

2. 重点任务分工方案

附件 1：

“十三五”国家基本公共服务清单

序号	服务项目	服务对象	服务指导标准	支出责任	牵头负责单位
一、基本公共教育					
1	免费义务教育	义务教育学生	对城乡义务教育学生免除学杂费，免费提供教科书；统一城乡义务教育学校生均公用经费基准定额。	中央和地方财政按比例分担。	财政部、教育部
2	农村义务教育学生营养改善	贫困地区农村义务教育学生	在集中连片特困地区开展国家试点，中央财政为试点地区学生提供每生每年 800 元的营养膳食补助，鼓励各地因地制宜开展地方试点。	国家试点县学生营养膳食补助所需资金由中央财政承担；地方试点县学生营养膳食补助所需资金由地方财政承担，中央财政给予奖励性补助。	教育部、财政部
3	寄宿生生活补助	义务教育家庭经济困难寄宿学生	小学生每生每年 1000 元，初中生每生每年 1250 元。	中央和地方财政按 5∶5 比例共同分担。	财政部、教育部
4	普惠性学前教育资助	经县级以上教育行政部门审批设立的普惠性幼儿园在园家庭经济困难儿童、孤儿和残疾儿童	减免保育教育费，补助伙食费，具体资助方式和资助标准由省级人民政府结合本地实际自行制定。	地方人民政府负责，中央财政予以奖补。按照“地方先行，中央补助”的原则开展相关工作。	财政部、教育部
5	中等职业教育国家助学金	中等职业学校全日制正式学籍一、二年级在校涉农专业学生和非涉农专业家庭经济困难学生；六盘山区等 11 个集中连片特困地区和西藏、四省藏区、新疆南疆四地州中等职业学校农村（不含县城）学生	国家助学金每生每年 2000 元，中央财政按区域确定家庭经济困难学生比例，西部地区按在校学生的 20%确定，中部地区按在校学生的 15%确定，东部地区按在校学生的 10%确定。	中央和地方财政按比例分担：西部地区（不分生源地）以及中部、东部地区（生源地为西部的），中央与地方分担比例为 8∶2；对中部地区（生源地不是西部的）以及东部地区生源地为中部的，中央与地方分担比例为 6∶4；东部地区（生源地不是西部、中部的）分担比例分省（市）确定。	财政部、教育部、人力资源社会保障部
6	中等职业教育免除学杂费	公办中等职业学校全日制正式学籍一、二、三年级在校生中所有农村（含县镇）学生，城市涉农专业学生和家庭经济困难学生（艺术类相关表演专业学生除外），符合条件的民办职业学校学生	按各省（区、市）人民政府及其价格、财政主管部门确定的学费标准免除学杂费。公办中等职业学校，中央财政统一按平均每生每年 2000 元标准，与地方按比例分担免除学杂费补助资金。符合条件的民办职业学校学生参照当地同类型、同专业公办学校免除学杂费标准予以补助。	中央和地方财政按比例分担：西部地区（不分生源地）以及中部、东部地区（生源地为西部的），中央与地方分担比例为 8∶2；对中部地区（生源地不是西部的）以及东部地区生源地为中部的，中央与地方分担比例为 6∶4；东部地区（生源地不是西部、中部的）分担比例分省（市）确定。	财政部、教育部、人力资源社会保障部
7	普通高中国家助学金	普通高中在校生中的家庭经济困难学生	国家助学金平均资助标准为每生每年 2000 元，具体标准由各地结合实际分档确定。	中央和地方财政按比例分担：西部地区中央与地方分担比例为 8∶2；中部地区分担比例为 6∶4；东部地区除直辖市外，按照财力状况分省确定。	财政部、教育部

续表 1

序号	服务项目	服务对象	服务指导标准	支出责任	牵头负责单位
8	免除普通高中建档立卡等家庭经济困难学生学杂费	公办普通高中建档立卡等家庭经济困难在校学生（含非建档立卡的家庭经济困难残疾学生、农村低保家庭学生、农村特困救助供养学生），符合条件的民办普通高中学生	按各省（区、市）人民政府及其价格、财政主管部门确定的学费标准免除学杂费（不含住宿费）。中央财政逐省（区、市）核定免学杂费财政补助标准。符合条件的民办学校学生参照当地同类型公办学校免除学杂费标准予以补助。	中央和地方财政按比例分担：西部地区中央与地方分担比例为 8∶2；中部地区分担比例为 6∶4；东部地区除直辖市外，按照财力状况分省确定。	财政部、教育部
			二、基本劳动就业创业		
9	基本公共就业服务	有就业需求的劳动年龄人口	提供就业政策法规咨询、职业供求信息、市场工资指导价位信息和职业培训信息、职业指导和职业介绍、就业登记和失业登记、流动人员人事档案管理等服务。	国务院有关部门所属人才中介服务机构开展流动人员人事档案管理所需经费由中央财政予以补助，其余由地方人民政府负责。	人力资源社会保障部
10	创业服务	有创业需求的劳动者	提供项目选择、开业指导、融资对接、岗位信息等服务，对符合政策规定的创业者提供创业担保贷款扶持。	地方人民政府负责。	人力资源社会保障部、财政部、人民银行
11	就业援助	零就业家庭和符合条件的就业困难人员	提供政策咨询、职业指导、岗位信息等服务，使城镇有就业能力的零就业家庭至少一人就业。	地方人民政府负责。	人力资源社会保障部
12	就业见习服务	离校一年内未就业高校毕业生	组织有意愿的离校未就业毕业生参加就业见习；指导见习单位和见习人员签订见习协议，安排带教老师，为见习人员办理人身意外保险；见习单位和地方人民政府为见习人员提供基本生活补助。对见习期满留用率达到 50%以上的见习单位，适当提高见习补贴标准。	见习人员基本生活补助所需资金由见习单位和地方人民政府分担。	人力资源社会保障部、财政部
13	大中城市联合招聘服务	有求职愿望的高校毕业生和青年人才以及有招聘需求的各类用人单位	提供大中城市联动、线上线下融合的招聘服务，方便服务对象登录用人单位需求库和求职简历库；提供职业能力测试和评估、简历（岗位）筛查和需求分析、预就业创业体验、双向定制推荐岗位（人才）信息、就业创业指导、实用基础课程培训等就业服务。	地方人民政府负责。	人力资源社会保障部

续表 2

序号	服务项目	服务对象	服务指导标准	支出责任	牵头负责单位
14	职业技能培训和技能鉴定	城乡各类有就业创业、提升岗位技能要求和培训愿望的劳动者	贫困家庭子女、毕业年度高校毕业生、城乡未继续升学的应届初高中毕业生、农村转移就业劳动者、城镇登记失业人员，以及符合条件的企业在职职工可按规定享受职业培训补贴；按规定给予参加劳动预备制培训的农村学员和城市低保家庭学员一定生活费补贴；符合条件人员享受职业技能鉴定补贴。	地方人民政府负责，国家给予适当补助。	人力资源社会保障部、财政部
15	“12333”人力资源和社会保障服务热线电话咨询	所有单位和个人	提供就业、社会保障、劳动关系、人事制度、人才建设、工资收入分配等方面的政策咨询及信息查询服务。人工服务为 5×8 小时，自助语音服务为 7×24 小时，综合接通率达到 80%以上。	地方人民政府负责。	人力资源社会保障部
16	劳动关系协调	用人单位和与之建立劳动关系的劳动者	提供劳动关系政策咨询、劳动用工指导、获得劳动合同和集体合同示范文本、劳动纠纷调解、集体协商指导等服务，推动企业劳动合同签订率达到 90%以上。	地方人民政府负责。	人力资源社会保障部
17	劳动人事争议调解仲裁	存在劳动人事关系的用人单位和劳动者	提供劳动人事争议调解和仲裁服务，推动劳动人事争议调解成功率达到 60%以上，仲裁案件结案率达到 90%以上。	地方人民政府负责。	人力资源社会保障部
18	劳动保障监察	各类用人单位和劳动者	提供法律咨询和执法维权服务。	地方人民政府负责。	人力资源社会保障部
			三、基本社会保险		
19	职工基本养老保险	符合条件的参保退休人员	发放基本养老金，包括基础养老金和个人账户养老金，对改革前参加工作、改革后退休的参保人员增发过渡性养老金，建立基本养老金合理调整机制。	用人单位原则上缴纳工资总额的 20%，职工缴纳本人缴费工资的 8%。在基本养老保险基金中支出，基本养老保险基金支付不足时财政给予补助。	人力资源社会保障部
20	城乡居民基本养老保险	符合条件的城乡居民	发放基础养老金和个人账户养老金。目前，国家确定的基础养老金最低标准为每人每月 70 元。根据经济发展和物价变动等情况，建立基础养老金合理调整机制。	在基本养老保险基金中支出。国家确定基础养老金最低标准。中央财政对中西部地区按国家确定的基础养老金标准给予全额补助，对东部地区给予 50%补助。地方人民政府对参保人缴费给予补贴。	人力资源社会保障部、财政部

续表 3

序号	服务项目	服务对象	服务指导标准	支出责任	牵头负责单位
21	职工基本医疗保险	职工、无雇工的个体工商户、非全日制从业人员及灵活就业人员	政策范围内住院费用医保基金支付比例稳定在75%左右。	用人单位缴纳工资总额的6%左右，职工缴纳本人缴费工资的2%。具体缴费比例由各统筹地区规定。	人力资源社会保障部
22	生育保险	各类企业、机关、事业单位、社会团体等用人单位	基金支付生育期间的医疗费和生育津贴，生育津贴按职工所在用人单位上年度职工月平均工资计发。	用人单位按照不超过工资总额1%的比例缴纳生育保险费，累计结余超过9个月的统筹地区，应将费率控制在用人单位工资总额的0.5%以内。具体缴费比例由各统筹地区规定。	人力资源社会保障部
23	城乡居民基本医疗保险	除职工基本医疗保险应参保人员以外的其他所有城乡居民（包括农村人口和城镇非就业人员）	整合城镇居民基本医疗保险和新型农村合作医疗保险，政策范围内住院费用医保基金支付比例稳定在75%左右，大病保险的报销比例达到50%以上。	个人缴费和政府补助相结合。	人力资源社会保障部、国家卫生计生委、财政部
24	失业保险	依法参保并足额缴纳失业保险费的用人单位及其职工、失业人员	对符合条件的失业人员支付失业保险金、基本医疗保险费、丧葬补助金和抚恤金等，对符合条件的企业给予各类稳定岗位补贴。参保人数在1.8亿人左右。	按照《失业保险条例》，城镇企业事业单位按照本单位工资总额的2%缴纳失业保险费，职工按照本人缴费工资的1%缴纳失业保险费，农民合同制工人本人不缴纳失业保险费。按照《人力资源社会保障部 财政部关于阶段性降低社会保险费率的通知》（人社部发〔2016〕36号），从2016年5月1日起，失业保险总费率在2015年已降低1个百分点基础上可阶段性降至1%—1.5%。其中个人费率不超过0.5%，降低费率的期限暂按两年执行。具体方案由各省（区、市）确定。	人力资源社会保障部
25	工伤保险	企业、事业单位、社会团体、民办非企业单位、基金会、律师事务所、会计师事务所等组织的职工和个体工商户的雇工	保障因工作遭受事故伤害或者患职业病的职工获得医疗救治和经济补偿，促进工伤预防和职业康复。工伤保险基金和用人单位按规定支付工伤医疗和康复费用、伤残津贴和补助、生活护理费及工亡补助等。参保人数达到2.2亿人以上。	工伤预防的宣传、培训等费用，劳动能力鉴定费用和工伤保险待遇费用依法由工伤保险基金和用人单位支付。	人力资源社会保障部

续表 4

序号	服务项目	服务对象	服务指导标准	支出责任	牵头负责单位
			四、基本医疗卫生		
26	居民健康档案	城乡居民	为辖区常住人口建立统一、规范的居民电子健康档案，建档率逐步达到90%。	地方人民政府负责，中央财政适当补助。	国家卫生计生委
27	健康教育	城乡居民	提供健康教育、健康咨询等服务。	地方人民政府负责，中央财政适当补助。	国家卫生计生委
28	预防接种	0-6 岁儿童和其他重点人群	在重点地区，对重点人群进行针对性接种国家免疫规划疫苗。以乡镇（街道）为单位，适龄儿童免疫规划疫苗接种率逐步达到90%以上。	地方人民政府负责，中央财政适当补助。	国家卫生计生委
29	传染病及突发公共卫生事件报告和处理	法定传染病病人、疑似病人、密切接触者和突发公共卫生事件伤病员及相关人群	就诊的传染病病例和疑似病例以及突发公共卫生事件伤病员及时得到发现、登记、报告、处理，提供传染病防治和突发公共卫生事件防范知识宣传和咨询服务。传染病报告率和报告及时率均达到95%，突发公共卫生事件相关信息报告率达到100%。	地方人民政府负责，中央财政适当补助。	国家卫生计生委
30	儿童健康管理	0-6 岁儿童	提供新生儿访视、儿童保健系统管理、体格检查、儿童营养与喂养指导、生长发育监测及评价和健康指导等服务。0-6岁儿童健康管理率逐步达到90%。	地方人民政府负责，中央财政适当补助。	国家卫生计生委
31	孕产妇健康管理	孕产妇	提供孕期保健、产后访视及健康指导服务。孕产妇系统管理率逐步达到 90%以上。	地方人民政府负责，中央财政适当补助。	国家卫生计生委
32	老年人健康管理	65 岁及以上老年人	提供生活方式和健康状况评估、体格检查、辅助检查和健康指导等健康管理服务。65 岁及以上老年人健康管理率逐步达到70%。	地方人民政府负责，中央财政适当补助。	国家卫生计生委
33	慢性病患者管理	原发性高血压患者和II型糖尿病患者	提供登记管理、健康指导、定期随访和体格检查服务。全国计划管理高血压患者约 1 亿人，糖尿病患者约 3500 万人。	地方人民政府负责，中央财政适当补助。	国家卫生计生委
34	严重精神障碍患者管理	严重精神障碍患者	提供登记管理、随访指导服务。在册患者管理率和精神分裂症治疗率逐步均达到 80%以上。	地方人民政府负责，中央财政适当补助。	国家卫生计生委
35	卫生计生监督协管	城乡居民	提供食品安全信息报告、饮用水卫生安全巡查、学校卫生服务、非法行医和非法采供血信息报告等服务。逐步覆盖90%以上的乡镇。	地方人民政府负责，中央财政适当补助。	国家卫生计生委
36	结核病患者健康管理	辖区内确诊的肺结核患者	提供肺结核筛查及推介转诊、入户随访、督导服药、结果评估等服务。结核病患者健康管理服务率逐步达到90%。	地方人民政府负责，中央财政适当补助。	国家卫生计生委

续表 5

序号	服务项目	服务对象	服务指导标准	支出责任	牵头负责单位
37	中医药健康管理	65 岁以上老人、0-3 岁儿童	通过基本公共卫生服务项目为 65 岁以上老人提供中医体质辨识和中医保健指导服务，为 0-3 岁儿童提供中医调养服务。目标人群覆盖率逐步达到 65%。	地方人民政府负责，中央财政适当补助。	国家卫生计生委、国家中医药局
38	艾滋病病毒感染者和病人随访管理	艾滋病病毒感染者和病人	在医疗卫生机构指导下，为艾滋病病毒感染者和病人提供随访服务。感染者和病人规范管理率逐步达到 90%。	地方人民政府负责，中央财政适当补助。	国家卫生计生委、国家中医药局
39	社区艾滋病高危行为人群干预	艾滋病性传播高危行为人群	为艾滋病性传播高危行为人群提供综合干预措施。干预措施覆盖率逐步达到 90%。	地方人民政府负责，中央财政适当补助。	国家卫生计生委
40	免费孕前优生健康检查	农村计划怀孕夫妇	提供健康教育、健康检查、风险评估和咨询指导等孕前优生服务。目标人群覆盖率逐步达到 80%。	中央和地方财政按比例分担。	国家卫生计生委
41	基本药物制度	城乡居民	政府办基层医疗卫生机构全部实行基本药物零差率销售，按规定纳入基本医疗保险药品报销目录，逐步提高实际报销水平。	地方人民政府负责，中央财政适当补助。	国家卫生计生委
42	计划生育技术指导咨询	育龄人群	提供计划生育技术指导咨询服务、计划生育相关的临床医疗服务、符合条件的再生育技术服务和计划生育宣传服务。	农村避孕节育技术服务经费由地方财政保障，中央财政对西部困难地区给予补助。	国家卫生计生委、财政部
43	农村部分计划生育家庭奖励扶助	年满 60 周岁、只生育一个子女或两个女孩的农村计划生育家庭夫妇	发放一定数额的奖励扶助金，并根据经济社会发展水平实行奖励扶助标准动态调整。	中央和地方财政按比例共同负担。	国家卫生计生委、财政部
44	计划生育家庭特别扶助	符合条件的独生子女伤残、死亡的父母及节育手术并发症三级以上人员	根据不同情况，给予适当扶助，并根据经济社会发展水平实行特别扶助标准动态调整。	中央和地方财政按比例共同负担。	国家卫生计生委、财政部
45	食品药品安全保障	城乡居民	对供应城乡居民的食品药品开展监督检查，及时发现并消除风险。对药品医疗器械实施风险分类管理，提高对高风险对象的监管强度。	中央和地方人民政府分类负责。	食品药品监管总局

续表 6

序号	服务项目	服务对象	服务指导标准	支出责任	牵头负责单位
			五、基本社会服务		
46	最低生活保障	家庭成员人均收入低于当地最低生活保障标准，且符合当地最低生活保障家庭财产状况规定的家庭	按照共同生活的家庭成员人均收入低于当地最低生活保障标准的差额，按月发给最低生活保障金。	地方人民政府负责，中央财政对困难地区适当补助。	民政部、财政部
47	特困人员救助供养	无劳动能力、无生活来源且无法定赡养、抚养、扶养义务人，或者其法定义务人无赡养、抚养、扶养能力的老年人、残疾人以及未满 16 周岁的未成年人	提供基本生活条件；对生活不能自理的给予照料；提供疾病治疗；办理丧葬事宜；对符合规定标准的住房困难的分散供养特困人员，给予住房救助；对在义务教育阶段就学的特困人员，给予教育救助；对在高中教育（含中职）、普通高等教育阶段就学的特困人员，根据实际情况给予适当教育救助。	地方人民政府负责，中央财政对困难地区适当补助。	民政部、财政部
48	医疗救助	重点救助对象：最低生活保障家庭成员和特困救助供养人员。 低收入救助对象：低收入家庭的老年人、未成年人、重度残疾人和重病患者，以及其他特殊困难人员。 重特大疾病医疗救助对象：除上述救助对象以外，还包括因病致贫家庭重病患者。 疾病应急救助对象：在中国境内发生急重危伤病、需要急救但身份不明确或无力支付相应费用的患者。	对重点救助对象参加城乡居民基本医疗保险的个人缴费部分进行补贴，对特困救助供养人员给予全额资助，对最低生活保障家庭成员给予定额资助。重点救助对象在定点医疗机构发生的政策范围内住院费用中，对经过基本医疗保险、城乡居民大病保险及各类补充医疗保险、商业保险报销的个人负担费用，在年度救助限额内按不低于 70%的比例给予救助。对重点救助对象和低收入救助对象经基本医疗保险、城乡居民大病保险及各类补充医疗保险、商业保险等报销后个人负担的合规医疗费用，直接予以补助；因病致贫家庭重病患者等其他救助对象负担的合规医疗费用，先由其个人支付，对超过家庭负担能力的部分予以救助。医疗机构对疾病应急救助对象紧急救治所发生的费用，可向疾病应急救助基金申请补助。	地方人民政府负责，中央财政适当补助。	民政部、国家卫生计生委、财政部
49	临时救助	家庭对象：因火灾、交通事故等意外事件，家庭成员突发重大疾病等原因，导致基本生活暂时出现严重困难的家庭；因生活必需支出突然增加超出家庭承受能力，导致基本生活暂时出现严重困难的最低生活保障家庭；遭遇其他特殊困难的家庭。 个人对象：因遭遇火灾、交通事故、突发重大疾病或其他特殊困难，暂时无法得到家庭支持，导致基本生活陷入困境的个人。	为救助对象发放临时救助金；根据临时救助标准和救助对象基本生活需要，发放衣物、食品、饮用水，提供临时住所；对给予临时救助金、实物救助后，仍不能解决临时救助对象困难的，可分情况提供转介服务。县级以上地方人民政府根据救助对象困难类型、困难程度，统筹考虑其他社会救助制度保障水平，合理确定临时救助标准，并适时调整。	地方人民政府负责，中央财政对困难地区适当补助。	民政部、财政部

续表 7

序号	服务项目	服务对象	服务指导标准	支出责任	牵头负责单位
50	受灾人员救助	基本生活受到自然灾害严重影响的人员	及时为受灾人员提供必要的食品、饮用水、衣被、取暖、临时住所、医疗防疫等应急救助；对住房损毁严重的受灾人员进行过渡性安置；及时核实本行政区域内居民住房恢复重建补助对象，并给予资金、物资等救助；受灾地区人民政府应当为因当年冬寒或者次年春荒遇到生活困难的受灾人员提供基本生活救助。	中央和地方人民政府共同负责。	民政部、财政部
51	法律援助	经济困难公民和特殊案件当事人	提供必要的法律咨询、代理、刑事辩护等无偿法律服务。	地方人民政府负责，中央财政引导地方加大投入力度。	司法部、财政部
52	老年人福利补贴	经济困难的高龄、失能老年人	对经济困难的高龄老年人，逐步给予养老服务补贴；对生活长期不能自理、经济困难的老年人，给予护理补贴。	地方人民政府负责。	民政部、财政部
53	困境儿童保障	因家庭贫困导致生活、就医、就学等困难的儿童，因自身残疾导致康复、照料、护理和社会融入等困难的儿童，以及因家庭监护缺失或监护不当遭受虐待、遗弃、意外伤害、不法侵害等导致人身安全受到威胁或侵害的儿童	为困境儿童提供基本生活、基本医疗、教育等服务，落实监护责任。各地统筹考虑困境儿童的困难类型、困难程度、致困原因，完善落实社会救助、社会福利等保障政策。	地方人民政府负责。	民政部、财政部
54	农村留守儿童关爱保护	父母双方外出务工或一方外出务工另一方无监护能力、未满 16 周岁的农村户籍未成年人	强化家庭监护主体责任；落实县、乡镇人民政府和村（居）民委员会职责；加大教育部门和学校关爱保护力度；动员群团组织开展关爱服务；推动社会力量积极参与。	地方人民政府负责。	民政部
55	基本殡葬服务	执行国家殡葬政策的困难群众	为城乡困难群众以减免费用或补贴方式提供遗体接运、暂存、火化、骨灰寄存等基本殡葬服务；为优抚对象及城乡困难群众免费或低收费提供骨灰节地生态安葬服务。	地方人民政府负责。	民政部、财政部
56	优待抚恤	享受国家抚恤补助的优抚人员	建立完善优抚对象待遇与贡献相一致的优抚保障体系，将优抚对象优先纳入覆盖一般群众的救助、养老、医疗、住房以及残疾人保障等各项社会保障制度体系。	中央和地方人民政府分级负担。	民政部、财政部
57	退役军人安置	退役军人	自主就业的，在领取退役金后，按规定享受扶持就业优惠政策；其他分别采取安排工作、退休、供养等方式予以安置。	中央和地方人民政府共同负责。	民政部、财政部

续表 8

序号	服务项目	服务对象	服务指导标准	支出责任	牵头负责单位
58	重点优抚对象集中供养	需要常年医疗或者独身一人不便分散安置的一级至四级残疾退役军人；老年、残疾或者未满 16 周岁的烈士遗属、因公牺牲军人遗属、病故军人遗属和进入老年的残疾军人、复员军人、退伍军人中无法定赡养人（扶养人、抚养人）或赡养人（扶养人、抚养人）无赡养（扶养、抚养）能力且享受国家定期抚恤补助待遇的优抚对象	建立完善优抚对象待遇与贡献相一致的优抚保障体系，依托优抚医院、光荣院，给予符合条件的重点优抚对象集中供养、医疗等保障。	中央和地方人民政府共同负责。	民政部、财政部
六、基本住房保障					
59	公共租赁住房	符合条件的城镇低收入住房困难家庭、城镇中等偏下收入住房困难家庭、新就业无房职工、城镇稳定就业的外来务工人员	实行实物保障与货币补贴并举，并逐步加大租赁补贴发放力度。	市、县级人民政府负责，引导社会资金投入，省级人民政府给予资金支持，中央财政给予资金补助。	住房城乡建设部、财政部
60	城镇棚户区住房改造	符合条件的城镇居民	实物安置和货币补偿相结合，具体标准由市、县级人民政府确定（有国家标准的，执行国家标准）。全国开工改造包括城市危房、城中村在内的各类棚户区住房 2000 万套。	政府给予适当补助，企业安排一定的资金，住户承担一部分住房改善费用。	住房城乡建设部、财政部
61	农村危房改造	居住在危房中的建档立卡贫困户、分散供养特困人员、低保户、贫困残疾人家庭等贫困农户	支持符合条件的贫困农户改造危房，各省份确定不同地区、不同类型、不同档次的省级分类补助标准，中央财政给予适当补助，基本完成存量危房改造任务。地震设防地区结合危房改造，统筹开展农房抗震改造。	地方人民政府负责，中央财政安排补助资金、地方财政给予资金支持、个人自筹等相结合。	住房城乡建设部、财政部
七、基本公共文化体育					
62	公共文化设施免费开放	城乡居民	公共图书馆、文化馆（站）、公共博物馆（非文物建筑及遗址类）、公共美术馆等公共文化设施免费开放，基本服务项目健全。	地方人民政府负责，中央财政适当补助。	文化部、国家文物局、财政部
63	送地方戏	农村居民	根据群众实际需求，采取政府购买服务等方式，为农村乡镇每年提供戏曲等文艺演出服务。	地方人民政府负责，中央财政适当补助。	文化部、教育部、新闻出版广电总局、财政部
64	收听广播	城乡居民	为全民提供突发事件应急广播服务。通过直播卫星提供不少于 17 套广播节目，通过无线模拟提供不少于 6 套广播节目，通过数字音频提供不少于 15 套广播节目。	中央和地方人民政府共同负责。	新闻出版广电总局、财政部

续表 9

序号	服务项目	服务对象	服务指导标准	支出责任	牵头负责单位
65	观看电视	城乡居民	通过直播卫星提供 25 套电视节目，通过地面数字电视提供不少于 15 套电视节目，未完成无线数字化转换的地区提供不少于 5 套电视节目。	中央和地方人民政府共同负责。	新闻出版广电总局、财政部
66	观赏电影	农村居民、中小学生	为农村群众提供数字电影放映服务，其中每年国产新片（院线上映不超过 2 年）比例不少于 1/3。为中小学生每学期提供 2 部爱国主义教育影片。	地方人民政府负责，中央财政适当补助。	新闻出版广电总局、财政部
67	读书看报	城乡居民	公共图书馆（室）、文化馆（站）和行政村（社区）综合文化服务中心（含农家书屋）等配备图书、报刊和电子书刊，并免费提供借阅服务；在城镇主要街道、公共场所、居民小区等人流密集地点设置公共阅报栏（屏），提供时政、“三农”、科普、文化、生活等方面的信息服务。	地方人民政府负责，中央财政适当补助。	文化部、新闻出版广电总局、财政部
68	少数民族文化服务	主要少数民族地区居民	通过有线、无线、卫星等方式提供民族语言广播影视节目；提供民族语言文字出版的、价格适宜的常用书报刊、电子音像制品和数字出版产品。提供少数民族特色的艺术作品，开展少数民族文化活动。	地方人民政府负责，中央财政对部分事项予以补助。	新闻出版广电总局、文化部、财政部
69	参观文化遗产	未成年人、老年人、现役军人、残疾人和低收入人群	参观文物建筑及遗址类博物馆实行门票减免，文化和自然遗产日免费参观。	中央和地方财政分别负担。	国家文物局、财政部
70	公共体育场馆开放	城乡居民	有条件的公共体育设施免费或低收费开放；推进学校体育设施逐步向公众开放。	地方人民政府负责，中央财政对部分事项予以补助。	体育总局、教育部、财政部
71	全民健身服务	城乡居民	提供科学健身指导、群众健身活动和比赛、科学健身知识等服务；免费提供公园、绿地等公共场所全民健身器材。	地方人民政府负责，中央财政对部分事项予以补助。	体育总局、教育部、财政部
			八、残疾人基本公共服务		
72	困难残疾人生活补贴和重度残疾人护理补贴	困难残疾人和重度残疾人	为低保家庭中的残疾人提供生活补贴，为残疾等级被评定为一级、二级且需要长期照护的重度残疾人提供护理补贴。有条件的地方可逐步提高补贴标准、扩大补贴范围。	地方人民政府负责，中央财政适当补助。	民政部、财政部、中国残联
73	无业重度残疾人最低生活保障	生活困难、靠家庭供养且无法单独立户的成年无业重度残疾人	经个人申请，可按照单人户纳入最低生活保障范围。	地方人民政府负责，中央财政适当补助。	民政部、中国残联

续表 10

序号	服务项目	服务对象	服务指导标准	支出责任	牵头负责单位
74	残疾人基本社会保险个人缴费资助和保险待遇	贫困和重度残疾人	为参加居民基本养老保险、居民基本医疗保险的服务对象按规定提供个人缴费补贴；将符合规定的医疗康复项目、基本的治疗性康复辅助器具逐步纳入基本医疗保障范围。	缴费资助由地方人民政府负责或医疗救助基金支出；报销由基本医疗保险基金支出。	人力资源社会保障部、民政部、国家卫生计生委、中国残联
75	残疾人基本住房保障	残疾人	对符合基本住房保障条件的城镇残疾人家庭给予优先轮候、优先选房等政策；同等条件下优先为经济困难的残疾人家庭实施农村危房改造，完成农村贫困残疾人家庭存量危房改造任务。	由地方人民政府负责，中央财政安排补助资金、地方财政给予资金支持、个人自筹等相结合。	住房城乡建设部、中国残联
76	残疾人托养服务	就业年龄段智力、精神及重度肢体残疾人	支持日间照料机构和专业托养服务机构为100万残疾人提供护理照料、生活自理能力和社会适应能力训练、职业康复、劳动技能培训、辅助性就业等服务。	地方人民政府负责，中央财政适当补助。	中国残联、财政部
77	残疾人康复	有康复需求的持证残疾人、残疾儿童	提供康复建档、评估、训练、心理疏导、护理、生活照料、辅具适配、咨询、指导和转介等基本康复服务；开展残疾儿童康复救助，逐步为0-6岁视力、听力、言语、智力、肢体残疾儿童和孤独症儿童免费提供手术、辅助器具配置和康复训练等服务。	地方人民政府负责，中央财政适当补助。	中国残联、国家卫生计生委、民政部
78	残疾人教育	残疾儿童、青少年	逐步为家庭经济困难的残疾学生提供包括义务教育、高中阶段教育在内的12年免费教育；对残疾儿童普惠性学前教育予以资助；对残疾学生特殊学习用品、教育训练、交通费等予以补助。	地方人民政府负责，中央财政适当补助。	财政部、教育部、中国残联
79	残疾人职业培训和就业服务	有劳动能力和就业意愿的城乡残疾人	各级公共就业服务机构及残疾人就业服务机构按规定为城镇残疾人提供有针对性的职业技能培训、岗位技能提升培训、创业培训等就业创业服务；为50万中西部地区农村贫困残疾人提供农业实用技术培训。	地方人民政府负责，中央财政适当补助。	中国残联、人力资源社会保障部、农业部
80	残疾人文化体育	残疾人	能够收看到有字幕或手语的电视节目，在公共图书馆得到盲文和有声读物等阅读服务；为基层残疾人体育活动场所和残疾人综合服务设施配置适宜的器材器械。	地方人民政府负责，中央财政适当补助。	中国残联、文化部、新闻出版广电总局、体育总局
81	无障碍环境支持	残疾人、老年人等	推进公共场所和设施无障碍改造；对贫困重度残疾人家庭继续开展无障碍改造；逐步开展互联网和移动互联网无障碍信息服务。	地方人民政府负责。	住房城乡建设部、工业和信息化部、中国残联

附件 2：

重点任务分工方案

序号	重点任务	责任单位
1	完善国家基本公共服务制度，建立基本公共服务清单制，建立健全科学有效的基本公共服务实施机制。	国家发展改革委牵头，其他有关部门按职责分工负责
2	推动基本公共教育领域发展指标、重点任务、保障措施有效落实。	教育部牵头，其他有关部门按职责分工负责
3	推动基本劳动就业创业领域发展指标、重点任务、保障措施有效落实。	人力资源社会保障部牵头，其他有关部门按职责分工负责
4	推动基本社会保险领域发展指标、重点任务、保障措施有效落实。	人力资源社会保障部牵头，其他有关部门按职责分工负责
5	推动基本医疗卫生领域发展指标、重点任务、保障措施有效落实。	国家卫生计生委、食品药品监管总局、国家中医药局分别牵头，其他有关部门按职责分工负责
6	推动基本社会服务领域发展指标、重点任务、保障措施有效落实。	民政部牵头，其他有关部门按职责分工负责
7	推动基本住房保障领域发展指标、重点任务、保障措施有效落实。	住房城乡建设部牵头，其他有关部门按职责分工负责
8	推动基本公共文化体育领域发展指标、重点任务、保障措施有效落实。	文化部、新闻出版广电总局、体育总局、国家文物局分别牵头，其他有关部门按职责分工负责
9	推动残疾人基本公共服务领域发展指标、重点任务、保障措施有效落实。	中国残联牵头，其他有关部门按职责分工负责
10	开展贫困地区脱贫攻坚。	国务院扶贫办牵头，其他有关部门按职责分工负责
11	重点帮扶特殊困难人群。	民政部牵头，其他有关部门按职责分工负责
12	促进基本公共服务城镇常住人口全覆盖。	公安部牵头，其他有关部门按职责分工负责
13	缩小城乡基本公共服务差距，提高区域服务均等化水平，夯实基层服务基础。	国家发展改革委、财政部牵头，其他有关部门按职责分工负责
14	加快事业单位分类改革，理顺政府与事业单位在基本公共服务供给中的关系。	中央编办牵头，其他有关部门按职责分工负责
15	大力发展社会组织，支持其承接基层基本公共服务和政府委托事项。	民政部牵头，其他有关部门按职责分工负责
16	推进政府购买公共服务。	财政部牵头，其他有关部门按职责分工负责
17	积极引导社会力量参与基本公共服务供给，加强政府和社会资本合作。	财政部、国家发展改革委牵头，其他有关部门按职责分工负责
18	鼓励发展志愿和慈善服务，扩大基本公共服务供给。	民政部牵头，其他有关部门按职责分工负责
19	加大财政对基本公共服务的投入力度，优化转移支付结构，提高资金使用效率。	财政部牵头，其他有关部门按职责分工负责
20	加强公共服务人才培养培训。	教育部、人力资源社会保障部牵头，其他有关部门按职责分工负责
21	促进公共服务人才合理流动，提升基层人员能力。	人力资源社会保障部牵头，其他有关部门按职责分工负责
22	加强公共服务设施规划布局和用地保障。	住房城乡建设部、国土资源部牵头，其他有关部门按职责分工负责
23	建立健全公共服务标准体系。	质检总局牵头，其他有关部门按职责分工负责
24	加强公共服务行业自律和社会监督，强化社会信用体系支撑。	国家发展改革委牵头，其他有关部门按职责分工负责
25	建立健全基本公共服务综合评估指标体系，推进统计信息库建设，开展年度统计监测。	国家发展改革委、国家统计局牵头，其他有关部门按职责分工负责
26	组织规划评估，加强绩效评价和监督问责。	国家发展改革委牵头，地方各级人民政府和其他有关部门按职责分工负责

《“十三五”推进基本公共服务均等化规划》问题解答

2017年1月，国务院发布了《“十三五”推进基本公共服务均等化规划》（以下简称《规划》）。现就有关问题进行解答。

一、《规划》出台的背景和意义是什么？

基本公共服务是公民享有的基本权利，保障人人享有基本公共服务是政府的重要职责。党的十八大提出要“加快形成政府主导、覆盖城乡、可持续的基本公共服务体系”，“到2020年基本公共服务均等化总体实现”。十八届三中全会提出要“推进城乡基本公共服务均等化”、“城镇基本公共服务常住人口全覆盖”等重大改革。十八届五中全会首次将“增加公共服务供给”纳入共享发展的开篇阐述。《中华人民共和国国民经济和社会发展第十三个五年规划纲要》（以下简称《纲要》）进一步明确要“加快健全国家基本公共服务制度”、“建立国家基本公共服务清单”。

编制实施《规划》，是顺应人民群众对美好生活的向往，是坚持以人民为中心的发展思想的具体落实，是经济发展新常态下兜住基本民生网底的制度要求，是完成《纲要》重点任务的重要支撑，对于增进人民福祉、维护社会公平、增强广大群众获得感，推动全体人民共同迈向全面小康社会，实现中华民族伟大复兴的中国梦，都具有十分重要意义。

二、《规划》中“基本公共服务”的界定和范围是什么？

基本公共服务是由政府主导、保障全体公民生存和发展基本需要、与经济社会发展水平相适应的公共服务，是公共服务中最基础、最核心的部分，是最基本的民生需求，也是政府公共服务职能的“底线”。

基本公共服务范围，一般包括保障基本民生需求的教育、就业、社会保障、医疗卫生、住房保障、文化体育等领域的公共服务，广义上还包括与人民生活环境紧密关联的交通、通信、公用设施、环境保护等领域的公共服务，以及保障安全需要的公共安全、消费安全和国防安全等领域的公共服务。

为确保政策的延续性和财政保障能力，本《规划》确定的基本公共服务范围与“十二五”保持一致，即为公共教育、就业创业、社会保险、医疗卫生、社会服务、住房保障、文化体育、残疾人服务等八个领域。环境保护、公共安全等领域的基本公共服务内容，在其他相关规划中体现。

三、《规划》中“均等化”的内涵是什么？对推进基本公共服务均等化有哪些政策？

《规划》提出，“基本公共服务均等化是指全体公民都能公平可及地获得大致均等的基本公共服务，其核心是促进机会均等，重点是保障人民群众得到基本公共服务的机会，而不是简单的平均化。”

《规划》通过健全国家基本公共服务制度、制定国家基本公共服务清单、加大贫困地区和特困人群帮扶等一系列政策措施，着力缩小城乡、区域、人群间的服务水平差距，推动基本公共服务全覆盖，提高区域服务均等化水平，保障基本公共服务的公平性和普惠性。

同时，推进均等化还是一项长期艰巨的任务，“十三五”时期，按照中央脱贫攻坚目标，必须重点确保贫困地区基本公共服务主要领域指标接近全国平均水平，从而实现2020年基本公共服务均等化总体目标。

四、《规划》总体目标和任务是什么？

《规划》明确“十三五”时期推进基本公共服务均等化的主要目标是：到2020年，基本公共服务体系更加完善，体制机制更加健全，在学有所教、劳有所得、病有所医、老有所养、住有所居等方面持续取得新进展，基本公共服务均等化总体实现。具体包括以下四个方面：

一是均等化水平稳步提高。城乡区域间基本公共服务大体均衡，贫困地区基本公共服务主要领域指标接近全国平均水平，广大群众享有基本公共服务的可及性显著提高。

二是标准体系全面建立。国家基本公共服务清单基本建立，标准体系更加明确并实现动态调整，各领域建设类、管理类、服务类标准基本完善并有效实施。

三是保障机制巩固健全。基本公共服务供给保障措施更加完善，基层服务基础进一步夯实，人才队伍不断壮大，供给模式创新提效，可持续发展的长效机制基本形成。

四是制度规范基本成型。各领域制度规范衔接配套、基本完备，服务提供和享有有规可循、有责可督，基本公共服务依法治理水平明显提升。

《规划》还明确提出20项主要发展指标，确定了推动和促进均衡发展的目标，涉及公共教育、劳动就业创业、社会保险、医疗卫生、社会服务、住房保障、文化体育、残疾人服务等八个领域。发展目标与《纲要》和各领域相关规划提出的目标任务进行了充分衔接。

五、《规划》的基本框架结构是怎样的？

《规划》共15章32节，分为三个部分：

第一部分，总体要求。包括第一至第三章，主要介绍规划背景和指导思想、主要目标、制度框架。

第二部分，重点任务。包括第四至第十一章，分别提出推进教育、劳动就业创业、社会保险、医疗卫生、社会服务、住房、文化体育、残疾人服务等八大领域基本公共服务均等化的制度安排、服务项目、重点任务和保障措施，列出基本公共服务清单，明确81项服务项目的名称、服务对象、指导标准、支出责任和牵头负责部门。

第三部分，保障措施。包括第十二至第十五章，从促进均等共享、创新服务供给、强化资源保障、推进实施监督评估四个方面，提出保障《规划》落实的综合性举措，明确 26 项重点任务的分工方案。

六、《规划》集中体现了哪些主要特点？

一是坚持以人民为中心的基础性规划。《规划》围绕从出生到死亡各个阶段和贯穿一生不同领域的基本生存与发展需求，明确了各级政府应当提供的国家基本公共服务项目和保障标准，通篇贯穿了以人民为中心的发展思想，注重共建共享，保障人民主体地位，使国家对人民群众的基本服务和保障职责具体化、常态化，也有助于社会监督。

二是实现全面建成小康社会的保障性规划。《规划》紧扣"农村贫困人口义务教育、基本医疗、住房安全有保障"，"贫困地区基本公共服务主要领域指标接近全国平均水平"等脱贫攻坚目标，突出对贫困地区和特定人群的重点扶持、精准施策、补齐短板，推进城乡、区域、人群基本公共服务均等化，确保如期全面建成小康社会。

三是构建国家基本公共服务制度的系统性规划。《规划》首次以"国家基本公共服务制度"作为一个章节，重点阐述以制度建设统领主要民生领域基本公共服务，推动中国特色基本公共服务保障制度更加成熟定型。同时，《规划》建立基本公共服务清单制，明确各领域具体服务项目和国家标准，健全动态调整机制，以此作为政府履行职责和公民享有权利的依据。

四是增加有效供给提升群众获得感的创新性规划。《规划》建立统筹协调、财力保障、人才建设、多元供给、监督评估等五大实施机制，组织实施相关保障措施改善软硬基础设施条件，在强化政府职责的基础上，充分发挥市场机制作用，以此形成扩大供给合力，推动公共服务供给侧结构性改革，使广大群众更加方便可及地获得服务。

七、《规划》与《国家基本公共服务体系"十二五"规划》比较有哪些变化？

2012 年，国务院印发了我国首部《"十二五"国家基本公共服务体系规划》（国发〔2012〕29 号），其主要特点是明确了 44 类 80 项基本公共服务项目及国家基本标准，系统提出基本民生领域的顶层设计和制度安排，明确政府履行民生兜底职责和公民享有基本权利。

经过"十二五"时期的体系建设，我国基本公共服务体系建设和服务水平稳步提高，国家基本公共服务项目和标准得到全面落实，各级各类基本公共服务设施不断改善，保障能力和群众满意度进一步提升，初步构建起覆盖全民的国家基本公共服务制度体系。

本《规划》紧扣党的十八大提出的"到 2020 年基本公共服务均等化总体实现"这一目标，瞄准当前我国基本公共服务还存在规模不足、质量不高、发展不平衡等突出短板，将"十三五"时期基本公共服务体系建设的任务聚焦为推进均等化，力求通过健全国家基本公共服务制度、完善服务项目和基本标准、强化公共资源投入保障、提高共建能力和共享水平，切实缩小城乡、区域、人群间的服务水平差距，推动城乡、区域、人群间均等享有和协调发展，实现全体人民共同迈入全面小康社会。

规划服务清单与“十二五”基本公共服务比较：

1. 规划服务清单为 81 项，“十二五”基本公共服务规划服务项目为 80 项。

2. 规划服务清单项目新增加了 18 项，分别是：

基本公共教育 1 项（建档立卡的家庭经济困难普通高中学生免除学杂费），基本劳动就业创业 3 项（就业见习服务、大中城市联合招聘服务、12333 电话咨询服务），基本医疗卫生 5 项（结核病患者健康管理、中医药健康管理、艾滋病病毒感染者和病人随访管理、社区艾滋病高危行为人群干预、免费孕前优生健康检查），基本社会服务 3 项（临时救助、法律援助、农村留守儿童关爱保护），基本公共文化体育 1 项（观看电视），残疾人基本公共服务 5 项（困难残疾人生活补贴和重度残疾人护理补贴、无业重度残疾人最低生活保障、残疾人基本住房保障、残疾人托养服务、无障碍环境支持）。

3. “十二五”基本公共服务规划服务项目一共有 3 项没有列入规划服务清单：

计划生育服务 2 项（独生子女父母奖励、少生快富），基本住房服务 1 项（游牧民定居）。

4. 规划服务清单还将“十二五”基本公共服务规划服务项目中的 23 项整合为 9 项，减少了 14 项：

将基本社会保险中的城镇居民社会养老保险和新型农村社会养老保险合并为“城乡居民基本养老保险”，将新型农村合作医疗和城镇居民基本医疗保险合并为“城乡居民基本医疗保险”；将计划生育服务中的技术指导咨询、再生育技术服务、宣传服务、临床医疗服务整合为“计划生育技术指导咨询”；将基本社会服务中的流浪乞讨人员生活救助整合纳入“临时救助”，将流浪未成年人救助保护和孤儿养育保障整合为“困境儿童分类保障”；将基本住房保障中的公共租赁住房和廉租住房整合为“公共租赁住房”；将基本公共文化体育中的应急广播整合纳入“收听广播”中，盲文出版整合纳入“残疾人文化体育”中，少数民族语言广播影视和民文出版译制整合为“少数民族文化服务”；将残疾人基本公共服务中的基本医疗保障医疗康复和残疾儿童抢救性康复整合为“残疾人康复”，将残疾人教育资助和义务教育阶段特殊教育整合为“残疾人教育”，将残疾人文化服务和残疾人体育健身服务整合为“残疾人文化体育”。

5. 其余项目除部分名称有细微区别外，基本一致。

八、规划服务清单项目如何与“十三五”规划《纲要》衔接？

规划服务清单依据现行法律法规和政策文件，通过与相关部门沟通衔接，梳理了现阶段可实施、易操作、有保障的 81 个直接面向群众的国家基本公共服务项目。

对照《纲要》中专栏 22“基本公共服务项目清单”，规划服务清单做了如下调整：一是根据中央关于构建和谐劳动关系、完善法律援助制度的政策精神，新增了劳动保障监察和法律援助 2 项；二是将农民工培训、疾病应急救助、养老救助、未成年人社会保护、农房抗震改造、应急广播、贫困残疾人基本型辅助器具补贴、贫困残疾人家庭无障碍改造补贴等 8 项内容整合到规划服务清单相关项目中；三是将个人学习账号和学分累计、残疾人健康管理和社区康复、数字文化服务 3 项纳入《规划》文本中；四是游牧民定居已在国家层面总体实施完毕，未再列入。

需要说明的是，规划服务清单所列项目内容和标准均要求在规划期落实到位，并将结合经济社会发展状况，在规划实施中期进行动态调整。

九、《规划》与其他相关行业发展规划的关系？

国家基本公共服务制度是系统性、整体性的制度安排，与相关行业发展规划相比，《规划》突出体现了综合性、基础性和指导性。首先，通过对基本民生领域的顶层设计和系统谋划，有助于促进公共服务资源统筹配置和优化整合，增强政策衔接和部门协调，形成公共服务政策合力。其次，所提服务范围、项目、标准、水平均突出了普惠性、保基本、均等化、可持续的政策方向，旨在保障全民基本生存发展需求，体现政府兜底作用。第三，《规划》还能起到对其他相关行业发展规划的规范引导，以及对地方制定基本公共服务专项规划的参照指导作用。

十、《规划》中发展指标、重点任务、保障措施和规划服务清单的关系？

《规划》在八个领域提出了 20 项主要发展指标、28 项重点任务、36 项保障措施、81 项清单项目。其中，发展指标体现各领域基本公共服务的发展水平；重点任务是各领域在“十三五”时期重点推进的工作任务；保障措施主要通过中央和地方加强人财物等软硬件保障；服务清单是各领域直接对城乡居民进行财政补贴、服务提供和制度保障的具体内容和标准。

规划服务清单项目是实现发展指标的重要基础，任务和工程是实现发展指标、落实清单项目的有效保障，它们相辅相成，互相促进，推动服务体系更加完善、服务标准更加健全、均等化水平逐步提高。

十一、下一步如何推动《规划》有效实施和监督评估？

《规划》按照长效可行、分工明晰、统筹有力、协调有序的要求，提出了推进规划实施和监督评估的一系列保障措施。

明确国务院有关部门要按照职责分工，做好行业发展规划、专项建设规划与本规划的衔接，明确工作责任和进度安排，推动各领域重点任务、保障措施和规划服务清单项目有效落实。省级人民政府要结合实际制定推进本地区基本公共服务均等化规划、行动计划或基本公共服务清单，科学确定服务范围和项目内容，分年足额落实财政投入，切实促进省域内基本公共服务均等化。市县人民政府负责推进落实国家和省级人民政府确定的基本公共服务清单及相关政策措施，制定办事指南，明确责任单位，优化服务流程，提高质量效率，保证清单项目落实到位，并及时向上级政府和有关部门报告进展情况。

按照《规划》的职责分工，各部门间加强协作，加强宣传解读和舆论引导，推进国家基本公共服务统计信息库建设，开展年度统计监测，完善规划服务清单动态调整机制，组织开展监测评估，为确保《规划》各项任务措施和清单项目有效落实提供依据。

全面建成小康社会　一个也不能少

丁元竹

一、全面建成小康社会攻坚阶段的重要支撑

在全面建成小康社会迈入攻坚阶段，《“十三五”推进基本公共服务均等化规划》（以下简称《规划》）发布实施，这是继《国家基本公共服务体系“十二五”规划》之后，我国第二部基本公共服务体系规划。与“十二五”比较，“十三五”《规划》紧紧围绕均等化这一主线，顺应人民群众对美好生活的向往，是攻坚阶段的全面建成小康社会的重要支撑。《规划》立足于促进机会均等，确保人民群众得到基本公共服务的机会和人民群众享有基本公共服务的权利，将保障人人享有基本公共服务作为政府的重要职责。《规划》充分体现了习近平总书记提出的“让老百姓过上好日子是我们一切工作的出发点和落脚点”这一基本要求，体现了中国共产党坚持立党为公、执政为民的本质要求。

《规划》把保障和改善民生作为底线，基于推动全体人民共同迈向全面小康社会这一宗旨。

保障和改善民生必须把脱贫攻坚作为“十三五”期间头等大事和第一民生工程来抓，坚持以脱贫攻坚统揽经济社会发展全局。重视扶贫工作是习近平同志的一贯思想和工作作风。早在浙江工作期间，习近平同志就高度重视扶贫工作，要求把帮扶困难群众放在更加突出的位置。党的十八大以来，我国农村贫困人口减少6663万人，扶贫工作摆在了“十三五”规划和全面建成小康社会的中心位置，习近平总书记要求把农村贫困人口脱贫作为全面建成小康社会的基本标志，强调实施精准扶贫、精准脱贫，确保我国现行标准下农村贫困人口实现脱贫、贫困县全部摘帽、解决区域性整体贫困。同时，他还要求关心城镇低保人口、65岁以上的老年人、城镇务工的农民工、上千万在特大城市就业的大学毕业生和城镇登记失业人员等特定人群的生活，努力践行邓小平同志提出的走共同富裕道路的制度设计，完善和发展中国特色的社会主义制度。

保障和改善民生必须坚持公平正义，不断完善收入分配制度。我国经济发展的“蛋糕”在不断做大，但分配领域存在问题仍然比较突出。在共享改革发展成果上，无论是现实情况还是制度设计，都还有亟待完善的方面。习近平总书记指出，“公平正义是中国特色社会主义的内在要求，所以必须在全体人民共同奋斗、经济发展的基础上，加紧建设对保障社会公平正义具有重大作用的制度，逐步建立社会公平保障体系”。2016年5月16日，在中央财经领导小组第十三次会议上，习近平总书记强调，扩大中等收入群体，关系全面

建成小康社会目标的实现。必须坚持有质量有效益的发展，为人民群众生活改善打下更为雄厚的基础。基于这一点《规划》明确了政府的基本责任就是让人民群众在发展中的得到实惠。

二、发展中大国在走向发展中强国进程中的庄严承诺

基本公共服务制度是人类20世纪所建立的最重要的制度文明之一，是人类文明的伟大发明。现代基本公共服务制度是工业革命基于对公共事务和社会问题处理而产生的社会法律现象，是指国家或社会依据一国宪法和法律，以政府作为责任主体，通过一定的制度安排和作用机制，为本国国民提供经济福利的国民生活保障和社会稳定系统。发展的目的就是要使人民群众在实际中得到实惠，在生活上得到改善，在权益上得到保障，不断满足人民日益增长的物质和文化需要，实现人的全面发展。现代国家发展经济，创造财富，推动社会进步的目的就是让人民获得幸福。如果发展就不能回应人民对幸福的期待，不能让群众得到实际利益，这样的发展就会失去意义，因此，一切工作必须时刻心系百姓，努力让老百姓过上好日子。政府为实现社会公平和公正，通过完善财政体制和提供财政保障来使不同地区政府确保本地区居民有机会、有能力、有权力接近主要公共服务项目。基本公共服务是政府的基本责任，是公民的基本权利，它体现了发展的社会属性。基本公共服务均等化实质上是政府间对基本公共服务的责任分享。公共服务是政府在市场失灵的领域发挥作用，并实现社会公平的重要途径。公共服务具有公共服务或公物品的基本特性，包括非排他性和非竞争性。考虑公共财政支出能力，世界上一些国家又在公共服务中划分出基本公共服务。基本公共服务是指在市场失灵的情况下，政府通过税收、担保、补贴等方式确保社会成员人人都能享有的，与公民基本权利和基本需求相关的公共服务。在不同国家或地区，不同发展阶段或时期，基本公共服务的范围和特点是不一样的。这一方面取决于能够满足社会公共需求意愿的可用于再分配的财政收入是多少，还取决于政府失灵的程度、市场的发育程度等诸多因素。基本公共服务是政府的基本责任，是公民的基本权利，它体现了发展的社会属性。

《规划》立足中国基本国情，体现了全面建成小康社会攻坚阶段的特点和需要。《规划》中阐述的基本公共服务均等化有自己的特点。一般来说，在发达国家，与基本公共服务均等化目标相关的不均等问题有四个，区域差别、中央（联邦）与地方政府的财政收入和支出差别（纵向不均等：中央或联邦政府财政收入快于、大于地方政府，地方政府的财政收入慢于、小于中央或联邦政府，但其财政支出却快于、大于中央或联邦政府），地区间的财政收入和支出不均等（横向不均等）、居民收入差距。在我国，还要加上一个城乡差距。大部分国家的均等化政策和战略也主要是为了提高政府间的财政能力均等化，目标主要是地方政府财政能力均等化。发达国家实现基本公共服务均等化都曾经历了一个漫长的过程，其中包括理顺各级政府之间的关系，各个地区之间的协商，财税制度的改革，等等。而且，即便是均等化战略实施比较早、比较好的国家-加拿大，到目前也还在对均等化进行争论，一些政府间关系需要调整，一些新问题需要解决。不同的是，他们是在改革和

完善均等化体制和机制。我国的基本公共服务均等化还稍微有所不同，从某种意义上，其目标是针对政府间财政能力均等化，还实现个体对基本公共服务的人人可及，囊括了城乡、人群、区域等复杂因素，《规划》瞄准基本公共服务领域存在的区域、人群和城乡差异，坚持机会均等，充分体现了公平保障机制的这一核心价值，体现了一个发展中的大国在走向发展中强国进程中对人民的庄严承诺。

三、以全面深化改革推进基本公共服务均等化

实现《规划》目标，推进基本公共服务均等化，必须进一步完善公共服务体系。

一是坚持积极的就业政策，以稳定增长促进就业，以创新扩大就业，帮助经济困难地区解决就业问题。在经济下行压力加大情况下，要防止出现较大范围失业风险。从 2012 年到 2015 年，我国城镇新增就业人数为 5210 万人，城镇登记失业率保持在 4.1%以内。同时，积极开展面向城乡劳动者的职业培训，鼓励各类人员创新创业，截至 2015 年年底，全国技能劳动者总量达 1.67 亿人，占技能劳动者的 27.28%。当前，面对经济转型升级和科技革命，更要通过教育改革和加强培训提升劳动力技能。

二是完善和改革社会保障制度，构筑人民生活的安全线。完善社会保障体系，既要学习发达国家的经验，更要基于中国国情，建设符合中国国情的社会保障体系。截至 2015 年年底，全国养老保险参保人数达 8.58 亿人，31 个省（区、市）建立了职工基本养老保险省级统筹制度，企业退休人员基本养老金连续 5 年按 10%左右的比例上调。“十三五”时期，要在保基本、全覆盖、可持续的基础上，通过深化改革和创新驱动，推动社会保障体制的进一步完善，为在 2020 年建成制度更加完善的社会保障体制奠定基础。

三是继续深化医疗卫生体制改革，努力解决人民群众看病难、看病贵等最基本、最现实、最直接的问题。截止到 2015 年底，我国医疗保险参保率 95%以上，新型农村合作医疗参合率保持在 99%。职工基本医疗保险、城镇居民基本医疗保险、新型农村合作医疗政策范围内报销比例分别达到 80%、70%、75%。新型农村合作医疗普遍建立门诊统筹制度，支付比例 50%以上，医疗卫生服务体系逐步向基层延伸并服务于基层居民。

四是努力办好人民满意的教育，教育是人民群众最关心、最直接、最现实的问题之一。2015 年，全国人大常委会修改并发布教育法和高等教育法。2015 年，小学学龄儿童净入学率为 99.88%，初中毛入学率为 104%，九年义务教育巩固率为 93%。随着科技革命的蓬勃兴起，努力探索适应建设创新型世界科技强国目标的教育体制正在成为教育体制改革创新的核心和重点。

实现《规划》目标，推进基本公共服务均等化，必须在完善和发展共享共建的社会治理格局。

一是加强基层建设对提升公共服务质量至关重要。2015 年末全国各类提供住宿的社会服务机构 3.2 万个。年末共有社区服务中心 2.4 万个，社区服务站 12.5 万个，极大便利了居民的日常生活。2012－2015 年，中央财政累计投入资金 346 亿元，近 90%的进城务工人员随迁子女得到政府财政保障，流动人口子女就地接受义务教育的矛盾正在得到缓解。

二是推动基层人民生活的改善。要把社会治理和基本公共服务结合起来，“十三五”时期社会治理和公共服务之间的联系一定要有比“十二五”时期更加密切。为什么要这样？以老龄事业发展发展为例，“十二五”时期老龄服务事业发展迅速，养老服务机构和养老服务床位都基本可以实现预期目标，但是护理人员的问题成为短板，成为“十二五”时期养老服务事业发展的突出难题。公共服务体系建设中，若是没有人力资源的合理配置，床位和机构这些硬件就难以形成现实的服务效果。对于其他公共服务，诸如就业服务、卫生医疗、教育等，也是如此。

三是“最后一公里”不仅是指基层，也包括公共服务体系建设中的人力资源配置。社会建设不仅仅是硬件建设，更是一个软件如何配置，服务效果如何实现的问题。解决好这个问题，要从根本上要转变理念，从用经济手段建设社会转向按照社会发展的规律来建设社会。历史经验证明，不能仅仅依靠投资方式和大规模的设施设备建设来刺激民生改善。公共服务是一种资金投入与人力资源和体制机制有机结合的过程。人力资源配置既涉及到人事制度体制，也涉及到整个社会对于人力资源本身的认识，尤其是像那些在养老服务业中从业的服务人员，更涉及到全社会如何看待养老服务业，如何评价为老年人服务的各类养老护理人员，给他们什么样的社会地位和社会评价。社会治理恰恰是要去维护社会秩序，激发社会活力，动员家庭、社区社会组织参与社会公共事务，解决社会问题，化解社会矛盾。在这个意义上，社会治理与公共服务是可以打通的，在深层次实现融合，并在日常生活中推动人民生活的改善。

四是“十三五”时期，如何把“十二五”时期在社会领域中投入形成的巨大产能（各类服务设施、设备等）变成现实的公共消费，用来改善民生。要在设施设备建设的基础上，有效地配置人力资源，实现设施、设备与人力资源的有机结合，形成现实的公共服务，让人民群众有真正获得感和幸福感。把基本公共服务规划和社会治理规划的有机结合起来是推动民生事业发展的关键一招，不能回避，也是经济社会发展到当前这个阶段的必然选择。这需要有全新的理念，党的十八届五中全会提出的“创新是引领发展的第一动力”的理念同样适用于保障和改善民生这一重要任务。

实现《规划》目标，推进基本公共服务均等化，必须在经济发展基础上不断加大财政保障力度。面对经济下行压力，要正确处理发展经济和保障民生的关系，坚持量入为出，积极调整财政支出结构，既要不断加大保障民生力度，又要保持经济持续稳定增长。要重点加强基本公共服务建设和完善，特别要支持革命老区、民族地区、边疆地区、贫困地区等特定人群和特殊困难地区的基本公共服务体系建设，加快推进基本公共服务均等化。在确保特定人群和特殊困难地区优先发展的基础上，进一步做好教育、就业、收入分配、社会保障、医疗卫生等各项民生工作。

实现《规划》目标，推进基本公共服务均等化，坚持人民主体地位，努力形成解决推进基本公共服务均等化的合力。要通过进一步完善社会治理体制，全面调动全体社会成员的积极性、主动性、创造性，为各行业各方面的劳动者、企业家、创新人才、各级干部创造参与以民生为重点的社会建设的环境。脱贫致富终究要靠贫困群众用自己的辛勤劳动来实现。发挥各类社区组织、社会组织和居民个人在保障和改善民生中的作用，动员一切可以动员的社会力量推动民生事业发展。大力支持企业履行社会责任，承担社会责任。

实现《规划》目标，推进基本公共服务均等化，推动各项改革措施与保障和改善民生紧密结合。“十三五”时期供给侧结构性改革和扶贫攻坚等重要任务要紧紧围绕人民群众的生活水平提高和生活质量改善展开，使生活物品和公共服务质量更适应人民生活的要求。各项改革举措要紧紧围绕人民需要的安全食品、清洁空气、纯净饮用水以及其他高质量的产品和服务来制定。教育、医疗卫生、社会保障、社区建设、住房等，都需要从质量入手，通过供给侧结构性改革，与人民群众的要求对接起来。在此基础上扩大内需，实现经济由投资和出口拉动转向消费拉动，推动国家经济社会发展走上健康持续发展的道路。

（作者简介：丁元竹，国家行政学院决策咨询部副主任、研究员）

构建国家基本公共服务制度
助推国家治理体系现代化

杨宜勇　曾志敏

作为中国特色保障和改善民生的又一里程碑事件，《“十三五”推进基本公共服务均等化规划》（以下简称《规划》）日前由国务院颁布实施。《规划》是“十三五”时期22个国家级重点专项规划之一，是完成“十三五”规划《纲要》重点任务的重要支撑，对于增进人民福祉、维护社会公平、增强广大群众获得感和幸福感，推动全体人民共同迈向全面小康社会，具有十分重要的意义。与《国家基本公共服务体系“十二五”规划》相比，《规划》将“均等化”放到更为重要、关键和突出的位置，“均等化”成为整个规划的纲领性主线。围绕着该条主线，《规划》有一系列新的思路与亮点，其中的一个重大贡献就是首次明确提出构建“国家基本公共服务制度”，从而为推进和实现基本公共服务均等化奠定坚实的制度基础。可以说，《规划》是一个构建国家基本公共服务制度的系统性规划。

国家基本公共服务制度的基本框架

《规划》首次设立“国家基本公共服务制度”专章，以制度建设统领主要民生领域基本公共服务，推动中国特色基本民生保障制度更加成熟定型。《规划》明确界定：“国家基本公共服务制度紧扣以人为本，围绕从出生到死亡各个阶段和贯穿一生不同领域，以涵盖教育、劳动就业创业、社会保险、医疗卫生、社会服务、住房保障、文化体育等领域的基本公共服务清单为核心，以促进城乡、区域、人群基本公共服务均等化为主线，以各领域重点任务、保障措施为依托，以统筹协调、财力保障、人才建设、多元供给、监督评估等五大实施机制为支撑，是政府保障全民基本生存发展需求的制度性安排。”这些阐述界定了国家基本公共服务制度的目标、领域、主要内容、服务清单、主要措施和实施机制等，形成了一个系统性的制度体系。

国家基本公共服务制度的三大特征

一是权利保障层次的基本性，即该项制度的客体是基本公共服务，而非全部公共服务。基本公共服务是中国基于自身实践并在充分借鉴世界各国福利制度模式的基础上所提出的一个创造性概念。若把公共产品和公共服务看作一个特定产品和服务的“集合”，那么基本公共服务则是其中一个“子集”。《规划》将基本公共服务的内涵界定为“是由政府主导、保障全体公民生存和发展基本需要、与经济社会发展水平相适应的公共服务。”它的范围界定考虑了四个因素：（1）社会共识。基本公共服务的范围不仅是由产品或服务的经济特征来决定的，也是由社会的历史、习惯和文化传统决定的。（2）经济社会发展阶段与总体水平。基本公共服务是政府在特定经济社会发展条件下对多重目标权衡和优先排序的结果，其范围界定不能脱离基本国情，需要考虑国家的经济发展水平，尤其是财政能力，以保障基本公共服务供给的可持续性。（3）满足需要层次和涉及公民权益的基础性程度。基础性越高，越应当被界定为基本公共服务。（4）动态变化。基本公共服务的本质是在特定发展阶段公共服务应当覆盖的最小范围和边界，随着经济社会发展水平提高和财政能力增强，基本公共服务范围可适当扩展。显然，基本公共服务这个概念本身隐含了既要防止政府公共服务职能无限放大、又要避免民粹主义可能导致的福利陷阱。

二是权利保障范围的均等化，即该项制度的价值是一项普惠性制度，而非专门性政策。《规划》明确界定“基本公共服务均等化是指全体公民都能公平可及地获得大致均等的基本公共服务，其核心是促进机会均等，重点是保障人民群众得到基本公共服务的机会，而不是简单的平均化。”基本公共服务均等化的表现形式体现在基本公共服务的提供过程中，主要包括起点、过程、结果三个环节。起点具体是指服务项目的设立、人财物等公共服务资源的配置等，过程是指社会成员接触到某项公共服务项目的可及性和便利程度等，而结果则是社会成员自身的客观体验和主观感受等。显然，由于城乡之间、区域之间的经济地理特征、历史文化传统等不尽相同，社会成员间的个体差异也很大，结果均等只可能是相对的。因此，在实践中可以把握的或者持续完善的，应该在于起点和过程两个环节。具体来说包括：（1）资源配置均衡，即各类资源考虑向薄弱领域、薄弱地区和薄弱环节倾斜；（2）制度衔接整合，避免因户籍等因素造成的城乡基本公共服务水平差距；（3）特殊群体的基本公共服务可及性和便利性问题，如留守、流动和随迁群体的上学、就医、养老和住房保障问题，边远贫困地区、民族地区的基本公共服务可及性问题等等。

三是权利保障责任的国家性，即该项制度的性质是公法性的，而非市场或民事性的。由于基本公共服务的价值基础是对公民生存权、健康权、居住权、受教育权、工作权等基本权利的保障，从而涉及到人的生理需求和安全需求的较低层次，关系到人民群众的最根本利益，决定了公民在社会竞争中的起点、机会和条件的公平性，因此这是现代人民主权国家必须承担的社会责任底线。换言之，在基本公共服务领域，国家承担着义不容辞的主体责任，没有任何借口和理由逃避。这种国家责任的主体性意味着，即使政府可以通过创新公共服务供给方式和机制，积极发挥市场、社会、其他组织的作用，但国家始终需要对基本公共服务均等化的实现承担最终责任。

国家基本公共服务制度的实质及其意义

从我国政府的政策实践看，国家基本公共服务制度经历了一个不断探索、聚焦和完善的过程。“十二五”时期，国家颁布实施首部基本公共服务体系规划，初步构建覆盖全民、以国家基本公共服务项目及标准为核心的制度体系。党的十八大进一步提出要“加快形成政府主导、覆盖城乡、可持续的基本公共服务体系”，“到2020年基本公共服务均等化总体实现”。十八届三中全会提出要推进“城乡基本公共服务均等化”、“城镇基本公共服务常住人口全覆盖”等重大改革。十八届五中全会《建议》首次将“增加公共服务供给”纳入共享发展的开篇阐述。“十三五”规划《纲要》进一步明确要“加快健全国家基本公共服务制度”、“建立国家基本公共服务清单”。

构建和完善国家基本公共服务制度是中国特色社会主义制度的本质要求，也是国家治理体系现代化的有机组成部分。虽然基本公共服务项目内容的多少、标准水平的高低，很大程度上取决于一个国家或地区的经济社会发展水平以及政府财政水平，但是将基本公共服务的国家性供给予以明确地制度化、标准化、法制化，在根本上展现了社会主义政权对人民实现社会公平与权利平等的政治性承诺。这一承诺对于当前正处于全面深化改革和即将迈向全面建成小康社会的当代中国而言，尤其具有重大意义。它表明在经历过一段相当长的“经济腿长”、“社会腿短”的“跛脚”发展时期以后，坚持共同富裕与防止两极分化仍然是我国推进发展改革事业必须要坚持的社会主义原则。虽然国家基本公共服务制度在保障水平上受制于国家的经济社会发展水平，但丝毫不影响其制度实质是对以人民为中心的发展思想的具体实践。从这个角度看，我们就能够更为深刻地理解《规划》构建国家基本公共服务制度的重要意义并不仅仅在于顺应人民群众对美好生活的向往，而且也在于以一种普惠性的权利制度安排去弥合社会阶层分化和促进社会公平正义，从而重塑了国家与社会关系，有力地推动国家治理体系的现代化。

为了能够更好地成为国家现代治理体系以及建设社会主义和谐社会的有力制度工具，国家基本公共服务制度的构建还需要从以下两方面的改革：一是进一步完善中央与地方事权划分体制。以基本公共服务清单制为有效工具，进一步梳理明确中央和地方事权划分、支出责任的落实，并进而推动供给主体、供给方式、服务体系、财政预算支出管理、监督评估等一系列的供给侧结构性改革。二是进一步推进事业单位改革。以推动“放、管、服”改革为契机，加快推动事业单位去行政化，完善公共服务机构法人治理结构，进一步落实事业单位法人自主权，深化人事、收入分配等配套制度改革，从而有力推动基本公共服务供给方式创新，以及服务模式和服务业态创新。

（作者简介：杨宜勇，中国宏观经济研究院社会发展研究所所长，二级研究员；曾志敏，中国宏观经济研究院社会发展研究所博士）

实施清单制　推进均等化

辛向阳　刘志昌

一、实施国家基本公共服务清单的重要意义

国务院公布的《“十三五”推进基本公共服务均等化规划》（以下简称《规划》），首次以附件的形式同步发布《“十三五”国家基本公共服务清单》（以下简称《清单》），标志着国家基本公共服务清单制度的建立和实施，对于推进基本公共服务的均等化、政府行政体制改革、发挥社会政策托底作用等具有重要的意义。

贯彻落实基本公共服务均等化总体实现目标的重要举措

推进基本公共服务均等化，是全面建成小康社会的应有之义。党的十八大在全面建成小康社会的宏伟目标中明确提出到2020年基本公共服务均等化总体实现的具体目标。“十三五”时期，是全面建成小康社会的决胜阶段，是贯彻落实基本公共服务均等化总体实现目标的关键时期。现阶段，我国基本公共服务城乡、区域、人群间的均等享有和协调发展还存在一定差距。国家基本公共服务清单是“十三五”时期实现基本公共服务均等化的重要基础，《规划》明确要求《清单》各项目服务内容和标准要在规划期末落实到位。实施国家基本公共服务清单制，明确基本公共服务的服务项目、服务指导标准等内容，有利于促进基本公共服务的均等化、标准化和法治化，有利于提高基本公共服务均等化水平。

贯彻落实政府行政体制改革的具体举措

2013 年，党的十八届三中全会明确提出强化权力运行制约和监督体系，要求“推行地方各级政府及其工作部门权力清单制度，依法公开权力运行流程。”国务院总理李克强在2014 夏季达沃斯论坛开幕式上指出，在全面深化改革的过程中，政府要拿出“权力清单”、“负面清单”和“责任清单”。国家基本公共服务清单明确基本公共教育等八个领域 81 项服务项目、指导标准、支出责任和牵头负责部门。对于政府，清单内容就是各级政府应最优先保障的内容。实施国家基本公共服务清单制，既是推进行政管理体制改革的必然要求，也有利于政府把握民生工作的轻重缓急，统筹推进基本公共服务。

贯彻落实社会政策托底功能的重要举措

社会政策要托底是“十三五”时期贯彻落实新发展理念、适应把握引领经济发展新常态的五大政策支柱之一。基本公共服务是政府主导、保障全体公民生存和发展基本需要的公共服务，是社会政策的重要内容。《清单》把保障公民生存和发展需要的基本公共教育

等公共服务汇总列表向社会公布，明确81项服务项目的名称、服务对象、指导标准、支出责任和牵头负责单位，明确了公民可以享有、各级政府应该优先保障的公共服务内容，有利于充分发挥基本公共服务的兜底作用。

二、国家基本公共清单制的五大亮点

国家基本公共清单选定八大领域81项服务项目，在服务项目遴选和实施、对象准入、指导标准等方面具有如下五大特点和亮点。

以清单形式推进基本公共服务

《“十三五”推进基本公共服务均等化规划》首次以附件形式同步发布《清单》，首次以列表形式向社会公布国家基本公共服务清单。《清单》涵盖教育、劳动就业创业、社会保险、医疗卫生、社会服务、住房、文化体育等领域，是国家基本公共服务制度的核心。《清单》以列表形式向社会公布汇总的各领域具体服务项目，既有利于政府履行基本公共服务职责，也有利于群众获得基本公共服务。对于政府，清单内容就是各级政府应最优先保障的内容，有利于把握民生工作的轻重缓急。对于百姓，清单就是自己可以享受政府保障的服务内容，有利于把握福利预期，提高获得感。《清单》明确了服务项目、对象、指导标准、支出责任、牵头负责部门，某种意义上，可以说《清单》本身就是保障《规划》实施的一项重要的综合性的实施保障机制。

服务项目遴选注重兜底保障

《清单》选择项目时明确兜底保障导向，选择的服务项目与保障公民的基本生存和发展需要息息相关，强调“雪中送炭”而不是“锦上添花”，与基本公共服务保基本的方向相契合。《清单》旨在为公民提供平等的基本生存和发展机会，选择的服务项目旨在解决群众生存发展后顾之忧的基础上，引导群众主动积极参与经济社会生活，推动实现参与机会的平等。《清单》选定八大领域81项服务项目，基本覆盖公民从出生到死亡各个阶段和贯穿一生不同领域，包括教育、就业、社保、医疗、住房、文体等领域。

服务项目的实施强调法治保障

依靠政府规划和文件等法律法规保障实施是《清单》服务项目的重要特点。一是以法律法规和《规划》等政府文件的形式明确划分中央和地方的支出责任、牵头负责的政府职能部门。二是在服务项目遴选中强调法律法规依据。《清单》服务项目均有相关领域的法律法规支撑，在全国范围内普遍实施，有较稳定的资金渠道予以持续保障，具有较强的代表性。如“免费义务教育”的法律依据主要是《国务院关于进一步完善城乡义务教育经费保障机制的通知》（国发〔2015〕67号），“农村义务教育学生营养改善”的法律依据主要是《国务院办公厅关于实施农村义务教育学生营养改善计划的意见》（国办发〔2011〕54号）。三是服务项目遴选强调可依法规范。《清单》服务项目均直接面向老百姓，所有服务内容均可按照服务对象、服务内容和标准、支出责任、主责单位四个要件进行标准规范。这样，既明确了政府相关职能部门的服务职责，也为政府职能部门依法服务提供了法规制度依据，有利于提升基本公共服务的制度化、法治化水平。

服务对象准入突出普惠保障

《清单》服务项目在突出保基本的同时，在服务对象的覆盖上也突出普惠性，旨在通过相关服务项目的实施使更多的人群获益，提高共建能力和共享水平，从而获得最大的社会效益。《清单》服务对象准入上坚持两个原则：一是普遍关联原则，即服务对象是全体社会成员，如免费义务教育的服务对象是全体义务教育阶段的学生，基本养老保险覆盖全体法定应参保人群。二是条件关联原则，即服务对象只有满足了一定条件才能享受某项基本公共服务，如最低生活保障、残废人基本公共服务项目等救助性和福利性基本公共服务，以改善特定群体的生存和发展条件为目标，从而改善和提升社会总体发展水平。

服务指导标准促进均等保障

《清单》服务指导标准涵盖各项目的保障水平、覆盖范围、实现程度等。如“寄宿生生活补助”的服务指导标准明确“小学生每生每年 1000 元，初中生每生每年 1250 元”，既明确了补助标准，也明确了服务对象。当前，各地受经济社会发展水平和政府财政能力的影响，基本公共服务项目的保障水平并不一样。《清单》服务指导标准以国家规划的形式，明确了相关服务项目的国家标准，明确要求《清单》项目服务内容和标准要在规划期内落实到位，实际上就是要求各地在“十三五”时期实现服务内容和标准达标，对于基本公共服务发展水平相对落后地区而言，实际上是基本公共服务的提标，从而促进区域基本公共服务的均等化。同样，随着《清单》服务指导标准的达标，也将有力推动城乡人群基本公共服务的均等化。

三、实施国家基本公共服务清要抓好三个重点

“十三五”时期，实施国家基本公共服务清单，要抓好三个重点。

一是要以均等化为目标，加大财政等资源投入。要实施到 2020 年基本公共服务均等化总体实现的目标，在实施国家基本公共服务清单的过程中，首先要统筹运用各领域各层级公共资源，补好“短板”。要加大基本公共服务投入力度，要按照《清单》服务项目和指导标准，落实财政预算和投入。财政等资源投入要向贫困地区、薄弱环节、重点人群倾斜，推动城乡区域人群基本公共服务均等享有。财政等资源投入要向人民群众最关注的服务项目上倾斜，解决好人民群众最关心最直接最现实的利益问题。

二是要以落实《清单》为目标，健全统筹协调机制。基本公共服务清单项目涉及八大领域 81 项服务项目，涉及中央和地方政府各级政府以及不同的政府职能部门，81 项服务项目中 70% 的项目有两个及以上的牵头部门，这就要求建立健全常态化的中央和地方、政府职能部门间的互动协作的统筹协调机制，加强部门间的合作协调，实现《清单》服务项目全面推进。

三是要以落实责任为目标，加强监督问责。《清单》明确了 81 项服务项目的指导标准、支出责任和牵头负责部门。各职能部门要按照《规划》和《清单》的精神和要求，制定细化的《规划》和《清单》实施规划和方案，逐级抓落实，逐个部门抓落实，进一步分解任

务，落实责任。要健全监督评估机制，按照《清单》标准规范，开展对相关职能部门的年中检查、年度考核，把考核结果作为对相关职能部门考核评价的重要依据。

此外，在健全财力保障机制、统筹协调机制的同时，还要健全人才建设机制、多元供给机制，着力推进基本公共服务的重点任务，形成重点突破、全面推进的基本公共服务均等化格局。

（作者简介：辛向阳，中国社科院马研院发展研究部主任、研究员；刘志昌，中国社科院马研院经济与社会建设研究室副主任、副研究员）

促进基本公共服务均等化
切实提高群众获得感

魏　娜

一、《规划》将基本公共服务均等化放在突出和重要的位置

习近平总书记于2012年十八大召开之后，与民众首次见面时指出："我们的人民热爱生活，期盼有更好的教育、更稳定的工作、更满意的收入、更可靠的社会保障、更高水平的医疗卫生服务、更舒适的居住条件、更优美的环境，期盼孩子们能成长得更好、工作得更好、生活得更好。人民对美好生活的向往，就是我们的奋斗目标。"。基本公共服务均等化是实现这一奋斗目标的重要抓手，也是政府承担职责的主要方式，更是政府对人民的承诺。基本公共服务均等化的贯彻实施必将更好地促进社会公平正义，更好地促进经济社会协调和可持续发展，更好地使得民众更好地享受经济发展和改革成果。

从2012年开始，国务院先后两次制定了基本公共服务的五年规划，以规划的方式来指导政府承担和实现基本公共服务均等化的职责，这是中国社会改革和发展的里程碑事件。与2012年的《国家基本公共服务体系"十二五"规划》相比，2017年的《"十三五"推进基本公共服务均等化规划》（以下简称《规划》）有很多新的亮点和提法。其中，最突出的一点是将"均等化"放到更为重要、关键和突出的位置，"均等化"成为统筹基本公共服务体系建设的纲领性、灵魂性和全局性的主线。《规划》的目标定位于："到2020年，基本公共服务体系更加完善，体制机制更加健全，在学有所教、劳有所获、病有所医、老有所养、住有所居等方面持续取得新进展，基本公共服务均等化总体实现。"。均等化是统领基本公共服务的各个领域的目标。按照基本公共服务均等化的思想编制实施《规划》，顺应人民群众对美好生活的向往，是坚持以人民为中心的发展思想的具体落实，是经济发展新常态下兜住基本民生网底的制度要求，是完成"十三五"规划《纲要》重点任务的重要支撑，对于增进人民福祉、维护社会公平、增强广大群众获得感，推动全体人民共同迈向全面小康社会，都具有十分重要的意义。

二、《规划》明确了实现基本公共服务均等化的中国式道路与路径

《规划》对基本公共服务均等化进行了定义，它指出："基本公共服务均等化是指全体公民都能公平可及地获得大致均等的基本公共服务，其核心是促进机会均等，重点是保障人民群众得到基本公共服务的机会，而不是简单的平均化。"。从这一定义可以看出，

“普惠性、保基本、均等化、可持续”是其主要特征。均等化首先意味着基本公共服务具有“全民”性，它是针对所有民众，不是针对一部分民众，它是普惠性公共服务，不是特殊性公共服务。均等化还意味着它是针对基本性的公共服务进行设计的，保基本是主要特征之一，它强调对一些与民生相关的最基本的公共服务实现均等化。而可持续性也是均等化的应有之义，它强调均等化目标是一项长期战略，不能够一个时期能够实现，另一个时期不能够实现，一定要具有可持续性。“获得感、公平感、安全感和幸福感”是均等化试图实现的主要目标。基本公共服务的均等化是手段和方式，最终判断基本公共服务均等化的实现程度，需要从民众的角度进行分析，看民众在基本公共服务方面是否有获得感，是否真正的从基本公共服务中获得好处；看民众在基本公共服务方面是否有公平感，是否真正的感受到被公平对待；看民众是否因为获得基本公共服务而有一种安全感和幸福感。

《规划》最为重要的是找到了一条实现基本公共服务均等化的中国式道路和路径。《规划》的第十二章专门讨论了公共服务均等化问题，并且提出了“以贫困地区和贫困人口为重点，着力扩大覆盖范围、补齐短板、缩小差距，不断提高城乡、区域、人群之间基本公共服务均等化程度”的改革思路，很显然，这非常切合中国实际。这意味着，《规划》首先将贫困地区和贫困人口的基本公共服务作为均等化首先考虑的内容，这也中国到2020年实现脱贫的目标不谋而合。没有最贫困地区和贫困人口的基本公共服务有效供给，不可能有中国的基本公共服务均等化。除了将贫困地区和贫困人口作为重点之外，《规划》还重点将基本公共服务均等化重点聚焦在三个层面，即城乡、区域和人群。这三个方面构成基本公共服务均等化的着力点，也是评判基本公共服务均等化是否实现的主要维度。最后，《规划》还找到了实现均等化的三条具体路径，即扩大覆盖范围、补齐短板、缩小差距。扩大覆盖范围是从边界的角度分析，让更多的民众能够有机会获得基本公共服务，真正实现基本公共服务的公平可及性。补齐短板则是针对不同类型基本公共服务之间存在差异性，通过有针对性改革实现所有基本公共服务实现共同发展，让所有类型和领域的基本公共服务都得到高效、优质供给。缩小差距则是针对不同地域和人群在享受基本公共服务方面可能存在差异进行改革，不断地缩小城乡、区域和人群之间基本公共服务获得水平。

三、《规划》通过基本公共服务均等化提升民众获得感

2015年2月，习近平总书记在中央全面深化改革领导小组第十次会议上提出改革的最终目标是要让人民群众有更多的“获得感”，首次提出了评价基本公共服务改革的最重要标准。此后，他在重庆调研时又强调指出：在整个发展过程中，都要注重民生、保障民生、改善民生，让改革发展成果更多更公平惠及广大人民群众，使人民群众在共建共享发展中有更多获得感。在他的公开讲话和文章中，“获得感”一词被提及十余次，成为一个非常高频率的用词，也成为了党和政府发展民生、实现基本公共服务均等化的最重要目的。

如果说要评价一般商业服务的质量，主要看市场和消费者的满意程度的话，那么基本公共服务是否全面，搞得好不好，最终都应当以其服务对象的公众群体的获得感作为标准。获得感，既不完全是单纯商业意义的满意度，也不光是西方社会语境下的幸福感，而更加

强调民众的服务收获与主观感受的双重统一。与五年前的“十二五”规划相比，《规划》更为突出地将均等化作为未来五年基本公共服务供给的目标，将提升老百姓的获得感作为出发点和目标，这个鲜明的特征分别体现在过程、结果和认知三个层面，获：体现公共服务获取过程；得：优化公共服务得到的结果；感：强调享受公共服务的主观感知。

首先，“政府主责，共享发展”是公共服务提供的基本思路。在提供主体上，不仅要明确各级政府的主导责任，而且要尽可能地动员多种社会力量和主体参与其中，在《规划》都得到了充分的重视和体现：一方面，在指导思想中，既明确要“增强政府基本公共服务职责”、“强化公共财政保障和监督问责”，并在具体的服务清单制定上都明确支出责任和牵头负责部门，可谓是条分缕析，责任到部门；另一方面，又强调“充分发挥市场机制作用，支持各类主体平等参与并提供服务，形成扩大供给合力”，将事业单位、市场企业和社会力量都纳入到基本公共服务的供给主体范围，通过政府与社会资本合作（PPP）、发展志愿和慈善服务等现代化供给方式来提供，这是也将现代公共治理理念融入到基本公共服务供给过程的充分体现。提高人民群众获取基本公共服务过程的实效性和便利性，提高公共服务提供的效率和满意度。试想政府花钱在村里建起了农村书屋，而书屋里的书籍却很旧，开放时间也很短，老百姓获取看书的文化服务质量低下、费时费力，怎么可能会有获得感？为此，方案也首次从需求侧和供给侧两个方面来设计基本公共服务供给清单，紧扣以人为本，围绕从出生到死亡各个阶段和贯穿一生不同领域来体现基本公共服务的供给理念，同时在供给方式上也要求要“推进简政放权、放管结合、优化服务改革”，并“大力发展‘互联网+’益民服务，加快互联网与政府公共服务体系的深度融合，推动公共数据资源开放，构建面向公众的一体化在线公共服务体系，这些都是推动基本公共服务获得过程更加以人为本、便捷高效的体现。

第二、通过服务清单和服务内容的细化，使民众实实在在获益。

《规划》明确了基本公共服务的主要领域和基本任务。涵盖教育、医疗卫生等八大领域，81 个服务项目和包括服务项目、服务对象、服务指导标准、支出责任以及牵头单位等内容的《公共服务清单》让民众感觉到这是一份实实在在的、沉甸甸的美好蓝图。相比“十二五”规划指标更加具体明确和具有刚性约束，如：基本医疗保险参保率、四类重点对象农村危房改造户数、困难残疾人生活补贴和重度残疾人护理补贴覆盖率等。指标的覆盖面、供给水平和质量标准都有了明显的提高如：在城乡居民基本医疗保险项目中，明确提出“大病保险的报销比例达到 50%以上”，在老年人健康管理项目中，提出“65 岁及以上老年人健康管理率逐步达到 70%”，这既是各级党委和政府向人民群众所提出的承诺，也是民众实实在在受益的基本公共服务。

第三、将民众的实际感受作为评价公共服务质量和效率的重要依据。

《规划》的制定体现了以人民为中心的思想，围绕民众从出生到死亡各个阶段和贯穿一生不同领域的基本生存与发展需求，制定基本公共服务项目和保障标准。因此，人民群众获得公共服务的切身感受，是评判公共服务提供质量和效率的重要依据，和改进公共服务提供方式的重要出发点。提供基本公共服务是各级政府的责任，人民群众能享受基本公共服务提供的过程和结果切实转换为实实在在的幸福感和满足感。为此，《规划》提出“要建立政府主导与社会参与的良性互动机制，推动政务公开和信息公开，拓展公众参与渠道”、“定期开展基本公共服务需求分析和社会满意度调查，及时妥善回应社会关切”，即一方面要让社会公众不仅仅是基本公共服务的服务对象，更重要的是让社会公众以主人翁的精神主动参与到基本公共服务的需求反映和供给过程中来；另一方面评价一个地方的基本公共服务工作是否做的好，不能仅仅看政府投入力度和表面的数据指标，而是应当以大多数民众的满意度水平作为评价地方基本公共服务工作的重要标准。通过这些制度设计，民众才能从被动的基本公共服务的享受者，转变为基本公共服务的主动参与者。

（作者简介：魏娜，中国人民大学公共管理学院教授）

健全兜底机制　保障基本民生

何文炯

风险无处不在，无时不有，风险保障是每一个社会成员的基本需求。随着人类文明进步，世界各国普遍重视民生保障，通过基本公共服务，形成兜底机制。长期以来，我国通过发展经济，加强社会保障，人民生活水平和风险保障程度不断提高，尤其是《国家基本公共服务体系“十二五”规划》实施以来，民生保障得到进一步加强。“十三五”时期是全面建成小康社会的决胜阶段，也是经济社会加速转型的关键时期，保民生兜底线的任务繁重而艰巨，必须按照“社会政策要托底”的要求，完善基本公共服务制度，解除老百姓基本生存和基本发展的后顾之忧。

一、健全体系，筑牢网底

基本公共服务制度是国家在民生保障领域的基础性制度安排。因此，需要按照以人为本的原则，充分考虑社会成员在一生之中可能面临的各种困难和问题，明确需要由政府主导提供并负责的服务，作出系统的安排。

人的生命周期大体上可以分为四个阶段：婴幼儿、受教育、劳动和养老。在婴幼儿阶段，其养育责任主要由家庭承担，国家需要对有困难的家庭提供支持，确保其养育孩子的基本能力，因而需要建立生育保障制度和儿童福利制度。当前，特别需要关注困境儿童的生活和心智发展问题。在受教育阶段，国家需要建立义务教育制度，确保每个孩子能够受到合格的小学和初级中学的教育，使其具备现代公民的基本素质和参与社会劳动或进一步学习所需的基础知识，同时对学前教育给予适当的支持。当前的重点是要让教育薄弱地区的义务教育能够做到真正合格，并着力减轻因就学距离远而导致义务教育阶段学生生活成本提高给家庭造成的困难。在劳动阶段，国家需要建立劳动保障制度，确保有劳动能力、有就业愿望的社会成员有就业和创业的机会，帮助其提高劳动能力，并确保其劳动安全、劳动收入和相关的职业福利。当前的重点是就业机会、薪酬福利和劳动关系。在养老阶段，国家需要建立老年保障制度，包括收入保障、医疗保障、照护保障、居住适老化和精神慰藉等，当前的重点是要加强照护保障，控制和缩小群体间的老年保障待遇差距，并关注老年心理健康等问题。

换一个视角，任何社会成员在其人生的每一个阶段，都需要住房，都有可能患病，都需要文化娱乐，也都有可能因各种原因陷于困境。因此，一要建立住房保障制度，确保每一个社会成员住有所居。当前的重点是危旧房改造、棚户区改造、低收入家庭的住房和失能者的无障碍等问题。二要建立医疗保障制度，确保每一个社会成员病有所医，免除老百姓对疾病的恐惧。当前的重点是关注因病致病和因病返贫，进一步缩小基本医疗保险待遇的群体差距，切实加强基层公共卫生服务。三要建立社会救助制度，确保每一个社会成员在遇到自身难以克服的困难之时，能够得到社会的帮助。当前的重点是健全最低生活保障制度、灾害救助制度和医疗救助制度。四要健全公共文化体育制度，确保社会成员享有基本的文化娱乐和体育健身，提升全民的身心健康水平。当前的重点是发展群众性文化体育活动，关注职业健康和青少年、老年人和残疾人的文体需求。

需要指出的是，“十二五”时期和“十三五”时期，国家关于基本公共服务有两个重点专项规划，对于基本公共服务的范围和项目有明确的规定。这是基于国家宪法和法律，按照“坚守底线、突出重点、完善制度、引导预期”的思路设计出来的，充分体现了民生保障领域国民基本权益与政府基本职责的有机结合，任何人、任何地区不得缩小这个范围、减少项目或降低服务标准，否则就突破了底线。同时，建议各地区不要随意扩大范围、增加项目或提高服务标准，确有必要的，需要经过充分的论证。前几年，某些领域、某些地区出台涉及基本公共服务的制度和政策，缺乏学理，缺乏论证，既不公平，也缺乏效率，有的制度和政策不仅浪费了社会资源，而且制造了新的社会矛盾，应当引以为戒。

二、坚持保基本，实现可持续

基本公共服务制度是面向全体国民的一项长期性制度安排。因此，必须充分考虑其基本性和可持续性。

所谓基本性，有两个方面的含义。一是指这项制度的重要性。因为基本公共服务制度的合理性、稳定性和有效性，直接关系到每一个社会成员的切身利益，关系到国家的长治久安。二是指这项制度的职责。基本公共服务提供的是基本保障，而非充分保障。被列入基本公共服务范围的项目，需要有明确的标准。如果服务标准过低，则无法实现既定的政策目标，就会突破底线，因而必须按照维持社会成员基本生活和基本发展所需的原则，设置服务标准；如果服务标准过高，则会产生其他副作用，形成“福利依赖”，甚至有违社会公序良俗，造成“养懒汉”，争戴“贫困县”和“低保户”帽子等现象。因此，要根据老百姓的需要和政府的职责，结合经济社会发展水平，确定适度的服务标准。从前些年的实践看，我国基本公共服务标准有的项目偏低，也有的项目偏高，需要作进一步的完善。前些年，民生保障领域某些做法，忘记了“初级阶段”这个基本国情，保障标准提高过快，使某些人群形成了不良预期，而且扩大了群体间的基本保障待遇差距，与基本公共服务均等化的原则相悖。

所谓可持续性，是指基本公共服务项目可以永久地实施，其核心是资金或资源有持续的保障能力，这既是社会成员有稳定预期的基本保障，也是国家治理水平的体现。作为一项长期性的制度安排，无论是服务项目，还是保障标准，基本公共服务都服从福利刚性规律，只能上、不能下。因此，项目的设置及其范围和标准的确定和变化都是很慎重的事情，需要有学理基础，要经过充分的需求调查和政策模拟分析，才能提交决策部门，依照法定程序规定下来。涉及到技术性较强的项目，需要有科学的定量分析，尤其是社会保险这样的项目，必须有精算制度。否则，制度就不可持续，而不可持续的公共服务制度不仅不能为社会发展提供正能量，而且会导致社会不和谐，乃至社会不稳定。这里的关键是要坚持“保基本”的原则，既不能随意降低保障标准，也不能随意提高保障标准。事实上，只有保基本，才能全覆盖；只有保基本，才能可持续。此外，基本公共服务的项目和标准，不能因为领导人的改变而随意改变，需要增强理性，更多地听取专业人士的意见，减少各种非理性的影响因素。

三、创新供给机制，提供有效服务

基本公共服务是以公共资源为每一个社会成员服务，其服务质量关系到人民群众的满意程度，其服务绩效关系到政府的施政能力和制度的可持续性。在确定基本公共服务项目和服务标准之后，政府需要组织资源，向服务对象提供服务。因此，要充分重视公共服务资源配置，努力让有效资源发挥最大效用。

基本公共服务供给机制设计是资源配置的关键。从前些年的实践看，基本公共服务在某些方面的效率不高，资源投入与其所产出的效果不匹配。有人认为，凡属基本公共服务，均应由政府财政出资；有的则认为基本公共服务的供给者都必须是政府部门，或者事业单位，或者是社区的行政组织。这是值得商榷的。事实上，基本公共服务是政府主导并负责，但并非由政府包办。基本公共服务部分项目的资金也不全是财政资金，例如社会保险，其资金需求量很大，但大多数来自于参保者个人及其用人单位所缴纳的保险费，政府的作用是组织社会成员或雇主开展互助共济，政府所承担的职责是制定政策、提供经办服务并对基金的亏空承担兜底职责，如果制度设计合理、运行有效，则基金不会出现亏空。还有一些基本公共服务项目，完全可以通过购买服务的方式来提供。因此要充分重视基本公共服务供给机制的创新，尤其是充分发挥企业、各类非营利民间组织和志愿者的作用。

基本公共服务供给机制创新的核心，是要在公共服务提供的方式上下功夫，避免政府对基本公共服务大包大揽。因此，要深化供给侧结构性改革，使政府和市场各尽其责、各展所长，有效满足人民群众的基本公共服务需求。按照中央精神，能由政府购买服务提供的，政府不再直接承办；能由政府和社会资本合作提供的，广泛吸引社会资本参与，鼓励更多市场主体进入供给侧，成为基本公共服务的供给主体。据此，要深化教育、医药卫生、养老服务、文化等事业单位改革，大力发展民办教育、民办医院、民办养老机构，发展文化和体育产业，并采取有效措施，促进部分公办机构改制转制。为此，需要改变财政资金投入的方向，改“暗补”为“明补”，从补供方为主转向补需方为主，扩大直接补需方的比重，提高人民群众购买基本公共服务的能力，增强他们享受基本公共服务的选择权和灵活性。此外，信息不畅造成资源浪费，因而要加快各级政府、企事业单位间涉及基本公共服务事项的信息资源共享，以提高基本公共服务供给效率。

（作者简介：何文炯，浙江大学社会保障研究中心主任、中国社会保障学会副会长）

坚持以人民为中心的发展
保障人民的基本生存发展权利

汪习根

发展机会均等是发展权的核心。要保障全体公民平等享有生存发展权，关键在于实现公共服务均等化。而通过实践规划将制度与行动连为一体，则是在共有共享发展中落实这一理念的根本保障。国家公共服务均等化“十三五”规划放眼全球化发展的大格局，紧密契合中国特色发展权实践，针对当代中国发展权面临的现实问题，为全民共享发展权提供制度化精细化解决方案。

一、权利主体的普惠性和助弱性

公共服务均等化是让每一个人普遍地享有生存与发展权利的关键。联合国《发展权利宣言》在承认人是发展进程的主体的基础上，强调发展权的享有者是全体人民和每一个人，也就是不让任何一个人掉队。国务院制定的《“十三五”推进基本公共服务均等化规划》坚持以人为中心的发展，既重视公共服务的普遍性、广泛性，更重视让每一个人尤其是社会弱势主体能够共享公共资源，实现均衡发展。国家加大基本公共服务投入力度，统筹运用各领域各层级公共资源，向贫困地区、薄弱环节、重点人群倾斜，推动城乡区域人群均等享有和协调发展，实现在区域、贫富、城乡、一般主体和弱势主体之间基本公共服务享有水平的大体均衡，确保贫困地区基本公共服务主要领域指标接近全国平均水平，老、弱、病、残、幼、妇、农民工及留守流动儿童等特殊主体享有基本公共服务的可及性显著提高。以教育公平为例，通过免费义务教育、农村义务教育学生营养改善、寄宿生生活补助、普惠性学前教育资助、中等职业教育国家助学金、中等职业教育免学杂费、普通高中国家助学金、建档立卡等家庭经济困难普通高中学生免除学杂费这八项措施，夯实了文化发展权的基础，促进能力提升并以此为条件带动经济、政治发展权的充分实现。

二、权利客体的公共性与民生性

公共服务均等化致力于保障人人均衡地占有权利客体，达到权利主体与权利客体的高度融合，以防止主客体二元对立所导致的不公平和权利流失。《发展权利宣言》第 8 条规定：“各国应在国家一级采取一切必要措施实现发展权利，并确保除其他事项外所有人在获得基本资源、教育、保健服务、粮食、住房、就业、收入公平分配等方面机会均等。”

可见，事关全体人民基本生存和发展大局的基础性民生公共资源配置问题，在人权体系中具有根本性和全局性，制约着人权的实现状况和程度。基本公共服务均等化“十三五”规划全方位系统性地设定了基本公共服务的范围，分为八个方面，分别对应八项基本生存、发展权利的具体内容。表现为：推进基本公共教育资源均等化服务，保障文化教育发展权；促进基本劳动就业创业，在工作机会均等中落实经济发展权；扩大基本社会保险一体化的覆盖范围，充分实现社会保障权；优化基本医疗卫生资源配置，提升医疗卫生权利保障水平；强化基本社会服务，落实社会救助救济权利；提供基本住房保障，实现住房权利；发展基本公共文化体育事业，增进全民文化体育发展权；强化残疾人基本公共服务，加快残疾人能力建设和平等发展权利保障进程。而上述每一个方面又细分为若干个具体的指标，以基本社会服务和社会救助权为例，本领域服务项目被分解为13项，具体包括：最低生活保障、特困人员救助供养、医疗救助、临时救助、受灾人员救助、法律援助、老年人福利补贴、困境儿童保障、农村留守儿童关爱保护、基本殡葬服务、优待抚恤、退役军人安置、重点优抚对象集中供养。

三、权利存续的持久性和终身性

公共服务均等化规划旨在满足全体公民贯穿一生的基本生存与发展需求，包括：学有所教、劳有所获、老有所养、病有所医、困有所帮、住有所居、文体有得、残有所助。权利分为权利能力和行为能力，其中权利能力始于出生、终于死亡，是指一个人终生享有权利的不可剥夺的资格，人人享有权利能力，但并非人人具有行为能力。行为能力是指一个人通过自身的行为实现权利的能力，由于先天和后天的因素制约，处于“无能”或“低能”状态的行为人在享有权利的过程中往往会受到诸多限制和束缚。为了克服能力缺失之不足，就应当跳出西方个人自由主义权利观的藩篱，在社会主义人权观的指引下，由国家和社会对能力不足的弱势主体伸以援手、施以救济，确保行为能力和权利能力的统一。为了保障生命权，国家强化基本公共卫生医疗服务均等化，在母婴安全与保健方面采取行之有效的措施；为了保障教育权，国家发展基本公共教育服务体系；在通过教育赋能后，人便进入到劳动阶段，国家通过就业劳动保障制度，确保公民的工作权、休息权和社会保障权；对社会弱势主体提供国家物质帮助，实现社会救助权。人的发展要具有可持续性，就必须实现物质发展和精神发展的统一。其中，教育、文化、科学、艺术、体育的发展，为人的物质发展乃至整个人的全面发展注入生命活力。广义的文化发展权，是经济社会发展权必不可少的条件。基本公共服务均等化，是终其一生的事业，旨在塑造全面自由持久发展的人。

四、权利重心的公平性和共享性

基本公共服务均等化符合国际社会倡导的基本原则，顺应了人类发展的时代潮流。根据联合国《发展权利宣言》，“发展机会均等”是发展权的核心要义。基本公共服务均等化规划强调，应当确保全体公民都能公平可及地获得大致均等的基本公共服务，核心是促进机会均等，重点是保障人民群众得到基本公共服务的机会，而不是简单的平均化。享有基本公共服务是公民的基本权利。可见，机会均等是社会公平体系的第一要义，具有前提性和基础性的作用。作为起点上的公平，通过教育、文化、扶贫、住房、医疗卫生等方面的资源供给，确保提供人能够成其为人所必须的基本生存发展资料。当然，起点上的机会公平只是权利实现的条件之一，还应当重视规则公平和权利公平，实现形式公平和实质公平的统一。就前者而言，规则上的公平可以确保每一个人都能平等地参与、促进发展进程，实现法律面前人人平等，防止身份、性别诸方面的歧视。就后者而言，结果上的分配正义体现了正义的最高要求，共有共享是人权的最高境界。正如《发展权利宣言》第 1 条指出："发展权利是一项不可剥夺的人权，由于这种权利，每个人和所有各国人民均有权参与、促进并享受经济、社会、文化和政治发展，在这种发展中，所有人权和基本自由都能获得充分实现。"只有公平参与、深度促进和共享发展三者有机统一，才能最大限度地实现平等发展权利。

五、权利实现的法治性和高效性

法治以人权为起点和终点。全面推进依法治国，必须坚持以人民根本权益为立足点和出发点。而依法治理强调有效 Effectiveness 和效率 efficiency 的统一。同样权利的实现也离不开有效性，即国家法律的强制力保障，形成完善的法律规范体系，有效、公正地执行与实施这一法律规范体系的法律法规，产生良好的社会实际效果。而无论是有效和高效率，其评价标准都只能是人民的意志、利益与权利的实现度和获得感。一是明确责任主体。人权往往与公权力相对应，公权力是权利的守卫者。在公共服务均等化实现进程中，政府始终是首要的责任主体。政府主责，共享发展被确立为一条基本原则。政府责任分为对公共服务事务的管理责任、公共服务支出的供给责任、公共服务法律关系参与者即政府、社会之间关系的协调责任，以促进各级公共服务资源有效整合，形成实施合力。二是优化保障机制。其中，财力保障是关键，人才保障是基础。在政府主导的前提下，充分发挥市场功能，实现政府与社会的良性互动。在市场对资源配置起决定性作用的社会，发挥市场力量、民间资本和社会组织参与公共服务的积极性十分必要，也是一个国际大趋势。为此，既重视拓宽资金来源，增强县级政府财政保障能力，稳定基本公共服务投入，又建设多元供给机制，积极引导社会力量参与，推进政府购买服务，推广政府和社会资本合作（PPP）模式。此外，加强人才培养培训，强化激励约束，促进合理流动，相关政策重点向基层倾斜，不断提高服务能力和水平。三是强化监督制约。法治的关键在于权力制约，完善监督评估机制并保证有效执行。基本公共服务均等化规划方案坚持目标导向和问题导向，完善信息统计收集和需求反馈机制，加强对本规划实施的动态跟踪监测，推动总结评估和督促检查，做到监督制约的标准清单化、指标化、可操作化，克服了抽象、笼统和虚化的缺陷。

（作者简介：汪习根，教育部长江学者特聘教授、武汉大学人权研究院执行院长）